全国船舶工业职业教育教学指导委员会推荐教材

船舶生产设计

主　编　叶　姗　柏君励
主　审　唐　滢

哈尔滨工程大学出版社
Harbin Engineering University Press

内 容 简 介

本教材以我国先进造船企业开展船舶生产设计的实际情况和船舶生产设计的新标准、新技术为依据，以职业岗位技能的需求为出发点，收集真实的工作项目、工程实例和具体的企业生产设计标准。教材分为十一个模块，全面介绍了造船生产设计的内容及造船模式等基础知识，生产设计标准，船体生产设计的准备、过程（软件建模）和图表文件的输出，船体辅助性作业的设置，舾装和涂装生产设计的内容，并对计算机辅助生产设计软件和船舶制造企业智能制造概况进行了简单介绍。

本教材针对三年制高等职业教育船舶工程技术专业编写，同时还可作为船厂职工的自学用书，以及其他形式的职业教育用书。

图书在版编目（CIP）数据

船舶生产设计/叶姗，柏君励主编. --哈尔滨：
哈尔滨工程大学出版社，2024. 7. --ISBN 978-7-5661
-4490-4

Ⅰ. U662

中国国家版本馆 CIP 数据核字第 2024ZC2207 号

船舶生产设计
CHUANBO SHENGCHAN SHEJI

选题策划 史大伟
责任编辑 张志雯
封面设计 李海波

出版发行 哈尔滨工程大学出版社
社　　址 哈尔滨市南岗区南通大街 145 号
邮政编码 150001
发行电话 0451-82519328
传　　真 0451-82519699
经　　销 新华书店
印　　刷 哈尔滨午阳印刷有限公司
开　　本 787 mm×1 092 mm　1/16
印　　张 18. 5
字　　数 511 千字
版　　次 2024 年 7 月第 1 版
印　　次 2024 年 7 月第 1 次印刷
书　　号 ISBN 978-7-5661-4490-4
定　　价 55. 00 元
http://www. hrbeupress. com
E-mail:heupress@ hrbeu. edu. cn

前　言

“船舶生产设计”是高职船舶工程技术专业的核心课程。为落实《国家职业教育改革实施方案》(简称“职教 20 条”)文件精神,推进“三教”改革,推进教育数字化,本教材编写团队基于“产教融合,双元合作育人”的理念,创新推广情境式、任务式、沉浸式教学模式,融入工匠精神职业素养培养要求,编写了“船舶生产设计”课程使用的模块化、任务制的新型活页式教材。

“船体生产设计”课程之前使用的教材内容包含理论知识和船舶生产设计实际应用的技能知识,但教材形式过时,配套资源少,内容与职业岗位对接不够紧密,不能很好地适应造船企业发展对技术型、技能型人才培养的要求,因此必须重新调整和充实原有教材。

本书力求以我国先进造船企业开展船舶生产设计的实际情况和船舶生产设计的新标准、新技术为依据,以职业岗位技能需求为出发点,突出教材的针对性,在编写中充分考虑到高技能人才培养的需要,注意深度、广度的适中性,并强化实用性。

在教材编写过程中,笔者围绕“船舶生产设计”新课标的理念及要求,对教材内容和次序做了精心选择和安排;与武昌船舶重工有限责任公司合作,选用该船厂在建系列船型为对象,更新了教材内容;对船舶生产设计工作过程进行分析,按照工作任务的逻辑关系,以真实的工作项目、工程实例,以及具体的企业生产设计标准等进行序化和整合教学内容。在内容安排上力求详略得当,特别注意结合生产实际,以主流造船企业开展生产设计为例来讲述,尽量采用图表形式,并配备相应的数字化资源。每个模块开篇都写有明确的知识、能力和素质目标,结尾都编写了与本章内容紧密结合的思考与练习题,方便读者学习和掌握,并给每个任务配备了任务页,将学生的课前预习、课中理解和课后巩固结合起来。

本教材主要针对高等职业教育编写,其他形式的职业教育、职工培训,以及相关技术人员也可参考使用。

武汉交通职业学院叶姗(编写模块 5、6)、武昌船舶重工有限责任公司柏君励(编写模块 1、2)担任主编;江苏省无锡交通高等职业技术学校万玉华(编写模块 10、11)担任副主编;江苏省无锡交通高等职业技术学校魏斌(编写模块 3、4)、江苏航运职业技术学院李艳(编写模块 7、8、9)参与了编写。

本教材由研究员级高级工程师唐滢担任主审。唐滢任武昌船舶重工集团有限公司党委委员、副总经理、总工程师,对书稿进行了认真审阅并提出了修改意见。同时在教材编写过程中,武昌船舶重工有限责任公司给予了大力支持,公司的曾庆国高级工程师和王红涛高级工程师提出了许多宝贵意见和建议,在此一并表示感谢!

限于编者经历和水平,书中难免有疏漏与不足之处,恳请读者批评指正,以便修订时完善。

编　者

目　　录

模块1　船舶生产设计概论

★模块描述

本模块从船舶生产设计的诞生入手,首先简要介绍了生产设计在国内的发展过程,让读者对“生产设计”的概念有初步认识;然后简要介绍了现代船舶设计三个设计阶段的目的、内容以及相互关系,让读者对生产设计在整个船舶设计过程中所处的阶段、作用,以及与其他两个设计阶段的关系有基本认知;最后介绍了船舶生产设计的基本原则、理论基础、特点和作用,以及船舶生产设计的内容。

★学习目标

●知识目标

1. 了解船舶生产设计的产生;
2. 理解现代船舶设计的阶段及内容;
3. 掌握船舶生产设计的基本内容;
4. 了解船舶生产设计的特点和基本原则。

●能力目标

1. 会正确划分现代船舶设计的三个阶段;
2. 能对船舶生产设计的内容进行分类。

●素质目标

培养学生对船舶事业的热爱。

任务1.1　船舶生产设计的产生

“生产设计”的概念源于日本。生产设计从其初始概念的形成到完整概念的建立,经历了一个发展和被认识的过程。船体建造从铆接到焊接是船舶建造技术的飞跃,其标志是推行分段建造法。分段建造可建立内、外场组织生产,将零部件加工从装配作业中独立出来,使其可以专业化生产。分段建造同时又要求船舶设计不仅要解决“造怎样的船”的问题,还要求提供分段制造的有关图样和资料,解决如何控制变形、发放装配余量、开焊接坡口等“怎样造船”的技术问题。

1.1.1　生产设计的由来

20世纪50年代初,日本正处于造船的快速发展期。日本造船界人士根据第二次世界大战期间在美国看到汽车制造业按流水作业生产方式定工位,设绘作业图纸,图、物相一致的启示,提出了生产设计的初始概念。当时把船体建造分为五个作业阶段:放样、加工、部件装配、分段装配和船台总装,并采用流水定位作业方式组织生产。生产设计就是指把生产过程中各工位从事的作业顺序、细节清楚地表达在工作图表上,达到如同汽车制造在流水作业线上图、物相一致的要求。这样,船体建造就可按建造总进度表进行集中管理,以提高生产效率。

进入 20 世纪 60 年代,日本造船业迎来第二波发展高潮,造船技术又得到了新的发展。较为明显的是推行的单面一次成形焊使平面分段流水作业不用翻身,从而加速了装配作业的专业化和标准化;随后推行的预舾装技术又在分段装配与船体总装之间增加了分段舾装作业环节;之后又推行了在机舱分段上安装辅机单元和管系,与此同时,随着起重能力的增大推行了上层建筑分层舾装,在舱室内部完成大量舾装作业;此后又为适应船舶大型化推行了坞内两岛、三岛建造法,使舾装作业最为集中的艉机舱、居住舱采用平台预舾装法和单元组装法进行作业。所有这些新技术的应用说明,在完善船体生产作业的同时,在舾装领域已形成"区域舾装"的概念,船体生产设计的初始概念也延伸到了舾装领域,随即开始了按舾装区域进行生产设计。

进入 20 世纪 70 年代,随着船厂分段涂装工厂的设立以及"区域涂装"概念的建立,生产设计也延伸到了涂装领域。随后由于数学放样技术、数控技术,以及计算机辅助设计(CAD)/计算机辅助制造(CAM)、计算机集成制造系统(CIMS)等技术的发展和应用,如今生产设计已成为一项非常完整、成熟的技术,从日本推广到韩国和其他较为发达的造船国家。

1.1.2 我国引入生产设计的过程

我国于 1978 年从日本引入"生产设计"的概念。多年来,我国探索、研究、实施、推广生产设计和提高生产设计水平的历程,大致分为两个阶段。

第一阶段:认识、探索与初步试行阶段(1978—1983 年)。

我国部分船厂在认识、探索的基础上,经与日本一些船厂进行对口技术合作和交流,逐步开始试行生产设计。

天津新港船厂(现天津新港船舶重工有限责任公司)早在 20 世纪 70 年代末、80 年代初就在中机型 7 000 t 船上进行机装、船装、电装的综合放样,开始试行管系和电缆的预装,船体放样出了简单的工作图。从 1981 年开始,其在学习日本大阪船厂和三井造船厂先进设计方法的基础上,对尾机型 7 000 t 货船在船体、管系及电气方面全面推行生产设计。

沪东造船厂(现沪东中华造船集团有限公司)从 1981 年建造 36 000 t 出口散装货船开始尝试生产设计。其在这之前也进行了管系、电缆、风管的综合放样。为了做好设计工作,其专门组织了生产设计班子,以大阪船厂提供参考的生产设计图为基础,结合本厂实际,在一艘船的建造上全面开展了船、机、电、涂装的生产设计。

广州黄埔造船厂从 20 世纪 80 年代初开始接受"生产设计"的概念。其从 1981 年起在 11 000 t 集装箱船上推行船体生产设计,于 1983 年成立专门负责生产设计工作的部门,在各专业范围内开展生产设计。

第二阶段:推广、提高阶段(1984 年至今)。

1984 年以来,我国开展生产设计的船厂由原来的几家发展到现在更多的主流船厂。这些船厂尽管开展生产设计的深度不一,但都收到了实际效果,促进了船厂组织机构的改革与完善。原来已开展生产设计的船厂,在深度和广度上都有了不同程度的提高,不仅完善了船体生产设计,而且将生产设计的应用范围逐步扩大到船装、机装、电装生产设计中,并正探索具有中国特色的生产设计模式。

天津新港船厂在1983年的20 000 t散装货船、1984年的1 300客位客船、1985年的15 000 t多用途货船的设计中,在生产设计的深度和广度上都进行了充实、改革和深化,在工作中培养了一支从事生产设计的队伍,进一步调整了设计部门的组织机构,明确了各部门的职责范围,扩大了计算机的应用,编制了各类标准,添置了绘图设备等,走出了一条适合本厂实际的生产设计道路。如今,这个船厂在所有船舶的建造中都推行了生产设计。

沪东造船厂从1983年起与日本三井造船厂进行对口技术合作,经过在42 000 t散装货船、8 400马力①三用工作船的建造中开展的生产设计的实践,建立了生产设计体系,健全了生产设计的工作制度,逐步完善了生产设计的基础工作,开发和推行了电算化。为有利于开展生产设计,其还成立了由厂长直接领导的造船计划室,承担工程管理、制定建造方针和施工要领等工作,为生产设计提供工作依据。

广州黄埔造船厂在1985年7月与日本的造船厂开展技术合作,学习其生产设计模式与生产管理模式,进入大胆探索的新阶段,实行了分区域组织造船生产和区域托盘管理。其在造船总装分厂下设生产管理部、工程部和生产设计室,取消了原车间一级编制,逐步理顺了生产设计、生产管理以及现场施工之间的协调关系,以全面实施生产设计。

除此以外,我国其他大中型船厂、船舶设计院(所)、大专院校等单位,都在不同程度上为研究和推行生产设计做了许多工作,取得了初步成效和经验。

生产设计在发达造船国家中已被广泛应用,这种方法不仅适用于民船,也适用于军船以及海洋工程装备。但是,生产设计仍然需要不断完善、改进设计手段,以进一步发展。

在我国,推行生产设计20多年的实践表明,生产设计的发展和应用与其设计手段的不断完善、改进是紧密相连的。我国船厂在引入生产设计技术之初,开展生产设计仅局限于船体,设计图是在图板上手工绘制的。随后应用CAD/CAM技术进行了船体、管系、电缆等方面的生产设计。直至一些骨干造船企业引进了国外先进的造船设计软件系统,才为开展壳舾涂一体化生产设计提供了条件。如今,我国又突破了三维建模技术,更为深化生产设计创造了条件。不断完善与改进生产设计手段是当前乃至今后一段时间内促进生产设计技术发展与应用的关键,其发展方向就是进一步推进生产设计计算机化、数字化与信息化。

思考与练习

一、简答题

1. 简述船舶生产设计的产生。

二、选择题

1. 船舶生产设计在20世纪50年代初开创于日本。我国引进的时间是(　　)。

A. 1949年　　B. 1978年　　C. 1999年　　D. 2006年

① 1马力(米制)≈0.735 kW。

任务 1.2 现代船舶设计方式

1.2.1 传统船舶设计方式

传统的船舶设计通常分为方案设计、技术设计和施工设计三个阶段。方案设计和技术设计基本上是对船舶产品的设计,反映的是船舶完工后的最终状态。施工设计则为船厂提供制造、安装、调试用的施工图纸和工艺文件,是为现场生产服务的。但旧模式下的施工设计对解决"怎样造船"和"怎样组织造船生产"的问题来说是远远不够的,深度极其有限。例如,就船体而言,施工设计图主要表示结构的最后完成状态、必需的工艺装备和工艺要领,而并没有详细表示出结构及零件的制造、安装顺序,施工方法,工艺要领和施工中必需的各种数据和指令;就舾装而言,也只表示设备与系统的原理、布置、要求及安装的最后完成状态,而并没有表示出设备与系统的制造、安装的阶段、顺序、方法与试验要求等,更没有表示出船舶建造中涉及安全的要求与解决的措施。这些图纸中没有解决的问题,就由船厂施工部门另行编制技术与计划等有关工艺、管理方面的文件,以指导现场生产,弥补设计图纸的不足。

通俗地讲,传统的船舶设计基本上属于产品设计,它只设计"船舶产品",而不设计"船舶生产"。

1.2.2 现代船舶设计方式

现代船舶设计方式与传统船舶设计方式不同,在解决"造什么样的船"的同时,还要解决"怎样造船"。应用成组技术的制造原理和相似性原理,以及系统工程的统筹优化理论,通过设计对"怎样造船"进行合理规划,以适应现代造船模式的生产作业体系组织生产的要求。为此,船舶设计纳入了生产设计,并把它作为一个重要的设计阶段。生产设计的产生带来了船舶设计方式的根本变革,标志着船舶设计由传统走向了现代。

为了转变传统的造船生产模式,从 1983 年起,我国确定把船舶设计划分为初步设计、详细设计、生产设计三个阶段,规定了各设计阶段的设计内容,明确了三个设计阶段的衔接关系及生产设计对初步设计和详细设计的要求。

1. 初步设计(又称合同设计)

初步设计是在深入分析船舶技术任务书和调查研究的基础上,对船舶总体性能和主要技术指标、动力装置、各种系统进行设计,即是对船舶总体方案的设计。其通过理论计算、资料对比和必要的模型试验来确定产品的基本技术形态、工作原理、主要参数、结构形式和主要设备选型等重大技术问题。

初步设计阶段的主要任务是根据客户提出的要求,以签订建造合同为目标,重点解决设计任务书提出的关键技术问题,如航速、载重量等,完成建造合同所需的总布置图、全船技术规格书、中横剖面图、型线图、主要设备清单及厂商表、机舱布置图等的设计、计算工作,以及为配合签订建造合同而开展的技术问题答疑工作。

初步设计形成的技术文件既是签订合同的依据,又是后续设计阶段的设计依据,应提交船东审查,主要图纸和技术文件应获得船东认可。合同设计阶段从按照客户提出的要求设计开始,到与客户签订合同为止。

2. 详细设计(又称送审设计)

详细设计的依据是造船合同和经审查通过的初步设计技术文件。详细设计的任务是在初步设计的基础上,根据合同约定的技术文件,以完成技术文件送审和最终确定船舶全部技术性能为目的,对具体技术专业项目进行详细性能设计和相关图纸的绘制,解决设计中的基本和关键技术问题,最终确定新船全部的技术性能、结构强度、重要材料和设备选型与订货要求,以及各项技术要求和标准;并按照船级社规定的送审图纸目录和合同约定的船东送审图纸目录进行设计文件的送审以及退审意见的修改处理,编制船厂订货所需材料、设备清单。此阶段形成的技术文件可作为生产设计的依据。详细设计阶段从合同签订开始,到最终确定船舶全部技术性能,完成并通过设计文件的送审为止。

初步设计和详细设计基本上属于"产品设计",其提供的是船舶制造的完工状态,解决"造什么样的船"的问题。

3. 生产设计

造船生产设计是在详细设计的基础上,根据船厂的条件和特点,对造船施工的各种工程技术问题进行分析研究,对制造方法、生产管理和有关技术措施做出决策,并用图、表和技术文件等方式表达出来,作为编制生产计划和指导现场施工的依据。

生产设计的主要任务就是按照区域/类型/阶段进行作业任务的分解与组合,将设计、生产、管理融为一体,结合船厂施工条件开展设计,为物资部门采购和生产管理部门制订生产计划提供信息,为生产现场提供施工图纸和工艺文件。生产设计是解决"怎样造船"的工程技术问题的,也就是对新造船舶建造工艺及其流程的设计。实际上生产设计中的纲领性工艺文件,如分段划分和施工要领的编制等,是与初步设计和详细设计平行进行的;而各工艺阶段、施工区域和单元的工作管理图表的编制,则是在详细设计的基础上进行的。生产设计的详细、完整和深入的程度对提高造船质量、缩短建造周期和提高生产效率有很大的影响。

现代造船中,生产设计必须用专门的设计软件进行,在计算机上预演完成船舶建造的全过程,否则难以适应制造、加工中应用计算机控制和管理的要求。生产设计阶段从设绘分段结构图和舾装区域综合布置图开始,到完成全部施工技术文件的设计为止。

生产设计不同于初步设计和详细设计,它是设计工作向现场施工的延伸,是船舶设计工作的扩展和深化。其设计对象不是"产品"而是"生产"。它提供的不是船舶制造的最终结果,而是制造的中间过程,是被称为"以中间产品为导向"的设计;解决的是"怎样造船"和"怎样组织造船生产"的问题。因此,生产设计的实施结束了过去船舶设计与制造长期脱离的状态,而使设计真正起到组织生产和指导生产的作用,实现了设计与施工、管理的一体化。

初步设计、详细设计和生产设计是船舶设计的三个组成部分,既独立存在,又互相关联。初步设计是详细设计和生产设计的依据,详细设计是生产设计的依据,而初步设计和详细设计又必须反映生产设计的意图和要求。

思考与练习

一、简答题

1. 叙述现代船舶设计各阶段的设计内容和作用。

二、选择题

1. 解决“造什么样的船”的问题的设计阶段是(　　)。

A. 初步设计和详细设计　　B. 初步设计和生产设计

C. 详细设计和生产设计　　D. 生产设计

2. 解决“怎样造船”和“怎样组织造船生产”的问题的设计阶段是(　　)。

A. 初步设计　　B. 详细设计　　C. 生产设计　　D. 技术设计

三、判断题

1. 船舶生产设计不属于船舶设计的范畴。　　(　　)

2. 初步设计又称合同设计,详细设计又称送审设计。　　(　　)

任务 1.3　船舶生产设计概要

1.3.1　生产设计的基本原则

1. 区域设计原则

生产设计强调适应现代造船模式按区域组织生产的实际,必须按区域进行设计,以便设计与按区域组织生产的部门一一对应。

2. 以中间产品为导向的设计原则

生产设计强调在设计过程中,必须把所设计的船舶产品作为最终产品,按其所划分的各个制造级进行逐级分解,以组合成各类零部件,壳舾涂一体化分段,总段,托盘,单元,模块,作为不同的中间产品,连同其所需的全部生产资源,以生产任务包形式进行设计。

3. 设计、生产、管理一体化的设计原则

生产设计强调在设计过程中,必须做好设计、生产(工艺)、管理的有机结合,即用先进的造船工艺技术,通过扩大预舾装,在统筹优化“怎样造船”的前提下,经各部门的相互协商,从工程管理角度提出合理要求,最终以设计形式将“怎样造船”体现在工作图和管理图表上,作为指导现场施工的依据。

4. 壳舾涂一体化的设计原则

生产设计强调在设计过程中,必须做好壳、舾、涂三类作业的有机结合,即在一体化建造计划的指导下,通过壳、舾、涂生产设计之间的协调,以最大限度地满足各作业均衡、连续地总装造船。

5. 各设计阶段相互结合的设计原则

生产设计强调设计必须事先做好工程管理方面的准备,含技术准备、计划准备和工程控制准备,把这类准备作为开展设计工作的前提,并在设计过程中处理好各设计阶段的相互渗透、相互交叉的密切联系,使设计的事先准备与各个设计阶段的相互结合贯穿于船舶设计过程的始终。

6. 切合企业造船实际的设计原则

生产设计强调设计应根据造船企业的生产管理、生产组织、设施条件的实际来进行，其前提是基本建立了现代造船模式，以便切合企业造船业务流程、作业流程和物流进行设计。

1.3.2 生产设计的理论基础

现代船舶和现代造船工程的复杂性，促使了船舶生产设计的出现。应用统筹协调理论和成组技术的基本原理组织造船生产，是生产设计的理论基础。

1. 统筹协调是生产设计的基本指导思想

统筹协调是在船舶设计过程中，船体工程和舾装工程，设计、工艺和管理，船、机、电各个专业及上述各个方面的相互关系和应有配合，进行科学统筹和协调。实质上，它是对造船生产技术发展过程中“一体化”思想的概括。只有采取统筹协调的方法，才能达到优化设计、优化建造和管理的目的。

2. 成组技术是使生产设计优化的基本原理

通过对设计、工艺、管理三大领域中相关特性要素的分析，对零件和中间产品（如船体部件、分段、舾装单元、模块）进行分类。强调按工艺阶段、工件类别、舾装区域或单元进行设计，并以编码形式指示施工流程，扩大批量，提高效率，并避免在生产过程中出现大量重复进行的相似作业。

1.3.3 生产设计的主要特点和作用

1. 生产设计的主要特点

（1）生产设计融设计、生产、管理于一体

生产设计是以工作图表的形式完整表达施工作业任务的几何形态、技术要求以及施工工艺与作业顺序的，还以生产任务包形式提供作业任务的材料数量、规格、质量、切割长度、装配长度、焊接长度以及涂装面积等信息，为工时管理、生产管理进行劳动力、工程计划和场地安排与调配提供依据。为此，它具有融设计、生产、管理于一体的特点。

（2）生产设计贯穿于船舶设计的全过程

生产设计从事先准备的时间上看，早在初步设计阶段就已开始，如拟定建造法初步划分分段，提出建造方针、舾装方针等；在详细设计阶段提出船体建造与舾装施工方针，划分单元，考虑预舾装方案等；最终，在生产设计阶段将拟定的建造方法与工艺方案用工作图表的形式表达出来，作为指导施工和组织生产的依据。由此可见，生产设计又具有贯穿于船舶设计的全过程的特点。

（3）生产设计过程体现“模拟造船”的过程

传统的设计，包括施工设计在内，大都是先设绘图纸，再考虑怎样建造。由于较少考虑现场施工中的具体问题，图纸与施工之间就难免存在较多的矛盾。而一旦发现图纸在设备布置或结构上存在工艺性问题，改正已比较困难。这样会导致在实际施工中出现较多的修改和返工，对质量和进度造成一定影响。

生产设计的过程是先确定分段划分、施工要领，然后再出工作图纸和管理表册。生产设计的工作图表是生产设计人员在作业开始前，对建造方法和各种工艺细节问题进行精心研究和细致分析后完成的。它把建造技术尽可能全面地融合到图纸中。由此可见，进行生产设计的过程，就等于先于现场在图上进行“模拟造船”的过程。它不但在各种方案的比较中优化了施工方案，而且通过它可以提前发现可能存在的问题和矛盾，采取对策，将其妥善地解决在设计阶段。所以，在现场作业中产生的浪费、返工及误操作大部分都在事前得到防范，从而获得最高的工作效率和经济效率。

(4)生产设计的工作图表成为现场生产的唯一依据

为适应分段建造法和区域舾装法的工艺特点，生产设计工作图是按工艺阶段、施工区域和设备单元设绘的，这就便于按工序、按区域组织生产。这种生产设计图表与施工对象的一致性，是生产设计区别于其他设计的重要特点。它使生产设计提供的图表成为现场生产的唯一依据。

(5)将船体放样纳入生产设计

船体放样是为光顺船体型线、确定各种船体构件的实际形状和尺寸、为后续工序提供必要的施工资料的作业。传统造船将船体放样作为船舶建造的第一道工序，而生产设计则将其纳入设计内容。

2. 生产设计的主要作用

(1)促进我国造船设计、生产管理体制的变革

在我国推行生产设计的实践表明，推行生产设计不仅促进了船舶设计的改革，更促进了企业生产管理体制的变革。1995—1996 年，我国有组织地推行转换造船模式，两年基本到位，改革了骨干船厂的设计体制，建立了适应区域造船的生产管理组织结构。通过设计、管理体制的变革，释放了企业造船生产的潜在能力，从而扩大了造船总量，提高了造船效益。

(2)促进新工艺、新技术的推广和应用

生产设计融设计、生产、管理于一体，确保了新工艺、新技术、新工法只要被纳入生产设计的工作图表就可作为现场施工作业的依据。

推行生产设计促进了套料技术、造船精度管理技术、高效焊接技术、预舾装技术、单元/模块技术、托盘管理技术、快速搭载技术、上层建筑整体吊装技术，以及计算机辅助设计生产、管理等先进制造技术的广泛应用，从而极大地提高了造船生产效率，缩短了船舶建造周期。

(3)促进企业加快建立现代造船模式

推行生产设计虽然促进了我国造船模式的转变，促进了新工艺、新技术、新工法的应用，但至今我国造船企业尚未全面建立现代造船模式。其原因之一就在于生产设计的深度不够，如设计尚未完全按作业阶段出图，提供管理物量不够全面、精确等。为此，当前迫切需要通过深化生产设计加快推进企业建立现代造船模式的步伐，以进一步提高造船生产效率与效益，进一步提高造船企业的竞争力。

1.3.4 船舶生产设计的内容

按工程类别划分，生产设计包括两部分内容，即船体生产设计和舾装生产设计。其中舾装生产设计又分为机装、电装和船装生产设计。

1. 船体生产设计

船体生产设计负责自船体放样开始,经零件加工、结构预装配到船体总装的一切生产技术准备工作。它包括船体型线放样、结构放样、绘制套料切割图以及各类工作图和管理图表。船体生产设计的内容如图1-1所示。

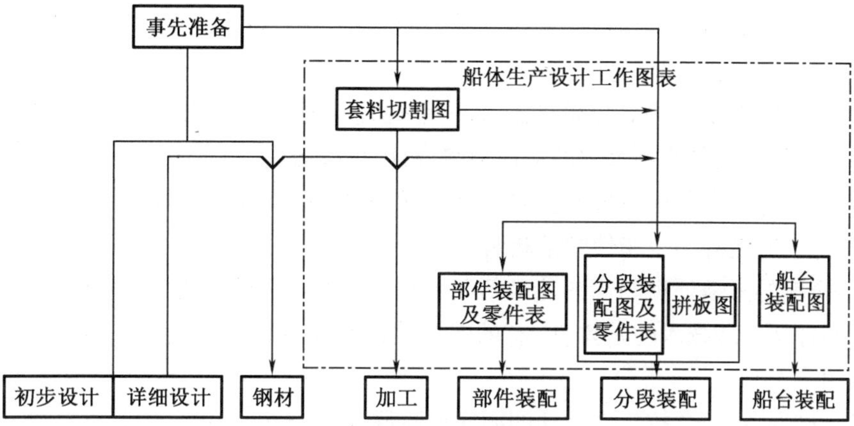

图1-1　船体生产设计的内容

船体生产设计设绘的主要图表有:钢材套料切割图、部件图及零件表、分段工作图及零件表,以及船台装配图等。此外,还有分段重量重心计算表、脚手架作业图、吊环布置图等。

这些工作图表反映了船体制造的大量工艺和管理信息,如零件的编码代表了组合情况、组装顺序和零件加工的路线,零件的套料,施工对象制作时的放置状态,装配所需的胎具和样板,零件边缘的加工、焊接方法和焊接规格,通焊孔布置,余量、补偿量及精度要求,工时定额和材料定额等。

2. 舾装生产设计

舾装生产设计的内容是在设绘舾装综合布置图的基础上进行单元划分。将某一个区域的综合部件、管路划分出若干单元以及需要现场安装的零件。设绘的图表包括安装图、零件图、舾装件制作图、托盘管理表等。舾装生产设计的内容如图1-2所示。

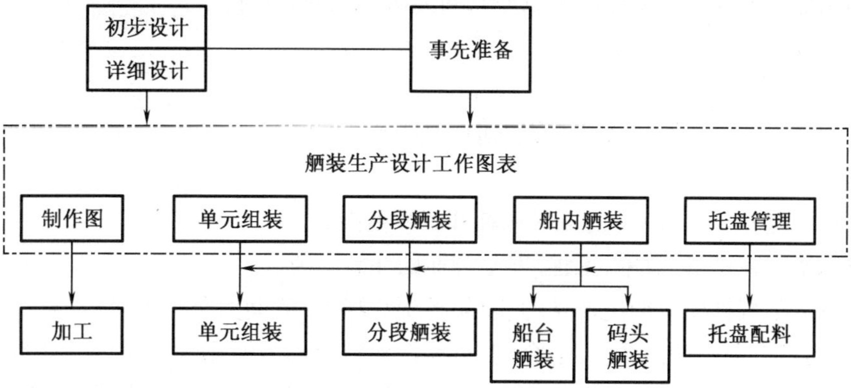

图1-2　舾装生产设计的内容

舾装生产设计又分为机装、电装和船装生产设计,其具体内容如下:

(1)机装是机舱舾装的简称。机舱的作业范围通常指从机舱前端壁到机舱后端壁,包括轴隧在内的纵向范围,以及从机舱舱底到烟囱这一竖向范围。机舱生产设计的主要内容包括该范围内的管舾装、铁舾装和主机轴系三大部分。其中主机轴系的生产设计有时是在详细设计阶段进行的。

(2)电装生产设计主要解决全船电气设备的制作、安装技术问题,并为现场提供记有工艺指令的图纸及传达管理信息的图表。

(3)船装生产设计的内容比较广泛,按专业可划分为内装、外装、管装和涂装四个方面。

内装:以居住、工作舱室为主的室内舾装设计,也称居装。

外装:舱室外全船各层甲板的舾装设计,又称甲板舾装或简称甲装。

管装:除机舱之外的全船性管系舾装。

涂装:全船的除锈处理与涂料涂装设计,包括原材料的预处理。鉴于涂装对船舶营运质量的重要性及涂装技术的特殊性,有的船厂将涂装从舾装中分离出来,单独设立涂装生产设计部门。

如果打破专业界限,按生产设计的顺序或阶段来划分,生产设计包括两个方面的内容,即生产设计的事前准备工作及生产设计图纸和管理表的绘制。

3. 船舶生产设计的事前准备工作

事前准备是生产设计中极为重要的一个环节和工作内容,主要是进行全船性、综合性的统筹与协调,既涉及技术问题,又有进度和工程管理问题。事前准备牵涉各专业、各设计阶段,确定后既作为各专业生产设计的依据,又作为对前阶段设计的要求。它包括结构的工艺性、图纸的完整性、布置与结构的合理性,以及施工的方便性、经济性等,使前阶段的设计工作能满足生产设计的要求。生产设计的事前准备工作包括生产技术准备、计划准备和工程控制准备三方面内容。

(1)生产技术准备

生产技术准备是事前准备工作的基础,具体内容包括确定船舶的建造方针,编制各专业的施工要领,并统筹协调各专业间的生产技术问题,使之最大限度地利用船厂现有设施,发挥施工人员的技艺,提高造船质量与生产效率,确保安全与低成本。

船舶建造方针决定了船舶的建造原则与方法,主要内容有:

①建造方法;

②分段划分;

③必须使用的生产设备及其使用周期;

④加工外协范围;

⑤工程节点(开工、下水)的工时消耗和工程范围;

⑥特殊舾装在质量、效率、工程、安全方面的注意事项。

建造方针是根据船厂的生产条件、船舶类型与特点、劳动力负荷等情况,从整个船舶产品的角度,通过综合平衡协调,以最合理、最经济建造船舶为原则来制定的。建造方针一旦确定,将作为船厂生产活动的根本遵循,对造船的各项生产活动,包括生产设计,起主导作用。

施工要领一般是在确定建造方针的基础上分专业编制的。其内容包括规定作业的工程范围、作业量、施工方法与要求、日程和特殊的施工注意事项及技术要求。编制施工要领时，可以参考各有关作业标准。施工要领将作为指导生产设计和施工管理的主要技术文件。

(2)计划准备

计划准备包括确定船舶建造的顺序计划、负荷计划和日程计划，最终编制综合日程表，以控制船舶设计与建造的各主要环节。

计划准备必须与生产技术准备同步进行，生产技术准备过程必然涉及计划准备的内容。例如，考虑某项施工要领时，当作业量与作业方法均已确定后，紧接着就会提出场地使用计划，这就需要根据作业对象，在规定作业的场所内，确定作业的开始时间与结束时间，并与日程计划、作业负荷的均衡性相一致。如不一致，则要考虑更改作业方法等，以获得最佳的施工效能。

(3)工程控制准备

工程控制准备包括工时控制、物耗控制与质量控制三方面内容。其目标是以最低的物耗、工耗确保船体强度、航行性能与防锈性能，通过设计控制物耗与工耗。这项工作将通过控制图表贯彻在生产设计过程中，它是控制船舶建造成本的重要措施。

4. 设绘生产设计图表

在生产设计事前准备工作的基础上，可以全面设绘生产设计工作图与管理表。

对船体生产设计来说，主要是设绘船体工作图和管理表；对舾装生产设计来说，应在设绘舾装综合布置图的基础上，分别设绘安装图、零件图、制作图和托盘管理表等。

(1)工作图

工作图是指开展生产设计所出的图纸。它是根据详细设计阶段设绘的船体结构图，以及各种舾装图纸(包括综合布置图)，并按船厂生产管理体系、生产技术手段、工艺流程、施工要领与建造精度所设绘的指导具体施工的图纸。在设绘工作图的同时，还必须为各类部件、分段、舾装区域与单元编制零件表。可以认为，工作图就是施工方法的图表化。工作图不是一成不变的，同一条船在不同的船厂建造可能采用不同的施工方法，因此工作图的形式也就不同。虽然工作图的形式可以不同，但其基本内容、作用是相同的。工作图是直接指导施工的图纸，造船企业通过工作图向作业者发出作业执行命令，通常应该包括下列七个项目：

①作业对象；

②作业量；

③作业场所；

④作业方法；

⑤作业开始时间；

⑥作业结束时间；

⑦作业者。

工作图的技术语言是各种工艺符号与编码、数字等。各企业都应建立有关标准，统一技术语言，只有这样才能开展生产设计。

(2)管理表

管理表是指设绘生产设计工作图过程中所提供的工艺流程、材料、设备、半成品的配套、成本控制、工时、物量负荷的平衡和生产日程计划控制等方面工作所需的图表。编制生产设计管理表的目的在于为计划和生产管理部门组织、协调和计划开展各项管理工作提供直接依据。

以船体为例,管理表提供主要内容包括:

①生产管理量的统计,如切割长度、分段质量、装配长度、焊接长度、涂装面积等;

②各工序作业负荷分布;

③工艺项目划分;

④工时定额;

⑤工艺项目之间的衔接关系;

⑥自制、外协、外购、铸锻件项目;

⑦设计、生产日程安排(日程表);

⑧检验项目安排表等。

(3)舾装综合布置图

舾装综合布置图是舾装生产设计的基础。它是从全局出发,把全船舾装件(包括机电设备、装置等)分区域在图面上统筹协调、综合布置,使之做到互不干扰、布置合理、利于施工和维修。开展船装、机装、电装生产设计时,都必须设绘相应的综合布置图。以机装综合布置图为例,其包括主机、辅机、电气设备、基座、各种管路、电缆敷设、箱柜、花铁板与格栅、扶梯、扶手等。设绘综合布置图还可以提供管子、电缆开孔图,作为深化船体生产设计的内容之一。

1.3.5 船舶生产设计的设计体制

我国现行的船舶设计体制大体上可以分为三种形式:第一种是初步设计、详细设计和生产设计的全部工作都在船厂进行,设计能力较强的大型船厂常采用这种形式;第二种是初步设计和详细设计在专业设计院进行,生产设计在船厂进行,设计能力较弱的中小型船厂多采用这种形式;第三种是初步设计和详细设计在专业设计院进行,生产设计委托专业设计公司进行,这是一种没有设计能力的中小型船厂采用的形式。当然这三种设计体制不是一成不变的。大型船厂遇到技术复杂的新船型或船厂设计任务超过其设计能力时,也会把初步设计和详细设计委托给专业设计院进行;没有设计能力的中小型船厂,一旦具备了生产设计能力也会自己进行生产设计。

生产设计的内容涉及面很广,工作环节多,要有相应的组织机构来完成具体的设计任务。生产设计的内容与形式必须满足船厂生产和管理的要求。生产设计的管理体制也应与船厂的生产和管理要求相适应。由于各船厂的条件和技术水平不一致,因此生产设计的管理体制也不完全相同。虽然各船厂生产设计的组织形式不尽相同,但是其管理体制的基本指导思想还是一致的,组织机构也是相似的,归纳起来主要有两种基本形式:一种形式是把船体和舾装的生产设计集中在一个部门中进行。例如,在船厂设计部门内设立初步设计室、详细设计室和生产设计室,各室的任务与船舶设计三阶段的业务相对应。生产设计室下设管理、电算、船体、机装、船装、电装各专业组。另一种形式是把船体生产设计与舾装生产设计分开,分别在两个部门中进行。例如,船厂内独立设置船体生产设计室,与设计部门并列或设在工程部门内,而机装、船装、电装生产设计则由设计部门的舾装生产设计室进行,不再单独设置专门机构。

思考与练习

一、简答题

1. 生产设计的基本原则是什么?
2. 船舶生产设计有什么特点和作用?
3. 船舶生产设计的理论基础是什么?
4. 按工程类别分,船舶生产设计包含哪些内容?
5. 按设计顺序或阶段分,船舶生产设计包含哪些内容?
6. 为什么说生产设计的过程是在图上“模拟造船”的过程?

二、选择题

1. 船装生产设计范围不包含(　　)。

A. 甲板舾装　　B. 居装　　C. 机舱管系舾装　　D. 涂装

2. 负责船舶舱室外全船各层甲板的舾装设计的专业是(　　)。

A. 内装　　B. 外装　　C. 机装　　D. 电装

3. 最终编制综合日程表的生产设计准备工作是(　　)。

A. 生产技术准备　　B. 计划准备

C. 工程控制准备　　D. 设绘生产设计图表

4. 直接指导工人施工的图纸是(　　)。

A. 初步设计的图纸　　B. 详细设计的图纸

C. 生产设计的图纸　　D. 方案设计的图纸

5. 一般能全部完成初步设计、详细设计和生产设计的单位是(　　)。

A. 大型船厂　　B. 中小型船厂

C. 船舶设计院所　　D. 一般的修船厂

三、判断题

1. 工艺符号、编码及数字是工作图的技术语言。　　(　　)
2. 舾装生产设计和船体生产设计之间没有什么关系。　　(　　)
3. 开展生产设计可以不需要事前准备工作。　　(　　)
4. 生产设计将设计、工艺、管理三者融为一体。　　(　　)
5. 生产设计的工作图表不可能是现场生产的唯一依据。　　(　　)
6. 在不同的船厂,设绘的同一条船的生产设计图纸也会有差异。　　(　　)

任务页　模块 1 船舶生产设计概论

任务 1.1　船舶生产设计的产生

任务描述

查阅资料，学习中国船舶发展史，了解新中国成立后现代船舶工业的发展历程、阶段以及生产设计产生的意义。

任务实施

1. 任务引导

(1)学习视频资料

(2)查阅资料

在教师的指导下学会利用互联网查询文件资料的方法。

(3)分组讨论

确定分组人员，组员共同完成任务。

小组任务	
小组名称	
现代船舶工业的发展历程、阶段	

2. 任务评价

序号	项目	自我评价	小组评价	教师评价	备注
1	查阅资料(20 分)				
2	参与组内讨论(25 分)				
3	态度端正、认真积极(25 分)				
4	历程描述和阶段划分准确(30 分)				
5	合计				
6	总分				

任务 1.2　现代船舶设计方式

任务描述

查阅资料，了解现代船舶设计中三个阶段的目的和内容；了解各个设计阶段需要完成的图纸和文件名称并列出。

任务实施

1. 课前准备

课前完成线上学习任务：从线上平台接受任务，通过查询互联网、图书资料，分四组完成三个设计阶段图纸目录的收集。

2. 任务引导

(1)查阅资料

在教师的指导下学会利用互联网查询文件资料的方法。

(2)分组讨论

确定分组人员，组员共同完成任务。

小组任务		
小组名称		
各设计阶段主要完成的图纸和文件名称	初步设计	
	详细设计	
	生产设计	

3. 任务评价

序号	项目	自我评价	小组评价	教师评价	备注
1	查阅资料(20 分)				
2	参与组内讨论(25 分)				

（续）

序号	项目	自我评价	小组评价	教师评价	备注
3	态度端正、认真积极（25 分）				
4	图纸文件名称准确（30 分）				
5	合计				
6	总分				

任务 1.3　船舶生产设计概要

任务描述

题图 1-1 为生产设计的工作流程，从图中可以看出，要搞好生产设计，绝非生产设计一个部门所能胜任的，需要从事初步设计、详细设计的部门以及施工部门的有效配合。其中，船舶的建造方针在生产设计工作中起着主导作用，它能使各设计阶段的工作内容相互联系、相互协调。施工部门应为生产设计提供现场生产的经验，并反映到施工要领和作业标准中，作为生产设计的依据，同时要将现场生产的信息不断反馈给设计部门，以便其改进今后的设计工作。查阅资料，了解生产设计过程需要哪些部门配合，以及各部门如何配合。

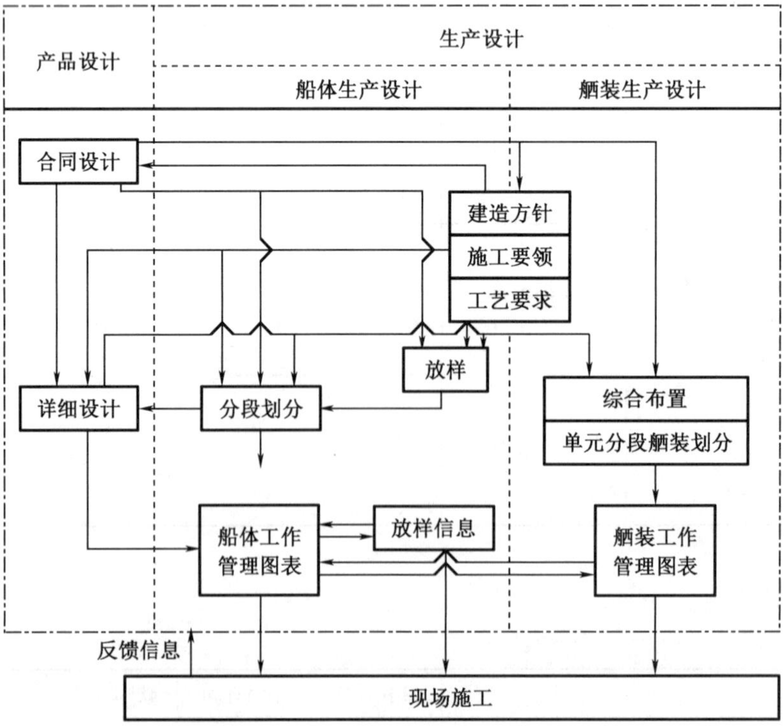

题图 1-1

任务实施

1. 课前准备

课前完成线上学习任务:从线上平台接受任务,通过查询互联网、图书资料,分组讨论生产设计工作流程。

2. 任务引导

(1)查阅资料

在教师的指导下学会利用互联网查询文件资料的方法。

(2)分组讨论

确定分组人员,组员共同完成任务。

<table>
<tr><td>小组任务</td><td colspan="2"></td></tr>
<tr><td>小组名称</td><td colspan="2"></td></tr>
<tr><td rowspan="3">生产设计过程中需要相互配合的部门和配合的内容</td><td></td><td></td></tr>
<tr><td></td><td></td></tr>
<tr><td></td><td></td></tr>
</table>

3. 任务评价

序号	项目	自我评价	小组评价	教师评价	备注
1	查阅资料(20 分)				
2	参与组内讨论(25 分)				
3	态度端正、认真积极(25 分)				
4	生产设计工作流程熟知(30 分)				
5	合计				
6	总分				

模块 2　生产设计标准体系

★模块描述

本模块以船舶生产设计标准为切入点，强调符号和编码是生产设计的主要技术语言。生产设计的符号和编码在国内外船厂各不相同，但就其表达的方法而言却有很多相似之处，即生产设计的符号和编码均应在满足产品施工要求的前提下，力求清晰明了、简单易懂，便于设绘生产设计工作图表，提高图纸质量，减少设计工作量；同时有利于现场施工人员使用，并便于管理。

近几年，随着三维生产设计软件的广泛应用，生产设计的广度及深度不断深化，目前国内各船厂在生产设计方面形成了自己的标准文件，采用了不同的生产设计符号和编码系统。本模块着重介绍行业标准中几种常用的工艺符号，和某船厂的生产设计编码体系，让读者了解生产设计图纸和文件中通过符号和编码表达各种信息的方式，为后续识读和设绘生产设计图纸打好基础。

★学习目标

●知识目标

1. 掌握常用船体建造工艺符号及其应用；
2. 掌握焊接坡口符号的含义及其应用；
3. 理解船体结构型材端部形状符号的含义；
4. 理解船体结构典型工艺切口符号的含义；
5. 掌握船体生产设计编码的概念及结构构成。

●能力目标

1. 能识读船体工作图上的工艺符号；
2. 能运用工艺符号在船体工作图上表达施工要求；
3. 能说明给定的船体生产设计编码的含义；
4. 能按照给定的生产设计编码构成写出指定船舶的零件编码。

●素养目标

1. 具有一丝不苟、精益求精的工作态度；
2. 具有规范生产标准、严格工艺规范的意识。

任务2.1　船舶生产设计标准体系认知

标准就是为了在一定的范围内获得最佳秩序，经有关方面协商一致制定并由公认机构批准，供相关人员共同使用和重复使用的一种规范性文件。标准宜以科学、技术的综合成果为基础，以取得最佳的共同效益为目的。我国标准按照法律的约束性，分为强制性标准和推荐性标准，但以推荐性标准为多数，非强制执行，由相关人员自愿采用。

标准的类别主要有技术标准、管理标准和工作标准，具体来说有基础标准、产品标准、方法标准、安全标准、卫生标准、环境保护标准等。标准化则可以反映出一个企业、一个行业甚至一个国家的科技水平、管理水平和经济发达程度。

目前，我国使用的船舶专业技术标准是由许多标准体系构成的，如海洋船舶制造专业技术标准包括船舶总体、船舶结构、船舶性能与试验、船用材料及检验方法、船舶建造技术及工艺、船舶制造工艺装备、管理要求及方法等国家标准及行业标准。

造船生产设计标准体系是随着生产设计深入开展的需要而形成的。生产设计标准包括技术标准和管理标准两大部分。它可以统一设计准则，减少设计工作量，提高设计质量，并且方便设计管理等。

2.1.1　生产设计的标准体系结构

鉴于生产设计是融设计、生产、管理于一体的，生产设计标准就必然会涉及有关综合性与各个专业性的设计技术、工艺技术、设计管理、生产管理和安全生产等方面的有关标准、规则、指导文件、设计要领、施工要领以及标准图册等。又由于生产设计是船舶设计的组成部分，其工作图表直接用于指导现场施工与管理，而且其还涉及详细设计中有关的设计标准，以及现场施工过程中的作业标准和质量标准，因此，这些相关标准也应纳入生产设计的标准体系。

我国有关部门曾在收集国内外有关生产设计标准资料后，结合我国开展生产设计的实际，研究编制了船舶生产设计标准体系。船舶生产设计标准体系由上到下可分为大类、专业类、功能类和项目类四个结构层次。

大类：船舶生产设计标准。

专业类：分基础（综合性）、船体、机装、船装、电装、管装和涂装七类。

功能类：分基础、设计、作业（包括加工、制作、装配和安装）以及质量四类。

项目类：具体项目标准。

2.1.2　生产设计标准的级别

我国标准分为国家标准、行业标准、地方标准和企业标准四个级别。

国家标准是指针对需要在全国范围内统一的技术要求所制定的标准。国家标准是四级标准体系中的主体，其他各级标准不得与之相抵触。国家标准是由国务院授权的国家标准化管理委员会制定、批准、发布的，在全国范围内统一实施。

行业标准是指针对没有国家标准而又需要在全国某个行业范围内统一的技术要求所

制定的标准。行业标准是对国家标准的补充,是专业性、技术性较强的标准。行业标准的制定不得与国家标准相抵触,国家标准公布实施后,相应的行业标准即废止。行业标准由全国专业标准化技术委员会制定。

地方标准是指针对没有国家标准和行业标准而又需要在省、自治区、直辖市范围内统一工业产品的安全、卫生要求所制定的标准。地方标准在本行政区域内适用,不得与国家标准和行业标准相抵触。国家标准、行业标准公布实施后,相应的地方标准即废止。地方标准是由各省、自治区、直辖市标准化行政主管部门批准、发布的,在该地方范围内统一实施。

企业标准是指企业所制定的产品标准及对在企业内需要协调、统一的技术要求和管理、工作要求所制定的标准。企业标准是企业组织生产、经营活动的依据,由企业单位自己制定的企业标准一般要比上一级的标准要求更高,有关规定也不得与上一级标准相抵触。各企业可根据自己企业的具体情况酌情考虑进行设计标准的编制,以满足生产设计的要求。企业在制定了自己企业的标准以后,一般都按照该标准来执行,对于生产设计中未有企业级标准规定的项目,通常选用上一级标准。

船舶生产设计标准可分成国家标准、船舶行业标准和企业标准三种。由于生产设计与船厂的工艺技术、工艺装备、生产管理体制、管理水平等因素密切相关,因此作为生产设计标准,其大部分属于企业标准。企业标准是生产设计标准中数量最多且最基本的标准。随着生产设计的进一步深化,相关部门应在企业标准制定的基础上再逐步统一,以便创造条件,逐步编制出新的船舶专业标准级和国家标准级的生产设计标准。

2.1.3 新船设计前的设计标准准备

在生产设计前,还需要整理新设计船所用的船厂惯例和标准,国外称之为SDP(shipbuilding design practice),即根据某一船型的特点,对船厂已有的企业标准加以归纳、整理和提炼设计标准文件。如需送船东和船检的,则需及时完成送审。通过编制SDP,可用船厂已有标准和惯例进行设计,这样可把复杂的设计简单化,使众多简单的设计实现标准化,最大限度地规范设计人员的设计行为。如今我国已有一些船厂在新船设计前做了编制SDP的准备。SDP的主要内容有:

(1)建造流程、生产设备与设施能力。

(2)各部门工作职责。

(3)国际标准、企业标准。

(4)船体设计的标准和方法,如套料和钢材管理,切割、成形、坡口、校正、焊接、装配等工艺方法和标准。

(5)舾装设计的标准和方法,如管系设计、机装设计、船装设计、电装设计、舱室和空冷通风设计等。

思考与练习

一、简答题

1. 制定船舶生产设计标准有何作用？

2. 简述我国生产设计标准体系的结构组成。

3. 有哪些级别的生产设计标准？企业标准有何特点？

二、单选题

1. 船体生产设计标准中，《船体分段工作图设绘要领》属于(　　)。

A. 基础标准　　B. 设计标准　　C. 作业标准　　D. 质量标准

2. 生产设计(工作图)的最佳技术语言是(　　)。

A. 符号和编码　　B. 工艺文件　　C. 表格　　D. 口头指令

三、判断题

1. 一般来说，生产设计的企业标准的级别最低，但要求最高。(　　)

2. 制定船舶生产设计编码系统属于船体生产设计标准的范围。(　　)

3. 应用生产设计的符号和编码，可以简化工作图图面，减少设计工作量，也便于识图和施工。(　　)

任务 2.2　生产设计符号

2.2.1　船体建造工艺符号

船体建造工艺符号是指钢质船体放样、号料、加工和装配用的符号。国家有关部门已颁布行业标准，标准代号为 CB/T 3194—1997。该标准规定了金属船体建造中一般符号及余量、补偿量、加工、装配、修补工艺符号，适用于船体分段工作图和金属船体的放样、号料、加工、装配及修补。

下面以船体建造的一般符号，余量、补偿量符号及船体构件理论线标记符号为例，说明符号所表达的含义及其应用。

标准文件
CB/T 3194—1997

1. 船体建造的一般符号

(1)对合线和检验线符号

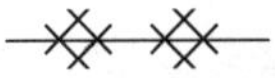 表示构件、分段的对合线和检验线，如图 2-1 所示。

(2)构件通断符号

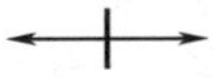 表示构件在此为连续构件，如图 2-2(a)、图 2-2(b)所示。

 表示构件在此为间断构件，如图 2-2(c)所示。

(3)接缝线符号

船体边接缝和端接缝符号在《金属船体制图　第 2 部分：图形符号》(GB/T 4476.2—2008)中规定如下：

表示一般接缝，如图 2-3 所示。

表示分段接缝，如图 2-3 所示。

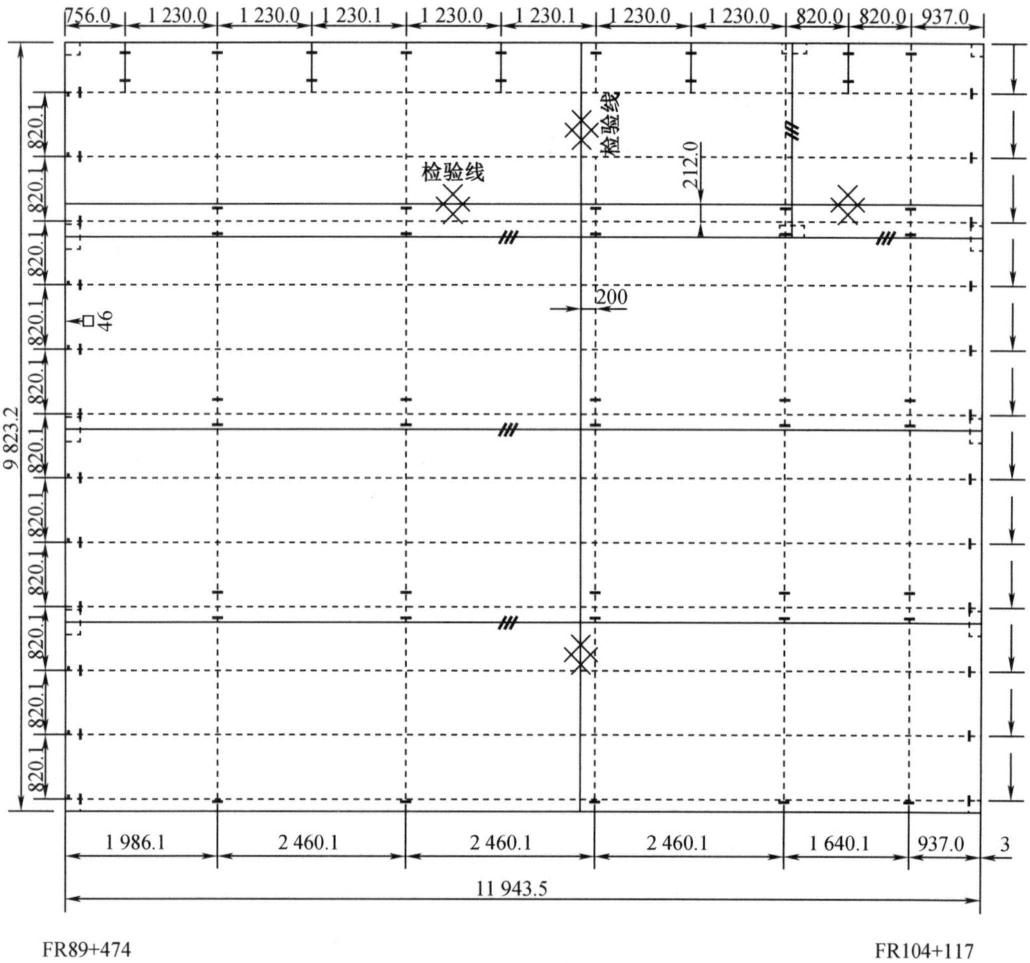

图 2-1　分段外板检验线划线图(单位:mm)

2. 余量、补偿量符号

余量是指对船体零件、工件和中间产品通过加工、装焊、火工矫正等多道工序,而产生的变形及收缩进行定性和定量分析后,加放的比实际变形及收缩略大的工艺量,一般要在装配后割除。

补偿量是指对船体零件、工件和中间产品通过加工、装焊、火工矫正等多道工序,而产生的变形及收缩进行定量分析后,加放相当实际变形和收缩的工艺量,一般不需再切割。补偿量可在分段建造过程中消耗。例如,许多船厂为了保证船舶的总长度,放样时将每一肋距加放 0.5~1 mm 的工艺余量,这种余量就是补偿量。

余量及补偿量符号有五种,分别叙述如下:

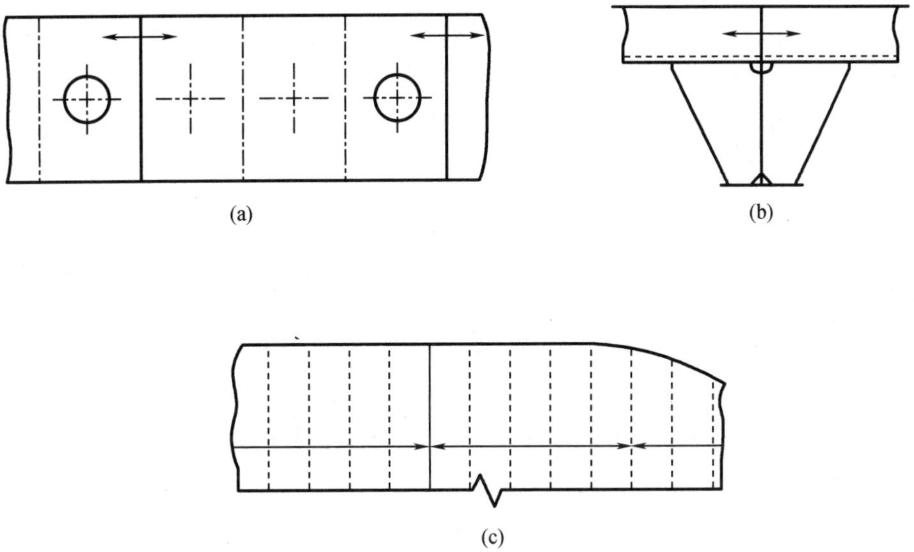

图 2-2 构件通断符号图例

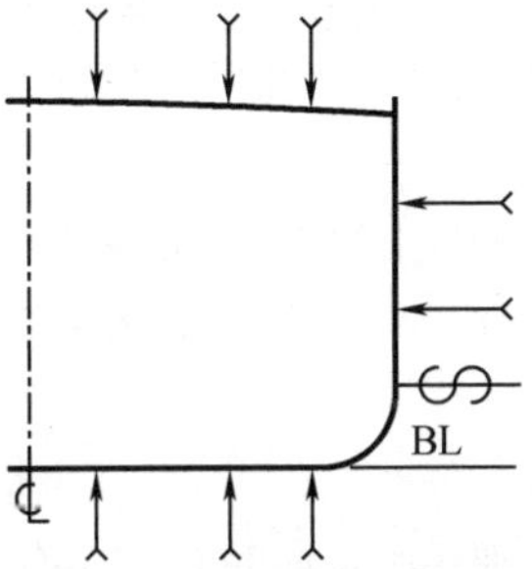

图 2-3 接缝线符号图例

(1)补偿量

b:补偿量。表示符号所指端加放 *b*(余量数值,如 5 mm)值作为补偿量,装配时不需要切割。

(2)部件装配余量与补偿量

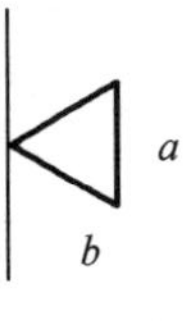

a:装配余量;*b*:补偿量。表示符号所指端加放 *a*(余量数值,如 20 mm)值作为装配余量,部件装配完工后保留 *b*(余量数值,如 5 mm) 值作为补偿量。

(3)分段(总段)装配余量

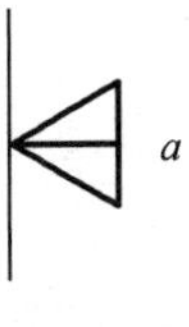

a:装配余量。表示符号所指端加放 *a*(余量数值,如 20 mm)值,分段装配完工后修整切除。

(4)分段合拢余量与补偿量

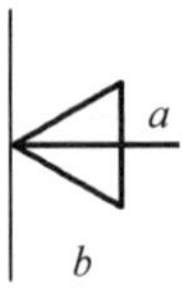

a:装配余量;b:补偿量。表示符号所指端加放 a(余量数值,如 40 mm)值,在分段装焊结束并划线后保留 b(余量数值,如 10 mm)值作为船台(船坞)合拢时的补偿量。

(5)船台(船坞)合拢余量

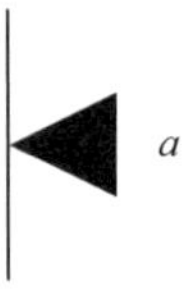

a:装配余量,表示符号所指端加放 a(余量数值,如 30 mm)值,船台(船坞)合拢时切割。

在造船生产过程中,要尽量采用国家标准及船舶行业标准中所规定的符号。若不够用,可以结合企业的实际情况,制定一些工艺符号,在本企业内统一使用,在工作图上表达更多的工艺要求。

上海外高桥造船有限公司制定了《船体精度设计规定》(Q/SWS 52-002-2006)的生产设计企业标准,对船体精度常用符号表示方法做了规定,如表 2-1 所示。

表 2-1　船体精度常用符号表

序号	精度符号	内容
1	X>	在构件上加放 X(mm)补偿量 主要用于补偿总组或搭载阶段焊接收缩,无须切割
2	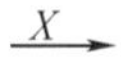	在构件上加放 X(mm)的余量 弯曲作业完成,检查后切割
3		在构件上加放 20 mm 余量 小组立、中组立完成,检查后保留 X(mm)补偿量,切割
4		在构件上加放 20 mm 的余量 分段完成,检查后保留 X(mm)补偿量,切割
5	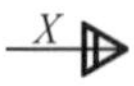	在构件上加放 20 mm 的余量 总组完成,检查后保留 X(mm)补偿量,切割
6		在构件上加放 20 mm 的余量 搭载检查后保留 X(mm)补偿量,切割
7	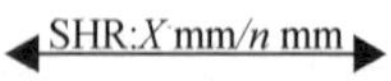	在构件上每 n(mm)加放 X(mm)收缩量 装配时焊接收缩,不切割

表 2-1(续)

序号	精度符号	内容
8	$\overset{XT}{\triangledown}$	三角装配补偿量 通常加放在大肘板趾端,补偿三角形收缩,不切割

表 2-1 中精度符号应用示例:

示例 1:序号 1,如果 $X=5$,表示设计建模和放样时,在理论尺寸的基础上,已经加放了 5 mm,用来补偿总组或搭载阶段焊接引起的收缩。切割作业时无须额外加放,而且切割作业完成后,不得切除该补偿量。

示例 2:序号 4,直线下方无数值时,表示建模和放样时加放了 20 mm 的余量;直线下方添加数值时,如$\underset{30}{\longrightarrow}\!\triangleright$,则表示加放值为 30 mm。如果 $X=5$,表示设计建模和放样时,在理论尺寸的基础上已经加放了 20 mm 的余量,用来修正分段建造过程中的偏差,分段完工检查后,保留 5 mm,主要补偿总组或搭载阶段焊接引起的收缩。

3. 船体构件理论线标记符号

船体构件理论线就是在船体建造时决定构件安装的位置线,即确定构件装配时的厚度方向。因此,确定船体构件理论线,主要是考虑构件安装的工艺性,也就是装配的方便性和构件连接的合理性。在进行生产设计之前必须明确船体构件在设计图上的理论线的位置,作出全船的理论线图。

理论线微课

(1)确定船体构件理论线的基本原则

①船壳板理论线向内,即取板的内缘。

②水平方向构件(甲板、平台、内底板、水平桁材等)以靠近基线一边为理论线。水平方向骨材远离基线。

③纵向构件(旁底桁、甲板旁纵桁等)以靠近中线面一边为理论线,而边水舱纵舱壁以扶强材布置(一般为远离中线面)一边为理论线,中纵构件以其厚度中线为理论线,中纵舱壁以最下列板的厚度的中线为理论线。

④横向构件(肋板、肋骨、横梁、平面横舱壁等)以靠近中剖面一边为理论线。

⑤不对称型材(包括型钢及折边构件)以其背面为理论线。

⑥舱口围板、舱口端梁均以靠近舱口中心线为理论线。

⑦主机基座纵桁以靠近主机中心线一边为理论线。位于主机基座纵桁对应位置的甲板纵桁的埋论线应与主机基座纵桁的理论线一致;与主机基座桁材连接的旁桁材或旁内龙骨的理论线应与基座桁材的理论线一致。

⑧封闭型对称型材以其对称轴为理论线,锚链舱以其围壁外缘为理论线,烟囱、轴隧以板的内缘为理论线。

⑨在实船设计时,船体构件理论线的选取在优先考虑以上原则的基础上,可按具体情况另行选取。

(2)船体构件理论线标记符号及典型示例

①构件理论线标记符号

船舶行业标准《船体建造工艺符号》(CB/T 3194—1997)中规定了船体构件安装位置符号,即船体构件理论线标记符号,如图 2-4 所示。图 2-4(b)中构件理论线标记符号是理论线为厚度中心时的符号。

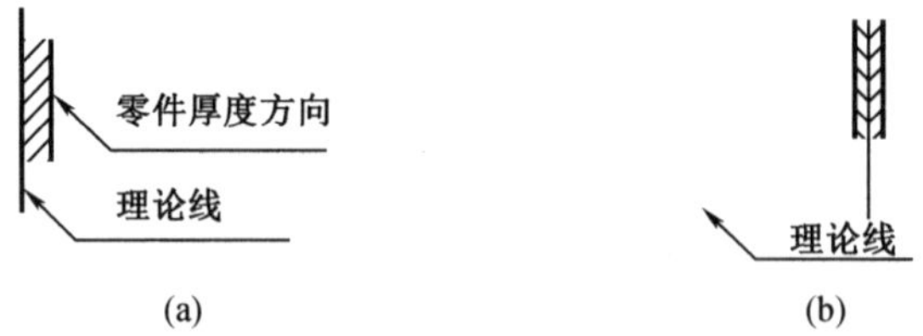

图 2-4 船体构件理论线标记符号

②船体构件理论线标记图例如图 2-5(a)、图 2-5(b)所示。

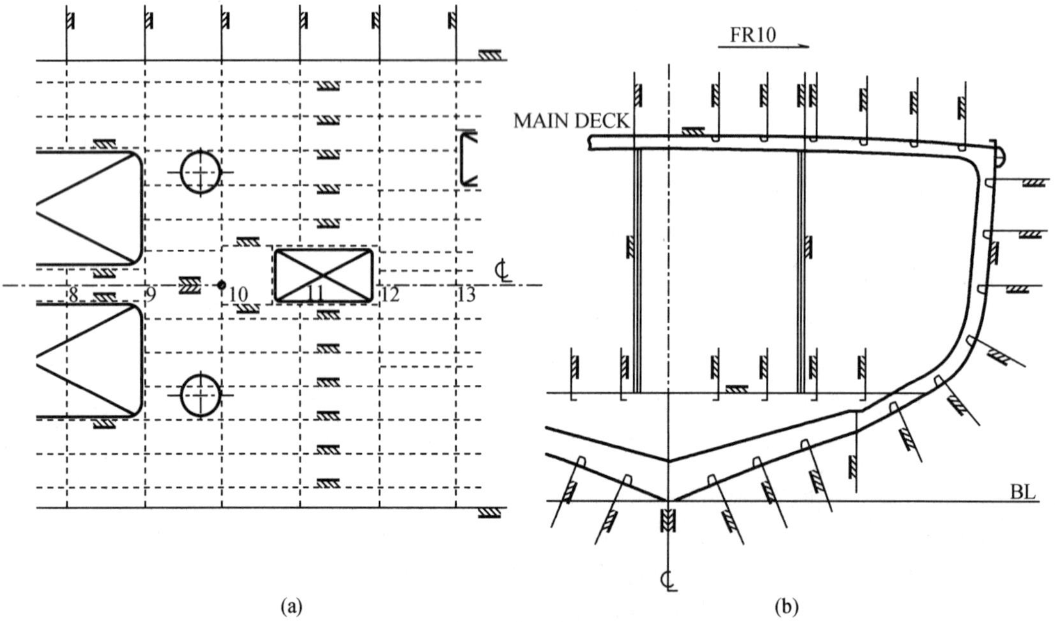

图 2-5 船体构件理论线标记图例

2.2.2 焊接坡口符号

焊接坡口符号表示采用不同的材料、厚度、焊接方法等情况下的坡口型式及尺寸。在设绘生产设计工作图时,往往不是把每一条焊缝的坡口型式和尺寸都详细地在图纸上绘制出来,而是用符号来代替,以简化图面,减少设计工作量,也便于识图和施工。焊接坡口符号详见船舶行业标准《钢质船体结构焊接坡口型式及尺寸》(CB/T 3190—2019)。焊接坡口符号如下:

标准文件
CB/T 3190—2019

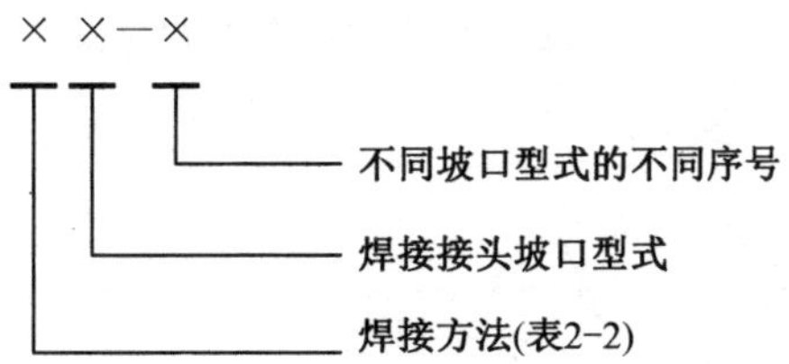

焊接坡口符号中，第一个字母符号表示焊接方法，如表 2-2 所示；第二个字母符号表示焊接接头坡口型式（如 I、V、Y、X、U、K）；第三个数字符号表示不同坡口型式的不同序号。如仅一个字母符号则表示焊条电弧焊或 CO_2 气体保护半自动焊坡口。

表 2-2　焊接方法符号

符号	焊接方法	符号	焊接方法
A	埋弧自动焊	F	FAB 法（纤维衬垫）
C	CO_2 气体保护单面焊		FCB 法（铜剂垫）
D	CO_2 双丝自动单面焊	G	气电垂直自动焊
E	熔嘴电渣焊		

例 2-1　船体底部分段外板拼板的焊接坡口要求的表示如图 2-6 所示。

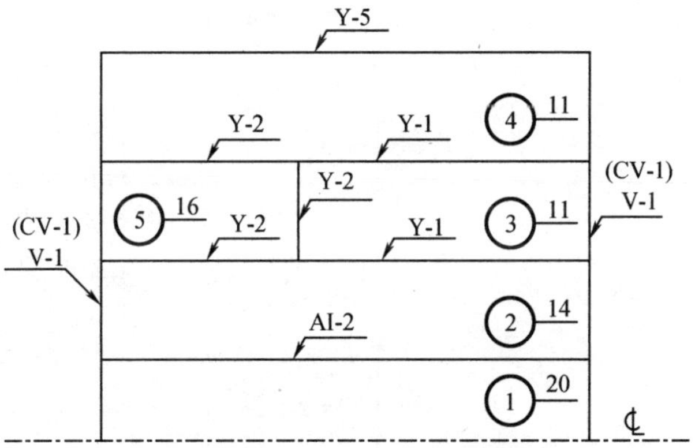

图 2-6　船体底部分段外板拼板的焊接坡口要求

图 2-6 中，外板拼板的各条焊缝具体的焊接坡口型式与尺寸要求，分别用符号 V-1（或 CV-1）、Y-1、Y-2、Y-5、AI-2 标注，简化了工作图图面，减少了绘图工作量。V-1（或 CV-1）、Y-1、Y-2、Y-5、AI-2 表示的焊接坡口型式与尺寸如表 2-3 所示。

表 2-3　图 2-6 中焊接坡口与符号对照表

<table>
<tr><th>序号</th><th>坡口型式</th><th>坡口尺寸</th><th>符号</th><th>适用范围</th></tr>
<tr><td>1</td><td>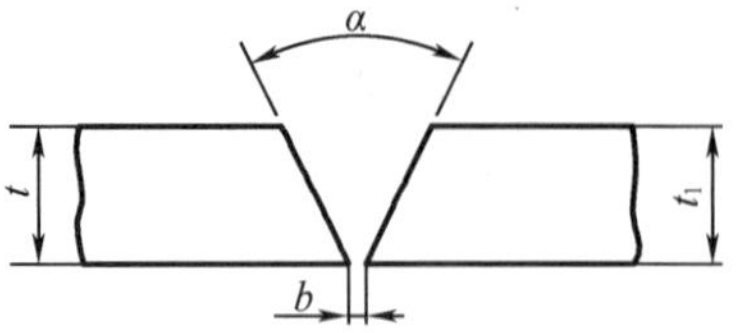</td><td>$t\leqslant 24$ mm
$t_1-t<4$ mm
$b=2_{-2}^{+1}$ mm
$\alpha=55^\circ\pm5^\circ$</td><td>V-1</td><td>用于部装、分段、搭载的接缝等，如外板等</td></tr>
<tr><td>2</td><td>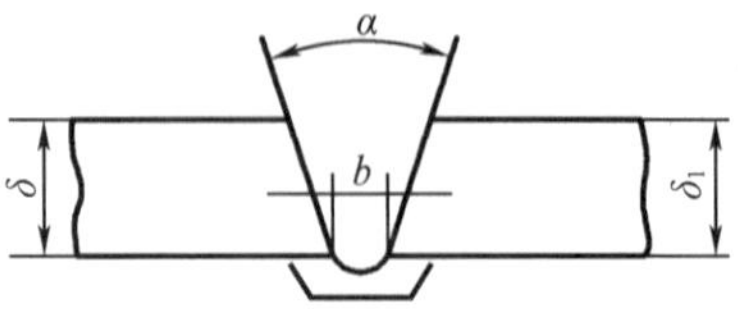</td><td>$\delta>8$ mm
$\delta_1-\delta<3$ mm
$b=6_{-1}^{+2}$ mm
$\alpha=40^{\circ}\,{}_{0}^{+5^\circ}$</td><td>CV-1</td><td>用于分段、总组、搭载平立位置 CO_2 气体保护半自动单面焊拼板对接缝，如内底板、外板、甲板板、斜傍板、舱壁板等接缝</td></tr>
<tr><td rowspan="2">3</td><td rowspan="2">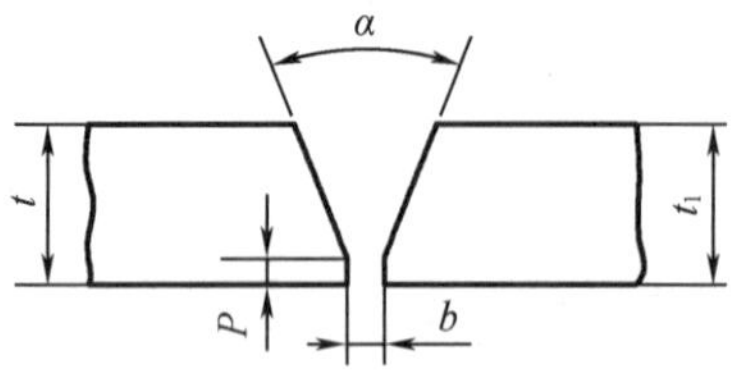</td><td>6 mm$\leqslant t\leqslant$ 13 mm
$t_1-t<4$ mm
$b=2_{-2}^{+1}$mm
$P=(2\pm1)$mm
$\alpha=55^\circ\pm5^\circ$</td><td rowspan="2">Y-1</td><td rowspan="4">用于部装、分段的接缝等，如外板、内底板、甲板板、平台板、隔舱板、纵骨等接缝</td></tr>
<tr><td>13 mm$<t\leqslant$ 24 mm
$t_1-t<4$ mm
$b=2_{-2}^{+1}$mm
$P=\frac{1}{4}t\pm2$
$\alpha=55^\circ\pm5^\circ$</td></tr>
<tr><td rowspan="2">4</td><td rowspan="2">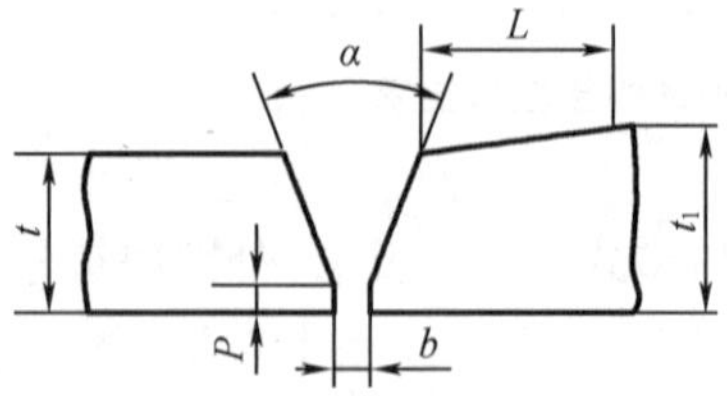</td><td>6 mm$\leqslant t\leqslant$ 13 mm
$t_1-t\geqslant 4$ mm
$L=4(t_1-t)$
$b=2_{-2}^{+1}$mm
$P=(2\pm1)$mm
$\alpha=55^\circ\pm5^\circ$</td><td rowspan="2">Y-2</td></tr>
<tr><td>13 mm$<t\leqslant$ 24 mm
$t_1-t\geqslant 4$ mm
$L=4(t_1-t)$
$b=2_{-2}^{+1}$mm
$P=\frac{1}{4}t\pm2$
$\alpha=55^\circ\pm5^\circ$</td></tr>
</table>

表 2-3(续)

序号	坡口型式	坡口尺寸	符号	适用范围
5	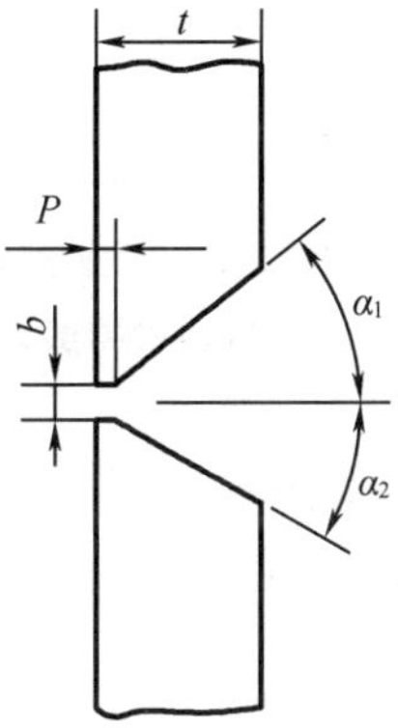	6 mm≤t≤13 mm $b=2^{+1}_{-2}$mm $P=(2\pm1)$mm $\alpha_1=45°{}^{+5°}_{0}$ $\alpha_2=10°{}^{0}_{-5°}$ —— 13 mm<t≤24 mm $b=2^{+1}_{-2}$mm $P=\frac{1}{4}t\pm2$ $\alpha_1=45°{}^{+5°}_{0}$ $\alpha_2=10°{}^{0}_{-5°}$	Y-5	用于分段、搭载的接缝等，如舷部与底部接缝等
6	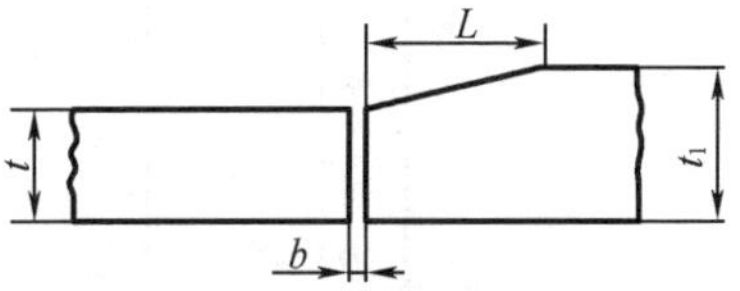	t≤20 mm t_1-t≥4 mm $L=4(t_1-t)$ $b=0^{+1}_{0}$ mm	AI-2	单丝双面埋弧自动焊用于14 mm及其以下拼板接缝；双丝双面埋弧自动焊用于20 mm及其以下拼板接缝，如甲板板、内底板、外板、隔舱板、平台板等接缝

2.2.3 船体结构型材端部形状符号

与焊接坡口符号一样，在绘制生产设计工作图时，往往也不是把每一个型材构件的端部形状及其连接型式，都在图纸上详细地绘制出来，而是用符号来代替，以简化图面，缩短设计周期。型材端部形状符号详见船舶行业标准《船体结构　型材端部形状》(CB/T 3183—2013)。该标准规定了船体结构型材端部的型式、尺寸及要求，适用于钢质船体结构型材端部的设计和制造，不适用于油船中特殊端部形状的设计和制造。

例 2-2　角钢或折边材与板材的连接，其端部腹板和面板都切斜。

图 2-7 表示的是角钢或折边材端部切斜的型式和尺寸，记作符号S。在工作图上表示时，不直接在图纸上把角钢或折边材端部切斜的型式和尺寸详细地绘制出来，而是用符号 S 来代替，简化了图面，减少了绘图工作量，如图 2-8 所示。

标准文件
CB/T 3183—2013

注：h 为型材高度；上标 a 表示端部离空值 35 为其标准值，亦可根据实际设计需要在 25~40 mm 中选取。

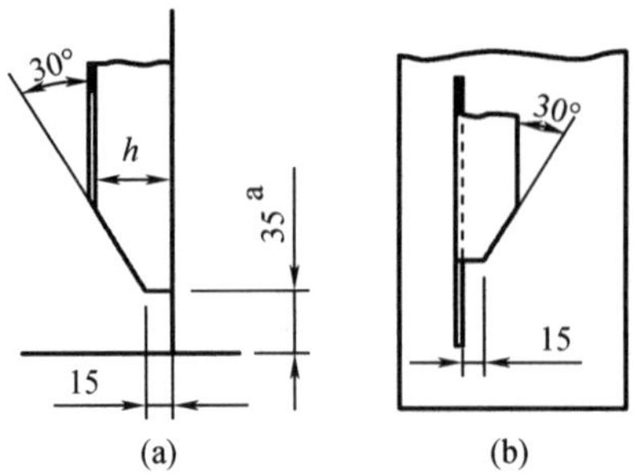

图 2-7　角钢或折边材端部切斜型式 S(单位:mm)

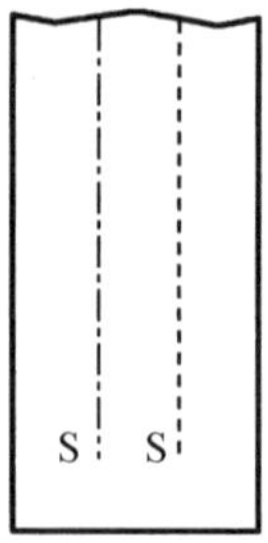

图 2-8　工作图上标注角钢或折边材端部切斜型式 S

例 2-3　球扁钢与板材的连接,其端部腹板切斜,面板不切斜。

图 2-9 表示的是球扁钢端部切斜的型式和尺寸,在工作图上表示时,也不直接在图纸上详细地绘制出来,而是用符号 S 来代替,如图 2-10 所示。

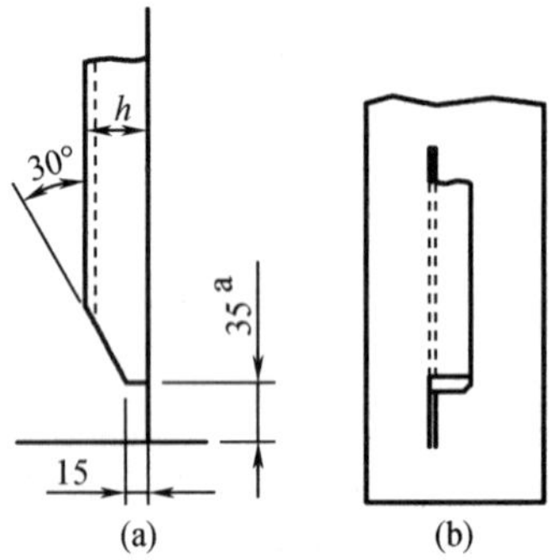

图 2-9　球扁钢端部切斜型式 S(单位:mm)

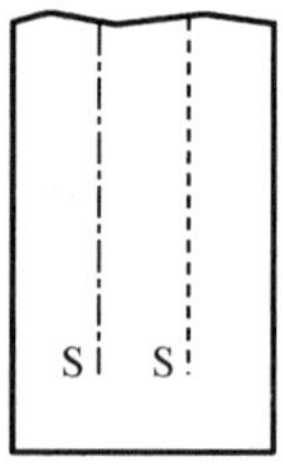

图 2-10　工作图上标注球扁钢端部切斜型式 S

注:h—型材高度;上标 a 表示端部离空值 35 为其标准值,亦可根据实际设计需要在 25~40 mm 中选取。

例 2-4　T 型材与板材的连接,其端部面板切斜,腹板不切斜。

图 2-11、图 2-12 表示的是 T 型材端部切斜的两种型式和尺寸,在工作图上表示时,也不直接在图纸上详细地绘制出来,而是用符号 F 或 FS 来代替,如图 2-13、图 2-14 所示。

注:h 为型材高度;R 为端部切角;上标 a 表示端部离空值 35 为其标准值,亦可根据实际设计需要在 25~40 mm 中选取。

例 2-5　T 型材与板材的连接,其端部不切斜。

图 2-15 表示的是 T 型材端部不切斜的型式和尺寸,在工作图上表示时,也不直接在图纸上详细地绘制出来,而是用符号 L 来代替,如图 2-16 所示。

注:h 为型材高度。

型材端部型式的型材高度 h 和端部切角 R 按表 2-4 规定。

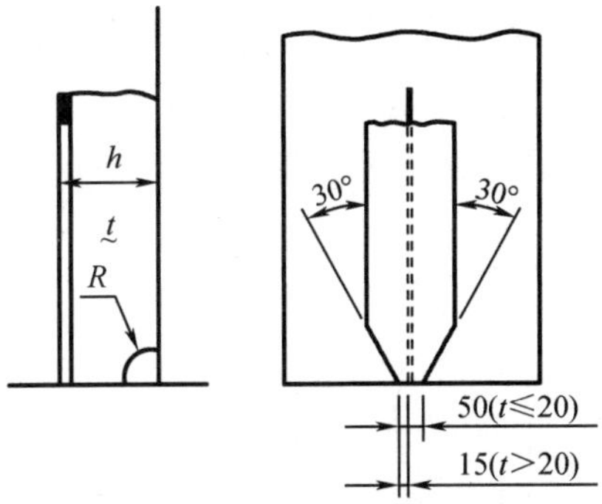

图 2-11　T 型材端部切斜
型式(1)F(单位:mm)

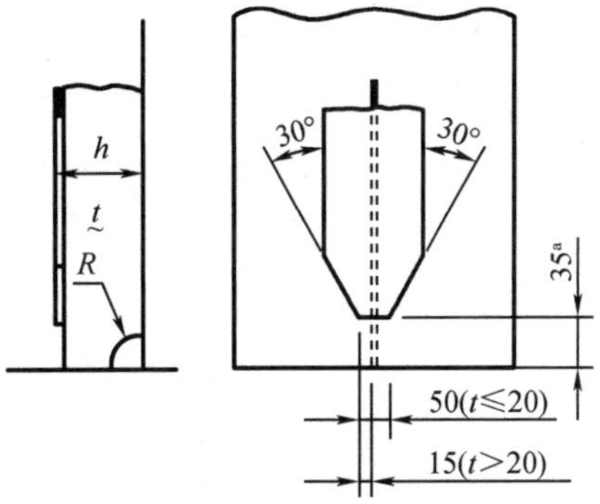

图 2-12　T 型材端部切斜
型式(2)FS(单位:mm)

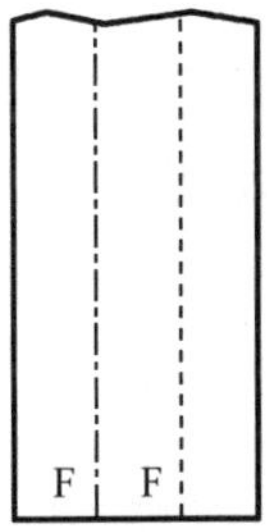

图 2-13　工作图上标注 T
型材端部切斜型式(1)F

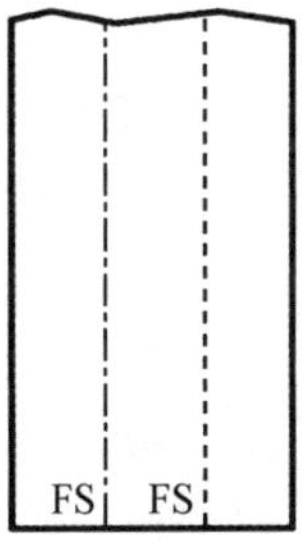

图 2-14　工作图上标注 T 型材
端部切斜型式(2)FS

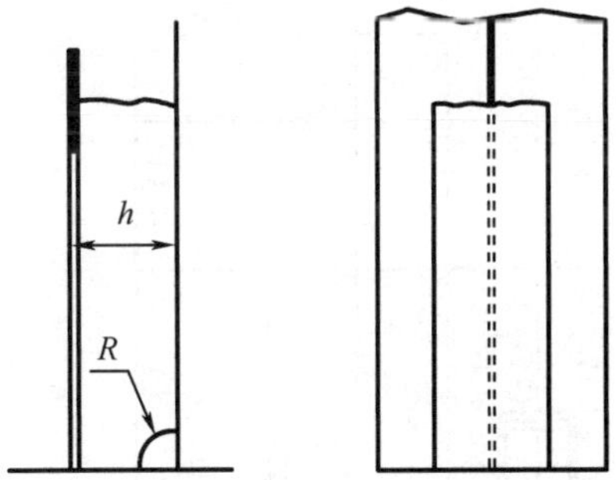

图 2-15　T 型材端部不切斜型式 L

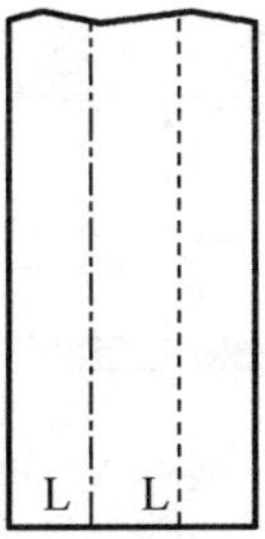

图 2-16　工作图上标注 T 型
材端部不切斜型式 L

表 2-4　型材端部型式

名称	范围			
h	h<100 mm	100 mm≤h<150 mm	150 mm≤h<250 mm	h≥250 mm
R	CW	CW	35	50

注:当焊缝需连续通过而不开 R 时,在产品图纸中注 CW,CW 代表 10 mm×10 mm 的切角,以表示通焊孔。当不需要流水孔和透气孔时,R 取 CW。

例 2-6 若型材端部用肘板连接,按照国家标准《金属船体制图 第 3 部分:图样画法及编号》(GB/T 4476.3—2008)中规定,可用符号 B 表示,如图 2-17 所示。图 2-18 为某横舱壁扶强材端部通过肘板与甲板及船底纵向构件连接的示例,在工作图上采用符号 B 表示。

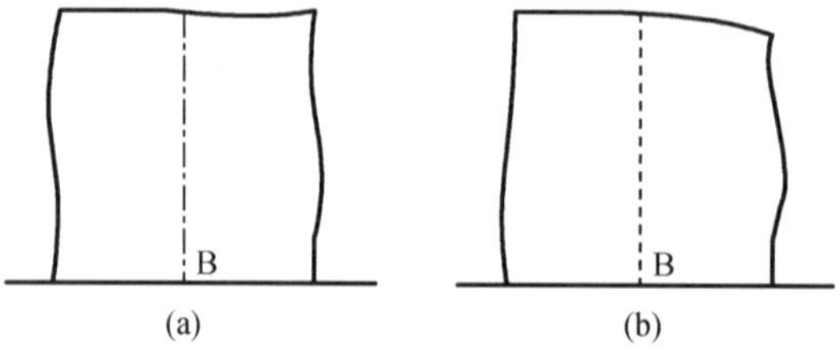

图 2-17 工作图上标注型材端部用肘板连接 B

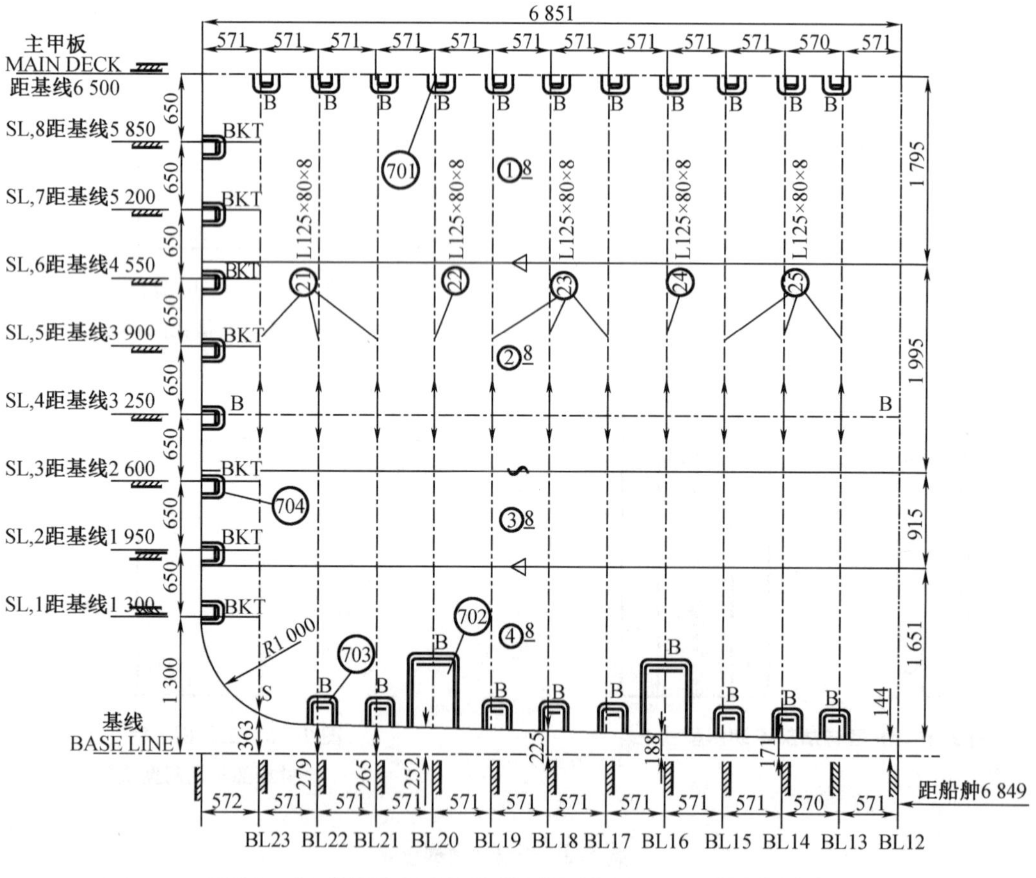

图 2-18 某横舱壁扶强材端部通过肘板与甲板及船底纵向构件连接(单位:mm)

2.2.4　船体结构典型工艺切口

船舶行业标准《船体结构　流水孔、透气孔、通焊孔和密性焊段孔》(CB/T 3184—2008)中规定了钢质船体结构上流水孔、透气孔、通焊孔和密性焊段孔的型式、尺寸及设计要求，可供设计时选用。下面重点讲述船体结构通焊孔及密性焊段孔的型式、尺寸和设计要求。

1. 船体结构通焊孔

(1)通焊孔的型式和尺寸

通焊孔就是为使焊缝连续通过而在构件上开设的小孔。通焊孔的型式和尺寸如表 2-5 所示。

标准文件
CB/T 3184—2008

表 2-5　通焊孔的型式和尺寸

<table>
<tr><th>序号</th><th>名称</th><th>代号</th><th>型式和尺寸</th><th>图示</th></tr>
<tr><td>1</td><td>非密半圆形角焊缝通焊孔</td><td>RC</td><td>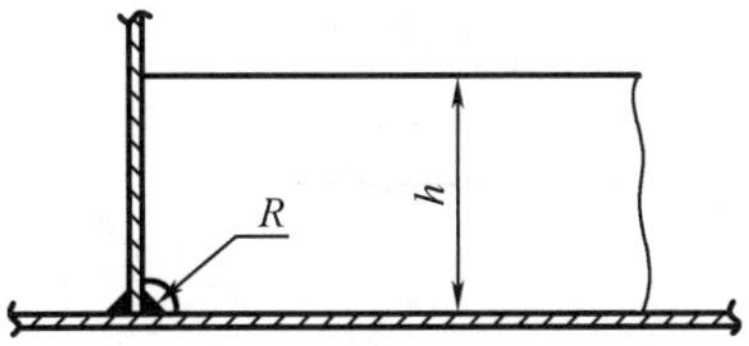

<table>
<tr><th>h/mm</th><th>R/mm</th></tr>
<tr><td>h<120</td><td>25 且不大于 h/4</td></tr>
<tr><td>120≤h<160</td><td>30</td></tr>
<tr><td>160≤h<250</td><td>40</td></tr>
<tr><td>h≥250</td><td>50</td></tr>
</table></td><td>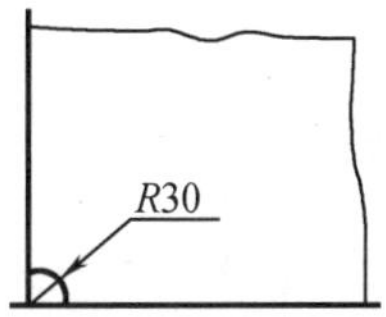

注：可不用尺寸引出线</td></tr>
<tr><td>2</td><td>非密半圆形对接焊缝通焊孔</td><td>RN</td><td>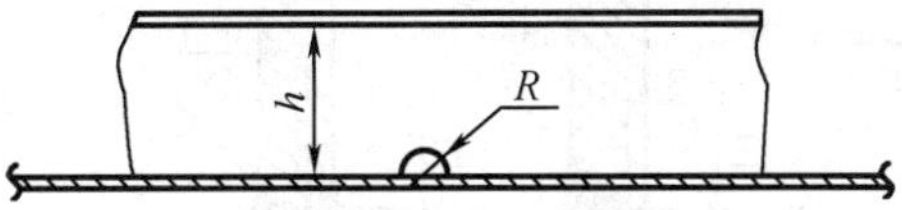

<table>
<tr><th>h/mm</th><th>R/mm</th></tr>
<tr><td>h<120</td><td>25 且不大于 h/4</td></tr>
<tr><td>120≤h<160</td><td>30</td></tr>
<tr><td>160≤h<250</td><td>40</td></tr>
<tr><td>h≥250</td><td>50</td></tr>
</table></td><td>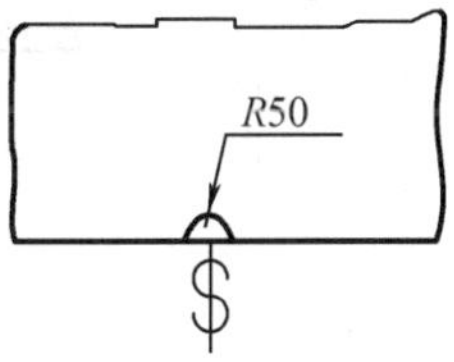
</td></tr>
</table>

表 2-5(续 1)

<table>
<tr><th>序号</th><th>名称</th><th>代号</th><th>型式和尺寸</th><th>图示</th></tr>
<tr><td>3</td><td>非密半腰圆形对接焊缝通焊孔</td><td>LN</td><td>
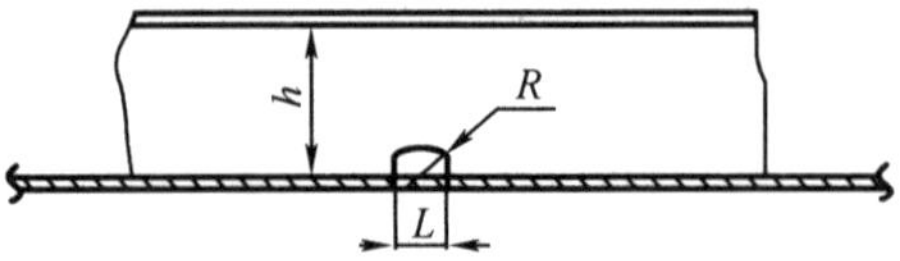

<table>
<tr><th>h/mm</th><th>R×L/mm</th></tr>
<tr><td>h<120</td><td>25×70
且 R 不大于 h/4</td></tr>
<tr><td>120≤h<160</td><td>30</td></tr>
<tr><td>160≤h<250</td><td>40</td></tr>
<tr><td>h≥250</td><td>50</td></tr>
</table>
</td><td>
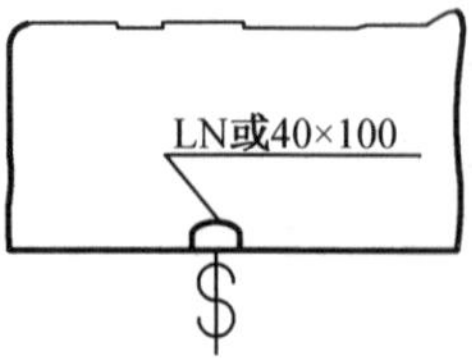

</td></tr>
<tr><td>4</td><td>密性半圆形对接焊缝通焊孔</td><td>WR</td><td>
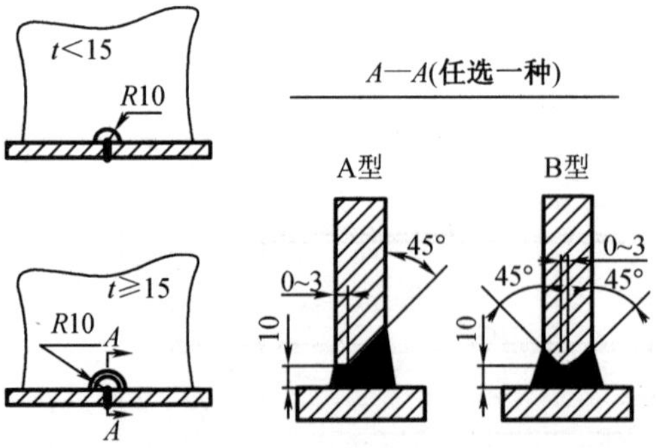

注:焊缝通过后用电焊填满。单位为 mm。
</td><td>
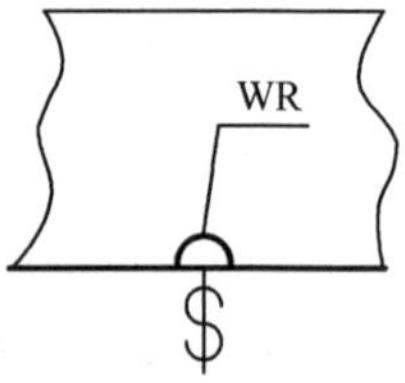

</td></tr>
</table>

表 2-5(续 2)

序号	名称	代号	型式和尺寸	图示
5	密性半腰圆形对接焊缝通焊孔	WL	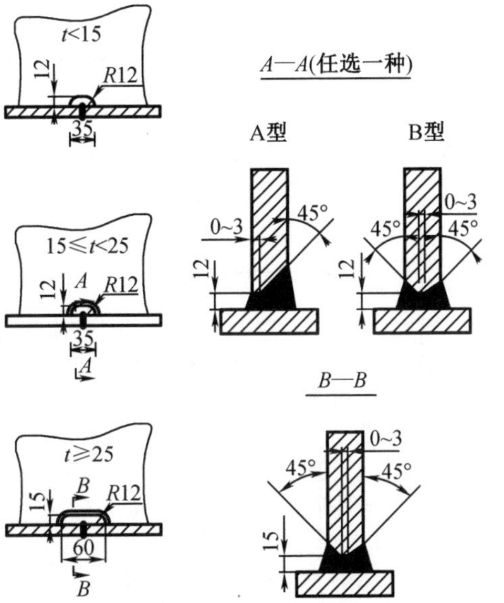 注:焊缝通过后用电焊填满。单位为 mm。	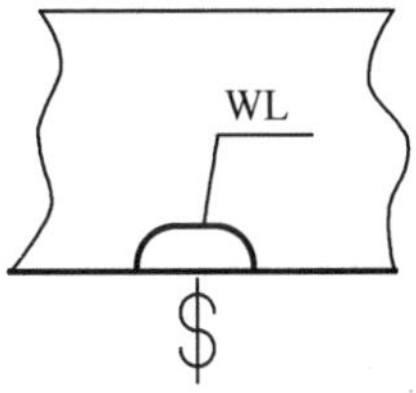
6	密性角焊缝通焊孔	WC	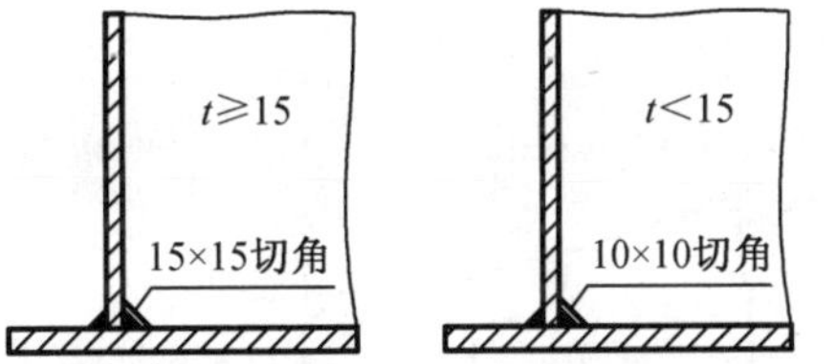 注:焊缝通过后切角处用电焊填满。单位为 mm。	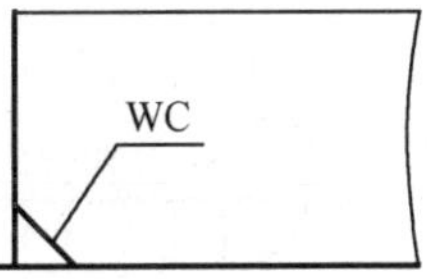 注:图面狭小处切角线可不画。

(2)通焊孔的设计要求

①分段接缝处的通焊孔,若其附近有流水孔或透气孔,则应将通焊孔与流水孔或透气孔合一,优先以流水孔或透气孔兼作通焊孔。

②通焊孔应预先开设在与焊缝相交的构件上。

③与 T 型材面板角焊缝相交的构件上,应开设密性角焊缝通焊孔(WC);与 T 型材面板对接焊缝相交的构件腹板上,应开设密性半圆形通焊孔(WR),如图 2-19 所示。

④角焊缝通焊孔与相邻对接焊缝通焊孔的间距 l 一般不小于 75 mm,如图 2-20 所示;当 l 小于 75 mm,而两相邻通焊孔中心距 l_1 不大于 150 mm 时,可将两孔连成一孔,为开通型通焊孔,如图 2-21 所示。

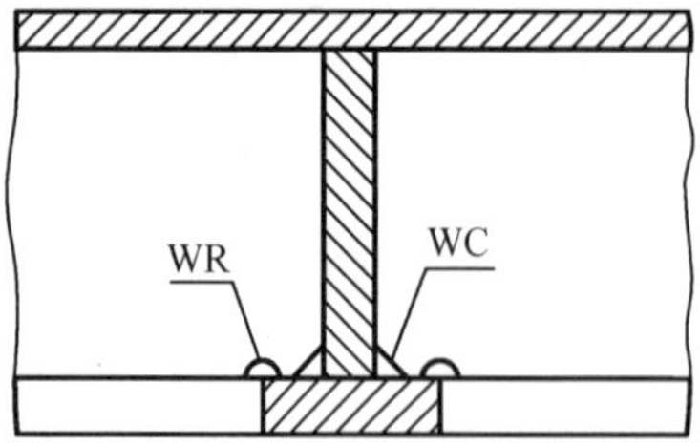

图 2-19　与 T 型材交接处的通焊孔

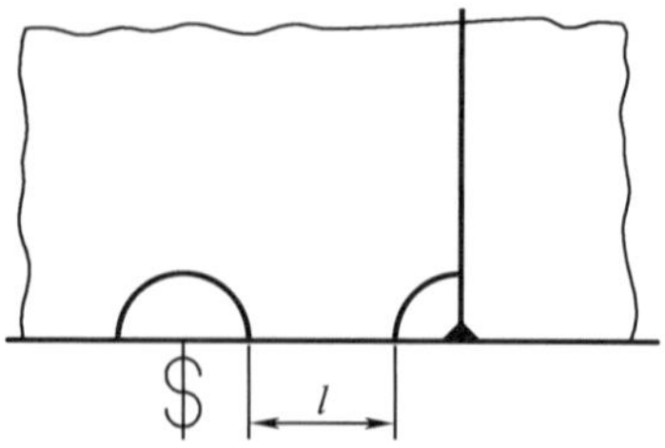

图 2-20　l 不小于 75 mm 的相邻通焊孔

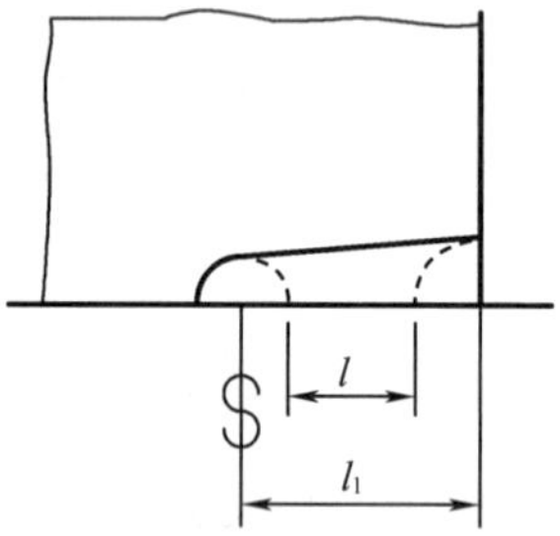

图 2-21　l 小于 75 mm 的相邻通焊孔

⑤当分段接缝与板材距离 l_2 大于 150 mm，但不大于 250 mm 时，若选用开通型通焊孔，则应对通焊孔进行加强，加强的型式可选用如图 2-22 所示的(a)(b)(c)任意一种。

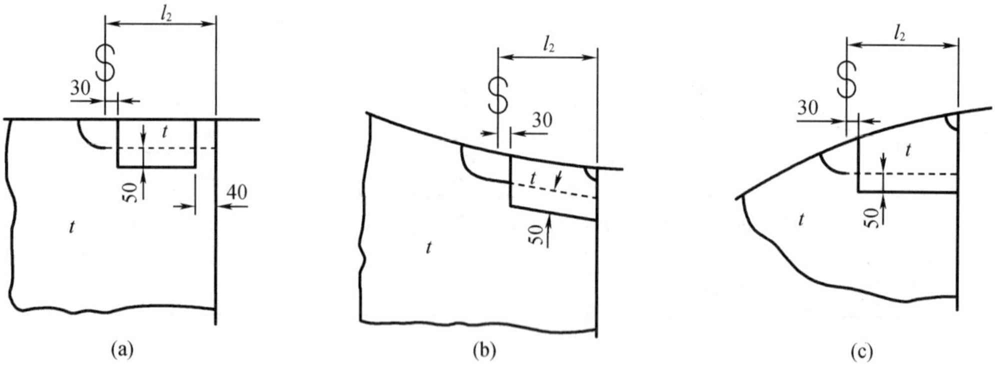

图 2-22　开通型通焊孔的加强(单位:mm)

2. 船体结构密性焊段孔

(1)密性焊段孔的型式和尺寸

密性焊段孔就是为确保液舱密性，防止液体沿贯穿构件双面角焊缝间的间隙渗漏而在该构件上开设的小孔，又称止漏孔。密性焊段孔的型式和尺寸如表 2-6 所示。

表 2-6　密性焊段孔的型式和尺寸

序号	名称	代号	型式和尺寸	图示
1	水密壁密性焊段孔	RW	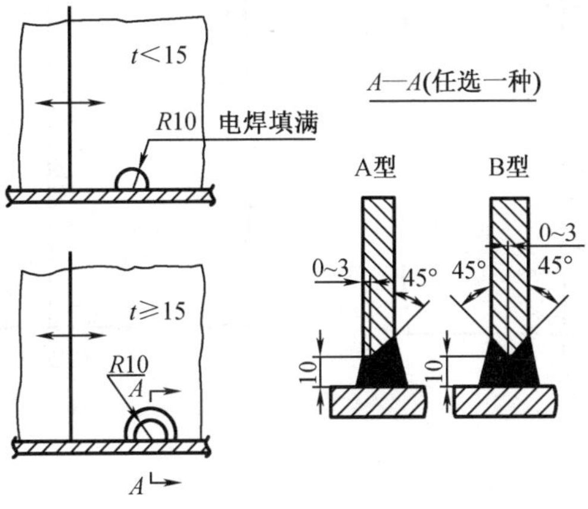 (单位:mm)	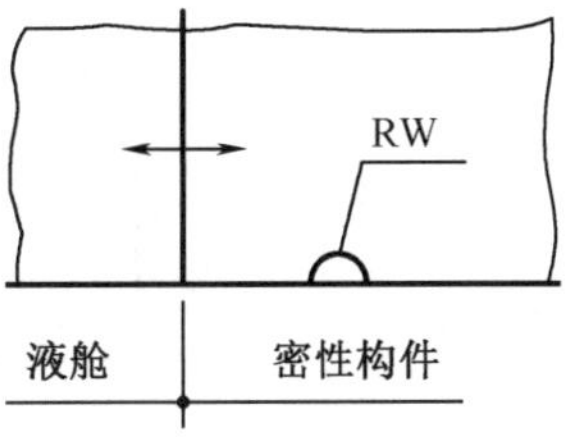
2	非密壁密性焊段孔	*R*35	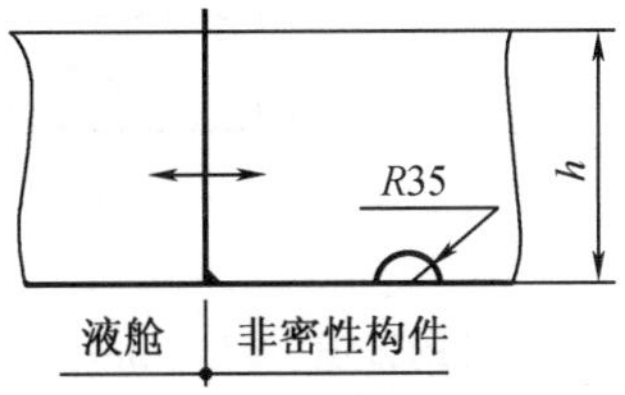 (单位:mm)	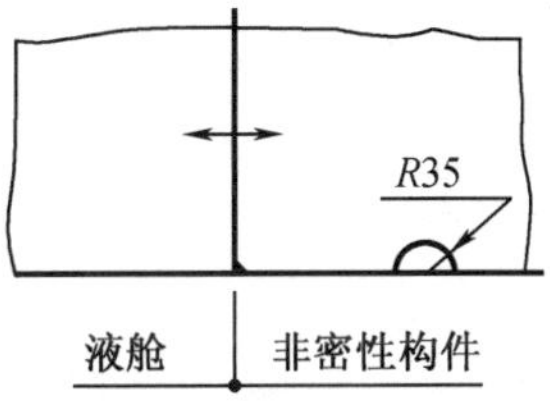

(2)密性焊段孔的设计要求

①不同场合密性焊段孔的要求如下:

贯穿液舱与非液舱的分舱隔壁的连续舱壁,在其非液舱一侧开设非密壁密性焊段孔 *R*35,如图 2-23(a)所示。

贯穿液舱与液舱的分舱隔壁的连续舱壁,在其两侧开设水密壁密性焊段孔 RW,如图 2-23(b)所示。

贯穿液舱与非液舱的分舱隔壁的构件,在其非液舱一侧开设非密壁密性焊段孔 *R*35;如果构件为组合型材,则在构件对接焊缝处开设水密壁密性焊段孔 RW,如图 2-23(c)所示。

贯穿液舱与液舱的分舱隔壁的构件,在其两侧开设非水密壁密性焊段孔 *R*35,如图 2-23(d)所示。

②当非密壁密性焊段孔 *R*35 开孔高度大于四分之一构件高度时,非密壁密性焊段孔 *R*35 应改为水密壁密性焊段孔 RW。

③设置在非液舱非密壁密性焊段孔,一般可借用流水孔或透气孔。

④分段接缝附近的非密壁密性焊段孔 *R*35,可用分段接缝通焊孔代替。

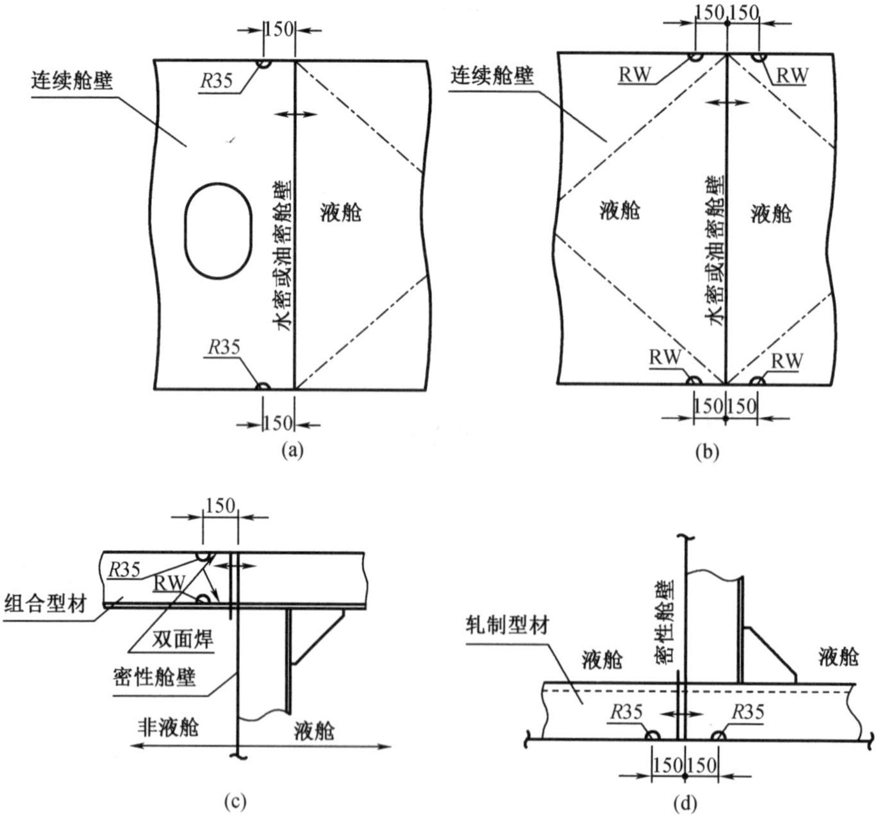

图 2-23 密性焊段孔的开设(单位:mm)

思考与练习

一、简答题

1. 船体建造工艺符号在生产设计工作图上表达的含义是什么?

2. 什么叫余量和补偿量?

3. 如何确定船体构件的理论线?

4. 焊接坡口符号以及型材端部形状符号在生产设计工作图上如何表示?

5. 如何开设通焊孔及密性焊段孔?

二、单选题

1. 分段工作图中符号 —→|←— 表示(　　)。

A. 构件在此连续　　B. 构件在此断开

C. 板缝线　　D. 分段接缝线

2. 分段装配完工后修整切除的余量叫(　　)。

A. 补偿量　　B. 部件装配余量

C. 分段装配余量　　D. 船台合拢余量

3. 分段工作图中符号  *a* 表示(　　)。

A. 部件装配余量为 *a*　　B. 分段装配余量为 *a*

C. 分段补偿量为 *a*　　D. 船台合拢余量为 *a*

4. 表示构件装配位置的符号是(　　)。

A. 船中符号　　B. 间断符号　　C. 切割线符号　　D. 安装位置符号

5. 焊接坡口符号 AI-2 表示的含义是(　　)。

A. 采用埋弧自动焊

B. 焊接接头型式为 I 型坡口

C. 两板对接缝时,厚板需切斜过渡

D. A、B、C

6. 生产设计工作图中,型材端部形状符号 F 表示(　　)。

A. 型材端部腹板和面板都切斜　　B. 型材端部腹板切斜

C. 型材端部面板切斜　　D. 型材端部腹板和面板都不切斜

7. 若型材端部采用肘板连接,则在生产设计工作图中用(　　)符号表示。

A. S　　B. F　　C. L　　D. B

8. 甲板纵骨穿越液舱横舱壁时,应在距横舱壁附近约 150 mm 的骨材上设置(　　)。

A. 通焊孔　　B. 流水孔　　C. 止漏孔　　D. 透气孔

三、判断题

1. 许多船厂为了保证船舶的长度,在放样时将每一肋距加放 0.5~1 mm 的工艺余量,该余量称为切割余量。(　　)

2. 船体外板以板的内缘为理论线,甲板、内底板以靠近基线一边为理论线。(　　)

3. 通焊孔就是为使焊缝连续通过而在构件上开设的小孔,焊缝通过后须用电焊填满。(　　)

4. 角焊缝通焊孔附近有对接焊缝通焊孔时,必须将两孔连成一孔,成为开通型通焊孔。(　　)

5. 用 FAB 法焊接两板对接缝时,若开 V 型坡口,板厚差为 2 mm,应选 FV-2 坡口型式。(　　)

任务 2.3　船体生产设计编码

2.3.1　生产设计编码概述

1. 编码的定义及原则

编码是人们通过对某些事物或概念进行分析、概括和规范后,并赋予其一定规律性,形成易于人或计算机识别和处理的符号、图形、颜色、缩减的文字等。或者说,编码是按不同的目的要求通过科学的分析和分类方法,以符号标记的形式对工作对象的有关特性进行描述和标识的过程。编码可以采用数字、英文字母或便于计算机和人识别与处理的其他符号。它是人们统一认识、统一观点、交换信息的一种技术手段。编码作为信息的一种表现形式,是信息标准化、规范化的基础。

编码结构应综合考虑、兼顾平衡,以求代码设计达到最优结果。编码应遵循下述基本原则:

①具有标识的唯一性。编码与编码对象之间是一一对应的关系,即一个编码对象被赋予一个代码,一个代码只反映一个编码对象。

②可扩充性。代码结构必须能适应代码对象不断增加的需要,也就是说必须为新的编码对象留有足够的备用码。

③简短。在不影响代码系统的容量和可扩性的前提下,代码位数应尽可能短。

④规范性。无论是机器处理还是手工处理信息都应用规范的代码,以提高代码的可靠性。

⑤适应性。代码设计应便于修改,以适应分类编码对象的特征或属性,以及相互关系可能出现的变化。

⑥含义性。代码应尽量有最大可能限度的含义。有较多含义的代码可以反映分类编码对象更多的属性和特征。

⑦系统性。代码的逻辑性很强,编码时要考虑代码的系统性,以保证系统中各代码的协调运行,从而发挥系统的整体效益。

⑧稳定性。代码不宜频繁变动,编码时应充分考虑其变化的可能性,尽可能保持代码系统的相对稳定。

⑨识别性。代码应尽可能反映分类编码对象的特点,以助记忆,便于人们了解和使用。

⑩可操作性。代码应尽可能利于业务员和操作员的工作,减少人工。

2. 船舶生产设计编码

从设计角度来讲,船舶生产设计编码是应用成组技术的相似性原理,把船舶设计、生产、管理中体现的有关特征,以英文字母和数字相结合的形式予以表征的一项设计技术;从管理角度来讲,它是一种代表事物名称、属性、特征、状态等并按一定规则组合起来的符号和代号。

生产设计编码不仅是生产设计的基础,还是提高造船企业经营、生产和管理的一种手段。它的重要性如下:

①是造船企业内部建立的一种简明扼要的共同语言(用编码代替文字信息命令),可以系统地描述船舶建造生产过程,并贯彻到整个生产组织过程中,从而简化了生产设计过程,丰富了设计内容,实现了设计信息的精准表达。以船体零件编码为例,它不但起到使零件对号入座的作用,而且能表示该零件的生产特征、所属船舶、分段、组立,并可知道该零件的加工方法、安装阶段和组立去向等,即起到成组技术“以数代性”的作用。

②是造船企业建立综合数据库实现信息共享的基础之一,有助于最大限度地减少船舶、产品设计工作的重复,可提供材料和工时所需的较为可靠的原始数据。

③为计算机集成制造系统(CIMS)建立一个包含大量基础信息的应用基础平台。

④生产设计编码过程中建立起来的技术标准和管理标准,大大丰富了标准化的内容,

是对企业现代化管理有力的促进。

2.3.2　船体生产设计编码系统实例一

以国内某大型船厂生产设计编码体系为基础,介绍其船体生产设计编码系统。

1. 术语和定义

船体结构件(以下简称“船体构件”):对组成船体结构的零件、部件、组合件、分段的统称。

零件:船体结构的最小单元,是指将钢板或型钢仅经号料、切割等加工尚未经装配和焊接工序而形成的各种形状的最小单元构件。

部件:两个或两个以上的零件进行一次装配、焊接而形成的结构件。其特点是将一个或多个零件直接装配成一个构件。例如,焊接T型材、肋板或桁材装焊加强筋及开孔加强扁钢等。

组合件:由若干个部件或若干个部件和零件经过装配而形成的构件,是构成分段前的最高级结构件。例如,平面或曲面的板架结构、舱壁、框架等。

分段:船体分段划分图中所体现的最小建造单元,由若干组合件、部件和零件装配在一起形成。

专用船体构件:在同一型船舶产品中需要单独设计的船体零件、部件或组合件。

通用船体构件:在同一型船舶产品中形状、尺寸、板厚、材质都相同,采用通用图设计的船体零件、部件或组合件。

标准船体构件:采用标准图制造的船体零件、部件或组合件。

2. 船体构件全码

船体构件全码包括船舶工程编码、船体构件编码和船体构件加工编码。

①船体构件编码可分为专用船体构件编码、通用船体构件编码、标准船体构件编码。

②在现场为号料做标识时,仅采用“船舶工程编码”和“船体构件编码”两部分。

3. 专用船体构件

(1)结构形式

专用船体构件的结构形式如下:

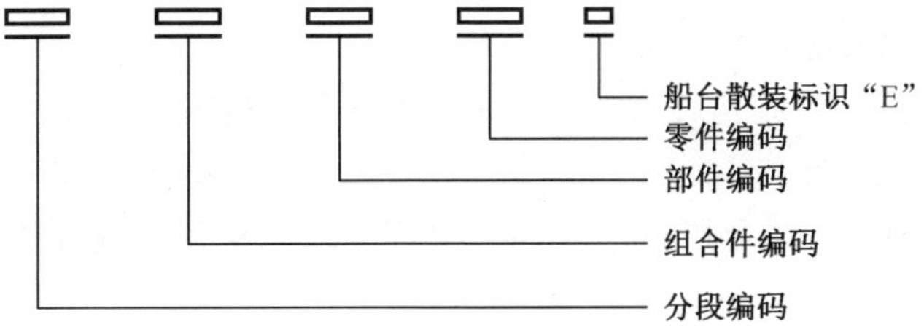

(2)分段编码

①分段编码的分类

分段编码分为以下三类：

a. 主船体分段编码；

b. 上层建筑和甲板室分段编码；

c. 船体附属结构编码。

②分段编码结构类别

船体分段编码结构类别如表 2-7 所示。

表 2-7　船体分段编码结构类别表

船体分段结构类别码	分段类型	船体分段结构类别码	分段类型
1	主船体立体分段/总段	5	主船体舷侧分段
2	上层建筑分段/上层建筑总组分段	6	主船体甲板分段
3	船体附属结构	7	主船体纵向舱壁分段
4	主船体底部分段	8	主船体横向舱壁分段

③分段编码的结构形式

主船体分段编码的结构形式如下：

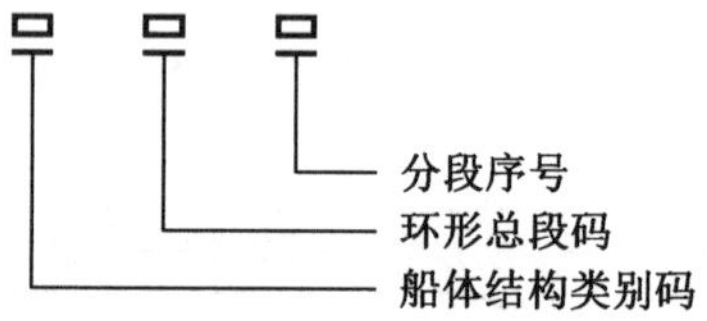

船体结构类别码用数字 1 或 4~8 表示，如表 2-7 所示。

环形总段码用数字 1~9 和英文大写字母表示。环形总段数小于 9 时用数字 1~9 表示，环形总段数大于 9 时在使用完数字 1~9 之后，以英文大写字母 A、B……(I、O、X 除外)表示。船舶环形总段码自小肋位向大肋位顺序编排。

分段序号按分段安装顺序用数字 1~9 编排。对于按左右舷划分的分段，左舷为单数、右舷为双数；按上下层次划分的分段，分段序号从下向上依次编码；对于纵向划分的分段，分段序号由小肋位向大肋位顺序编排。

分段序号为 0，且船体结构类别码为 1，表示该编码为船体总段编码，如主船体第三总段编码为 130。

一个总段内某种类型的分段只有一个时，其序号以 1 表示，如主船体第三总段只有一个立体分段，其编码为 131。

上层建筑和甲板室分段编码的结构形式如下：

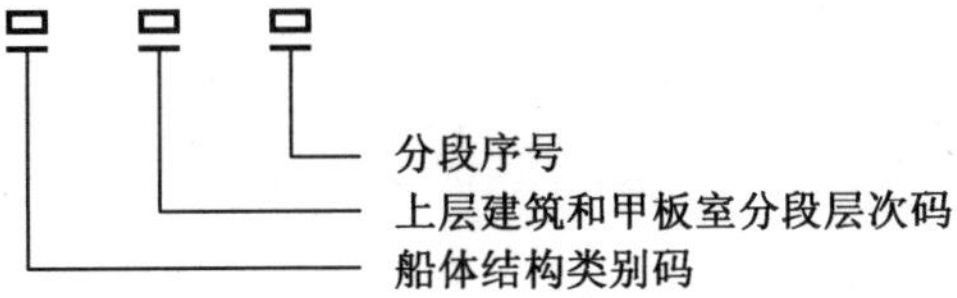

船体结构类别码以数字 2 表示，如表 2-7 所示。

在上层建筑和甲板室分段编码中，上层建筑和甲板室分段层次码以数字 1～9 从主甲板向上依层次顺序编排。

分段序号按数字 1～9 编排。对于按左右舷划分的分段，左舷为单数、右舷为双数；对于纵向划分的分段，分段序号由小肋位向大肋位顺序编排。

分段序号为 0 表示上层建筑层次结构编码，如第二层上层建筑编码为 220。上层建筑某层仅一个分段时，其分段序号为 1。

船体附属结构编码的结构形式如下：

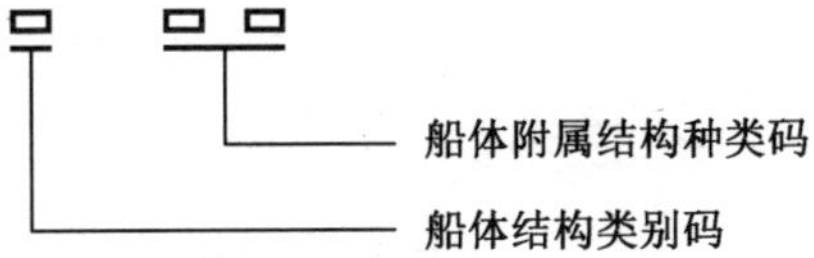

船体结构类别码以数字 3 表示，如表 2-7 所示。

船体附属结构种类码表示的结构应符合表 2-8 所示的规定。

表 2-8 船体附属结构种类码表

代码	结构种类	代码	结构种类	代码	结构种类	代码	结构种类	代码	结构种类	代码	结构种类	代码	结构种类
11	艉柱	12	艏柱	13	呆木								
31	烟囱一	32	烟囱二			34	主桅	35	前桅	36	后桅	37	通风围井
41	舷墙一	42	舷墙二	43	舷墙三			45	挡货栏杆				
51	舱口围板												
61	独立甲板室												
71	导流罩							75	导流板			77	导流管
81	护舷材	82	舭龙骨	83	尾轴支架			85	固定减摇鳍				
90	其他结构												

注：同一类型的结构种类需要增加时，其代码可依次向其后的空余代码顺延，如需要增加烟囱三，则其代码为 33。

④总组分段编码

总组分段编码的结构形式如下：

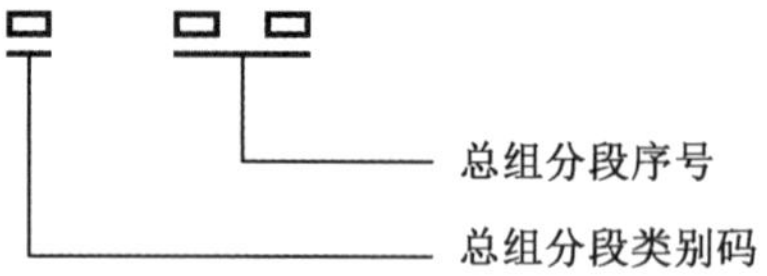

主船体总组分段位置码用一位字母字符按其所在位置依次表示，如将整条船分为艏岛、舯岛、艉岛三个部分，则分别以英文大写字母 A、B、C 表示其总组分段在船上所在位置。

总组分段序号按该总组所在位置范围内的吊装顺序以数字 01～99 依次编排。

当总组分段序号为 00 时，该编码表示某岛，如当某条船分为三个岛时，艏岛编码为 A00，舯岛编码为 B00，艉岛编码为 C00。

上层建筑总组时，其总组分段类别码用 2 表示，此时总组分段序号第一位为 0，第二位总组分段序号按吊装顺序以数字 1～9 依次编排，整体上层建筑编码为 200。

(3)组合件编码

组合件编码的结构形式如下：

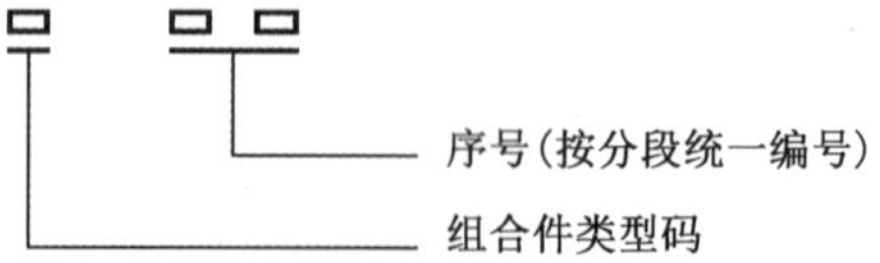

组合件类型码用大写英文字母表示，组合件类型码与其所表示的组合件的对应关系应符合表 2-9 所示的规定。

表 2-9　组合件类型码表

字母	表示的组合件	字母	表示的组合件
C	曲面板架组合件	H	平面板架组合件
F	肋骨框架组合件	L	纵向框架组合件
N	网格框架组合件	G	其他组合件

(4)部件编码

部件编码的结构形式如下：

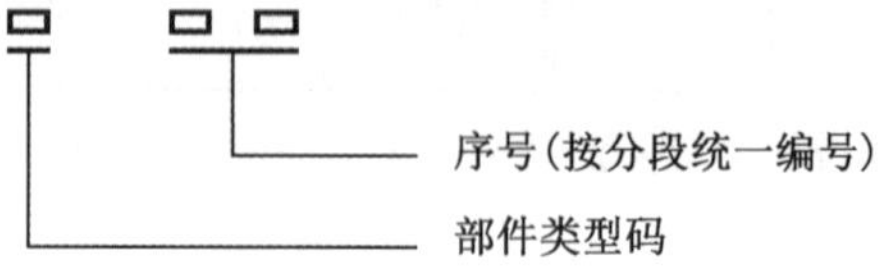

部件类型码用大写英文字母表示，部件类型码与其所表示的部件的对应关系应符合表 2-10 所示的规定。

表 2-10　部件类型码表

字母	部件	字母	部件
T	平直 T 型部件	M	曲形 T 型部件
P	拼板部件	S	板材部件
B	箱形部件	I	I 型部件
K	其他部件		

注：当部件数量超过 99 时用数字加 26 个大写字母表示。例如，P1A、S2B 等表示超过 100 的部件。

(5)零件编码

一般零件编码的结构形式如下：

(6)专用船体构件编码要求

①以分段单位编制。

②每个构件都应有一个编码。

③在同一分段内，材料、形状和尺寸完全相同的构件可共用一个编码。

④各构件的序号按安装顺序依次编排。

⑤肋骨框架组合件序号按分段由小肋位向大肋位顺序编排。纵向框架组合件号由中间向两舷顺序编制，单数表示左舷、双数表示右舷。

4. 通用船体构件编码

(1)通用船体构件编码的结构形式

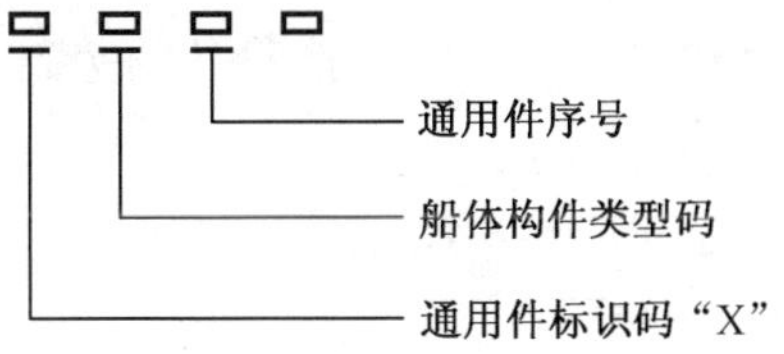

船体构件类型码：当表示通用组合件时，其类型码如表 2-9 所示；当表示通用部件时，其类型码如表 2-10 所示；当表示通用零件时，其类型码为任意数字，与通用件序号合并使用。

(2)通用船体构件使用规则

某船体构件采用通用件时，在其专用船体构件编码后加注通用件编码。

①通用组合件的使用方式:分段编码—组合件编码—通用组合件编码。

②通用部件的使用方式:分段编码—组合件编码—部件编码—通用部件编码。

③通用零件的使用方式:分段编码—组合件编码—部件编码—零件编码—通用零件编码。

(3)标准船体构件编码的结构形式

标准船体构件的编码采用标准规定的标记示例填写。

5. 专用船体构件编码示例

A979 产品 161 分段 H01 横舱壁平面组合件上的 P02 拼板部件的一个舱壁板零件 0054,其编码为

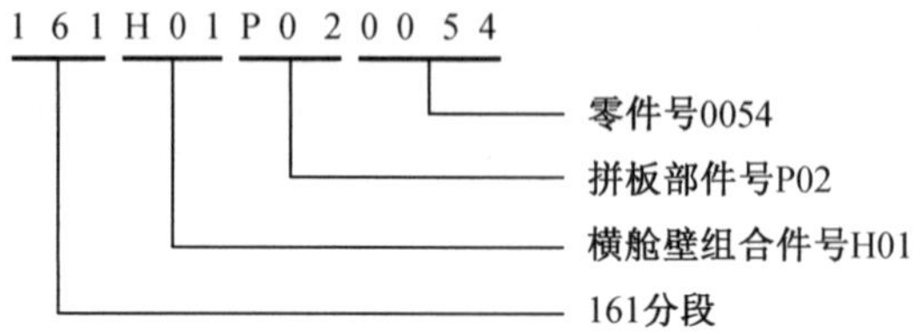

思考与练习

一、简答题

1. 什么叫编码?什么叫船舶生产设计编码?

2. 编码应遵循的原则有哪些?

3. 简述船舶生产设计编码的作用主要体现在哪些方面。

4. 简述专用船体构件、通用船体构件和标准船体构件的差异。

6. 根据任务 2.2 的内容说出下列编码的含义:

(1)432 H02 P01 0013;

(2)561 H05 S02;

(3)122 C03 K01。

二、选择题

1. 船舶生产设计编码是(　　)。

A. 一种符号　　B. 一种代号　　C. 生产设计的基础　　D. A、B、C

2. 船舶生产设计编码不能为(　　)。

A. 特殊字符　　B. 英文字母　　C. 数字　　D. 国际通用字符

3. 下列字符不在代码中使用的是(　　)。

A. A　　B. U　　C. Y　　D. O

4. 船体构件编码(　　)。

A. 仅表达专用船体构件　　B. 仅表达通用船体构件

C. 仅表达标准船体构件　　D. A、B、C 都表达

5. 在造船厂,需要能识别船体结构零件编码的人员是(　　)。

A. 只有管理人员　　B. 只有技术人员

C. 只有生产施工人员　　　　　　　D. A、B、C

三、判断题

1. 船舶生产设计不需要制定编码系统。　（　　）

2. 对某一个具体船体零件来说，它的编码是唯一的。　（　　）

3. 船舶生产设计编码应该简明清晰，便于记忆和使用。　（　　）

4. 船体零件编码不能表示其装配工艺流程。　（　　）

5. 编码要能够被计算机识别，要具备适应组织变动、工艺改善、设计革新等变化的灵活性。　（　　）

任务页　模块 2 生产设计标准体系

任务 2.1　船舶生产设计标准体系认知

任务描述

题图 2-1 所示为船舶生产设计标准体系，分组收集船体专业类下四个功能类的具体标准项目。

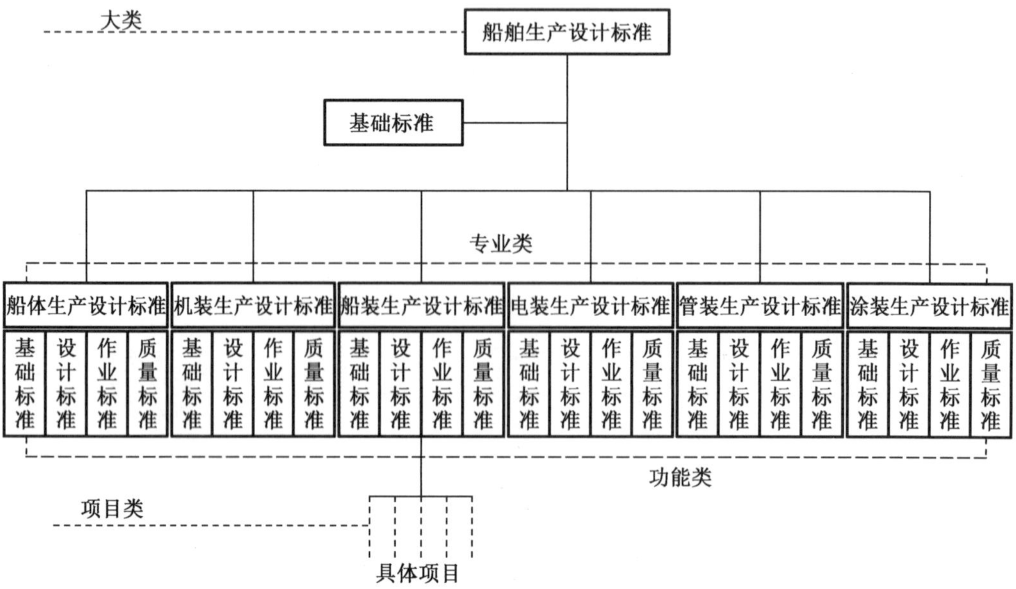

题图 2-1

任务实施

1. 课前准备

课前完成线上学习任务：从线上平台接受任务，通过查询互联网、图书资料，分四组分别完成船体专业类下的基础标准、设计标准、作业标准和质量标准文件的收集。

2. 任务引导

(1) 查阅资料

在教师的指导下学会利用互联网查询文件资料的方法。

(2) 分组讨论

确定分组人员，组员共同完成任务。

小组任务	
小组名称	
标准文件名称及代号	

3. 任务评价

序号	项目	自我评价	小组评价	教师评价	备注
1	查阅资料(20分)				
2	参与组内讨论(25分)				
3	态度端正、认真积极(25分)				
4	标准文件名称及代号准确(30分)				
5	合计				
6	总分				

任务2.2　生产设计符号

任务2.2.1 描述

题图2-2上标注了某船船台大合拢接缝处的焊接坡口要求,请根据标准文件《钢质船体结构焊接坡口型式及尺寸》(CB/T 3190—2019)识读图上的符号。

任务实施

1. 课前准备

课前完成线上学习任务:从线上平台接受任务,通过查询互联网、图书资料,熟悉标准文件,分组讨论。

2. 任务引导

(1)船台大合拢图纸识读

看懂图上各个分段接缝线的位置。

(2)学习文件

学习标准文件《钢质船体结构焊接坡口型式及尺寸》(CB/T 3190—2019)。

(3)分组讨论

确定分组人员,组员共同完成任务。

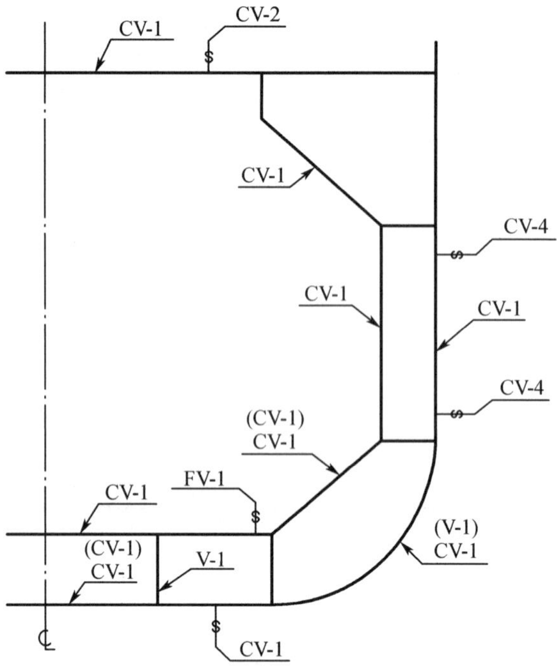

题图 2-2

小组任务		
小组名称		
符号识读	CV-1	
	CV-2	
	CV-4	
	GV-1	
	FV-1	

3. 任务评价

序号	项目	自我评价	小组评价	教师评价	备注
1	查阅资料(20 分)				
2	参与组内讨论(25 分)				
3	态度端正、认真积极(25 分)				
4	符号识读正确(30 分)				
5	合计				
6	总分				

任务 2.2.2 描述

题图 2-3 所示为某船横剖面简要示意图。

①在图中,用安装位置符号标出板及构件的安装理论线位置;

②说明图中所示工艺符号及焊接坡口符号的含义。

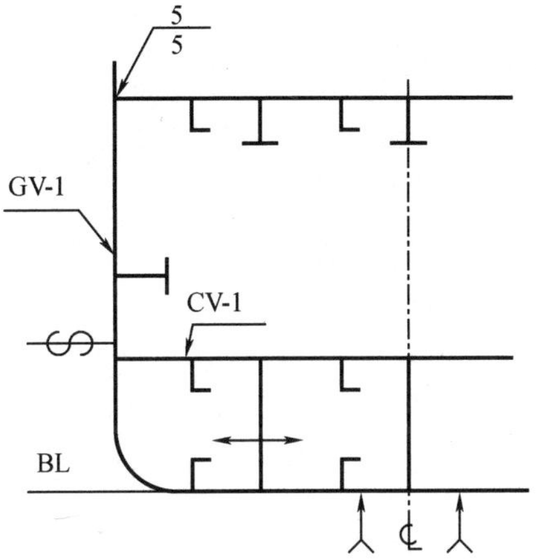

题图 2-3

任务实施

1. 课前准备

课前完成线上学习任务:从线上平台接受任务,通过查询互联网、图书资料,熟悉标准文件,分组讨论。

2. 任务引导

(1)看懂图上结构,研究船体构件理论线的基本原则。

(2)看懂图上符号,研究各个符号的含义。

(3)分组讨论,确定分组人员,组员共同完成任务。

小组任务		
小组名称		
理论线符号		在图上画出
符号识读	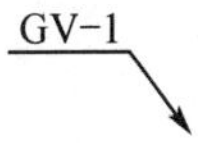	

（续）

符号识读	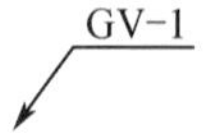	

	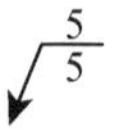	

3. 任务评价

序号	项目	自我评价	小组评价	教师评价	备注
1	查阅资料（15 分）				
2	参与组内讨论（15 分）				
3	态度端正、认真积极（20 分）				
4	理论线符号标记正确（25 分）				
5	符号识读正确（25 分）				
6	合计				
7	总分				

任务 2.3　船体生产设计编码

任务描述

题图 2-4 所示为某船厂船体分段编码的原则，请根据该图识读该船厂分段编码。示例：分段编号为 221，表示左舷位置沿船尾至船首方向（*X* 向）第一个货舱双层底分段。

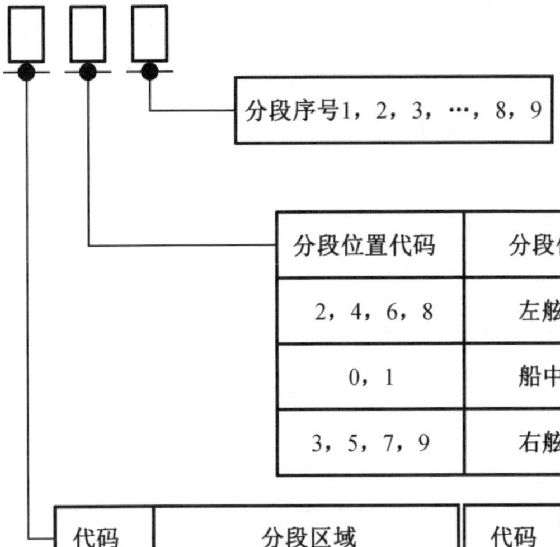

分段位置代码	分段位置
2，4，6，8	左舷(P)
0，1	船中(C)
3，5，7，9	右舷(S)

代码	分段区域	代码	分段区域
1	艉部、艉机舱	6	货舱上甲板
2	货舱双层底	7	货舱纵舱壁、舱口围
3	货舱舱壁底墩（或备用）	8	艏部
4	货舱横舱壁	9	上层建筑
5	货舱舷侧	0	舱口盖

题图 2-4

任务实施

1. 课前准备

课前完成线上学习任务：从线上平台接受任务，通过查询互联网、图书资料，分组讨论。

2. 任务引导

(1)看懂题图 2-4 的船体分段编码方式。

(2)对比任务 2.3 中分段编码与题图 2-4 分段编码方式的区别。

(3)分组讨论，确定分组人员，组员共同完成任务。

小组任务		
小组名称		
分段编码识读	231	
	421	
	651	
	902	

3. 任务评价

序号	项目	自我评价	小组评价	教师评价	备注
1	查阅资料(20 分)				
2	参与组内讨论(25 分)				
3	态度端正、认真积极(25 分)				
4	分段编码识读正确(30 分)				
5	合计				
6	总分				

模块 3　生产设计准备

★模块描述

船舶生产设计是在确定船舶建造方针的前提下，以详细设计为基础，根据船厂施工的具体条件，按工艺阶段、施工区域和单元，设绘记录各种工艺技术指标和各种管理数据的工作图、管理表，以及提供生产信息文件的一种设计。船舶生产设计将现场操作人员可能遇到的、需要解决的问题，事先在设计阶段由技术人员来解决，如图 3-1 所示，可以看成在图纸上“模拟造船”的过程。

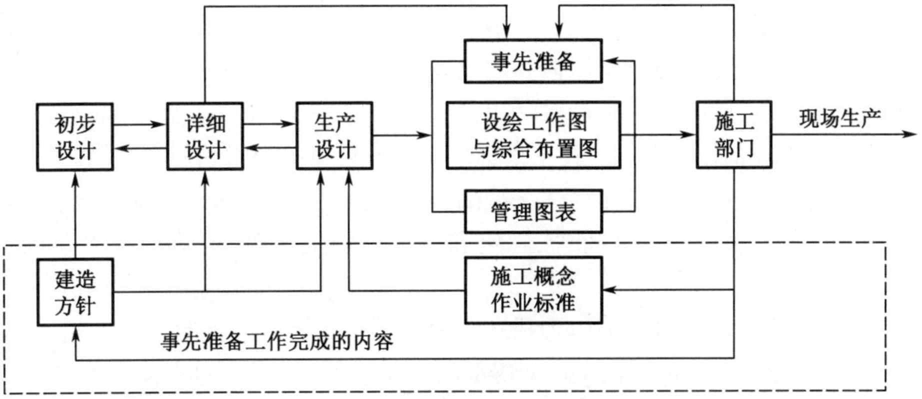

图 3-1　生产设计的工作流程

本模块将详细介绍图 3-1 中虚线框内所标识的进行生产设计前应完成的技术准备内容，通过对船舶规格书（specification）和设计注意点的详细解读，以及对详细图纸的分析，使读者熟悉生产设计前的各项技术准备内容，如分段划分、节点图册及设计要领书的制定等。

★学习目标

●知识目标

1. 掌握和理解规格书的描述与要求，明确生产设计过程中的重点和难点；
2. 掌握详细图纸分析的方法和重点；
3. 理解分段划分的原则及设计内容；
4. 理解船体生产设计的设计出图模式与要求；
5. 掌握型线放样和外板展开的方法。

●能力目标

1. 能读懂规格书并掌握生产设计的重点和难点；
2. 能检查和分析详细设计图；
3. 能读懂分段划分图；

4. 能在指导下设绘船体工作图、管理表;
5. 能初步进行型线放样及外板展开。

●**素养目标**

1. 具有查找资料、使用资料解决问题的能力;
2. 具有正确认识问题、分析问题、解决问题的能力;
3. 培养活跃的思维和创新精神。

任务 3.1 船舶规格书解读

生产设计前的技术准备工作首先就是要对船舶规格书进行详细的解读。解读船舶规格书可使设计人员在设计前熟悉船舶产品的各项技术指标,在了解船东具体需求后开始设计。

船舶规格书是船东(买方(buyer))和船厂(shipyard)签订造船合同(contract)中的重要技术文件之一,是船舶建造的设计依据和建造基础。签订新船建造合同后,船厂(承建方)必须根据规格书进行详细设计、生产设计以及实施船舶建设,并逐步完善和确保船舶符合船舶规格书中所描述的使用要求和技术指标。规格书必须明确船舶的安全、技术、使用、经济、环保等使用要求和技术要求,以及根据船舶的用途、主要航区和入级确定该船需要满足的相关国际公约、规则,船旗国的相关规定和船级社相关规范、建造标准以及国家相关政策。

一般来讲,商船建造规格书的内容描述主要包括总则、结构、铁舾、居装、轮机、电气几大专业方面,这与绝大部分船厂的生产职能部门的划分和工作的安排也是一致的。

船舶规格书中对船体结构有比较细致的描述,包括船东的个性化要求,这些内容作为合同阶段的文件,对后续的设计、建造和检查都具有指导意义,对双方都具有约束作用。特别是设计方和船厂,更应该理解和掌握规格书中的描述及要求,其设计与建造不能出现与规格书不一致的地方,但是如果无法满足船级社的某些规范要求,船厂需要与船东及时进行沟通协商,或提出折中方案,以取得船东的认可和让步。

3.1.1 总则

结构部分的总则是对材料、工艺、焊接以及开孔等各个环节的内容进行的总体描述。

某船技术规格书第 2 部分——船体

1. 材料和构件

船舶规格书中材料和构件部分提及的材料主要指结构构件的材料。钢材种类很多,性能指标也各不相同,因此规格书会规定构件材料必须使用船级社认可的材料。另外,很多船东会明确要求使用新的材料,这是为了防止有不规范的船厂会低价购买从旧船上拆下来的钢板,以及使用库存时间很长的钢板。这些钢板表面腐蚀严重,尽管船厂使用打磨出新,降低厚度使用,但还是会有很多问题,如增加船体结构质量、损失载重量,或者产生蚀孔、降低材料质量以及油漆附着力等。

2. 工艺

标准格式的船舶规格书会要求船厂工艺符合相关造船标准。船东一般会要求在船舶建造过程中尽量少开临时工艺孔、通风孔，并且禁止在舷顶列板、甲板边板等重要位置开设工艺孔。工艺孔方案需要船东认可等。

3. 焊接

船体是全焊接结构。规格书规定焊接应按照船厂的惯例并经过船级社认可，对主要结构的焊接方法、焊接位置提出了要求，对临时装置的处理和焊接检验都有所规定。

4. 切口、过焊孔的开设

规格书规定开孔必须按照中国造船质量标准(CSQS)或国际船级社协会(IACS)的要求进行，并要避开应力集中区域或进行加强。因此，很多设计人员对切口和过焊孔的开设都相当谨慎。这恰恰也是船东比较关心的问题。

构件的切口、过焊孔的开设主要有以下几个原则：

(1)不在水密构件上开孔。

(2)不在应力集中的地方开孔。

(3)液货舱，特别是压载舱要有较多的流水孔和透气孔。

3.1.2 主船体

主船体又称船舶主体，是指上甲板(或强力甲板)以下的船体结构，由甲板及船壳外板组成一个水密的船舶主体以及内部被甲板、纵横舱壁等分隔成许多的舱室。

1. 概述

船舶规格书应对该船舶的主体结构进行概述。

主船体梁由上甲板、双层底、单舷侧组成，并为纵骨架式；通常以下部位为横骨架式：机舱的双层底，货舱口之间的上甲板。

2. 艏柱、艉框架和挂舵臂

船舶艏柱是船舶艏部最前端的构件，也是船体最重要的构件之一。首先，它是一个受力构件，要承受各种外力作用，特别是当船体与其他物体激烈碰撞时，并且能增强船体承受波浪冲击力和水压力的能力，还能承受纵向碰撞的震动，所以其内部结构多为横向布置的支撑结构/平台，并且中国船级社(CCS)对其支撑结构/平台的间距有严格的要求，很多设计人员容易忽视，导致在 CCS 退审后需做大量修改。生产设计时应该注意两点：一是关注 CCS 的退审意见是否有所修改；二是该处空间极为狭小，应充分考虑建造施工和涂装要求，可适当封闭部分狭小空间。其次，规格书要求艏柱前部边缘圆滑，与船体型线光顺连接，并与船体外板和平板龙骨相接，这是因为它不光有强度要求，更应该尽量减少船体摩擦阻力导致的航速、功率的损失。生产设计过程中要精确放样，改善施工工艺。例如，提高胎架的精度，改变外板与艏柱的板厚差方向等，以保证艏柱边缘与船体型线的光顺连接。

艉轴毂、舵承座和挂舵臂型线复杂，不适合使用钢板加工，并且空间狭小，不利于工人施工，但铸钢件可以很好地解决这个问题。首先，铸钢件外形设计灵活，设计人员对铸件的形状和尺寸有很大的设计选择自由度，特别是形状复杂和具有中空截面的构件，其成型和形状改变十分容易，当然也有船舶的挂舵臂使用钢板加工焊接而成，这主要是一些大吨位船舶，其挂舵臂侧面积相应较大，能保证工人的正常施工，但生产设计时仍要充分考虑施工和焊接工艺，提前考虑施工过程中的难点。其次，铸钢件有很好的适应性，不同的化学成分适用于不同的强度要求，可以通过不同的热处理工艺在较大的范围内选择力学性能和使用性能。最后，铸钢材料有良好的焊接性和加工性。

艉框架和挂舵臂应由钢板和可焊接的铸钢焊接制作而成，应采用低氢焊条焊接厚钢板与铸钢件和高强度板间的连接。艉管应与轴包毂和艉尖舱舱壁牢固地焊接在一起。

3. 外板

由于船体梁在船中受到的总纵弯矩最大，逐渐向两端递减，所以板厚应船中较艏、艉部厚。此外，设计人员还要考虑外板承受局部载荷的情况，如以下描述：根据 CCS 的要求，艏部船底板要加强以抗浪砰击。在锚链筒和海水箱开口四周的区域应嵌入厚板，在外板上的开口应有很好的圆角并嵌入厚板，以减少应力集中和对开孔的补偿。这就是说在承受局部载荷的位置需要额外考虑和计算板厚。

4. 双层底结构

货舱区船底结构和底边舱应采用纵骨架式，艏尖舱和艉尖舱以及机舱区采用横骨或纵骨架式，对于横向和纵向构架系统过渡区的构件应加以注意。设计人员主要考虑各纵骨端部的延续性和应力的有效传递。

在每个货舱的尾部后端两侧设置两个污水井，污水井上提供有凿孔的钢制盖板。污水井应分成两部分，一部分为沉淀用，另一部分为吸口用。污水井一般靠纵桁而设，设计人员需注意：一是作为污水井壁处的纵桁需要加厚；二是污水井壁有水密要求，不能在纵桁位置增加透气孔，破坏其水密性。

5. 舷侧结构

(1)在内底板和上甲板之间设置双壳舷侧边舱，其为纵骨架式，每隔三个肋位设置一道横向强框结构，纵骨由连续球扁钢制成，穿过水密横舱壁。生产设计时需要注意舷侧纵骨穿过水密横舱壁时要保证横舱壁的水密性，注意设置水密补板，并且在水密舱壁两侧设置止漏孔，以便将纵骨与外板之间形成的“管隧”堵死，不然两侧的水“串流”，不能保证水密。不仅仅舷侧纵骨贯穿水密横舱壁上需要开设止漏孔，全船其他类似情况都应该开设。

(2)作为燃油储存舱的顶边舱，具加热盘管的位置必须仔细考虑以防使顶边舱斜板过热或使热敏感货物如谷类过热。顶边舱的斜舱壁应与水平成 30°。顶边舱中的结构应为带非水密横向构件的纵向构件系统，并且纵向构件应连续地穿过水密舱壁。作为压载舱的顶边舱需独立于双层底压载舱注/排水。

6. 甲板

上甲板的设计负载应符合规范的要求。上甲板主要承受船体梁总纵弯矩和横向载荷以及局部载荷。对于甲板上大开口如甲板开口的角，应按照规范要求打磨成圆角或椭圆角，并且采用厚度为 30 mm 的嵌补板。

舱口角隅的设计很有讲究，这个位置应力非常大且变化非常频繁。在进行有限元分析时，舱口角隅是关注的重点，所以该处一般为圆形、椭圆形或抛物线形，更多采用椭圆线或抛物线形(图 3-2)，并且板材较厚，且不允许对其进行热加工(因热加工可能改变其金相组织)，不允许拼接，边缘加工要求光顺圆滑，而这些往往是生产设计中容易忽略的地方。常见的错误有:分段划分正好将角隅板割断,减小了角隅板尺寸;在角隅板上焊接了马板、吊马,造成边缘切割精度不够等。

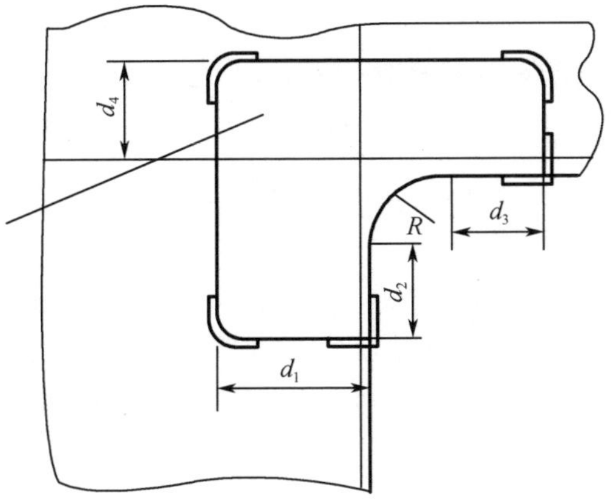

R—圆形角隅半径;d_1—覆板边缘到舱口的距离;d_2、d_3—覆板边缘到圆形角隅圆心的距离;d_4—覆板边缘到舱口纵桁的距离。

图 3-2　舱口角隅插入板

7. 支柱

一般来讲,支柱主要有圆钢、工字钢和槽钢三种类型。因为圆钢为中空的,所以在焊接后,圆钢中间会形成密闭空间而无法进行涂装和防腐蚀。在燃油舱内绝不允许存在类似这样的密闭空间,因为要防止在若干时间后、拆船时产生的可燃气体导致的爆炸,生产设计时需要注意在油舱内不选用管形或空心剖面的支柱。

8. 横舱壁

槽型舱壁制造过程中易出现拼接焊缝开裂的问题,特别是有板厚差的拼接焊缝。可以从三个方面改善槽型舱壁拼接焊缝开裂的情况。

(1)适当增大槽型舱壁压制半径,减少焊缝拉伸,即冷弯加工压头半径选取不能太小,对生产设计提出的要求就是船厂要参与到前期的详细设计中去,在送审前就要确定好适当的压制半径,因为设计院对船厂实际的生产工艺往往比较陌生。

(2)改善焊接工艺,主要是控制焊接电流,禁止大电流输出,减小热影响区域,以及减小焊缝余高,提高焊接质量。

(3)降低板厚差。在槽型舱壁下沿会有很多插入板,这些插入板的板厚都相对较大,有超出 3 mm 以上的板厚差,一般情况下采用 1:3 的过渡坡口,但是在槽型舱壁折边加工位置可以采用更小坡度的过渡坡口,以减小焊缝开裂的发生。

9. 尖舱

艏尖舱和艉尖舱应采用侧横梁、舷侧纵桁或非水密的开孔平台进行加强,用作压载舱。艉尖舱是船舶艉部最尾端的舱室,是船舶尾端结构的重要组成部分。由于船舶艉部除了受静水压力作用外,还承受舵和螺旋桨的重力、螺旋桨转动时的水动力作用及引起的振动,因此艉尖舱结构要坚固,多采用横骨架式。尖舱中平台上的减轻孔(水平位置)应为格栅型或布置防跌方钢。

3.1.3 主船体其他结构部件

船体结构还包括基座、舱口围等结构。

1. 基座

从船体专业生产设计出发,涉及的基座主要有主机基座、主发电机基座、应急发电机基座、中间轴承基座。上述基座一般都是在专业协调的基础上绘制和建造的,都与船体结构联系密切。例如,基座反面的加强、焊接方式和工艺、强度计算和分析等,都是其他专业所不具备的。

2. 货舱舱口围

一般甲板面上有敞开舱口的时候都需要加装舱口围,其作用是增加舱口处的强度,防止海水灌入舱内,保障作业人员安全,方便舱口盖开启。舱口围必须按照规范的要求进行强度设计和形式设计。

3. 锚链舱

锚链舱用于储存锚链,在距锚链舱底部约 0.8 m 的位置应布置适当大小的可拆型钢格栅,并且为其提供足够的支撑以承受锚链的重力,提供进入格栅下方的通道以去除淤泥等。在每只锚链舱的壁上应布置 600 mm×1 000 mm 的水密钢盖,这是锚链舱污水井的布置提出的要求。锚链经过锚机提升之后储存在锚链舱内,经过锚链筒内的三个清洗喷头的清洗,但是仍会带有很多污泥,这些污泥最终储存在污水井里,由船员借助污水井人孔对其进行清理,所以锚链舱内的底板应该是格栅或开孔钢板,并且是可拆卸、更换的。

4. 舭龙骨

舭龙骨与舭列板的连接应保证舭龙骨损伤时不至于损及舭列板。生产设计时需要注意以下几点:

(1)舭龙骨通过腹板与船体外板相连接;

(2)在分段合拢口,腹板、球扁钢或扁铁以及分段合拢缝不能在同一位置,需要相互交错;

(3)在合拢缝的位置,舭龙骨需要开止裂孔,即在合拢焊缝端底部打个小洞,直径根据各船级社规范而定,一般为 25 mm,用以防止细小焊缝裂缝延伸扩大。

5. 海底网箱

海底网箱又叫海水箱、海底门,一般包括高位海水箱、低位海水箱以及应急海水箱等,它们通过外板开孔与海水相连。海底网箱内一般布置有吸口、吹洗管以及防海生物装置(MGPS)。生产设计时应注意对外板板缝的布置,避免在海底网箱的开孔位置布置板缝,另外需要做好专业协调工作,布置好海底网箱内部构件以适应管系的需要。在海底网箱周围还需要在外板上开设透气孔和流水(沙)孔,这都需要在生产设计时考虑。

6. 舷墙

针对艏楼甲板舷墙的生产设计,需要特别注意舷墙支撑肘板与甲板下方对应,以保证应力的传递。但在艏部,这些位置的空间非常狭小,在设置这些反面加强结构时,主要采用以下措施:

(1)在不降低原加强构件强度的基础上对这些加强结构进行形式修改;

(2)根据实际情况,修改舷墙支撑肘板位置或方向,用以适应反面加强结构,但这需要船级社的认可;

(3)在无法施焊和涂装的地方,将部分空间封闭起来,以改善施工环境,但这需要船东的认可。

所以,对艏楼以及舷墙的生产设计过程对设计人员的综合处理能力提出了更高的要求。另外,各个船厂由于生产工艺和精度的不同,有采用舷墙外板在大合拢时散装的,也有采用在曲面胎架上将所有构件预装好,然后大合拢的,后者的工艺明显更先进,对工艺、胎架、精度都有更高要求,所以生产设计还需要根据船厂实际情况进行选择。

7. 烟囱

船舶上所说的烟囱并不是用于直接排出废气的结构,而是用于集成、安装各种设备的废气排气管、安装油污收集柜、进行机舱自然通风等。规格书对烟囱的布置、附件做了要求,设计时需要按照规格书的描述去设绘,其中眼板的布置不能遗漏。

规格书包含的内容很多,如总则、结构、居装、涂装、轮机和电气等,以上仅从结构生产设计的需要对总则和结构的描述进行了介绍。规格书就是设计人员工作的方向,因为它体现了船东作为买方的想法和要求,当然,如果与有关规范、规则矛盾,设计人员可以与船东沟通,协商解决。

思考与练习

一、简答题

1.《所有类型船舶专用海水压载舱和散货船双舷侧处所保护涂层性能标准》(PSPC)对压载舱油漆破损有一定的要求,生产设计过程中通过哪些方式来确保压载舱油漆的保护?

2. 构件的切口、过焊孔的开设主要有哪些原则?

3. 简述舱口角隅的处理方法。

二、单选题

1. 板格长边沿船长方向,短边沿船宽方向布置的骨架形式是(　　)。

A. 纵骨架式　　B. 横骨架式　　C. 混合骨架式　　D. 以上都不是

2. 船舶规格书中 CCS 对船壳板的厚度是如何规定的?(　　)

A. 逐渐向两端递减　　B. 逐渐向两端递增

C. 自艉至艏递增　　D. 自艉至艏递减

3. 货舱区双层低肋板设置间隔不超过几个肋位?(　　)

A. 3　　B. 4　　C. 5　　D. 6

4. 船舶上所说的烟囱,其作用是(　　)。

A. 集成、安装各种设备的废气排气管

B. 安装油污收集柜

C. 进行机舱自然通风

D. 以上都是

三、判断题

1. 艏柱要求前部边缘圆滑,与船体型线光顺连接,并与船体外板和平板龙骨相接。 ( )
2. 船体梁在船中受到的总纵弯矩最小,逐渐向两端递增。 ( )
3. 上甲板主要承受横向载荷。 ( )
4. 舱口角隅一般无须做特殊处理。 ( )

任务 3.2 详细设计图纸分析

生产设计是在确定船舶建造方针的前提下,以详细设计为基础,根据船厂施工的具体条件而进行的特定的设计工作,它是以详细设计图纸为依据的,也就是说详细设计解决的是“造什么船”的问题,而生产设计解决的是基于船厂的具体条件“怎样造船”的问题,所以生产设计人员首先需要对详细设计图纸进行分析理解,然后才能开展具体工作。

船舶结构详细设计图纸是按照船舶行业标准,采用标准绘图语言对船舶结构进行描述和计算的图纸。正如上述所说,生产设计人员需要读懂详细设计图纸。详细设计图纸主要有中横剖面图、基本结构图、货舱区结构图、机舱区结构图、艏部结构图、艉部结构图等。

3.2.1 中横剖面图

中横剖面图是船体中段范围内数个典型横剖面的图纸,是表示船体结构基本情况的全船性结构图样,也是校核船体强度和绘制其他结构图的主要依据。由于它的特殊性,设计员应仔细消化,包括每个构件剖面、每个焊接要求和坡口型式以及每道板缝。设计人员需要注意以下几方面:

(1)在中横剖面图上,一般需要描述船的主尺度要素,包括船长、两柱间长、型深、型宽、梁拱、设计吃水、结构吃水、方形系数、航速等。设计人员需要核实它们是否与其他图纸、文件上的描述一致。

(2)该船的入级符号、设计依据(最大许用弯矩、剪力、载荷数据)是否已经给出,以及是否正确。

(3)甲板的梁拱,舭部半径,双层底高度,各甲板或平台、舷侧纵桁的高度,纵舱壁距中距离等是否在图中清晰标出。由于中横剖面图具有代表性,所以要检查以上各项是否标示,标示是否正确,这对后续工作是有好处的。

(4)纵向构件(如中桁材、旁桁材、舷侧纵桁、舭龙骨、甲板纵桁、纵骨)的尺寸、材质、结构形式及其布置情况是否清晰地在图中标出,标示是否正确,是否符合船厂的施工习惯和惯例。如果在核对中横剖面图时就发现需要修改的内容并进行调整,再提交船级社认可,会给全船的设计工作和施工建造带来很大的帮助。

(5)横向构件(如肋板、舷侧强框架或肋骨、舱口强梁、横梁)及支柱的布置与尺寸、材质、结构形式和相互连接的方式是否在图中清晰标出,标示是否正确。

(6)外板、内底板和甲板板的横向排列及其板厚、材质是否在图中清晰标出,标示是否正确。中横剖面图应对内底板、外板、上甲板、内纵壁的板厚、区域板厚范围进行标示。

(7)舱口的宽度以及舱口用板的尺寸、材质和结构形式是否在图中清晰标出,标示是否正确。设计人员要关注这些材料能否购买到,结构形式能否按照船厂的生产习惯进行修改。

(8)主要构件的理论线是否予以注明,是否符合船厂的生产设计习惯和建造习惯。

(9)典型节点详图:

①高应力区构件的连接形式、焊接方式及工艺要求;

②纵骨穿过横向强构件的连接方式及补板形式;

③超过一定板厚差的厚板与薄板之间的过渡形式;

④高应力区域的横向构件的端部处理方式,包括面板削斜及肘趾形式等;

⑤组成舭龙骨的构件尺寸、材质和焊接方式;

⑥局部特殊结构的详图(如防磨半圆钢、舱口围板的肘板开孔等)。

(10)节点形式、建式方式是否符合船厂的生产习惯。

(11)是否采用了非常规的材料、不容易购买的材料(如腹板高度在400 mm以上的球扁钢、厚度特殊的板材等),以及国内无法生产而只能国外采购的材料。

3.2.2 基本结构图

基本结构图体现了主船体的基本结构形式,主要包括中纵剖面、甲板、平台、舷侧纵桁剖面、双层底(舱底平面)等内容。

1. 中纵剖面需要关注的内容

(1)应清晰表达中桁材、中内龙骨、甲板中纵桁、中纵舱壁及其扶强材的结构形式、尺寸和连接方式;

(2)舱口和货舱口的纵向围板、甲板纵桁和支柱等的位置、结构形式和尺寸;

(3)横梁、肋板、横舱壁、甲板板、平台板和内底板等的结构形式和位置;

(4)烟囱、机舱棚、上层建筑在中纵剖面的结构形式和位置。

2. 甲板、平台、舷侧纵桁剖面需要关注的内容

(1)甲板板(或平台板)的位置、厚度和材质,甲板板(或平台板)上的各种开口位置及尺寸,甲板(或平台)两端的延伸结构;

(2)甲板(或平台)普通横梁、强横梁、甲板纵桁和甲板纵骨等构件的布置及尺寸;

(3)甲板(或平台)下纵、横舱壁、围壁以及甲板下加强肘板的布置;

(4)甲板(或平台)下支柱及其覆板的布置;

(5)机电设备(如柴油发电机、锅炉、舵机、锚机、绞车、系泊设备、各种形式的吊和桅等)区域的加强结构;

(6)局部舱口角隅板详图。

3. 舱底平面需要关注的内容

(1)舱底应表示内底板的布置和厚度,以及内底板上各种开孔及加强覆板的位置和尺寸。

(2)舱底应表示中桁材、中内龙骨、旁桁材、旁内龙骨、船底纵骨、内底纵骨、水密肋板、实肋板、组合肋板、基座纵桁等底部构件的位置、尺寸和连接方式。

(3)通常左舷部分表示内底板结构,右舷部分用局部剖视的方法剖去内底板,表示双层底舱内的结构。

3.2.3 货舱区结构图

货舱区结构图中包括货舱区双层底结构、货舱区边舱结构、货舱区上甲板与横舱壁结构。货舱区结构图需要关注的内容如下:

(1)图纸中所有板材的板厚、材质是否清晰表达,是否与中横剖面图和基本结构图一致。

(2)主尺度、各构件尺寸和关键节点;构件的定位和定形尺寸;主要结构的焊接要求,特别是深熔焊和全焊透的节点等,需要在图纸中详细表达。

(3)与艏艉结构相接的地方,同一位置的图纸在多个图纸中都有表达的地方是否一致。

(4)流水孔、透气孔的定位尺寸是否满足规范要求,是否有漏开的地方。

(5)人孔位置的表达是否与全船人孔布置图一致。

(6)有无施焊死角,有无对应的工艺处理办法。

(7)系泊加强、绞车加强、克令吊等大型舾装件的加强结构是否已经添加到结构图中,拖轮顶推的加强是否考虑。

(8)剖面表达是否完全。

3.2.4 机舱区结构图

机舱区结构相对货舱区结构要复杂,因为它需要在有限的空间内实现很多舱室的分隔,构成很多的设备空间。机舱区结构图需要关注的内容如下:

(1)图纸中所有板材的板厚、材质是否清晰表达,是否与基本结构图一致。

(2)主尺度、各构件尺寸和关键节点;构件的定位和定形尺寸;主要结构的焊接要求,特别是深熔焊和全焊透的节点等,需要在图纸中详细表达。

(3)与艉部结构和货舱区结构相接的地方,同一位置的图纸在多个图纸中都有表达的地方是否一致;货舱区纵骨是否有延伸肘板或过渡平台。

(4)人孔位置的表达是否与全船人孔布置图一致。

(5)有无施焊死角,有无对应的工艺处理办法。

(6)海水门的位置在图中是否表达,附件的板厚是否满足海水门的强度。

(7)机舱大开口是否满足主机吊装的要求,周边区域是否采用立柱来保证强度。

(8)剖面表达是否完全。

3.2.5 艏部结构图

艏部结构主要有艏尖舱、水手长储存室、锚链储存舱、测深仪舱、舷墙和大量的锚绞机、系泊设备加强。艏部结构图需要关注的内容如下:

(1)图纸中所有板材的板厚、材质是否清晰表达,是否与基本结构图一致。

(2)主尺度、各构件尺寸和关键节点;构件的定位和定形尺寸;主要结构的焊接要求,特别是深熔焊和全焊透的节点等,需要在图纸中详细表达。

(3)与货舱区结构相接的地方,同一位置的图纸在多个图纸中都有表达的地方是否一致;货舱区纵骨是否有延伸或过渡平台。

(4)人孔位置的表达是否与全船人孔布置图一致。

(5)有无施焊死角,有无对应的工艺处理办法。

(6)内壳或者纵舱壁结构在防撞舱壁中断时,应在艏部结构内设置足够的背撑构件,以及逐渐变小的延伸肘板,以保证强度的连续性。

(7)艏部外飘结构应适当减小骨材间距以控制承载宽度,减小构件尺寸;冲击载荷大的区域的骨材在穿过强构件时,应加补板,强构件的两端应设置软趾。

(8)艏部区域的甲板结构要特别考虑上浪压力的影响,冲击载荷大的区域的骨材在穿过强横梁或纵桁时,应加补板;在强横梁和纵桁相交处应设置适当的支柱。

(9)艏部结构应受到与高腹板的横梁和强框架相连的桁材的支撑,通常要布置成完整的横向环带结构,并且由延伸至结构下端的支柱支撑。如设有高腹板横梁和桁材时,应把高腹板横梁、强框架和/或桁材的间距限制在大约 3.5 m。

(10)注意防撞舱壁上不允许开孔。

(11)剖面表达是否完全。

3.2.6　艉部结构图

艉部结构主要为横骨架式,它的型线比较复杂,主要包括舵机舱、液货舱、挂舵臂、轴毂及绞车加强等。艉部结构图需要关注的内容如下:

(1)图纸中所有板材的板厚、材质是否清晰表达,是否与基本结构图一致。

(2)主尺度、各构件尺寸和关键节点;附件的定位和定形尺寸;主要结构的焊接要求,特别是深熔焊和全焊透的节点等,需要在图纸中详细表达。

(3)有无施焊死角,有无对应的工艺处理办法。

(4)艉尖舱通常为横骨架式,每挡肋位均设置实肋板。

(5)承舵柱、螺旋桨柱、挂舵臂处及附近,肋板应延伸至艉尖舱并增加厚度,且厚度的增加应满足有关船级社的规定。

(6)如果从尖舱顶部至露天甲板的高度大于 1.6 m,且舷侧为横骨架式,则应设有一个或一个以上舷侧纵桁,最好与前方的相似结构对齐。

(7)剖面表达是否完全。

思考与练习

一、简答题

1. 中横剖面图对于了解船体结构基本情况有何作用?

2. 基本结构图对于了解船体结构有何作用?

3. 货舱区结构图主要包含哪些船体结构图?

4. 机舱区结构图有何特点?

5. 艏部结构包含哪些? 艉部结构主要有何特点?

二、单选题

1. 在中横剖面图上，一般需要描述的船的主要尺度要素有(　　)。

A. 船长、两柱间长、型深

B. 船宽、梁拱、设计吃水

C. 结构吃水、方形系数、航速

D. 以上都是

2. 货舱区结构图中包括(　　)。

A. 货舱区双层底结构

B. 货舱区边舱结构

C. 货舱区上甲板与横舱壁结构

D. 以上都是

3. 艏部区域在强横梁和纵桁相交处应设置适当的(　　)。

A. 补板　　B. 支柱　　C. 加强筋　　D. 基座

三、判断题

1. 船舶结构详细设计图纸是按照船舶行业标准，采用标准绘图语言对船舶结构进行描述和计算的图纸。(　　)

2. 中横剖面图是船体中段范围内数个典型横剖面的图纸，是表示船体结构基本情况的全船性结构图样。(　　)

3. 基本结构图体现了主船体的基本结构形式。(　　)

4. 机舱区结构相对货舱区结构要简单。(　　)

任务 3.3　分段划分

分段划分是船舶建造方针书的重要内容，是整个建造方针制定合理与否的基础。同时，船体分段划分是否合理，直接影响船厂设备潜力、劳动生产率、劳动条件、产品质量和生产成本等经济技术指标。

3.3.1　分段划分的阶段

分段划分是一项复杂细致的工作，它涉及初步设计、详细设计、生产设计及生产实施等全过程。

初步设计阶段：在基本结构图上初步确定外板、甲板、内底板、纵舱壁等强力构件的分段接缝位置；在横剖面图上，确定货舱平行舯体部分分段接缝位置。

详细设计阶段：主要是对货舱平行舯体以外部分的分段划分进一步细化。在初步设计阶段，由于对货舱平行舯体以外部分的结构形式不是很明了，因此该部分的分段划分是在主要框架的布置及结构形式确定以后进行的。

通过上述两个阶段的研讨，分段划分的方案已基本成形，在以后的生产设计过程中，还会对分段划分的一些具体细节做稍许调整，进一步优化施工的便利性，最终由生产设计部门绘制出分段划分布置图，作为设计、制造、仓储、检查等部门的作业依据。

3.3.2　分段划分的原则

分段划分以基本设计图(中横剖面图、基本结构图、总布置图等)为依据,按工厂惯例确定船体分段划分方案,原则上在送审设计图时完成。船体分段划分原则上应考虑以下因素。

1. 起重运输能力

起重运输能力是决定分段尺寸和质量的主要因素。所谓起重运输能力,是指船体装配焊接车间的起重能力,室外装焊平台、船台(坞)的起重能力,车间运出分段时的输送设备、空间和方法(如平板车的负载能力、车间前区的缓冲场地面积),主要运输道路的宽度及承载能力,以及分段翻身的条件和能力等。比较理想的分段质量,应接近车间和船台(坞)吊机的最大起重量,且以能用一台起重机吊运为宜;分段尺寸则应在起重运输条件及车间通道和厂区道路允许范围之内。

在决定分段质量时,还应考虑到分段临时性加强材料的质量,以及在分段内预舾装的质量。

此外,限于涂装中心涂装房的高度,需考虑分段进涂装房时的高度,并考虑平直中心可通过分段的允许高度。

2. 结构特点与强度

(1)环形接缝应尽可能避免布置在船体总强度或局部强度的受力集中位置,如船中、船梁剖面突变处,以及每一肋骨间距的中点。从船体局部结构强度考虑,1/2 肋距处弯矩最大,同时为便于控制分段大接缝的型线光顺,要求将横向大接缝设在 1/4 肋距处。内河小船的肋距较小,有时也设在 1/3 肋距处,以便于施工。

(2)分段大接缝应避开应力集中的区域,如甲板大开口的角隅处、上层建筑的末端、主机基座纵桁末端、双层底向单底结构过渡的部位(与分段接缝距离应超过一挡肋距或纵桁间距)、机舱海水箱等。由于其应力比其他区域大得多,对焊接接头的残余应力特别敏感,因此分段大接缝必须避开这些应力集中区域。

(3)对纵骨架式的船体,应尽可能减少横向分段接缝的数目;为保持一定的长度又不使分段过重,必要时可对分段做纵向划分。对横骨架式的船体,一般不宜做纵向划分,以保持横向结构的完整性。

(4)分段接缝应尽可能选择在结构原有板缝或节点零件(如肘板)的连接部分。尽量采用优化设计使分段的长度与结构强度要求的分布区域相匹配,达到减少钢板拼缝的目的。从船体结构的连接特点看,船体是通过一些连接构件(肘板等)将各部分不同的结构连接起来的,如通过舭肘板把底部结构和舷部结构连接起来,通过梁肘板把舷部结构和甲板结构连接起来,通过上下肘板将横舱壁隔开的相邻两个舱室的纵向骨架连接起来等。通常,这些连接处的接缝就是天然的分段大接缝。

(5)分段应具有足够的刚性,不致因焊接、火工矫正及翻身吊运而引起较大的变形。如甲板分段的划分一般以结构刚性为主要影响因素,而起重运输能力则为次要因素。

3. 工艺和施工条件

(1)在一般情况下,对底部分段的划分,大型船舶以质量为主要考虑因素,中小型船舶以尺寸和形状为主要考虑因素；舷侧曲面分段划分则主要考虑尺寸和形状，同时也要考虑加强和翻身吊运的方便性；构成艏、艉总段的分段划分则主要考虑质量，同时考虑翻身吊运的方便性，也要顾及舵桨安装的工艺性。

（2）分段划分尺度应尽可能选用最大规格钢板的尺度（长度和宽度，但主要是长度），以减少接缝焊接工作量，并提高钢材利用率。因此，分段的长度一般为可供钢板长度或倍长，还要考虑外板型线引起的伸长，装配余量及焊接、火工收缩量等。

（3）底部、舷侧和甲板分段的端接缝应尽可能置于同一横剖面内，形成整齐的环形接缝，以简化装焊工艺，保证焊接质量。

（4）分段划分应考虑装配焊接的方便性。尽量在大接缝处创造良好的作业空间，同时还要具有有利于作业的通风、透气、透光等环境和安全保障。如艏、艉尖舱的立体分（总）段横向大接缝，一般应布置在尖舱舱壁外，如图 3-3 所示。机舱前壁处分（总）段横向大接缝一般应布置在货舱区域，因为该侧相对于另外一侧而言，有较为宽敞良好的工作空间。

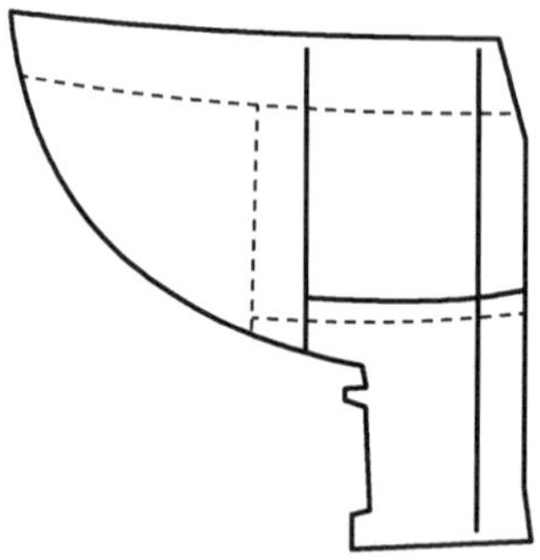

图 3-3　艉尖舱立体分段横向大接缝

（5）分段接缝的布置应有利于船舶预舾装。如充分考虑相邻分段安装件的布置，分段内的舾装单元与结构的配合，特别是机舱分段的划分应充分考虑管子单元组装及其上船安装的便利性，尽量减少接缝处的管子接头。

（6）分段接缝的布置应使分段具有单独进行密性试验的条件，并为涂装作业创造有利条件。尽量保证封闭型舱室涂装的完整性，减少焊缝对舱室涂装的破坏。PSPC 的实施对分段划分产生了很大影响，分段焊缝的设置要尽可能地减小压载舱的烧损面积。压载舱横截面内的结构应尽可能划分到同一个分段内；压载舱分段接缝应采用一刀齐的方式，避免阶梯式接缝；与压载舱连接的构件应尽可能与压载舱在同一个分段。

（7）分段划分应有利于最大限度地采用先进高效的焊接方法。为此，船体平行舯体以及平直部分的分段尺寸，可尽量划得大些，艏、艉部曲型较大的分段则可相对划得小些。同时，曲度较大、难以采用自动焊的部分，应尽可能不要与平直部分划在同一分段内。

（8）分段接缝处结构的参差（即板与骨架的相对位置）应考虑船台（坞）装配的程序及操作的方便性。目前采用的接缝处参差的形式有两种：平断面形（俗称“一刀齐”）和阶梯形，如图 3-4 所示。民船已全面采用平断面形结构，军船目前仍沿用阶梯形结构。阶梯形结构应设在同一肋骨间距内，以利于操作和控制焊接变形。

4. 生产计划和工作量

(1)分段划分的数量和质量应考虑工厂的起重能力、劳动组织及场地面积。若装配场地面积较大,而船台(坞)较紧张,则可划分成较多的分段,以形成较多的分段储备量,再将分段总组成总段,然后吊上船台(坞)安装,以利于作业面的展开和提高船台(坞)的利用率。

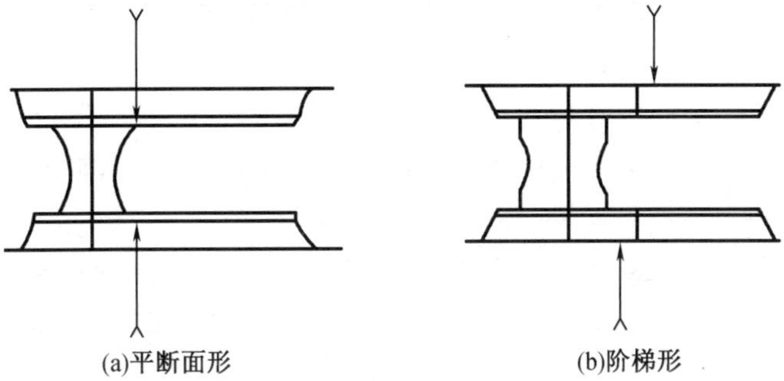

图 3-4　两种不同分段接缝布置

(2)分段划分应考虑船台(坞)工作量的平衡。如艉部分段一般不宜划得太大;在采用岛式建造法时,应使各“岛”的工作量大致相近;对艉机型船舶,艉岛的尺寸应比艏岛小,以便提前进行机舱内基座、设备及轴系的安装工作。在平衡分段和总段工作量时,还应考虑预舾装的程度。

(3)当采用岛式建造法时,应尽量减少船台(坞)安装工作的相互牵制,尽量创造封闭的安装区域。例如,上层建筑或桥楼不应跨及两个岛区,以免受“岛”的对接限制;机炉舱应尽可能划在同一个“岛”内,以便轴系、管系和主辅机的安装或预装。

3.3.3　分段划分的设计内容

1. 分段要素表

分段要素表的内容主要包括总段名及组成总段的有关分段的名称,以及各分段的质量、尺寸、肋位号及建造方法等,如表 3-1 所示。

表 3-1　底部分段划分及分段要素表

序号	代码	名称	肋位号(FR)	尺寸(L×B×H)/mm	质量/t	建造方法
1	102	货舱底部分段	$FR41^{+200}$—$FR58^{+200}$	12 000×11 000×1 600	60. 14	内底倒装
2	103	货舱底部分段	$FR58^{+200}$—$FR72^{-150}$	9 900×12 000×1 700	82. 14	内底倒装
3	104/p 104/s	货舱底部分段	$FR72^{-150}$—$FR92^{+150}$	14 500×12 000×1 700	73. 39 59. 56	内底倒装
4	105	货舱底部分段	$FR92^{+150}$—$FR105^{+200}$	9 100×12 000×1 700	77. 37	内底倒装

表 3-1(续)

序号	代码	名称	肋位号(FR)	尺寸($L\times B\times H$)/mm	质量/t	建造方法
5	106/p 106/s	货舱底部分段	$FR105^{+200}$—$FR123^{-200}$	12 600×11 000×1 700	50. 82 40. 36	内底倒装
6	107	货舱底部分段	$FR123^{-200}$—$FR134^{+200}$	8 000×9 000×1 700	44. 50	内底倒装
7	108	货舱底部分段	$FR134^{+200}$—$FR146^{+300}$	8 600×12 000×1 700	35. 89	内底倒装
8	109	货舱底部分段	$FR146^{+300}$—$FR164^{-150}$	13 000×11 000×3 700	57. 96	用 3540 平台倒装
分段数合计		10 个		质量总计	582. 13	

2. 分段划分图

分段划分图必须用船体轮廓的剖面图清晰地表达船体纵横向划分情况。

分段划分图主要由中纵剖面视图，主甲板、舱底、平台剖面视图，典型横剖面视图组成。

分段划分图应包含下列内容：

(1)分段划分的接缝位置；

(2)分段编号和余量符号；

(3)各分段吊装顺序等。

3. 总组分段

分段划分图完成后，要参考单个分段的形状和质量来决定总组分段，以缩短船台(坞)周期，使在船台(坞)内合拢的分段尽可能少。

思考与练习

一、简答题

1. 分段划分应考虑的基本原则是什么？

2. 分段划分图反映了哪些信息？

二、单选题

1. 确定分段划分方案时，艏、艉分段的划分在(　　)阶段进行。

A. 初步设计　　B. 详细设计　　C. 生产设计　　D. 技术设计

2. 分段划分应考虑船厂的起重运输能力，主要是(　　)。

A. 船台起重能力

B. 装焊车间起重能力

C. 分段从车间运往船台的负载能力

D. 以上都是

三、判断题

1. 分段划分时，分段横向大接缝一般设在 1/2 肋距或 1/3 肋距处。 （ ）

2. 分段划分时，对横骨架式结构应尽量做横向划分，对纵骨架式结构应尽量做纵向划分。 （ ）

任务 3.4 型线放样及外板展开

熟知造船的人都会明白，如果没有相关图纸，船舶的建造就无法进行。从基本功能上看，图纸可以分为系统图纸与制造图纸两类。前者（如总布置图、型线图）主要反映设计者的设计意图，面向产品功能，而后者（如放样图、套料图）则是用于指导制造者如何动作，面向产品装配。

3.4.1 船体放样工作内容

放样是船体建造的第一道工序。所谓放样，其直接的含义是将图纸上按一定缩尺比例绘制的设计图，放大成 1∶1 的实尺图样（或 1∶10、1∶5 的比例图样），作为船体构件下料、加工的依据。由于船体表面是光顺的曲面，这就要求放大的图样也一定是光顺的。因此，船体放样的目的不仅仅是将设计图放大，更重要的是要将设计图上因比例限制而隐匿的型值误差和曲线（面）不光顺因素予以消除，即对型线进行光顺；此外，还要补充设计图中尚未完全表示出的内容；并依据放大、光顺的图样求取船体构件的真实形状和几何尺寸，为后续工序提供施工资料（样杆、样板和草图等）。由此可知，放样既是设计意图的体现与完善，又是产生后续工序施工依据的重要环节。

船体放样的主要工作内容有以下几项。

1. 光顺船体理论型线

设计院绘制的船体型线图采用的比例为 1∶50 或 1∶100，难免存在误差。因此，需要根据船体型线图和型值表以实尺或一定的比例将船体型线放大并进行修改，以达到投影一致和型线光顺。采用数学放样时，这一工作通过计算机来完成。

2. 绘制肋骨型线图，进行结构放样

按照实际肋距，根据已修改光顺的理论型线图，绘制每一肋骨剖面的型线，如图 3-5 所示，同时进行外板板缝和内部结构的放样。

3. 船体结构展开

船体横向构件如横舱壁、肋板、肋骨和横梁在肋骨型线图中已反映其实形。不反映实形的构件如外板、甲板、内底板和纵桁等都必须用作图或计算的方法逐个展开，以求得其真实形状。

4. 提供施工依据

用数据、图形或样板等形式为号料、加工、装配、检验等后续工序提供施工依据。

5. 确定结构的工艺余量和补偿

根据船体构件的加工、装配和焊接方法，确定余量及补偿量的数值和留放的部位。

3.4.2 数学放样

数学放样也称计算机放样。随着电子计算机在船舶设计和建造中的应用不断开发，它已由初期仅限于型线放样和数控加工，发展成以数据库为核心的设计、建造和管理一体化的造船集成系统。数学放样取代了传统的实尺放样和比例放样，不仅使放样方法发生了根本性变化，也对号料、加工、装配等后续工序产生了深刻的影响。将船体放样和生产设计结合以后，整个计算机系统能辅助人工完成船体生产设计和放样的大量工作。

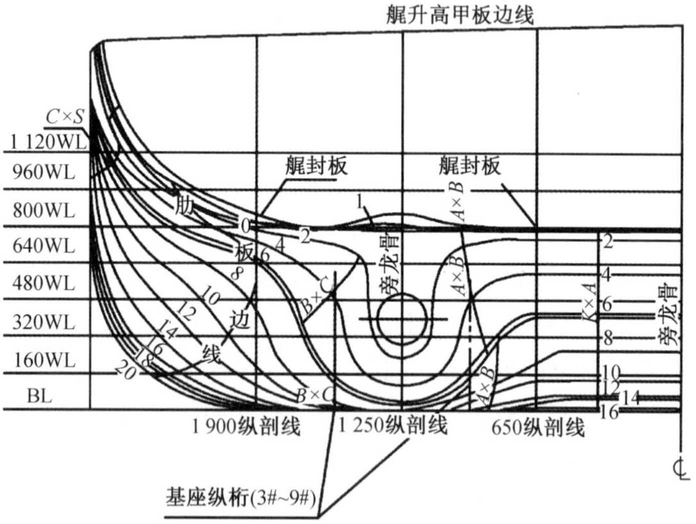

图 3-5　肋骨型线图

根据船体生产设计的任务，向计算机输入或调用初步设计、详细设计的图表文件和数据信息。经过程序系统的处理，完成船体生产设计包括放样在内的大量工作，输出船体生产设计的工作图表、施工信息文件。目前数学放样能完成的工作有：

(1)船体型线的光顺，肋骨型线和结构线的放样；

(2)船体结构零件的自动生成，外板及其他构件的展开；

(3)钢材零件的套料，数控切割、号料的处理；

(4)胎架型值及分段装配数据的计算；

(5)其他数据的计算和统计，如焊缝长度计算，重量重心计算等。

由此可见，进行数学放样，尤其是将船体放样和生产设计结合以后，不但完成了原来实尺或比例放样的全部任务，还做到了许多在手工放样条件下难以完成的工作。譬如，计算机套料大大提高了钢材的利用率，创造了可观的经济效益；活络样板的使用大量取代了木质的样板；数控切割号料节省了用于制作样板的大量工时和木材。

3.4.3 HD-SHM 船体线型系统

HD-SHM 系统是沪东中华造船集团有限公司结合船舶企业生产实际研究开发的具有国内先进水平的船体建造集成软件，具有型线生成，型线三向光顺，结构线生成，板缝线生成,外板展开,输出样板、样箱及胎架数据,结构零件生成,人机交互套料,输出数控切割文件和材料管理等功能,使用 AutoCAD 作为图形平台,具有与其他造船软件的接口。

HD-SHM 系统有型线、结构和外板三大分系统,各分系统数据共享,操作流程如图 3-6 所示。

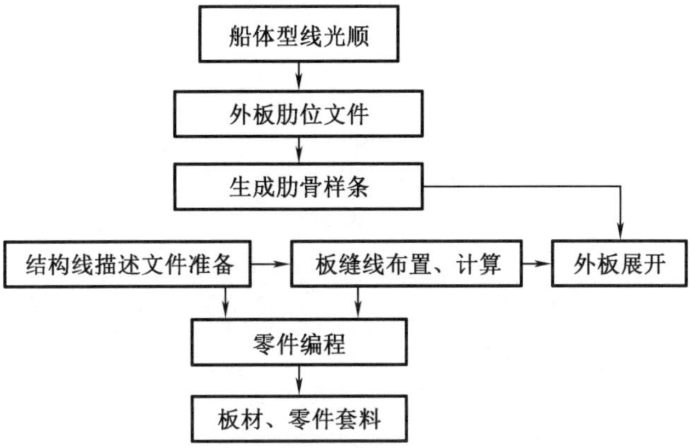

图 3-6　HD-SHM 系统操作流程图

HD-SHM 船体线型系统具有型线三向光顺、型值表生成、样条转换、拼接全船型线、外板肋位文件生成及甲板抛势表生成等功能,可以在计算机上完成所有型线三向光顺等作业。使用中除特别说明外,做以下约定:

(1)系统输入输出文件中的尺寸数据以毫米(mm)为单位。

(2)文件名中的 * * 是与工作子目录名的最后两个字符相同的船号编码。

(3)船长坐标是指到 0 号肋骨的距离,以正肋骨方向为正,以负肋骨方向为负。

在 HD-SHM 系统中用鼠标点击“线型系统”,即启动了船体线型系统,出现如图 3-7 所示的系统界面。

线型系统功能属性表由八个功能属性页组成,分别为线型光顺、型线后处理、外板肋位文件、甲板抛势表、肋骨型值表、样条管理、接口、辅助工具。用鼠标点击功能属性页的标签,即可弹出该功能属性页。

在功能属性页上有编辑框、单选框、复选框、下拉框和按钮等各种控件。按钮有两种颜色,当按钮文字为蓝色时表示该按钮功能可以使用;当按钮文字为灰色时表示缺少必要的文件或授权,不可以使用。

在功能属性页的右侧是功能状态显示区。选中一个功能属性页,就在功能状态显示区显示对应该功能属性页的当前路径文件状态,可由此得知哪些文件找到了,哪些文件还没有。如果把鼠标移到功能属性页的按钮上,就在功能状态显示区显示该按钮的简要功能说明、需要哪些文件作为输入、哪些文件作为输出。

如果选中联机打印选择框,表示在执行功能属性页上的按钮功能时联机打印输出生成的图、表、文件。

运行结果显示区显示按钮的执行状态。按下方的输出按钮,可将运行结果显示区的内容保存到指定的文件中。

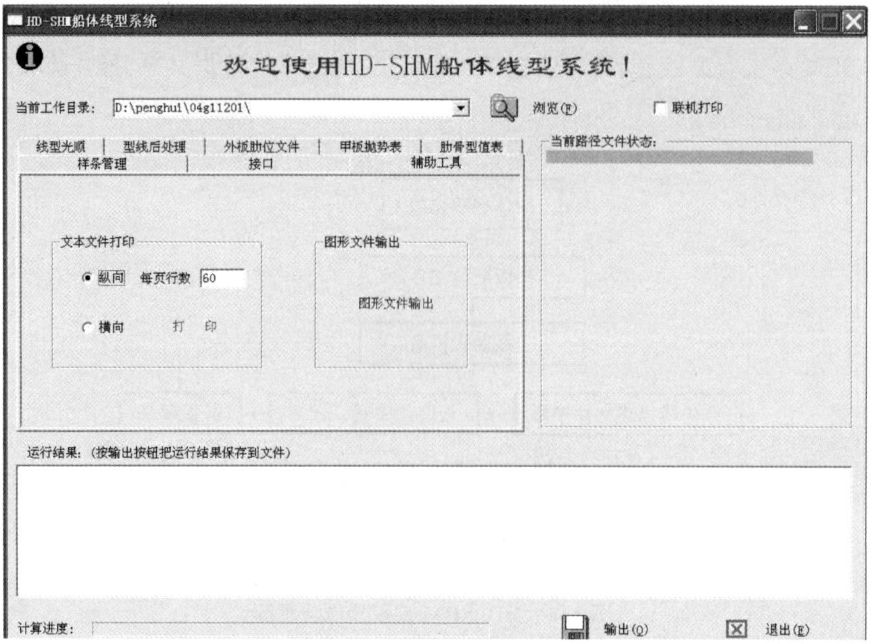

图 3-7　HD-SHM 船体线型系统界面

线型光顺属性页提供一系列型线三向光顺处理功能。点击该页“运行”按钮，系统即启动图形平台中的船体型线三向光顺系统。

所谓三向光顺即指上述曲线在水平面、纵剖面、横剖面上的投影曲线都达到光顺。该系统根据横剖线的类型分成站线三向光顺和肋骨光顺两种处理方法，可先进行站线三向光顺，然后在光顺后的水平面和纵剖面上插值生成肋骨型值表，最后进行肋骨光顺生成肋骨样条文件。该系统是通过对船体曲面上的型线进行光顺来达到船体曲面光顺的。型线的取法有下述几种：

(1)水平剖面线，可取若干高度值来获取一组水线。

(2)纵向剖面线，可取若干半宽来获取一组纵剖线。

(3)横向剖面线，可取若干离舯值来获取一组站线，另取若干离舯值来获取一组肋骨线。

(4)空间曲线，是控制船型的主要曲线，有折角线、切点线、轮廓线三种类型，作为三向光顺时的控制曲线。

(5)甲板线，是船舶甲板与船壳的交线，也是一种空间曲线，不参加三向光顺，由甲板中纵剖线(中昂)根据甲板抛势翻出。

(6)其他剖面线及空间曲线，如船体圆头切点线、底平切点线、艉封板线、艉轴出口端面等。

3.4.4　基于船体设计系统(SPD-H)的构件展开

船体设计系统通过船体建模在计算机内建立了船体结构的三维模型。船体结构的三维模型除了用于浏览检查、转换生成船体图纸外，还能展开成零件，按分段分别生成板材零件数据和型材零件数据并提供给 HD-SHM 船体建造系统，进行船体生产信息的制作。零件展开对话框如图 3-8 所示。

图 3-8　零件展开对话框

零件展开功能可展开各类船体构件：平面板架、肘板、曲面型材、曲面板、曲面面板（一般不展开船体设计模型中的船壳曲面板）。

展开的板材零件具有零件名、数量、材料牌号、外周线、内孔、划线、文字标注、方位等信息。

展开的型材零件具有零件名、型材规格、端头朝向、材料牌号、区分左右舷正落/反落的下料数量、长度、两端的切割参数等信息；对有内孔或切口的零件还给出内孔或切口的下料数据，对需弯曲加工的零件还给出弯曲加工数据。

船体外板系统是 HD-SHM 系统的一个分系统。HD-SHM 船体外板系统可布置生成外板板缝、展开外板零件，提供外板零件下料图、外板加工用的活络样板调节型值表、样箱制作图以及分段支柱式胎架图表。系统已覆盖外板放样和加工的各方面，是目前国内最完备的船体外板系统。

1. 数学放样展开外板的基本思想

数学放样展开外板是模拟手工进行的，用数学计算方法描述外板接缝线生成、零件展开计算、数控绘图切割等过程。

2. 数学放样展开外板的任务

船体外板展开计算是在船体型线三向光顺、插值生成肋骨型值、排定船体结构后进行的。它的主要任务是：

(1) 生成外板纵接缝；

(2) 计算展开外板零件；

(3) 实现合理的加工补偿和修正计算；

(4) 提供外板零件加工所需的各种数据图表、数控切割程序；

(5) 为造船工程管理提供数据和信息。

3. 数学放样展开外板的方法

目前手工展开外板的方法有许多种,其中以测地线法展开最为普遍。现在的数学外板展开程序也经常选用测地线法展开。

思考与练习

一、简答题

1. 船体放样的主要工作内容有哪几项?

2. 船体型线光顺型值的调整原则是什么?

3. 船体外板系统可以完成哪些功能?

二、单选题

1. 以下哪一组线在纵剖线图中显示真实形状?(　　)

A. 纵剖线　　B. 水线　　C. 横剖线　　D. 甲板边线

2. 船体型线的放样方法主要有(　　)。

A. 实尺放样　　B. 纵向缩尺放样、比例放样

C. 数学放样　　D. 以上都是

3. HD-SHM 系统有哪些分系统?(　　)

A. 型线　　B. 结构　　C. 外板　　D. 以上都是

4. 目前手工展开外板的方法有许多种,其中以(　　)最为普遍。

A. 十字线展开　　B. 测地线法展开

C. 定线展开　　D. 三角线展开

三、判断题

1. 船舶设计型线图只表达了船体的形状和大小。(　　)

2. 船体放样无须确定余量及补偿量。(　　)

3. 计算机系统能辅助人工完成大量放样工作。(　　)

4. HD-SHM 系统有型线、结构和外板三大系统。(　　)

5. HD-SHM 系统文件中尺寸数据以厘米为单位。(　　)

任务页　模块3 生产设计准备

任务3.1　船舶规格书解读

任务描述

解读某船规格书中船体结构部分的内容。

任务实施

1. 课前准备

课前完成线上学习任务:从线上平台接受任务,通过查询互联网、图书资料,分三组完成总则、主船体、主船体其他部件的解读。

2. 任务引导

(1)查阅资料

在教师的指导下学会利用互联网查询文件资料的方法。

(2)分组讨论

确定分组人员,组员共同完成任务。

<table>
<tr><td>小组任务</td><td></td></tr>
<tr><td>小组名称</td><td></td></tr>
<tr><td rowspan="5">解读某船规格书中
船体结构部分的内容</td><td></td></tr>
<tr><td></td></tr>
<tr><td></td></tr>
<tr><td></td></tr>
<tr><td></td></tr>
</table>

3. 任务评价

<table>
<tr><td>序号</td><td>项目</td><td>自我评价</td><td>小组评价</td><td>教师评价</td><td>备注</td></tr>
<tr><td>1</td><td>查阅资料(20分)</td><td></td><td></td><td></td><td></td></tr>
<tr><td>2</td><td>参与组内讨论(25分)</td><td></td><td></td><td></td><td></td></tr>
<tr><td>3</td><td>态度端正、认真积极(25分)</td><td></td><td></td><td></td><td></td></tr>
<tr><td>4</td><td>正确解读某船规格书中船体结构部分的内容(30分)</td><td></td><td></td><td></td><td></td></tr>
<tr><td>5</td><td>合计</td><td></td><td></td><td></td><td></td></tr>
<tr><td>6</td><td>总分</td><td colspan="3"></td><td></td></tr>
</table>

任务 3.2 详细设计图纸分析

任务描述

对某船的详细设计图纸进行分析。

任务实施

1. 课前准备

课前完成线上学习任务：从线上平台接受任务，通过查询互联网、图书资料，分四组完成中横剖面图、基本结构图、货舱区（机舱区）结构图、艏（艉）部结构图分析。

2. 任务引导

（1）查阅资料

在教师的指导下学会利用互联网查询文件资料的方法。

（2）分组讨论

确定分组人员，组员共同完成任务。

小组任务	
小组名称	
分析某船的详细设计图纸	

3. 任务评价

序号	项目	自我评价	小组评价	教师评价	备注
1	查阅资料（20 分）				
2	参与组内讨论（25 分）				
3	态度端正、认真积极（25 分）				
4	完整分析某船的详细设计图纸（30 分）				
5	合计				
6	总分				

任务 3.3 分段划分

任务描述

解读某船的分段划分图。

某船分段划分图

任务实施

1. 课前准备

课前完成线上学习任务:从线上平台接受任务,通过查询互联网、图书资料,分四组完成底部分段划分、舷侧分段划分、甲板分段划分、舱壁分段划分的解读。

2. 任务引导

(1)查阅资料

在教师的指导下学会利用互联网查询文件资料的方法。

(2)分组讨论

确定分组人员,组员共同完成任务。

小组任务	
小组名称	
解读某船的分段划分图	

3. 任务评价

序号	项目	自我评价	小组评价	教师评价	备注
1	查阅资料(20 分)				
2	参与组内讨论(25 分)				
3	态度端正、认真积极(25 分)				
4	正确解读某船的分段划分图(30 分)				
5	合计				
6	总分				

任务 3.4　型线放样及外板展开

任务描述

通过 HD-SHM 系统对某船船首部分型线放样及某外板进行展开。

任务实施

1. 课前准备

课前完成线上学习任务：从线上平台接受任务，通过查询互联网、图书资料，分四组完成某船船首部分型线放样及某外板展开。

2. 任务引导

(1) 查阅资料

在教师的指导下学会利用互联网查询文件资料的方法。

(2) 分组讨论

确定分组人员，组员共同完成任务。

小组任务	
小组名称	
某船船首部分型线放样及某外板展开	

3. 任务评价

序号	项目	自我评价	小组评价	教师评价	备注
1	查阅资料(20 分)				
2	参与组内讨论(25 分)				
3	态度端正、认真积极(25 分)				
4	正确完成某船船首部分型线放样及某外板展开(30 分)				
5	合计				
6	总分				

模块 4　船体分段结构建模

★**模块描述**

本模块从教学角度阐述了船体分段三维结构建模的基本方法，根据设计要领和船体型线设计资料，结合船舶设计系统软件，详细介绍了船舶分段结构详细设计的操作流程。本模块中，选取工程对象为 10 500 DWT 某油船（化学品船），使用东欣船舶产品设计软件 SPD-H 船体设计系统完成指定分段三维模型数据文件。

10 500 DWT 某油船（化学品船）主尺度（单位：m）如下：

总长：125.670；设计水线长：121.102；垂线间长：118.100；

型宽：19.800；型深：10.800；设计吃水：7.800；

梁拱：0.400。

全船划分为 20 个理论站。

船体分段结构建模具体操作流程如图 4-1 所示。

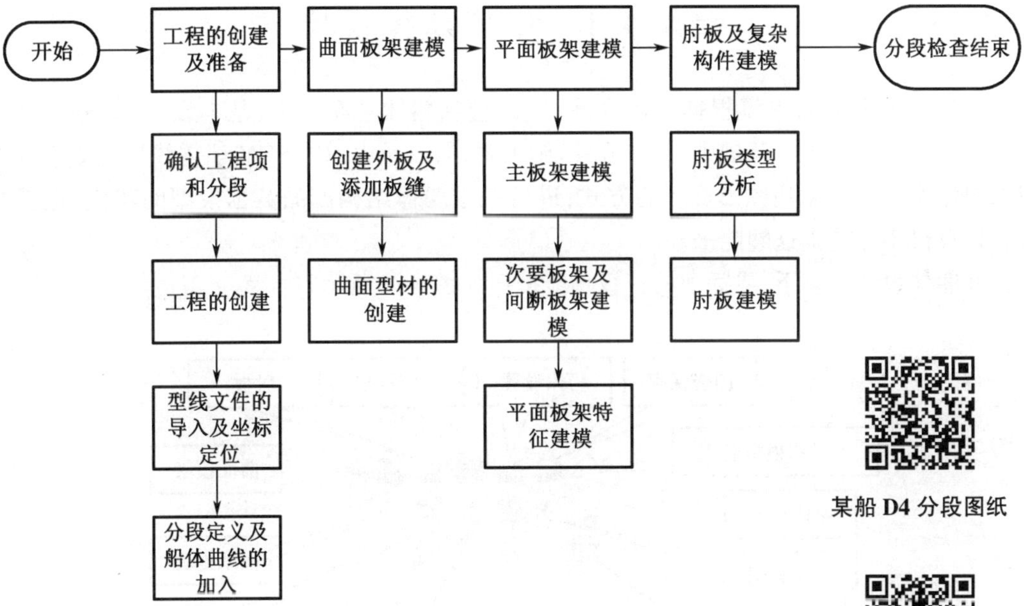

图 4-1　船体分段结构建模操作流程图

某船 D4 分段图纸

建模所需型线文件

★**学习目标**

●**知识目标**

1. 理解船体设计系统功能和操作流程；
2. 理解并掌握船体分段结构详细设计的基本思路和方法；
3. 理解船舶生产的基本工艺原则；

4. 理解船体设计要领的基本内容,识读分段划分方案;

5. 了解生产设计各专业分工与协作;

6. 能够根据图纸资料正确确定分段结构的组成部分,确定建模基本思路。

●能力目标

1. 能够正确使用 SPD-H 船体设计系统进行工程建模管理和船体设置;

2. 能够正确确定某船的肋距、纵骨间距等数据以及所要建模分段的名称、位置等相关信息;

3. 能够正确使用软件进行曲面板架和结构的定义;

4. 能够正确使用软件进行平面板架和结构特征的定义;

5. 能够正确使用软件进行肘板等复杂结构的定义;

6. 能够进行简单的数据库修改、复制等操作。

●素养目标

1. 培养认真、细致的专业态度;

2. 具有正确认识问题、分析问题、解决问题的能力;

3. 具有熟练应用软件解决实际工程问题的能力;

4. 培养精益求精的大国工匠精神,激发科技报国的家国情怀和使命担当。

任务 4.1 船体建模设置

SPD-H 船体设计系统根据船体设计要求(包括船体总布置图,基本设计图,分段划分图,技术规格书,有关规范规则,建造方针、施工要领,以及由 HD-SHM 船体线型光顺系统生成的船体型线等),采用图形交互的方式,进行三维船体结构产品数据模型的建模,也就是说在计算机中先造出这艘船来。

在船体设计状态下,界面上的一级功能按钮如图 4-2 所示。

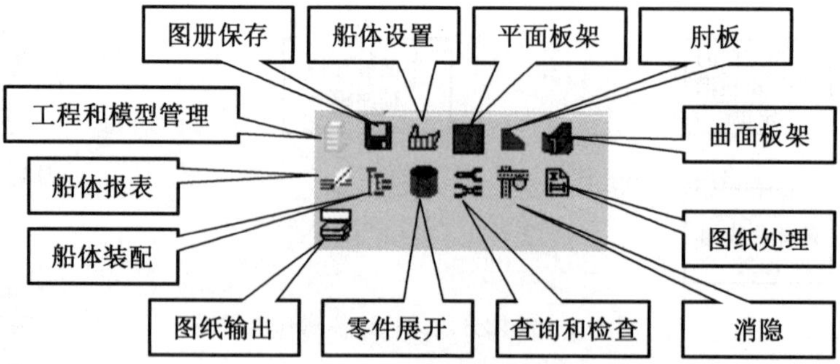

图 4-2 一级功能按钮图示

4.1.1　船体项目设置

船体项目设置包括工程、图册、模型等的设置。由于SPD-H船体设计系统是建立在船舶产品设计系统(SPD)平台之上的,因此许多针对船舶工程的操作,包括工程管理、图册管理、模型管理等,均是相通的。在进入船舶产品设计系统的界面以后,会在界面上出现如图4-3所示的常驻窗口。

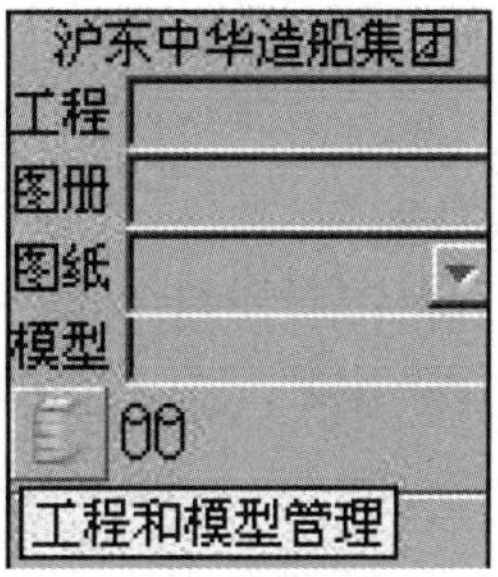

图4-3　工程和模型管理窗口

点击其中的“工程和模型管理”按钮,进行船体项目的设置。

1. 选择或创建工程

我们把一条船称为一个工程。

点击“工程管理”按钮,进行工程的选择或创建。但当前工程未关闭时,系统会提示先关闭当前工程再进行工程的选择或创建。

点击“工程管理”按钮,出现工程管理对话框(图4-4)。

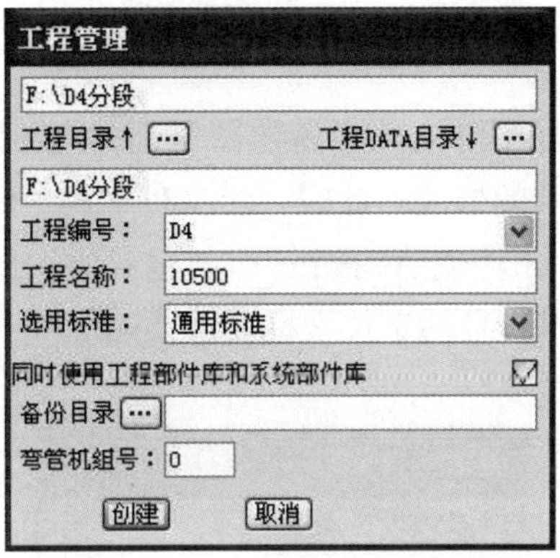

图4-4　工程管理对话框

在工程管理对话框中可设置“工程目录”和“工程DATA目录”。

工程数据可以分为共用数据和非共用数据,存放在工程的DATA、DRAWINGS、MODELS、OUTPUT等子目录中。其中DATA子目录中的数据是整个工程共用的数据,包括船体型线数据、背景定义数据、原理库、名称库、工程部件库等数据。这些数据是所有模型都要使用,而且可能同时修改的,必须存放在服务器的工程目录中。而DRAWINGS、MODELS、OUTPUT等子目录中的图册数据、模型数据和其他输出数据,是不可以同时修改的数据,它们可以存放在服务器上的工程目录中,也可以存放在本地的工程目录中。

如果要建立一个新工程,在目录选择对话框中应选择新船舶工程的父(上级)目录,工程管理对话框中即把“打开”按钮换名为“创建”,并激活工程的“工程目录”“工程DATA目录”“工程编号”“工程名称”和“选用标准”等编辑框,可键入相应信息。其中,“选用标准”只对舾装系统起作用,而对船体设计,选“通用标准”即可。

2. 选择或创建图册

在打开工程后，如果没有打开图册，则系统出现如图 4-5 所示的按钮，供船体设计人员进行图册选择或创建。所谓图册，即图形文件，用于保存一批相关的图纸。图册管理用于创建图册、删除图册、打开图册、关闭当前图册、保存当前图册及其相关的模型。

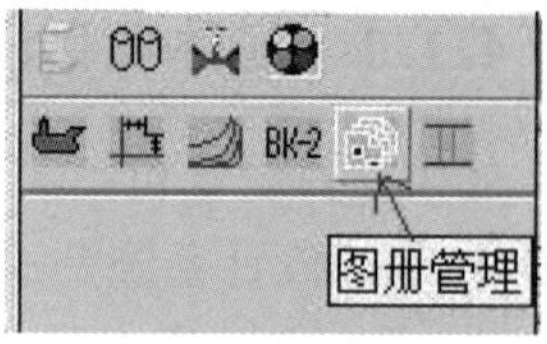

图 4-5　图册管理按钮

点击“图册管理”按钮，出现如图 4-6 所示的图册管理对话框。如果在“科室名称”下拉框中选择“船体”，则系统在“文件名称”下拉框中显示属于船体的已有的图册文件名称。

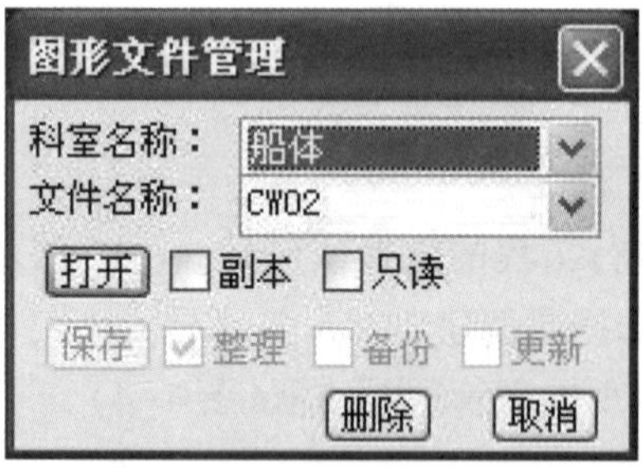

图 4-6　图册管理对话框

如果在“文件名称”下拉框中键入一个新的图册文件名，或文件名称为空，则图册管理对话框形式变为如图 4-7 所示的形式。此时，在“文件名称”下拉框中键入一个新的图册文件名，并键入新建图册范围，点击“创建”按钮，即创建新的图册。在输入新建图册范围时，可以使用相对肋骨号和纵向定位号的定位坐标表达式。

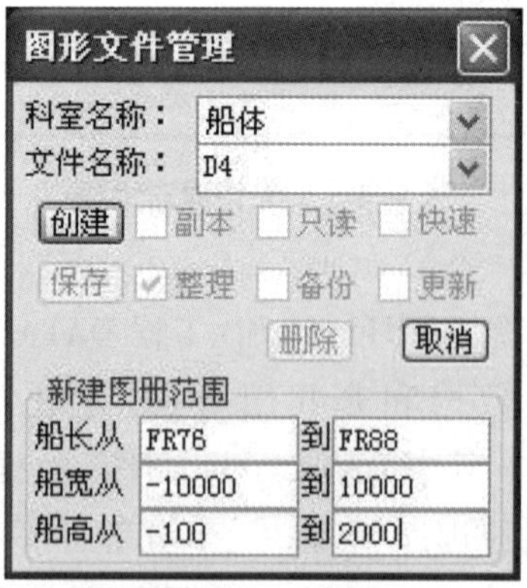

图 4-7　新建图册

3. 选择或创建模型

模型是指在屏幕上显示的三维模型的数据文件，存放在该工程目录下的 MODELS 文件夹中。该文件夹也是在创建工程时自动生成的。

图册和模型的关系：模型是船舶实体的某个部分在计算机中的表示，而图册是显示表达船舶实体的一个平台，它通过各个图纸和视图，显示表达加入图册中的模型所表示的船舶实体的形状和属性。图册可包含一个或多个模型，而模型只有加入图册才能显示，才能交互操作。一个模型可加入多个图册，在这个图册中可能是图册所要表达的主题的当前模型，而在其他图册中可能是作为陪衬来引用的模型。

点击“模型管理”按钮，系统显示如图 4-8 所示的模型管理对话框。

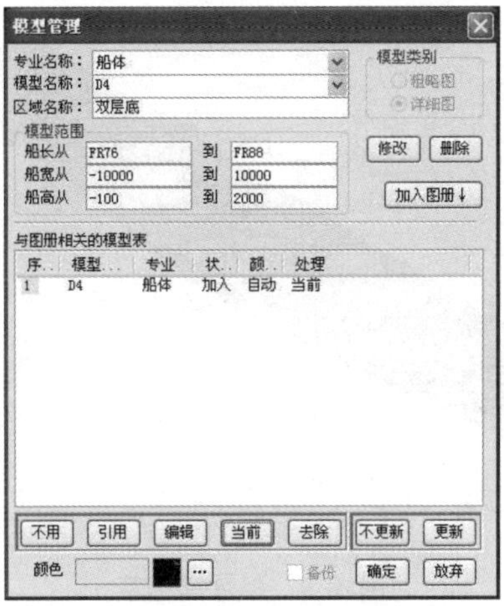

图 4-8　模型管理对话框

模型的图册中有“引用”“当前”等处理方式。

引用：将该模型的图形在图册中显示出来，但是不能修改该模型。

当前：该模型允许修改，将其设置为当前模型，并且根据该模型的专业属性设置提供所属专业的功能按钮。在当前图册中，可以有多个模型，但只有一个模型可以设置为当前模型。通常要设置一个模型为当前模型。

4.1.2　坐标定位面设置

1. 船体坐标系

SPD-H 船体设计系统规定的船体坐标系如图 4-9 所示。

船体坐标系的坐标轴为 X、Y、Z。无论对民船还是军船，坐标系的原点通常定在船尾的艉垂线处。X 轴向艏为正，Y 轴向左舷为正，Z 轴向上为正。

2. 坐标定位面

坐标定位面是为船体坐标系确定的一组“参照物”(或称为“标签”)，用于确定坐标位置，例如，用 FR32 来指示一个横剖面，用 DK1 来指示 1 甲板。有了参照物以后，就可用 FR32+300 来表示相对于 32 号肋骨向艏加 300 mm 的位置，用 DK1-200 mm 来表示相对于 1 甲板向下 200 mm 的位置，给船舶设计定位提供了便利。在工程和模型管理工具条中按坐标定位面按钮，则显示如图 4-10 所示的对话框。

(1)肋距定义表

船长坐标用肋号定位远比用船长绝对坐标定位要便利得多。为了生成“肋号”标签，先要给出肋距定义表数据。肋距定义表数据的格式如下：

F1,d1,F2,d2,F3,…,F*n*

这里,F*i* 是肋骨号,d*i* 是肋距。以上数据表示从肋号 F1 起到肋号 F2 止,每挡肋距是 d1;从肋号 F2 起到肋号 F3 止,每挡肋距是 d2,依次类推。

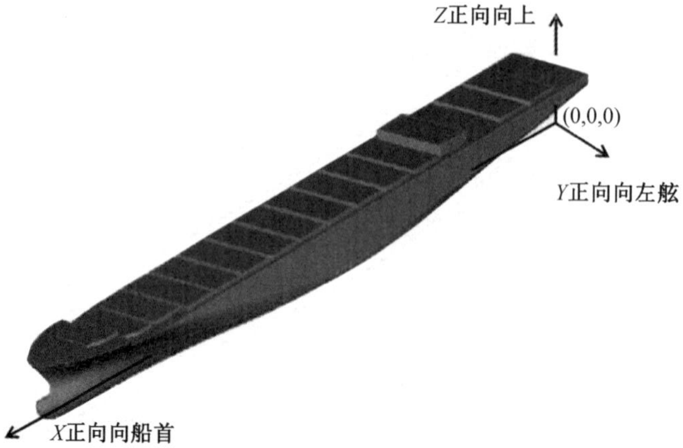

图 4-9　船体坐标系

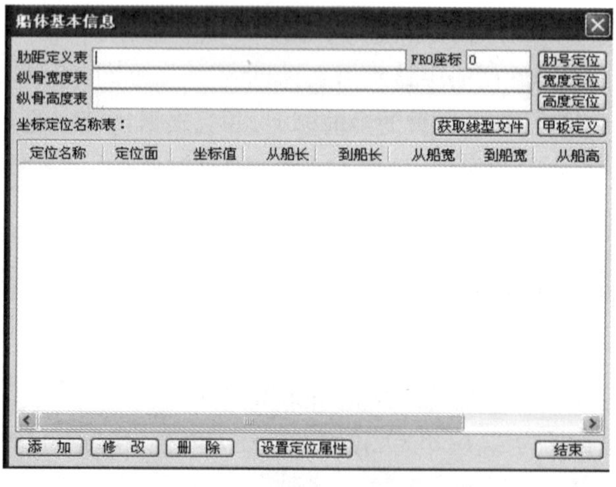

图 4-10　船体基本信息对话框

在“FR0 座标”位置输入 0 肋号对应的绝对坐标。

对通常的船舶,0 肋号在艉部,“FR0 座标”通常为 0。

对于本实船填写如下:

-5,600,11,700,156,600,180,“FR0 座标”为 0,点击“肋号定位”按钮。

表示从肋号-5 起到肋号 11 止,每挡肋距是 600 mm;从肋号 11 起到肋号 156 止,每挡肋距是 700 mm;从肋号 156 起到肋号 180 止,每挡肋距是 600 mm。

有了肋号定位标签,在设计过程中就可以用相对肋号的船体长度坐标表示方式了。例如:

FR30,表示肋号 30;

FR30+200,表示肋号 30 向大肋号方向加 200 mm 的船体长度坐标位置;

FR30-400,表示肋号 30 向小肋号方向减 400 mm 的船体长度坐标位置。

(2)纵骨宽度、高度表

在船体设计中,宽度和高度经常使用中横剖面上的纵骨位置定位,此时就需要定义纵骨宽度和高度定位数据。通常只考虑外板曲面上的纵骨定位。

纵骨定位表数据格式如下:

d1,L1,d2,L2,d3,L3,…,d*n*,L*n*

这里,L*i* 是纵骨号,d*i* 是纵骨间距。以上数据表示纵骨号 L1 的宽度或高度绝对坐标是 d1,从纵骨号 L1 起到纵骨号 L2 止,每挡纵骨宽度或高度间距是 d2;从纵骨号 L2 起到纵骨号 L3 止,每挡纵骨宽度或高度间距是 d3,依次类推。宽度纵骨号与高度纵骨号不能同号。

有了纵骨定位表数据后,按相应的“宽度定位”或“高度定义”按钮,即会在“已定义的定位面”列表中列出该类纵骨定位面数据。纵骨定位面以 L*i* 的形式命名。对以宽度表示的纵骨定位面,同时产生 L*i* 和 L-*i*,L*i* 在左舷,L-*i* 在右舷。

对于本实船填写如下:

宽度定位表:0,0,400,1,650,2,700,12,600,14,650,15,点击“宽度定位”按钮。

高度定位表:2 150,22,550,24,650,32,600,35,点击“高度定位”按钮。

纵骨宽度与高度表可根据具体情况选择性输入。

(3)获取型线文件生成船体曲面

此处获取的型线文件为使用 HD-SHM 船体线型系统进行精光顺后的型线文件,包括:

肋骨线样条文件:FRAME * ??. DAT;

纵剖线样条文件:BLINE * ??. DAT;

水线样条文件:WLINE * ??. DAT;

结构线文件:JGX??. DAT。

点击“获取型线文件”按钮,则显示如图 4-11 所示的“选择任意一个型线文件”的标准文件选择对话框,从 HD-SHM 船体建造系统型线数据目录中选择该船的任意一个型线文件,则该船的型线文件和结构线文件会被提取到本系统中,产生相应的船体曲面。将船体外壳曲面命名为“SHELL”。

图 4-11　选择任意一个型线文件对话框

(4)甲板定义

为了在本系统中使用甲板面,必须先定义甲板块。具有不带折角的甲板中昂线并且具有相同的梁拱的甲板,称为一个甲板块。一个甲板面由一个或多个甲板块组成。当一个甲板的中昂线有折角时,应在折角位置划分成不同的甲板块。当一个甲板的梁拱在某肋位发生改变时,也应在该肋位划分成不同的甲板块。当一个甲板的梁拱在各肋位都不同时,应先对甲板面像对船体曲面一样光顺,生成一组甲板型线文件,然后作为一个甲板块定义。

点击"甲板定义"按钮,则出现如图 4-12 所示的对话框。

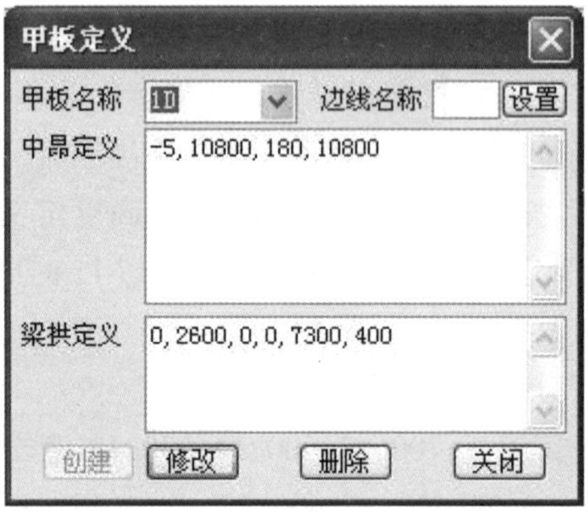

图 4-12　甲板定义对话框

在"甲板名称"中输入要新建或选择要修改的甲板块名称,然后分别在"中昂定义"和"梁拱定义"中输入中昂定义和梁拱定义数据,格式如下:

中昂定义:依次输入中昂上各点的肋位值和高度值。其中,肋位前不带字母"FR"。

梁拱定义:依次输入各梁拱段的梁拱类型、拱宽、拱高。其中,梁拱类型为 0 时是直线段,为 1 时是圆弧段。

梁拱定义的例子:

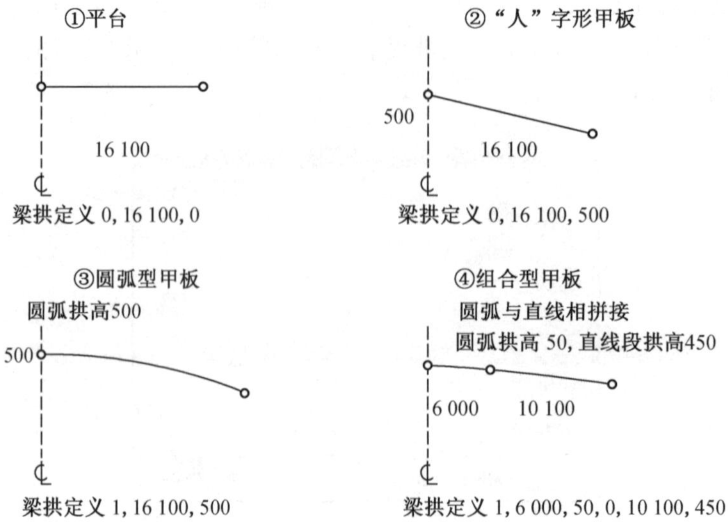

(5)设置定位属性

本系统中的坐标定位面有下列属性:

绘制定位线:设置是否要在图纸中绘制该定位线。

标注在边框:设置当绘制定位线时是否要在视区边界标注该定位线名称。

标注在中央:设置当绘制定位线时是否要在视区中央标注该定位线名称。

定位参考:设置该定位面是否作为定位参考面。不作为定位参考面的定位面,一般用于绘制定位线。

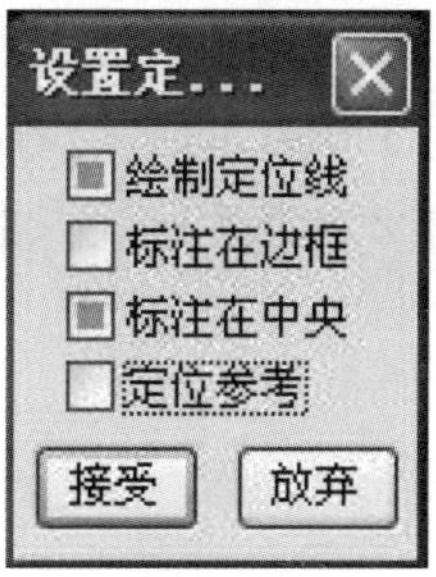

图 4-13　设置定位属性对话框

通常选择"绘制定位线"和"标注在中央"显示,如图 4-13 所示。

4.1.3　船体模型的刷新

船体模型是我们观察船体结构产品数据的窗口,也是进行交互设计建模的界面。船体结构设计是一个团队的行为,随时需要协调和借鉴。每个船体结构设计人员在进行所承担的设计项目时,需要调用已建的船体产品数据,需要知道同伴的进展,这可以通过船体模型的刷新来实现。"船体模型刷新"就是从船体产品数据库中搜索已有的指定对象,形成船体模型实体并显示。

点击"船体设置"按钮,在弹出的船体设置工具条中点击"刷新船体模型"按钮,系统即显示模型设置对话框,如图 4-14 所示。

图 4-14　模型设置对话框

4.1.4　船体基本曲线设置

船体基本曲线包括 X 向、Y 向、Z 向坐标定位线,以及 HD-SHM 结构线和外板板缝。点击"基本曲面"图标,得到如图 4-15 所示的生成基本曲线对话框。"曲面"默认为 SHELL。一般选择 X 向、Y 向、Z 向基本曲线,结构线和板缝线根据建模需要而定。生成的基本船体曲线的名字如下：

对 *X* 向基本曲线：<曲面名>X<肋号>，例如，SHELLX30。

对 *Y* 向基本曲线：<曲面名>Y<纵骨定位面号>，例如，SHELLYL2。

对 *Z* 向基本曲线：<曲面名>Z<纵骨定位面号>，例如，SHELLZL41。

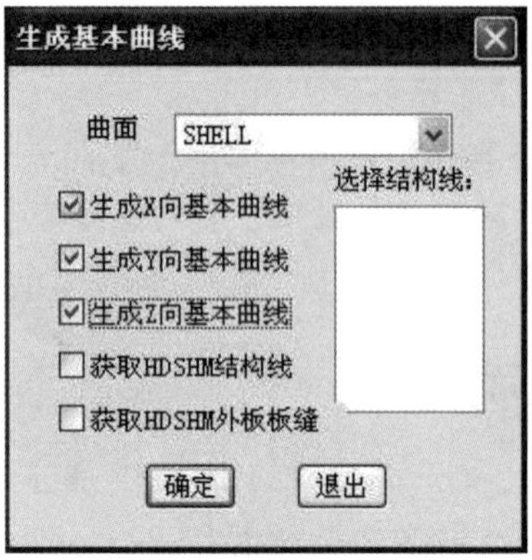

图 4-15　生成基本曲线对话框

4.1.5　船体设计标准库设置

船体标准设置根据船体设计所采用的标准要求进行定义，生成船体设计标准库。点击“船体设置”按钮，在弹出的船体设置工具条中点击“船体标准库”按钮，系统即显示船体标准设置对话框，如图 4-16 所示。

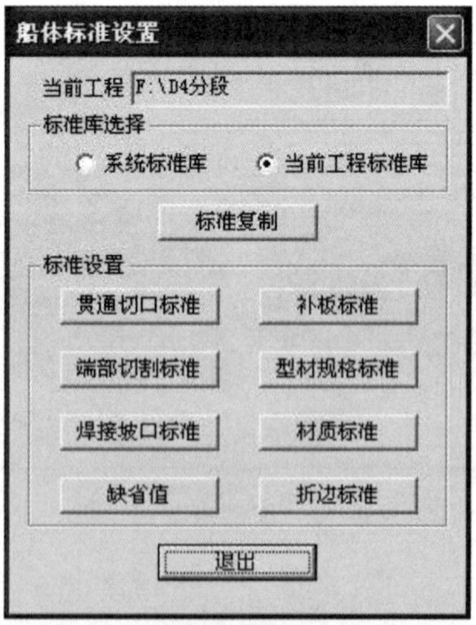

图 4-16　船体标准设置对话框

每一船体工程都应建立当前工程的船体标准库，在船体设计中只使用当前工程的船体标准库。在对话框的上方显示有当前工程的位置，可供核对。系统既可以设置系统标准库，也可以设置当前工程标准库，通过标准库选择单选框来选择。船体工程的船体标准库最初可以从系统标准库或先前工程标准库复制得到,点击“标准复制”按钮可进行标准复制。对选中的标准库中的各标准可以进行创建、修改、验证、删除等操作,点击“标准设置”中的相应按钮可进行相应标准的设置。

4.1.6　分段定义

分段是船舶建造和搭载的单位之一,由若干个板架等元素组成,船体结构必须归属于一个分段或者一个大段。因此,要进行船体结构建模,首先必须定义船体分段(或大段)。点击“船体设置”按钮,在弹出的船体设置工具条中点击“分段定义”按钮,系统即显示分段定义对话框,如图 4-17 所示。

分段名	Xmin	Xmax	Ymin	Ymax	Zmin	Zmax
AG01C	FR-7	FR12	-8000	8000	-100	11000
AG01P	FR-7	FR12	-14000	14000	-100	11000
AG01S	FR-7	FR12	-14000	14000	-100	11000
AG02C	FR5	FR30	-8000	8000	-100	11000
AG02P	FR5	FR30	-14000	14000	-100	11000
AG03C	FR23	FR45	-8000	8000	-100	7000
AG03P	FR23	FR45	4000	14000	-100	7000
AG04C	FR20	FR45	-14000	14000	-100	11000
AG04P	FR20	FR45	-14000	14000	-100	11000
CD11	FR65	FR90	-14000	14000	2000	10000
CD12	FR80	FR105	-14000	14000	2000	10000
CD13	FR100	FR115	-14000	14000	2000	10000
CD14	FR110	FR135	-14000	14000	2000	10000
CD15	FR125	FR150	-14000	14000	2000	10000
CD16	FR145	FR175	-14000	14000	2000	10000
CD17	FR165	FR200	-14000	14000	2000	10000
CD21	FR-7	FR7	-14000	14000	7000	17000
CD22	FR3	FR18	-14000	14000	7000	17000
CD23C	FR15	FR37	0	14000	7000	17000

图 4-17　分段定义对话框

定义内容包括分段名和分段范围。所有已经定义过的分段名和范围数据均会显示。

分段名:分段名的长度不能超过 12 个字符,依据船舶成组的要求予以定义。

Xmin:分段范围中沿 *X* 方向(船长方向)的最小值,支持肋号定义,如 FR121。

Xmax:分段范围中沿 *X* 方向(船长方向)的最大值,支持肋号定义,如 FR147。

Ymin:分段范围中沿 *Y* 方向(船宽方向)的最小值,如-6 200。

Ymax:分段范围中沿 *Y* 方向(船宽方向)的最大值,如 6 200。

Zmin:分段范围中沿 *Z* 方向(船高方向)的最小值,如 3 000。

Zmax:分段范围中沿 *Z* 方向(船高方向)的最大值,如 7 000。

分段范围的设定值应该稍微超出实际的分段范围,以满足船体建模的需要。设定完毕后点击“确定”按钮保存,若点击“取消”按钮则不对当前修改进行保存。允许对已经定义过的分段范围进行修改。

点击“删除”按钮即可删除整个分段。需要注意的是,一旦确认删除后,该分段中所有定义的构件都会被删除,而且不可恢复,因此在使用分段删除功能时应该谨慎。

思考与练习

一、简答题

1. SPD-H 船体设计系统的主要功能有哪些？

2. 简述分段模型图册的建立方法，如何导入船体型线？

3. 肋距定义表"-6,250,-5,500,10,600,180,500,185"的数据含义是什么？

二、单选题

1. 船体项目设置包括工程、图册、(　　)等的设置。

A. 坐标　　B. 模型　　C. 主尺度　　D. 船型系数

2. 对于一般船舶而言，FR0 坐标通常为(　　)。

A. 0　　B. -1　　C. 100　　D. 1000

3. 使用型线系统进行精光顺后的型线文件中，以下哪个是肋骨线样条文件？(　　)

A. FRAME * ??. DAT　　B. BLINE * ??. DAT

C. WLINE * ??. DAT　　D. JGX??. DAT

三、判断题

1. 模型数据的拓扑关系使得 SPD-H 船体设计系统使用便利。　　(　　)

2. 船体结构设计系统不能生成船体三维实体模型。　　(　　)

3. 船体坐标系的坐标宽度方向向左舷为负，向右舷为正。　　(　　)

任务 4.2　曲面板架建模

曲面板架主要是用来对船体结构中的各种曲面型材和曲面板进行建模的。船体曲面板架的建模工作是在完成了船体曲面的基本定义后进行的。船体曲面板架模块就是用来创建定义在上述曲面上的曲线、板缝、板以及依附于曲面上的型材(包括纵骨、肋骨、横梁等)的，并提供对所创建的对象进行修改、删除、复制、更名、检查与重算的功能。

4.2.1　曲面板架概述

1. 曲面分类

曲面可以分为三类。

(1)船体曲面。船体曲面用一组型线文件(FRAME *、WLINE *、BLINE *)来定义，包括船体的外壳、内壳或其他以型线文件定义的曲面。

(2)甲板曲面。当甲板不是由平面构成的时，应定义为甲板曲面。

(3)直纹面曲面。船体上还有舵叶、烟囱、槽型舱壁、转圆围壁等曲面，它们的特点是曲面可由一根直线在空间中扫过而形成，因此可称为直纹面。

2. 曲面板架建模界面

在当前工作的模型是船体时，将出现船体建模有关的功能按钮区。在选择"曲面板架"后，出现曲面板架功能界面，如图 4-18 所示。

4.2.2　船体曲线

船体曲线功能是为曲面型材建模专门提供的,在创建曲面型材时需要使用船体曲线作为型材的迹线。曲面型材大都依附在某一曲面上,故曲线也大都在曲面上定义。在船体设计系统中,船体曲线的生成来源于两个功能:“船体设置→基本曲线”和“曲面板架→创建船体曲线”。

图 4-19 所示是曲线的一个分类。

点击“船体曲线”图标,系统弹出如图 4-20 所示的船体曲线定义对话框。

船体曲线都应定义在左舷,并显示在船体的左侧。只有在对甲板进行横向剖切时,曲线才可能出现在右舷,空间曲线的定义也一样,这里要注意。系统在创建一条曲线后并不退出,而是仍显示定义界面,这样就可以连续进行曲线的创建,直到选择“取消”,终止创建。

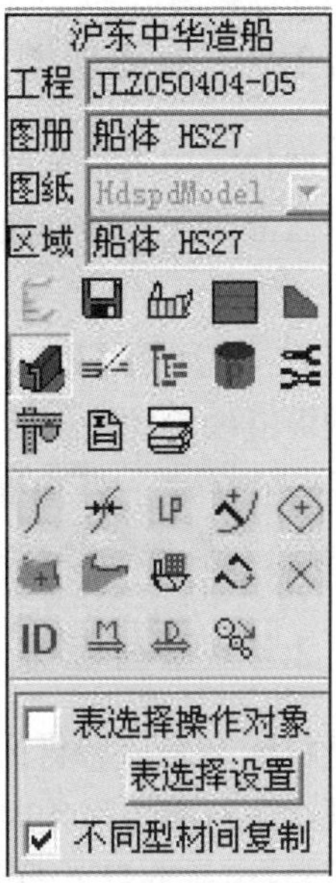

图 4-18　曲面板架功能界面

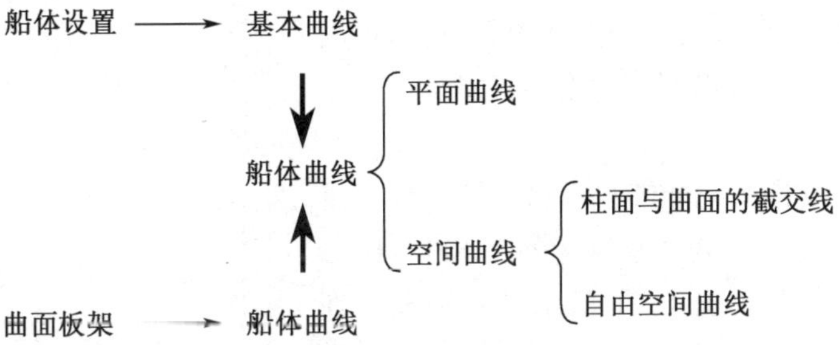

图 4-19　船体曲线的一个分类

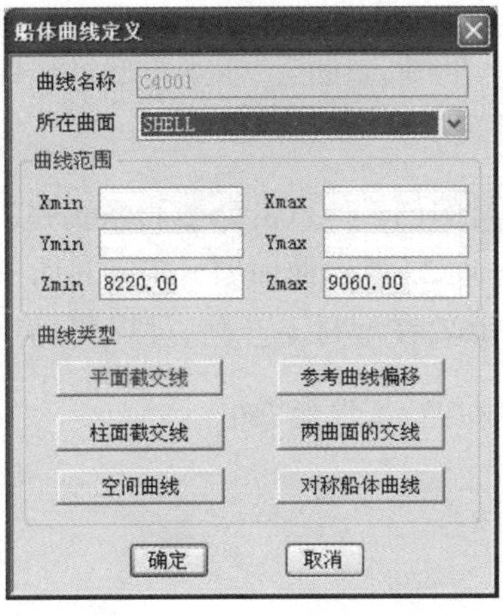

图 4-20　船体曲线定义对话框

4.2.3 曲面板缝

曲面板缝用来定义曲面板的边界。有平面截交线、柱面截交线、参考曲线偏移、板缝拼接及两曲面交线五种创建方式。除“板缝拼接”外，其他方式与船体曲线所对应的创建方式相同。

注意：甲板曲面上的横缝线的对称性一般应该定义为跨中，且不需设定范围。甲板曲面上的纵缝线仍在左舷定义，再通过对称性控制它实际的位置。

系统在创建一条板缝线后并不退出，而是仍显示定义界面，这样就可以连续进行板缝线的创建，直到选择“取消”终止创建。

4.2.4 型材标签

型材标签表示型材的一个逻辑位置。建模时对曲面型材进行参考引用时就是按照型材的位置标签来引用的，而非型材本身的名字。一般来说，型材本身的名字具有不稳定性，可能因为分段的拆分而更名，并且从型材本身的名字上不易体现船体位置。而用标签名，既简单稳定，又可体现船体位置，可以提高设计的逻辑层次，避免因型材名字更改而引起的“丢失”现象。

SPD-H 船体设计系统能够自动将定位面标签复制、转化为型材标签。点击“型材标签”，SPD-H 船体设计系统就会弹出如图 4-21 所示的对话框。在型材标签信息对话框中点击“确定”，即默认应用 SPD-H 船体设计系统转化的标签。

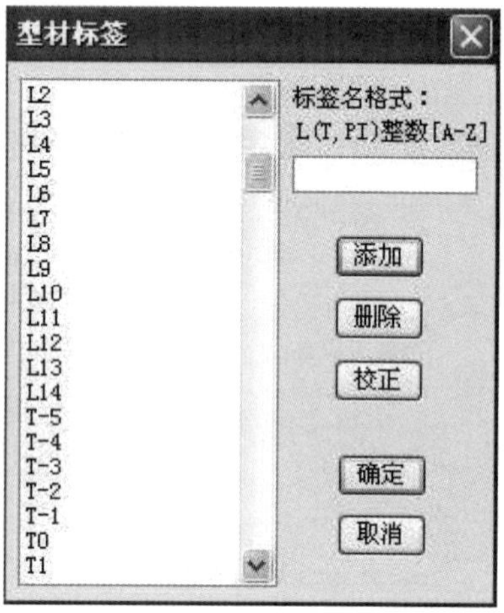

图 4-21 型材标签信息对话框

4.2.5 曲面型材

定义在曲面上的船体纵骨、肋骨、斜肋骨、横梁等型材统称为曲面型材。另外支柱在本系统中也作为曲面型材进行处理。

选择图标进行曲面型材的创建。点击后，系统弹出对话框，提示选择型材迹线，在选择相应的迹线后出现如图 4-22 所示曲面型材定义对话框。

当创建曲面型材以后，如需要在型材上开孔、过焊孔、流水孔、贯穿切口或是在型材上画线时，需要使用曲面型材的附加特征性能。

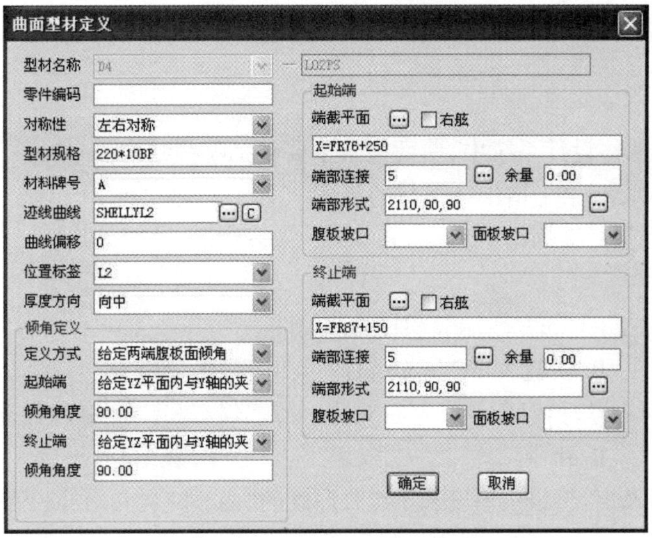

图 4-22 曲面型材定义对话框

4.2.6 曲面板

曲面板是由曲面上的板缝围成的一块封闭区域。

1. 曲面板边界

在选择曲面板边界时要求边界按顺序成顺时针方向。所谓的顺时针方向,是指对于船体曲面上的板来说,是人在船体内部向船外看时所形成的方向,沿边界的方向行进时,边界所围成的区域在人手的右侧;对于甲板板来说,是指边界线在俯视图中所形成的方向。

2. 曲面板定义

在选定曲面板边界后,系统显示的曲面板定义对话框如图 4-23 所示。

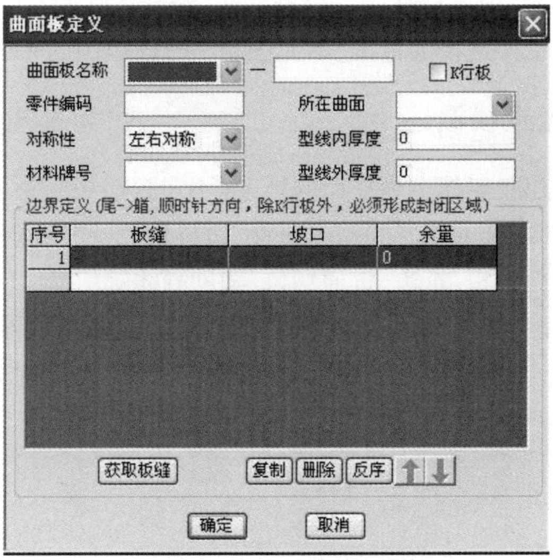

图 4-23 曲面板定义对话框

思考与练习

一、简答题

1. 在 SPD-H 船体设计系统中,曲面板架主要包括哪些结构?

2. 试简述在曲面板架上增加扶强材的步骤。

3. 简述曲面型材标签的作用。

二、单选题

1. 曲面板缝类型有(　　)、端缝和柱缝。

A. 纵缝　　B. 横缝　　C. 斜缝　　D. 直缝

2. 在创建曲面板缝时,对称性有左右对称、仅左、仅右和(　　)四种选择。

A. 上下对称　　B. 跨中　　C. 仅上　　D. 仅下

3. 在创建曲面板时,型线内厚度和型线外厚度的“内、外”含义中,以下正确的是(　　)。

A. 对船壳上的曲面,船体内部称为外

B. 对船壳上的曲面,船体外部称为内

C. 对于甲板上的曲面,向下的方向称为内

D. 对于甲板上的曲面,向上的方向称为内

三、判断题

1. 曲面型材上可以开设型材内孔及边界孔。(　　)

2. 柱缝的特点是跨越肋位不多或者在各肋位不单值。(　　)

3. 在创建曲面型材时,对球扁钢来讲,厚度方向是指球头的方向。(　　)

任务 4.3　平面板架建模

船体由若干个分段组成,平面板架是分段的组成部分之一。在船体数据库中,每一个船体结构(如板架、曲面板、曲面型材、肘板)都从属于分段,其关系如图 4-24 所示。分段的大小与范围约束了平面板架建模的范围,不允许超出分段范围的平面板架。

4.3.1　平面板架建模概述

平面板架建模用于建立船体上为平面的板架(不包含肘板),以及属于该平面板架的一些属性和零件,包括平面板架的位置等基本属性、边界信息,平面板架上曲线、板缝线、板零件、内孔、边界孔、扶强材、面板、折边、贯通切口、辅助划线等信息。

图 4-25 所示为典型的横剖面所在的平面板架示例,由四段边界、一块板、两个内孔(每个内孔上均有面板)、四个边界孔、十三个贯通切口、三根扶强材构成。还可以使用平面板架定义平面的甲板、纵向板、纵桁、腹板等。

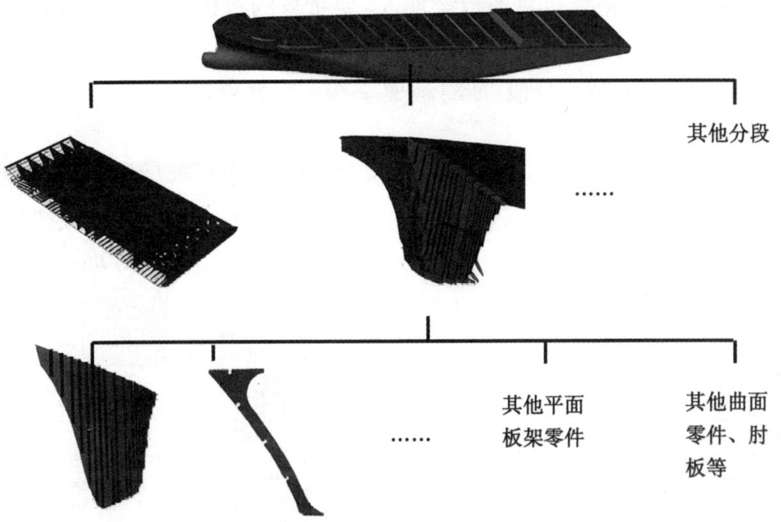

图 4-24 船体分段关系图

4.3.2 平面板架建模界面

平面板架建模的功能界面如图 4-26 所示。在对话框中，选择（平面板架）按钮，会弹出平面板架建模的功能按钮区，可用于分别建立平面板架的各项属性以及依附于该板架的零件。

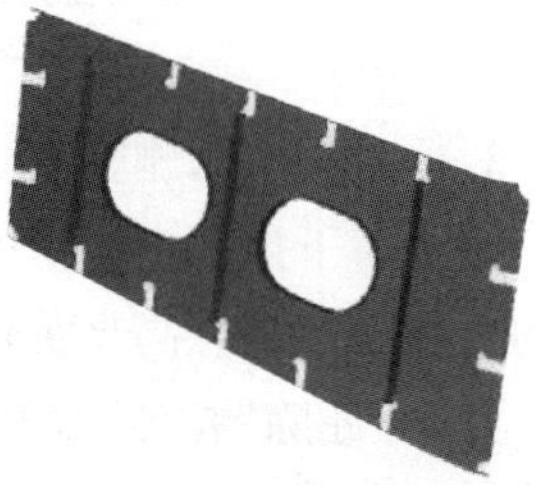

图 4-25 平面板架示例

1. 当前属性界面

在功能按钮区域的下部为当前属性的界面，包括当前分段名、当前板架名以及部分功能按钮，如图 4-27 所示。其中，上部分为当前分段名，下部分为该分段中的板架名，显示为当前板架的名称。分段是船舶建造和搭载的单位之一，由若干个板架等元素组成。该对话框下属的下拉框中罗列了所有已经定义过的分段，可以通过分段名下拉框中的选择设定当前分段。选定并显示的分段名为当前操作的分段的名称。当前分段内的所有板架均会体现在板架名下拉框中，供设定当前板架时使用。

当前板架已用的零件编码中的件号显示在板架名下面，供定义新的零件名时参考。

2. 分段重算

在当前属性界面对话框中，有一个分段"重算"按钮，当选择了某一个分段以后，点击"重算"按钮，系统会弹出对话框，如图 4-28 所示。

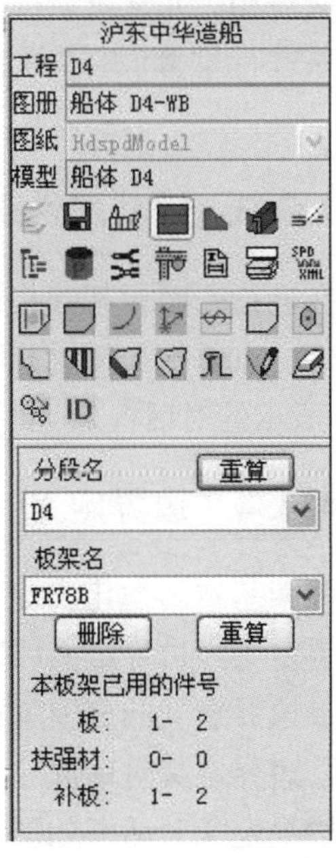

图 4-26 平面板架功能界面

初始状态系统会把当前选定分段中的所有板架罗列在

“不重算的板架”列表中。把要重算的板架加入“要重算的板架”列表中,然后进行重算。分段重算时,系统将根据各“要重算的板架”中的定义数据对相关板架重新计算,更新数据库并在视图中显示,也可加入整个分段,所有板架全部重算并更新。

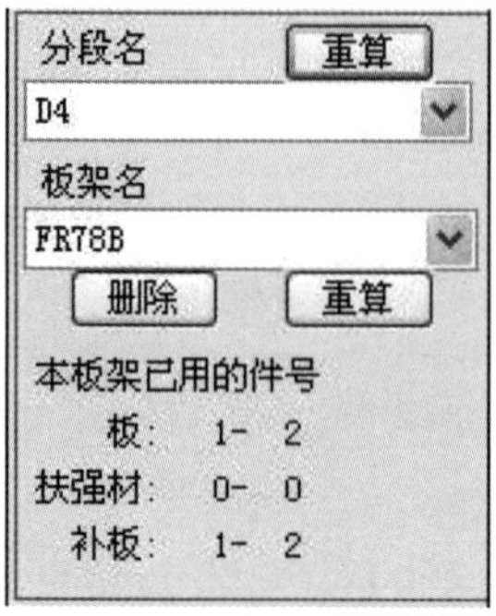

图 4-27　当前属性界面

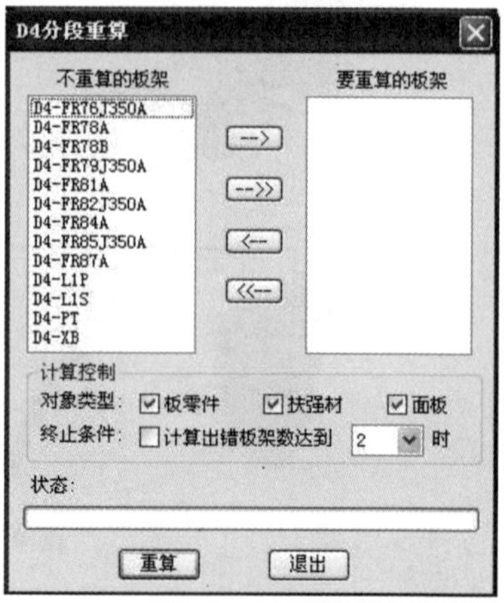

图 4-28　分段重算对话框

3. 单个板架的删除和重算

板架名下拉框中显示的为当前板架。一旦选择了当前板架,交互操作的视图中当前板架的所有元素都会高亮黄色显示。

点击“删除”按钮,来删除当前板架。系统会提示是否要删除当前板架,进行确认后才删除。板架删除后不可恢复,因此请谨慎使用。

板架的重算用于当该板架的相关属性(即已经建立的拓扑关系)发生更改时,不需要依次重新对相关元素重新进行定义,仅需点击“重算”按钮,板架的所有元素会根据发生更改的关系进行重算,并在视图中显示。重算完毕后会在左面的对话框下部提示信息栏中显示。

4.3.3　板架属性定义

在进行平面板架建模时,首先需要定义板架属性。点击板架属性定义按钮,会弹出如图 4-29 所示的对话框。

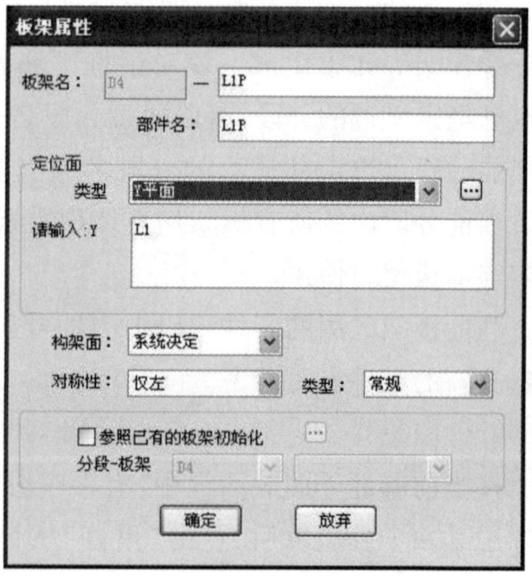

图 4-29　板架属性定义对话框

4.3.4　边界定义

板架基本属性定义完毕后,开始进行板架的边界定义。边界定义用于确定板架的范围和形状。边界定义的范围应在分段范围中。

1. 边界定义对话框

边界定义对话框如图 4-30 所示。板架的边界按照边界段顺序进行定义。

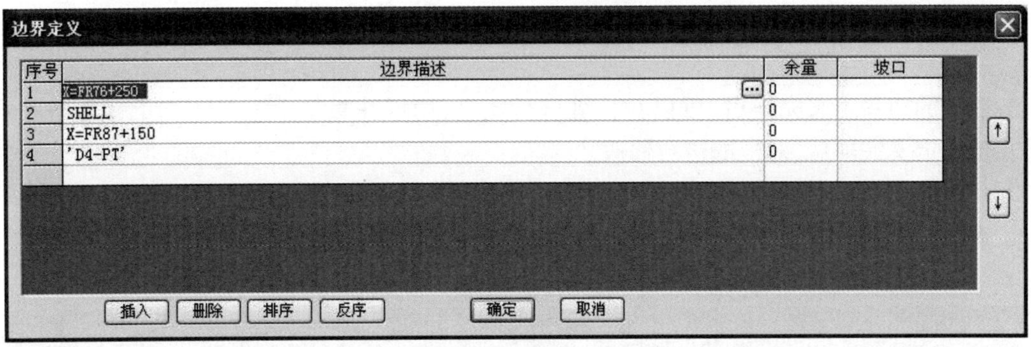

图 4-30　边界定义对话框

2. 边界描述方式

对于边界的描述，提供直接输入和交互选择方式。当进行交互选择时（按下 … ），会弹出如图 4-31 所示的对话框，提供交互布置的功能（灰色为该定义板架上不能使用的功能或者目前暂不提供的功能，下同）。

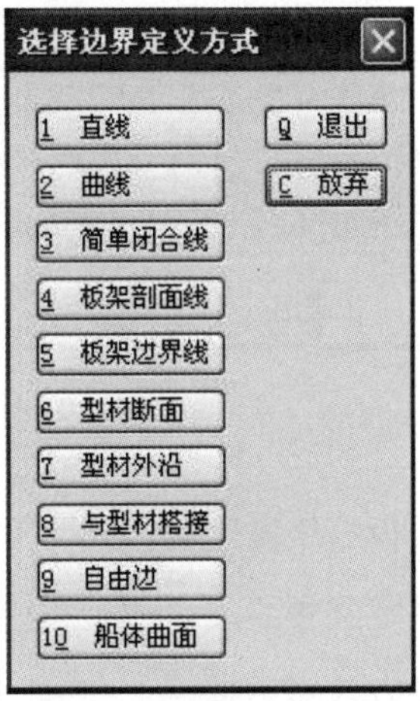

图 4-31　选择边界定义方式对话框

4.3.5　平面曲线定义

平面曲线定义是在当前定义的平面板架上定义只属于该板架的内部曲线。内部曲线可以用来作为板架的边界、板缝、内孔样条、边界孔的样条、平面板架上扶强材的迹线等。

曲线定义的坐标系与定义的板架坐标系一致。

已经定义的内部曲线在数据库中已经存在，但并不是在所有的图面上都能看到。内部曲线只显示在投影视图和轴测视图里。当视图为船体截面图时，不显示内部曲线的图形。

点击“平面曲线”按钮，出现平面曲线定义对话框，如图 4-32 所示。

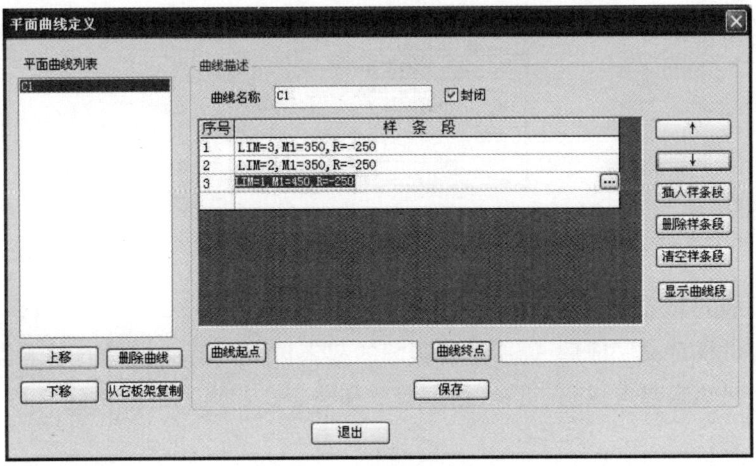

图 4-32　平面曲线定义对话框

4.3.6 板缝定义

在板的边界定义完毕后，可以对板缝进行定义，用以在板架上划分不同的板零件。亦可在板架定义完毕后，对板缝进行修改。

1. 板缝定义对话框

点击“板缝定义”按钮，会弹出如图 4-33 所示的对话框，已经定义的板缝会显示其中。

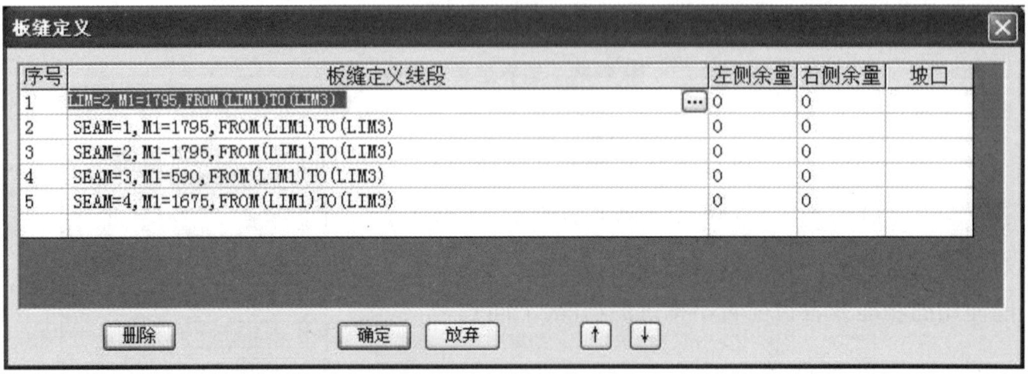

图 4-33 板缝定义对话框

2. 板缝线段定义方式

在定义板缝线段的过程中，点击对话框中的 ··· 按钮，会弹出如图 4-34 所示的选择板缝定义方式对话框。

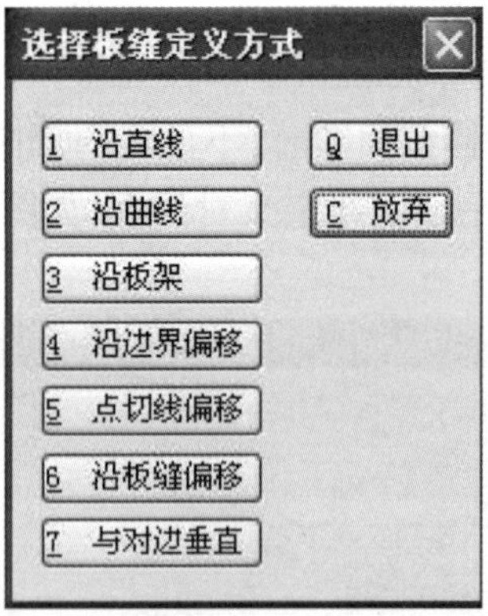

图 4-34 选择板缝定义方式对话框

3. 选择板缝的起末位置

当板缝定位线定义完成后，需要选择板缝的起末位置。定义板缝的起末位置有两种情况：完全贯穿、只给定起点，终点贯穿、给定起点和终点。起点和终点的定义可以是边界，也可以是板缝。

4.3.7　板零件定义

定义过边界并划分好板缝后，则可以在此基础上定义板零件。

1. 板定义对话框

点击“板零件定义”按钮，会弹出如图4-35所示对话框，已经定义的板零件会显示在对话框中。

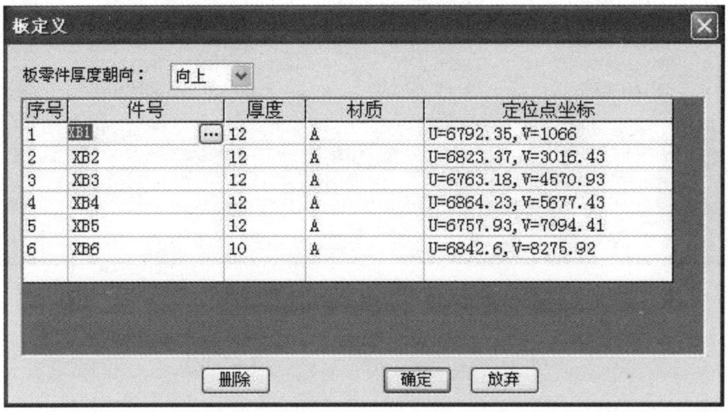

图4-35　板定义对话框

2. 板零件定义具体方式

板零件定义中，件号、厚度都可以直接输入，材质可以选择，关键在于定义定位点坐标。定位点坐标在熟悉的情况下可以输入，输入格式为U=＊＊，V=＊＊，或者*X*、*Y*、*Z*坐标中的任意两个的组合。系统支持在图面上直接用鼠标点取点来确定。

点击“定位点坐标”数据格中的 ••• 按钮，系统会提示“请在零件内部指示一点”，此时可以根据图面上边界和板缝的定义确定板零件中的点，鼠标点击后，在所在板零件的位置会显示一个“✖”符号，用以标明该板架已经定义，如图4-36所示。

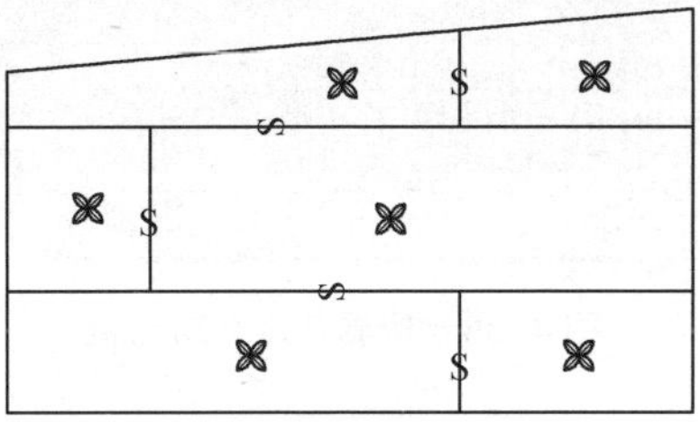

图4-36　板架定义标记符号

4.3.8　内孔定义

因为设计要求，需要在船体的板架上开孔。通过给出孔类型及尺寸、倾斜角度、对称性和定位坐标进行内孔定义。在板架边界定义完毕后,我们就可以在板架上定义内孔了。

点击“内孔定义”按钮,系统会弹出当前板架的内孔定义对话框,已经定义过的内孔会显示在对话框中,如图 4-37 所示。

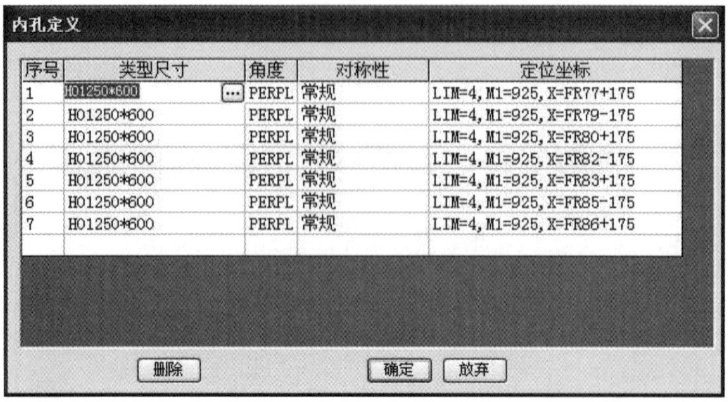

图 4-37　内孔定义对话框

4.3.9　边界孔定义

边界孔是在板架或者扶强材的外周上开的孔,例如在现场使用的通焊孔、流水孔等都可以通过边界孔进行定义。在板架的边界定义完毕后,就可以进行边界孔的定义了。

1. 边界孔定义对话框

在操作界面上点击“边界孔”按钮,会弹出边界孔定义对话框,已经定义的边界孔会显示在对话框中,如图 4-38 所示。

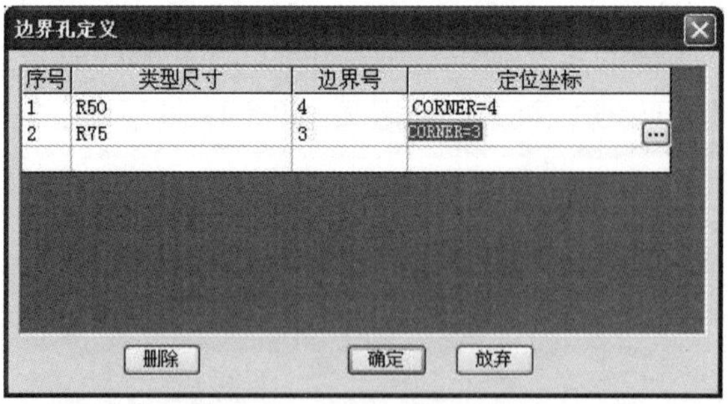

图 4-38　边界孔定义对话框

2. 边界孔定位方式

当边界孔的类型尺寸选定以后,就可以在板架上布置边界孔了。

点击定位点坐标中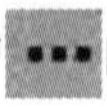的按钮,系统会弹出定义方式对话框,如图 4-39 所示。其中“沿边界”“角点号”定义使用较多,“沿板缝”定义使用不多。

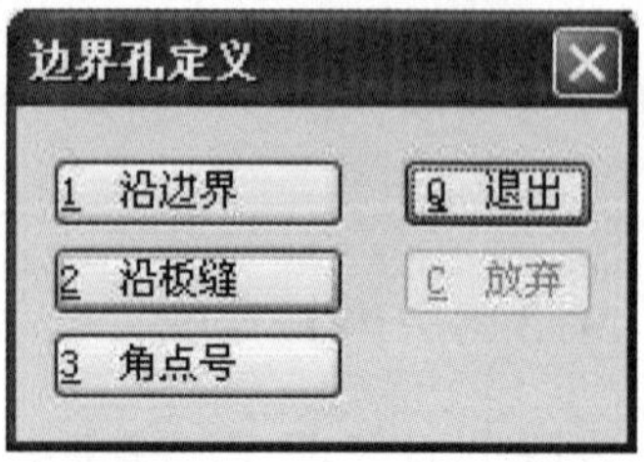

图 4-39　边界孔定义对话框

4.3.10 扶强材定义

可以在已经定义的板架上进行扶强材定义,增加扶强材用于加强。选择“扶强材定义”按钮,系统会弹出如图 4-40 所示对话框。

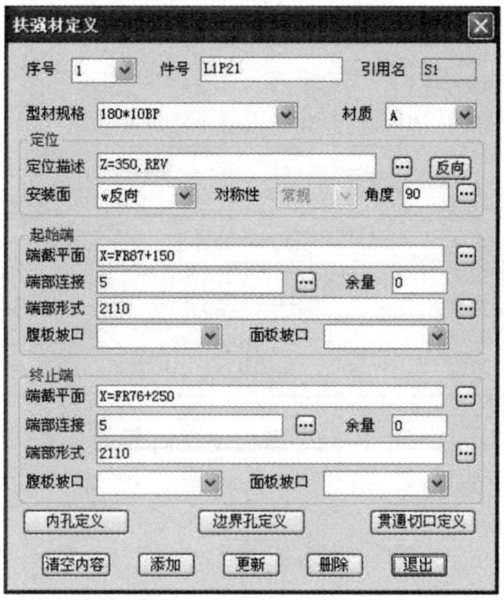

图 4-40 扶强材定义对话框

一般需要按照以下步骤来定义扶强材:

(1)选定型材类型;

(2)确定扶强材的定位描述,包括定位线、安装面、对称性等;

(3)确定扶强材的起始端和终止端的端部描述,包括端截平面、连接方式和端部形式;

(4)定义扶强材上的内孔、边界孔和贯通切口等。

4.3.11 面板定义

在板架定义中,还有一类沿着边界或者内孔加的“法兰”,有两种方式,一种是通过焊接一块板得到,称之为面板;还有一种通过机器等方式把板架进行弯折,称之为折边,如图 4-41 所示。

(a) 面板 (b) 折边

图 4-41 面板定义类型

按“面板”按钮,系统显示如图 4-42 所示的面板定义对话框。该对话框与扶强材的定义对话框基本类似,不再赘述。

图 4-42　面板定义对话框

4.3.12　折边定义

折边也是板架边界处理的一种情况(图 4-43)。在使用折边功能时,需要注意只能在平直边界上进行折边的定义。按“折边”按钮,系统显示如图 4-44 所示的折边定义对话框。

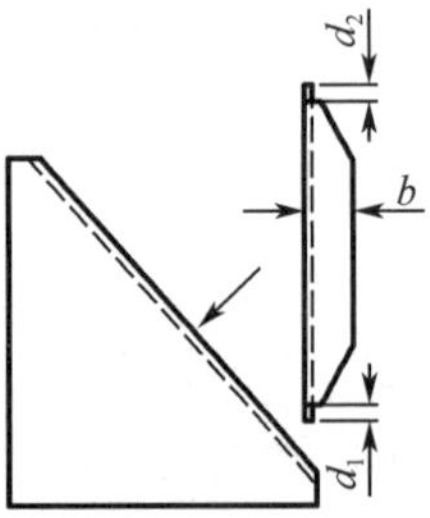

图 4-43　折边示例

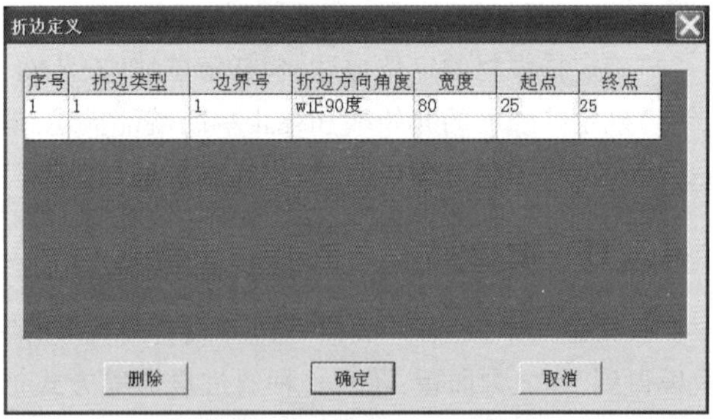

图 4-44　折边定义对话框

4.3.13　贯通孔定义

当扶强材穿过板架或者其他扶强材时,在很多情况下需要保持扶强材的连续,这时就需要在板架上或者其他扶强材上开扶强材的贯通孔。

贯通孔的形式在标准定义中已经定义,通过选择相应的代码来确定贯通孔的形式。在平面板架功能中,点击按钮后弹出切口定义对话框(在平面板架的贯通孔定义中,切口即指贯通孔定义),如图 4-45 所示。

图 4-45　切口定义对话框

思考与练习

一、简答题

1. SPD-H 船体设计系统中平面板架主要包括那些结构?

2. 试简述平面板架建模的主要步骤。

3. 平面板架扶强材的定义项有哪些?

二、单选题

1. 平面板架的类型有常规、强构架、(　　)、弱构架。

A. 水密舱壁　　B. 非水密舱壁　　C. 肋板　　D. 横舱壁

2. 下列哪个功能是定义平面板架厚度的(　　)。

A. 板架属性定义　　B. 边界定义　　C. 板零件定义　　D. 面板定义

三、判断题

1. 建立平面板架时,可参考类似板架加快建模速度。　　(　　)

2. 创建平面板架之前必须先设定分段。　　(　　)

3. 平面板架的板缝即平面板架的边界。　　(　　)

任务 4.4　肘板及复杂构建建模

4.4.1　肘板概述

肘板模块是用来对船体上肘板进行建模的专用模块,可以进行肘板的创建、复制、修改、删除、检查与重算。

在当前工作的模型是船体时,将出现船体建模有关的功能按钮区。在选择 (肘板)后,出现肘板功能界面,如图 4-46 所示。

当前分段:给出要处理的肘板所属的分段名,可以从下拉框选择。当创建肘板时,创建的肘板属于该当前分段;当列表选择时,列出的是当前分段的所有肘板;当在图形中选择肘板对象,如果选择了不属于当前分段的肘板时,被选择的肘板所在的分段将成为当前分段。

选择方式:可以在图形中选择肘板对象,也可以通过列表的方式选择肘板对象,通过设置☑ 列表选择肘板可以在两种方式间进行切换。

肘板建模流程如图 4-47 所示。

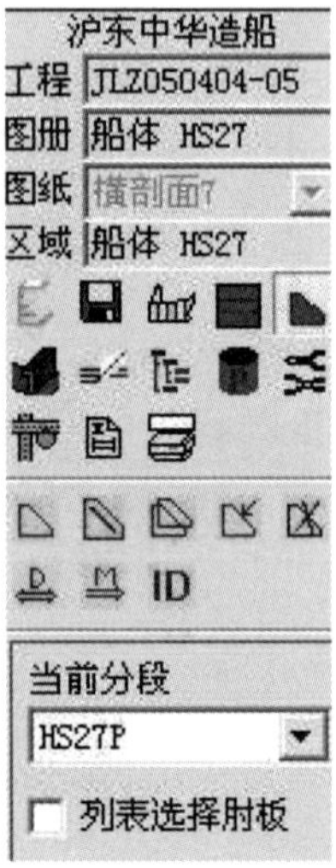

图 4-46　肘板功能界面

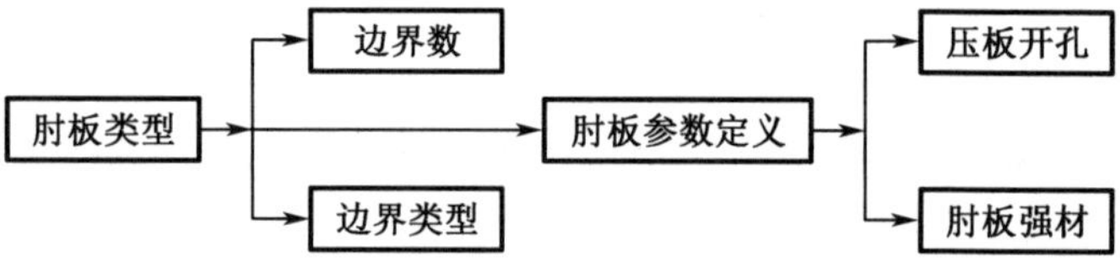

图 4-47　肘板建模流程

4.4.2　肘板类型和边界

肘板主要分两个基本类型:两边界肘板和三边界肘板,如图 4-48 所示。

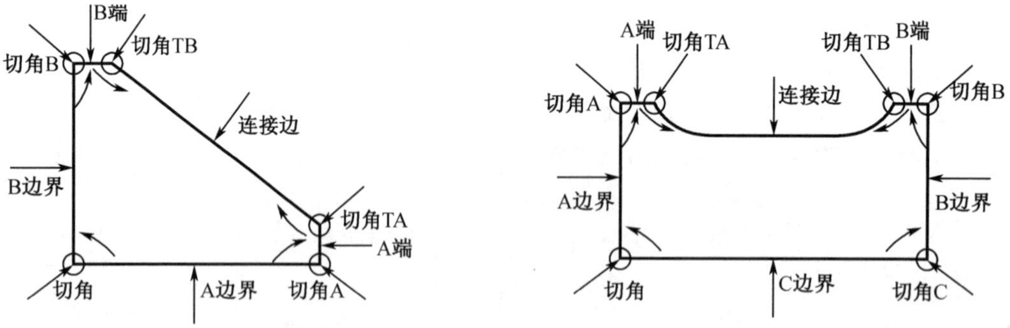

(a) 两边界肘板　　(b) 三边界肘板

图 4-48　肘板类型

在肘板模型中,标识为 A 边界,B 边界或 C 边界的肘板部分称为边界。A 边界与连接边之间的部分为 A 端。B 边界与连接边之间的部分为 B 端。

由图 4-48 可见,肘板是由边界、端部、连接边的几部分界定的一个封闭区域,边界、端部与其他船体对象间可以有各种连接关系,连接边也可以有不同的形式。

创建肘板时选择肘板类型对话框如图 4-49 所示。

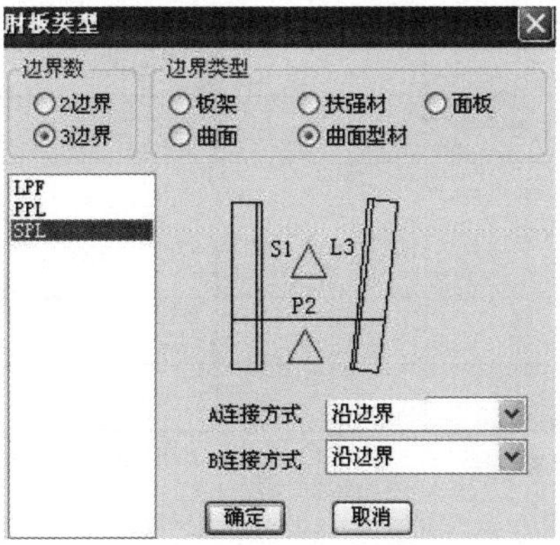

图 4-49 肘板类型对话框

1. 约束体

肘板一般是作为船体结构的连接件或加强件出现的,与肘板相关的船体对象通称为约束体。约束体可分为两类,与主边界有连接关系的约束体称为主约束体,与端部有连接关系的约束体称为辅助约束体,肘板要参考的其他船体对象也称为辅助约束体。每种约束体都有自己的符号表示。下面是系统对约束体的符号表示:

P:平面板架;

S:平面板架上的型材(加强筋、扶强材等);

F:平面板架上的面板;

C:系统定义的各种曲面(包括船壳曲面、甲板曲面);

L:曲面上的型材(纵骨、肋骨、横梁等);

T:T 型材(面板与板架板零件的组合体,仅作为辅助约束体);

O:自由定位的肘板的原点;

A:自由定位的肘板的 A 边界上的方向点;

B:自由定位的肘板的 B 边界上的方向点。

可以作为肘板主约束体的对象类型为 P、S、F、C、L、O、A、B;可以作为肘板辅助约束体的对象类型为 P、S、L、T。

肘板类型与肘板的边界(主约束体)密切相关。按肘板所涉及的边界(主约束体)的不同,两个肘板基本类型又可细分为数十个具体的肘板类型。不同的主约束体组合将形成不同的肘板类型。

2. 连接方式

肘板类型不但与参考的主约束体和辅助约束体类型有关,而且和肘板与约束体间的连接方式有密切关系,这里的约束体包含了主约束体和辅助约束体。具体的肘板类型需要分别指定 A 连接方式和 B 连接方式,分别指肘板 A 边界(或 A 端)和 B 边界(或 B 端)与约束体的连接方式。表 4-3 列出了可用的连接方式与主约束体类型的关系。

表 4-3　可用的连接方式与主约束体类型的关系

连接类型	主约束体				
	P	S	F	C	L
沿边界	✓	✓	✓	✓	✓
参考距离	✓			✓	
参考边界	✓	✓		✓	✓
平行搭接		✓		✓	
一般搭接		✓			✓

注:表格中的√表示有效的组合关系。

3. 肘板的端部

肘板的端部是肘板边界与肘板连接边之间的过渡区域;肘板边界的长度(位置)是由端部形式中参数给定的;每种肘板类型中可用的端部形式是由连接方式决定的。

4. 肘板的连接边

连接边是连接肘板 A 端和 B 端的过渡区域,连接边是有方向的,系统中提供的连接类型约定:从左到右表示了对应的连接边是从 A 端到 B 端的。对于两端对称的类型就无所谓方向了。

5. 肘板的折边

在肘板连接边的直线段上可以加折边。

6. 肘板的面板

在肘板的连接边上可以加面板。

7. 肘板的切角

在肘板的各连接部分之间可以加入切角,注意切角类型是有方向的,切角方向在模型图中用箭头的方向指示,基本都是以边界分别向连接边过渡的方向为正。

切角命名和切角方向规定如下:

(1)切角:对两边界肘板或自由型肘板,指 A 边界和 B 边界之间的切角,切角方向从 A 边界到 B 边界的方向为正。对三边界肘板,指 A 边界和 C 边界之间的切角,切角方向从 C 边界到 A 边界的方向为正。

(2)切角 A:指 A 边界和 A 端之间的切角,切角方向从 A 边界到 A 端为正。

(3)切角 B:指 B 边界和 B 端之间的切角,切角方向从 B 边界到 B 端为正。

(4)切角 C:只有三边界肘板才有此切角,指 B 边界和 C 边界之间的切角,切角方向从 C 边界到 B 边界的方向为正。

(5)切角 TA:指 A 端和连接边之间的切角,切角方向从 A 端到连接边的方向为正。

(6)切角 TB:指 B 端和连接边之间的切角,切角方向从 B 端到连接边的方向为正。

8. 肘板的定位平面

肘板从定位面来区分可以为三大类:隐含定位面、不隐含定位面、边可调定位面。

4.4.3　肘板的创建

点击进行肘板创建，创建肘板分为三个步骤。

(1)在弹出的肘板类型对话框中选择适当的肘板类型和连接方式。

(2)在图面上选择肘板相应边界对应的船体对象(约束体)。端部参考边界的，还需选择参考的船体对象(辅助约束体)

(3)在弹出的肘板参数定义对话框中给出肘板的具体参数。图 4-50 显示了肘板的实际模型，图 4-51 则显示了该肘板定义时的参数。

图 4-50　肘板的实际模型

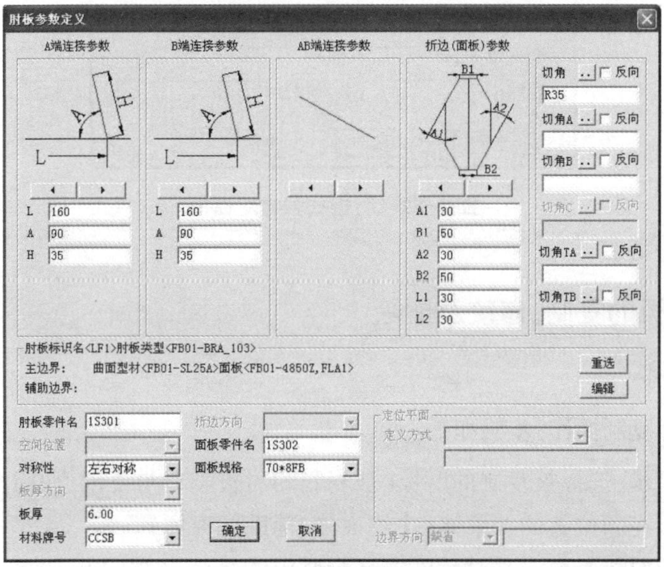

图 4-51　肘板参数定义对话框

在创建肘板成功后，新建的肘板成为当前肘板，以黄色显示。

创建的肘板的肘板对象名由系统决定。肘板对象名的形式为

<分段名>-BRA_i

这里，i 是序号。

4.4.4　肘板扶强材的创建

点击进行扶强材创建。可以在肘板上添加一根扶强材。

以下是肘板扶强材的特点：

(1)肘板上扶强材仅允许定义一根，且无内孔，无切口，无贯穿孔。

(2)肘板上扶强材的迹线由连接边偏移确定，端部由相关边界偏移确定。

(3)肘板上的扶强材安装角度与所在肘板平面垂直。

(4)扶强材的对称性与所在的肘板的对称性相同。

通过列表或图确定扶强材所在的肘板。肘板扶强材对话框定义界面如图 4-52 所示。

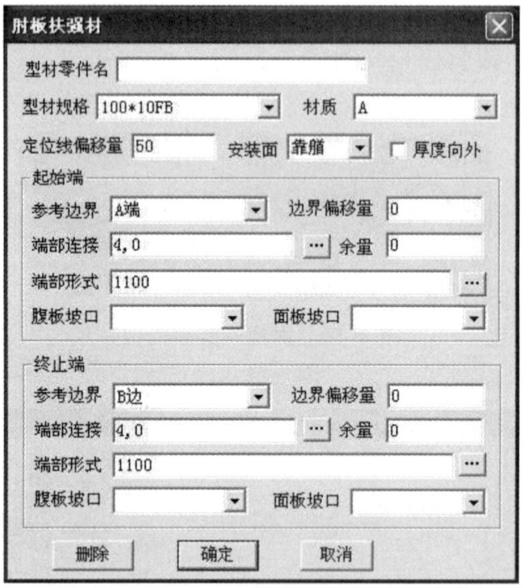

图 4-52　肘板扶强材对话框

4.4.5　肘板的复制、修改及删除

1. 肘板的复制

点击进行复制操作，步骤如下：

(1)按系统提示，选择被复制的肘板(被复制的肘板类型与要创建的肘板类型一致)。

(2)选择肘板在新位置的约束体(主约束体、辅助约束体)。

(3)在弹出的肘板参数定义对话框中修改肘板的具体参数。点击“确定”按钮，如成功就完成了一块肘板的复制。此时系统回到步骤(2)，可以继续复制下一块肘板，点击“取消”按钮可终止复制。

2. 肘板的修改

点击进行修改操作。修改时不可更改肘板类型和连接方式，但可以调整参数值的设定，也可更改肘板边界。选择要修改的肘板时，可以在图中选择，也可以用列表的方式选择，通过☑ 列表选择肘板的设定进行切换。如果由于参数等错误导致肘板没有显示，则必须用列表方式选择。

3. 肘板的删除

点击[icon]进行删除操作。选择时可以图选也可表选。如果由于某种错误肘板没有显示,则必须用列表方式选择删除。通过图或表选择了要修改的肘板后,系统要求确认是否删除所选择的肘板。在获得确认后,即删除了所选择的肘板。

4.4.6　复杂两边界曲面定义

两边界曲面是指由两条边界线所围成的曲面。如舵叶、艏艉楼的转圆围壁、烟囱等结构都可以用两边界曲面来表示,如图 4-53 所示。

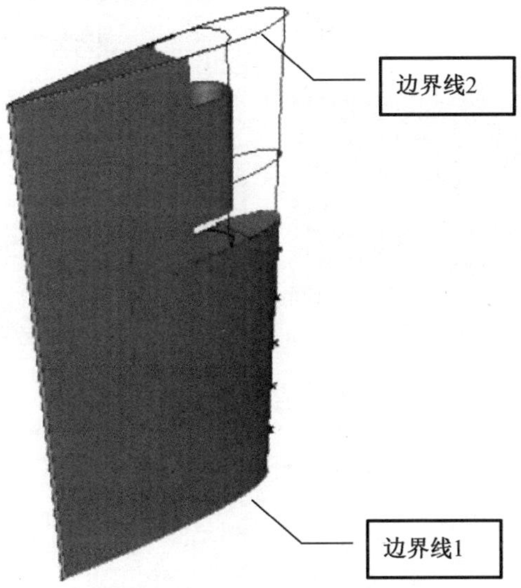

图 4-53　两边界曲面舵叶

点击[icon]出现如图 4-54 所示的对话框。

(1)曲面名称:输入曲面名称。

(2)边界曲线:从下拉框或点击选择两根曲线,以这两根曲线为边界生成曲面。当指定了两根曲线后,将在右边的节点表中显示两根曲线的节点情况。

(3)曲面形式:指定两条边界线形成曲面的方式,有以下几种:

①沿 X 方向拉伸:两条边界线的起点和终点的 X 坐标必须分别相同。系统将在两边界线对应的 X 坐标点间连直线,构成曲面。

②沿 Y 方向拉伸:两条边界线的起点和终点的 Y 坐标必须分别相同。系统将在两边界线对应的 Y 坐标点间连直线,构成曲面。

③沿 Z 方向拉伸:两条边界线的起点和终点的 Z 坐标必须分别相同。系统将在两边界线对应的 Z 坐标点间连直线,构成曲面。

④等分弧长拉伸:此时要指定边界线节点间的对应关系。图 4-55 显示了节点间的对应关系。

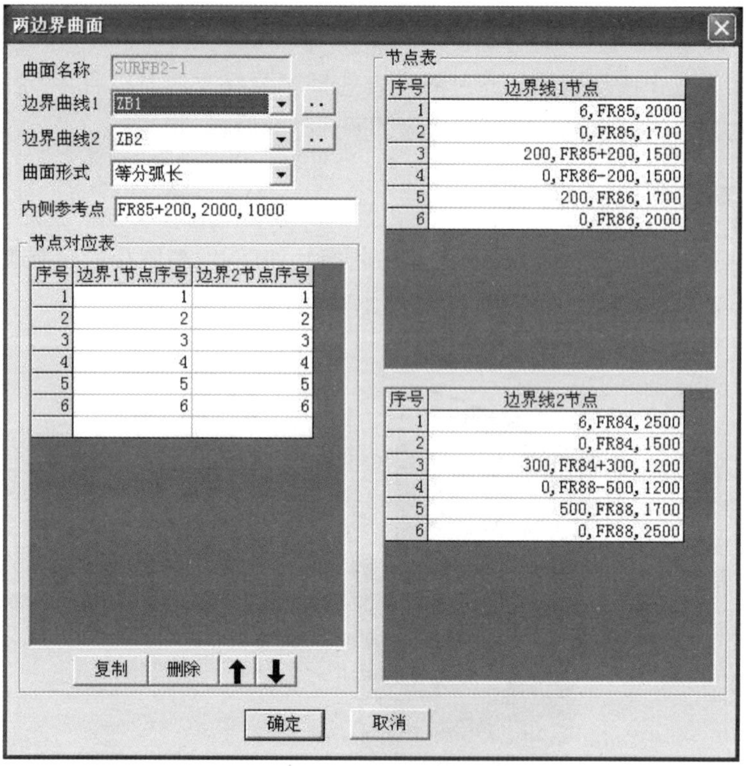

图 4-54　两边界曲面对话框

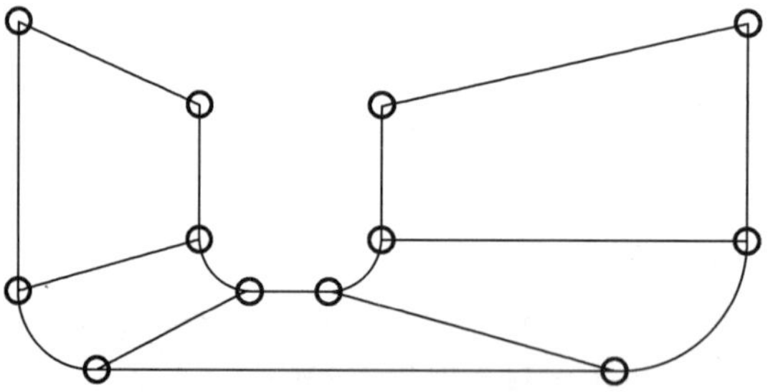

图 4-55　两边界曲面节点对应关系

在“节点对应表”中指定边界线 1 的哪个节点与边界线 2 的哪个节点相对应。可使用“复制”“删除”“↑”“↓”等功能来调整节点对应表。系统将在两边界线对应的节点间连直线，各节点段内等分弧长相同份数，对应的等分点间也连直线，构成曲面。

(4) 内侧参考点：内侧参考点给出了曲面的内侧方向。

在信息设定完成后，点击“确定”按钮，就生成了两边界曲面。注意：用以上四种方法定义的曲面，是没有厚度的抽象曲面，下一步必须要跟一般曲面（如 SHELL 船壳曲面）一样逐步生成板缝及曲线，然后生成所需要的曲面板及扶强材。

思考与练习

一、简答题

1. SPD-H 船体设计系统中的肘板类型主要有哪些？

2. 肘板建模的边界中 S、P、L 分别代表什么意思？

3. 试简述肘板定位平面的选取方法。

二、单选题

1. 根据切角命名规则，切角包括（　　）、切角 A、切角 B、切角 C、切角 TA、切角 TB。

A. 切角　　B. 切角 C　　C. 切角 D　　D. 切角 E

三、判断题

1. 类型为 PC1 的肘板一边为曲面边界一边为平面边界。（　　）

2. 肘板创建功能可以创建复杂两边界曲面。（　　）

任务页　模块 4 船体分段结构建模

任务 4.1　船体建模设置

任务描述

根据给定的某船型线图、纵横剖面图、分段划分图等结构图以及经过 HD-SHM 放样后所导出的型线文件,进行该船的船体建模设置。

任务实施

1. 课前准备

课前完成线上学习任务:从线上平台接受任务,通过查询互联网、图书资料,熟悉 SPD-H 船体结构设计系统中船体建模设置功能模块。

2. 任务引导

(1)视频学习

(2)分组讨论

确定分组人员,组员共同完成任务。

某船“船体设置”
演示视频

小组任务	
小组名称	
船体设置任务	任务 1　工程的创建、型线文件的导入、坐标定位操作
	任务 2　图册和模型的创建以及船体基本曲线的定义
	任务 3　分段定义及船体曲线的加入

3. 任务评价

序号	项目	自我评价	小组评价	教师评价	备注
1	视频学习(10 分)				
2	参与组内讨论(15 分)				
3	船体设置任务(60 分) 任务 1 权重 0.3 任务 2 权重 0.4 任务 3 权重 0.4				
4	职业素养(15 分)				
5	合计				
6	总分				

任务 4.2　曲面板架建模

任务描述

根据给定的某船型线图、纵横剖面图、分段划分图、分段结构图等结构图，进行该船的曲面板架建模，完工效果如题图 4-1、题图 4-2 所示。

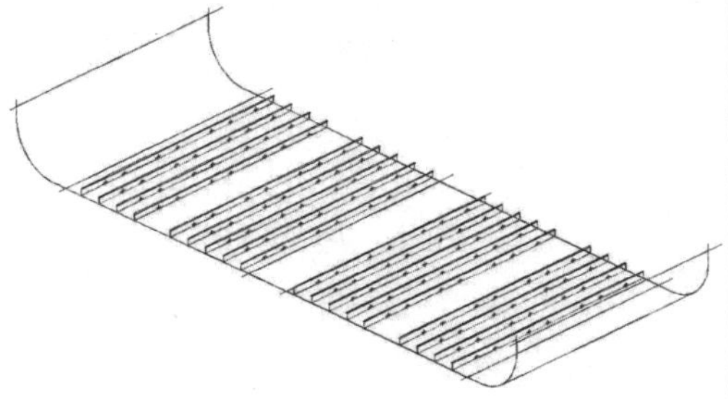	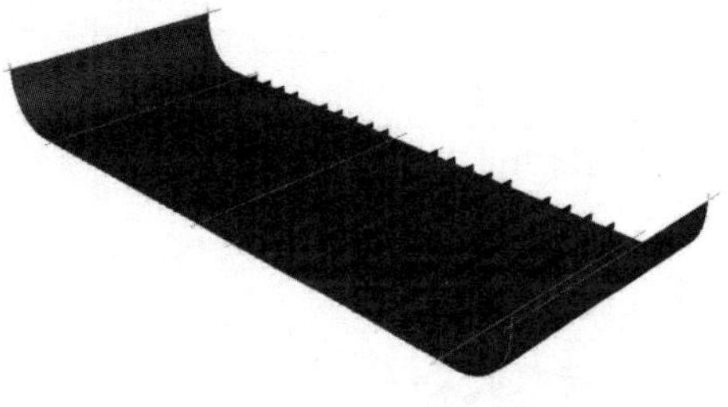
题图 4-1	题图 4-2

某船 D4 分段“曲面板架建模”演示视频——1. 曲面外板与曲面型材创建

某船 D4 分段“曲面板架建模”演示视频——2. 曲面型材添加型材内孔

某船 D4 分段“曲面板架建模”演示视频——3. 曲面型材复制

任务实施

1. 课前准备

课前完成线上学习任务：从线上平台接受任务，通过查询互联网、图书资料，分熟悉 SPD-H 船体结构设计系统中曲面板架建模功能模块。

2. 任务引导

(1)视频学习

(2)分组讨论

确定分组人员，组员共同完成任务。

小组任务		
小组名称		
曲面板架建模任务	任务 1	外板板架定义
	任务 2	甲板板架定义
	任务 3	板架型材及特征定义

3. 任务评价

序号	项目	自我评价	小组评价	教师评价	备注
1	视频学习(10 分)				
2	参与组内讨论(15 分)				
3	船体设置任务(60 分) 任务 1 权重 0.3 任务 2 权重 0.4 任务 3 权重 0.4				
4	职业素养(15 分)				
5	合计				
6	总分				

任务 4.3　平面板架建模

任务描述

根据给定的某船型线图、纵横剖面图、分段划分图、分段结构图等结构图,进行该船的平面板架建模(选取 1~2 块平面板架),完工效果如题图 4-3、题图 4-4 所示。

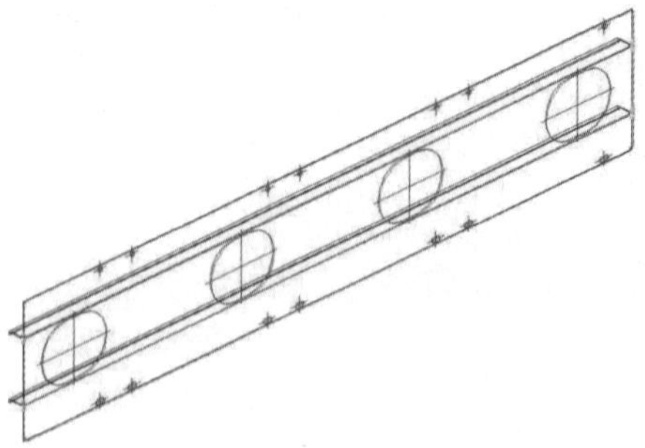

题图 4-3

题图 4-4

任务实施

某船 D4 分段“平面板架建模”演示视频

1. 课前准备

课前完成线上学习任务：从线上平台接受任务，通过查询互联网、图书资料，分熟悉 SPD-H 船体结构设计系统中平面板架建模功能模块。

2. 任务引导

(1)视频学习

(2)分组讨论

确定分组人员，组员共同完成任务。

小组任务	
小组名称	
平面板架建模任务	任务 1　板架属性定义
	任务 2　边界、板零件、内孔等特征定义
	任务 3　板架复制

3. 任务评价

序号	项目	自我评价	小组评价	教师评价	备注
1	视频学习(10 分)				
2	参与组内讨论(15 分)				
3	船体设置任务(60 分) 任务 1 权重 0.2 任务 2 权重 0.6 任务 3 权重 0.2				
4	职业素养(15 分)				
5	合计				
6	总分				

任务 4.4　肘板及复杂构建建模

任务描述

根据给定的某船型线图、纵横剖面图、分段划分图、分段结构图等结构图，进行该船的三边界肘板建模，完工效果如题图 4-5、题图 4-6 所示。

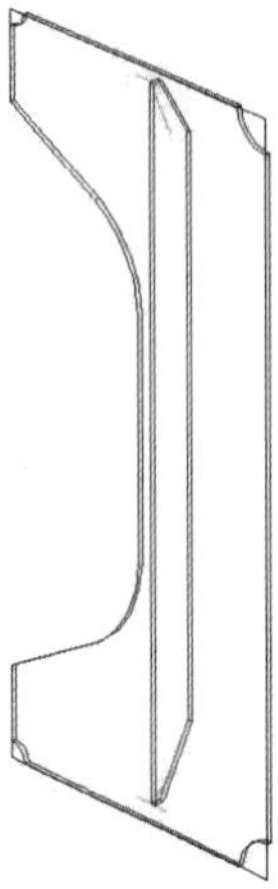

题图 4-5

题图 4-6

任务实施

1. 课前准备

课前完成线上学习任务：从线上平台接受任务，通过查询互联网、图书资料，熟悉 SPD-H 船体结构设计系统中肘板建模功能模块。

某船 D4 分段“肘板建模”演示视频

2. 任务引导

(1)视频学习

(2)分组讨论

确定分组人员，组员共同完成任务。

小组任务	
小组名称	
肘板建模任务	任务 1　肘板类型描述
	任务 2　肘板的建模
	任务 3　肘板扶强材的建模

3. 任务评价

序号	项目	自我评价	小组评价	教师评价	备注
1	视频学习(10 分)				
2	参与组内讨论(15 分)				

（续）

序号	项目	自我评价	小组评价	教师评价	备注
3	船体设置任务(60分) 任务1权重0.2 任务2权重0.4 任务3权重0.4				
4	职业素养(15分)				
5	合计				
6	总分				

模块 5　船体生产设计输出

★模块描述

本模块以某船厂实船为例，在三维建模的基础上进行船体生产设计的输出，并完成套料图、分段工作图及其配套表、胎架图等，用以指导现场施工。

★学习目标

●知识目标

1. 掌握船体生产设计的基本内容；
2. 掌握船体工作图的设计内容及表达形式；
3. 理解胎架设计原则及设绘方法；
4. 了解零件的套料方法；
5. 理解船体管理图表的内容及表达形式。

●能力目标

1. 能识读船体工作图、管理表；
2. 能设绘船体工作图、编制管理表；
3. 能完成船体零件套料工作。

●素养目标

1. 具有认真负责、踏实敬业的工作态度；
2. 具有掌控大局、把握细节、决问题的能力。

任务 5.1　船体生产设计图纸内容

5.1.1　船体生产设计的含义

船体生产设计是在详细设计的基础上，按照现代造船模式的要求，根据船厂的生产条件和技术水平，以合理的建造方针为指导，按照工艺阶段和施工区域的生产与管理需要，绘制船体工作图、管理表以及提供有关施工、生产管理信息，用以指导和组织生产的设计过程。

船体生产设计的基本要求是：

(1)生产设计应在造船企业的全部产品和各个专业中全面实施；

(2)应贯彻建造方针书、施工要领等文件所提出的要求；

(3)应按照工艺阶段和施工区域绘制工作图、管理表，并提供有关施工信息。

5.1.2　船体生产设计的主要内容

1. 船体生产设计的前期准备

(1)设计要领的确定

①根据船台吊装程序,设计全船分段吊装要领;

②根据预舾装方案,设计分段预舾装和单元组装的结构要领;

③根据建造方针书,设计全船具体的分段接缝位置;

④根据建造方针书,设计分段建造要领,包括胎架的设置要求、分段组合成总段的要求、部件组合要求等;

⑤根据船台吊装程序,设计全部分段接缝结构的要领;

⑥确定焊接的主要方法与方式;

⑦确定精度管理方案,包括全船余量分布原则和切除时机、补偿量的加放和分布原则、精度控制规定等。

(2)对初步设计和详细设计提出要求

①初步设计时,提出船型必须满足结构工艺性的要求

在初步设计确定船型时,就要考虑生产设计的要求,特别是结构工艺性问题,如船体结构形式的选择、舯剖面的确定、梁拱与舷弧形式等均关系到施工方便性与钢材利用率的指标。如果这些问题都能及早地考虑,无疑对于以后开展生产设计是有利的,也是必要的。事实上往往在确定总体设计时,上述内容都有一个可供选择的范围,这样就为生产设计渗透到初步设计提供了可能性。

②详细设计时,提出船体结构必须满足结构工艺性的要求

详细设计和生产设计间的关系更为密切。建造工艺往往与结构节点的工艺性有着极为密切的关系。比如搭接肘板虽然有其工艺好的一面,但不一定都好;处于低位建造时,搭接肘板就不利于施工。因此,要及早地根据建造方案的要求,从生产设计角度来考虑详细设计中的某些细节,才能选择施工时最合适的节点。此外,如详细设计中板厚区域的确定直接与分段划分有关,如果离开分段划分去确定板厚区域,很可能导致排板不合理,使材料利用率下降。在详细设计阶段,工作要点主要体现在船体结构细节上,也就是说在详细设计时要比初步设计更多地考虑如何造船。除了详细设计需要完善船舶整个功能上的设计(包括设计细节)和完成设计图纸的送审工作外,要特别注意设计的工艺性,并满足生产设计准备工作的要求。

(3)与其他专业的预先协调

船体生产设计与其他专业主要协调以下内容:

①管子、风管和电缆等在结构上的开孔及贯通件;

②分段预装和单元组装的范围、方式、时机及吊装程序;

③主机、轴系和舵系安装对船体总装的要求;

④机器、仪表等基座及其加强;

⑤建造过程中的通行、通风要求;

⑥舱室、门窗布置的要求;

⑦涂装工艺对建造程序的要求等。

2. 工作图设绘

船体生产设计图纸类型分为总体类图纸及文件(包括计算书)、结构类图纸和工艺类图纸。

(1)总体类图纸

总体类图纸包括前期设计的一些主要计算、船舶建造后期的倾斜试验大纲和航行试验大纲等内容。

(2)结构类图纸

结构类图纸主要包括分段工作图和分段零件明细表。

①分段工作图

分段工作图应准确反映分段所有的结构及精度、焊接等工艺信息,还应当包括标准舾装件、其他专业提出的结构加强和预开孔等内容。其内容通过组立顺序图、外板展开图、甲板(舱底)平面图、纵剖面图、横剖面图、局部剖面图和分段完工测量图等方式进行表达。

②分段零件明细表

船体分段零件明细表标明了本分段所有零件的信息,包括编号、规格、材质、数量、加工代码、安装阶段、所在套料切割图等内容。它是生产部门进行分段零件配套的重要依据。

(3)工艺类图纸

工艺类图纸主要分为结构工艺、焊接工艺两大类图纸。

①结构工艺图纸

结构工艺图纸表达了船体分段在装配、总段或搭载时所需的有关工艺性的图纸,主要包括吊环、临时加强、临时通道及工艺孔等内容。

②焊接工艺图纸

焊接工艺图纸除表达了船体结构主要焊接方法的工艺性内容之外,还包括特殊焊接工艺(如挂舵臂焊接工艺等)。此外,分段预密性和结构密性的内容也列入此类图纸。

本章主要介绍船体分段工作图的设绘和管理表的编制。船体辅助性作业(吊环、临时加强、临时通道及工艺孔等)的设计将在模块6中讲述。

思考与练习

一、简答题

1. 船体生产设计的主要内容有哪些?

2. 进行船体工作图设绘前,要做哪些准备工作?

二、选择题

1. 船体生产设计属于(　　)。

A. 船舶生产设计　　B. 舾装生产设计　　C. 详细设计　　D. 初步设计

2. 船体生产设计的主要内容有(　　)。

A. 船体生产设计的前期准备

B. 工作图设绘

C. 辅助性作业的设计

D. A、B、C

3. 船体生产设计的前期准备是(　　)。

A. 对初步设计和详细设计提出要求

B. 与其他专业的预先协调

C. 设计要领的确定

D. A、B、C

4. 船体生产设计结构类图纸主要包括(　　)。

A. 分段工作图和焊接工艺类图纸

B. 分段工作图和分段零件明细表

C. 焊接工艺和涂装工艺类图纸

D. 分段在装配、总段或搭载时所需的图纸

任务 5.2　分段工作图

我国船厂对于船体生产设计的推广应用,因工厂条件、生产习惯、开发方式和发展经历的不同,其工作图的模式也不同。有些工作图对于一个船厂是必不可少的,而对于另一个船厂却是没有必要的。因此,对于工作图而言,各船厂均存在着出图范围、出图深度以及表达形式上的差别。

目前船体生产设计工作图的出图模式大致可以分为两大类,一类是全部按工序工位出图,致力于深化工序、工位图纸的信息;另一类是立足深化分段结构图,利用符号、编码为各工序、工位有效地提供信息。两种设计模式比较如表 5-1 所示。从对比中我们可以看到,按工序工位出图会有大量重复劳动,生产设计的工作量大,目前各船厂基本上不采用了,更多的是采用按分段出图的方式,因为它与区域建造法及其管理是协调的。本节主要讲述按分段出图的方式。

采用按分段出图的工作模式是在设计分段结构的同时就深化工艺与管理信息,使分段工作图能为放样及各施工工序提供所需的准确施工指令。因此,其图纸涉及面广,图面设计深度要求高,且其设计是一次完成的。设计内容包括分段工作图、零件表、工艺表和胎架图表等。

表 5-1　船体生产设计工作图出图模式比较

工作图绘制方法	按工序工位出图	按分段出图
基本特征	按工序分别绘制工作图,详细设计的结构图仅供各工序工作图深化之用	直接用详细设计的分段结构图作为工作图,着重于分段图的深化,使其具有完整的施工指令

表 5-1(续)

工作图绘制方法	按工序工位出图		按分段出图	
加工	1. 零件图 2. 套料切割图 3. 数控切割磁盘 4. 零件配套表	由计算机提供,或放样直接提供	同左	
组、部件装配	1. 部件图 2. 拼板图 3. 组件图	单独绘制	拼板图、分段结构图	单独绘制,以深化详细设计的分段结构图为基础,通过放样扩展信息,最后形成完整的工艺内容和管理数据
分段装配	分段装配图	单独绘制,仅表达与分段组装有关的内容		
船台装配	船台装配图	单独绘制,分区表达分段连接处的详细要求	船台装配图	以分段划分图为基础,加上工艺内容和管理数据
优缺点	优点: 图纸只与本工序有关,图面清晰明确,容易阅读 缺点: 图纸设计工作量大,有重复工作		优点: 1. 分段工作图能满足整个建造过程的需要,工艺完整、严密 2. 设计连续性强 3. 基本无重复工作 缺点: 图面代码和符号较多,工人需经培训才能直接识读	

5.2.1 分段工作图的主要内容

分段工作图的主要内容包括:

(1)分段建造工艺信息,主要列出该分段的建造方法、工艺程序、施工要领和焊接要领等。

(2)图符说明,主要包括一般符号、余量和补偿量符号、焊接符号和焊缝形式等,在《船体建造工艺符号》(CB/T 3194—1997)的基础上,结合各船舶企业标准,每个企业的图符应用会有一定区别。

(3)装焊工艺要求,主要包括装焊工艺的具体要求以及各类焊接接头的装配精度等信息。

(4)分段各工作图,主要包括装配流程图、外板展开图、甲板(舱底)平面图、纵剖面图、横剖面图、典型节点图、坡口节点形式、外板(内底板)拼板图和分段完工测量图等。

分段工作图通常以 A3 图幅大小装订成册，下面以某实船底部分段为例，重点介绍分段装配流程图、分段外板展开图、内底板平面图、分段纵剖面图、分段横剖面图、外板(内底板)拼板图和分段完工测量图的设计内容。

1. 分段装配流程图

该图用立体图的形式描述了分段建造的主要装配流程，如图 5-1 所示。主要设计内容有：

底部分段
模型视频

(1)主要小组立结构形式；

(2)主要中组立结构形式；

(3)大组立结构形式；

(4)组立流向及编码；

(5)简要建造说明。

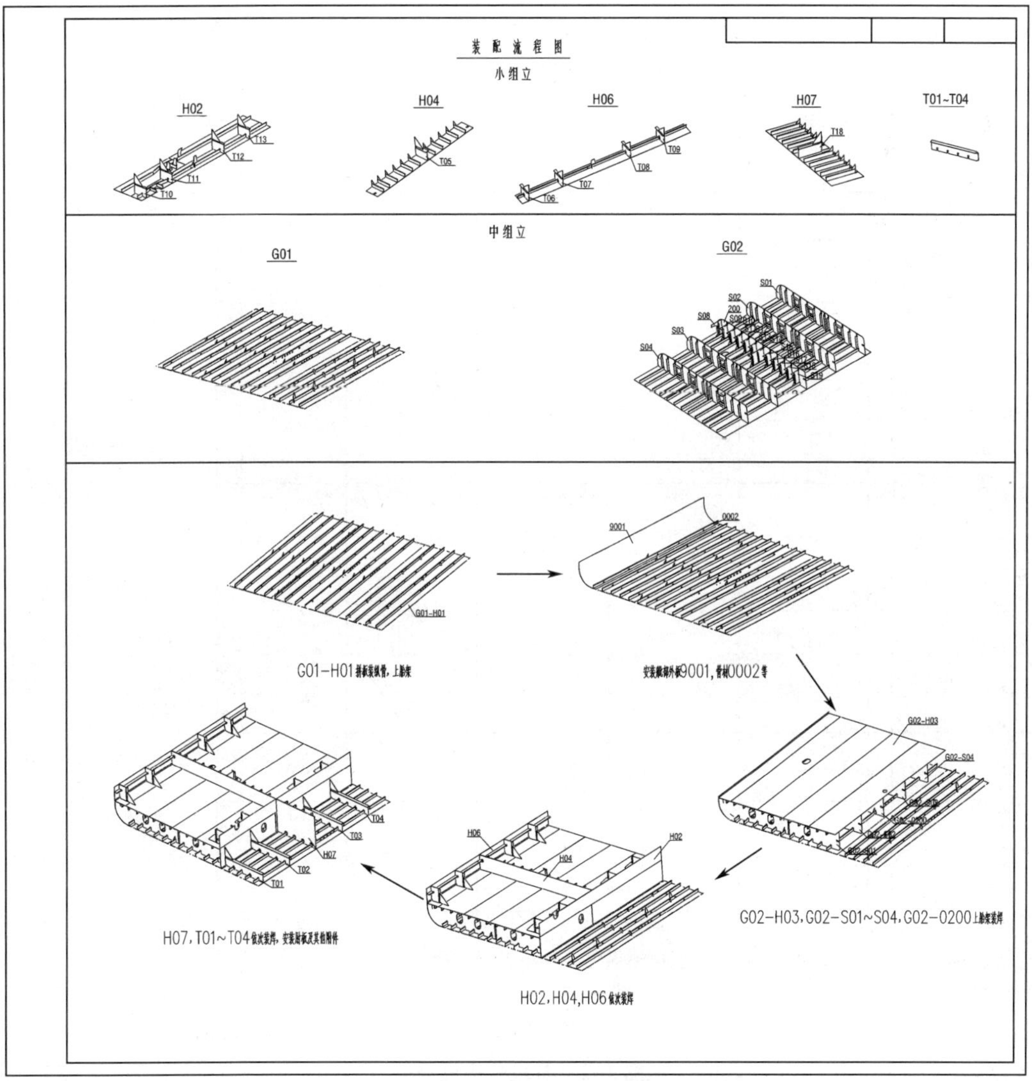

图 5-1　分段装配流程图

该图仅表示主要组立及典型组立的建造顺序，非所有组立；小、中、大组立从上至下按顺序排列。

2. 分段外板展开图

该图表示了分段外板近似展开之后外板及相连构件的形式及尺寸，如图 5-2 所示。主要设计内容有：

(1) 分段外板展开视图；

(2) 分段外板板架组立名、定位尺寸；

(3) 分段外板板缝位置；

(4) 各种构件零件号、板厚方向及与板缝的相对尺寸；

(5) 分段范围内肋位号，纵骨顺序号及纵骨位置；

(6) 分段余量、补偿量；

(7) 待焊区标记。

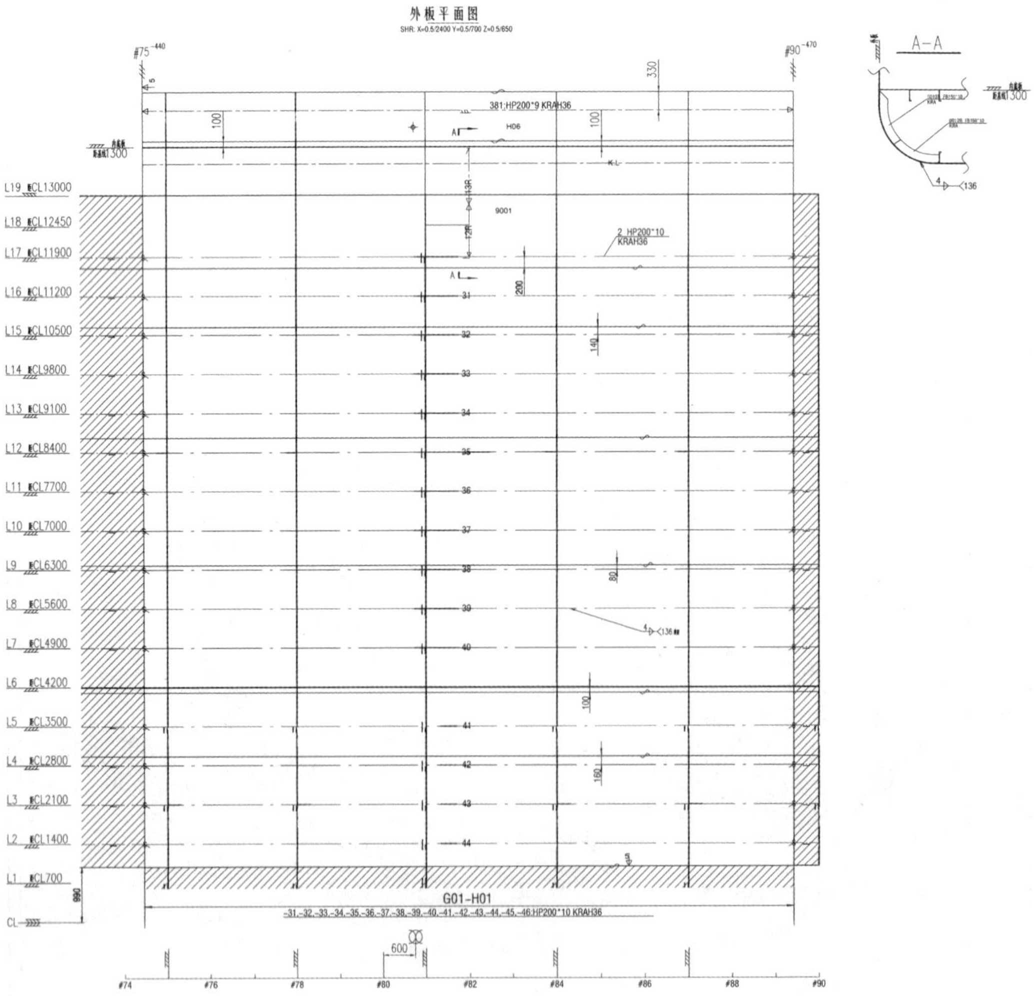

图 5-2　分段外板展开图

分段外板展开图设计要领有：

(1)由于船体形状和外板的排列通常对称于中线面，故外板展开图一般表示展开图形的一半，习惯上是从右向左舷看展开视图。

(2)分段外板展开图采用近似的展开方法，即只展开船体表面的横向曲度，而纵向曲度不展开。图中外板的横向尺寸是展开后的尺寸，为实长，纵向尺寸为投影尺寸。

(3)根据具体要求，分段外板展开图上应表示外板上的开口及加强板的位置及尺寸。

(4)主要构件的位置尺寸标注，尽量采用与板缝的相对尺寸表示。

(5)分段外板展开图须与整船外板展开图该分段区域部分保持一致。

(6)不属于本分段内的结构均用阴影线表示。

3. 内底板平面图

该图是用剖切面沿内底板构架表面剖切船体而得的剖面图。它除了表示内底板的各种构件外，还对各种工艺信息及施工信息进行了表述。主要设计内容有：

(1)分段内底板平面剖切视图；

(2)分段内底板架组立名、定位尺寸；

(3)分段内底板缝线位置，焊接坡口类型及板缝间距；

(4)各种构件零件号、板厚方向及与板缝的相对尺寸；

(5)分段范围内的肋位号、纵骨顺序号及位置；

(6)分段余量、补偿量；

(7)待焊区标记。

内底板平面图设计要领有：

(1)分段内底板平面图须与基本结构图等结构图保持一致；

(2)该图剖视方式采用俯视图方式；

(3)主要构件的位置尺寸标注，尽量采用与板缝的相对尺寸表示；

(4)不属于本分段的部分用阴影线表示。

如图 5-3 所示为内底板平面图图例。

4. 分段纵剖面图

该图用纵向平面剖切该分段船体而得的剖面图。它除了表示剖切平面处分段的各种构件外，还对各种工艺信息及施工信息进行了表述，如图 5-4 所示。主要设计内容有：

(1)纵剖面视图、位置名称；

(2)主要构件的组立名及定位尺寸；

(3)该分段所有构件的零件名、板厚及材质；

(4)纵桁各拼板尺寸、板厚、材质及零件名；

(5)纵桁板缝坡口焊接类型及尺寸；

(6)分段端部构件坡口焊接类型；

(7)人孔、减轻孔、流水孔、透气孔、止漏孔、过焊孔位置及大小；

(8)构件余量、补偿量位置及大小；

(9)构件连续或间断信息；

(10)构件板厚方向；

(11)待焊区标记,特殊焊接方式(如深熔焊)标记及焊脚高度;
(12)相邻分段构件简要情况。

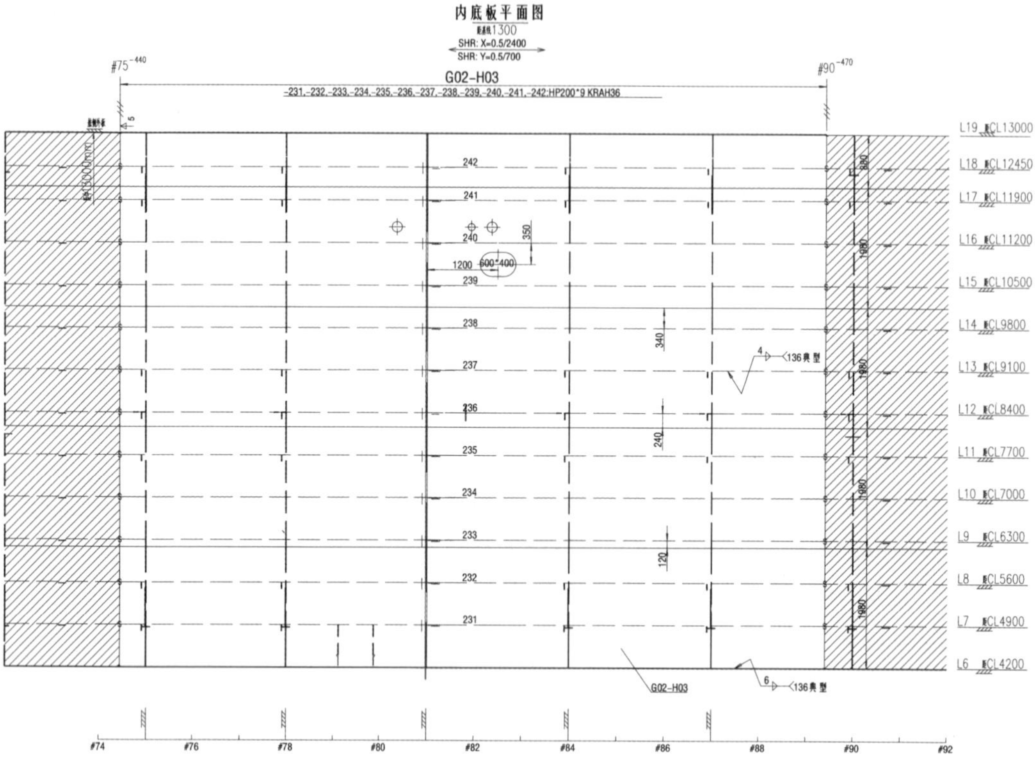

图 5-3　内底板平面图

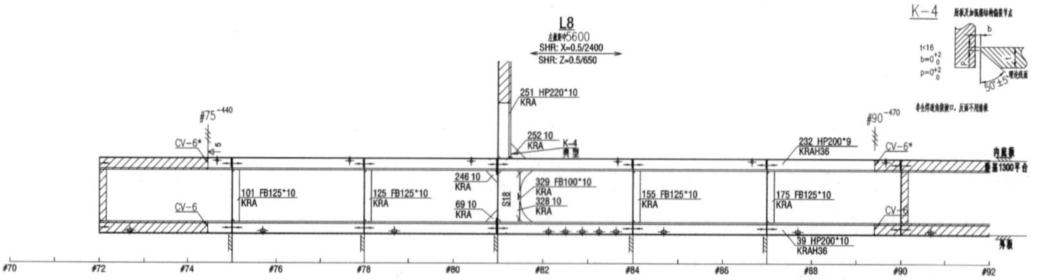

图 5-4　分段纵剖面图

分段纵剖面图设计要领有:
(1)纵剖面从右向左舷看;
(2)纵剖面图结构须与基本结构图等结构图保持一致;
(3)注明左舷或右舷;
(4)剖面顺序为典型纵剖面、左右舷组立相同的纵剖面、左舷纵剖面、右舷纵剖面;
(5)相邻分段视图用阴影线表示。

5. 分段横剖面图

该图为用横向平面剖切该分段船体而得的剖面图。它除了表示剖切平面处分段的各种构件外,还对各种工艺信息及施工信息进行了表述,如图 5-5 所示。主要设计内容有:

(1)横剖面视图及位置名称;

(2)主要构件的组立名及定位尺寸;

(3)视图上该分段所有构件的零件名、板厚及材质;

(4)肋板各拼板尺寸、板厚、材质及零件名;

(5)各拼板板缝坡口焊接类型及尺寸;

(6)分段端部构件坡口焊接类型;

(7)人孔、减轻孔、流水孔、透气孔、止漏孔、过焊孔位置及大小;

(8)构件余量、补偿量位置及大小;

(9)构件连续或间断信息;

(10)构件板厚方向;

(11)待焊区标记,特殊焊接方式(如深熔焊)标记及焊脚高度;

(12)相邻分段构件简要情况。

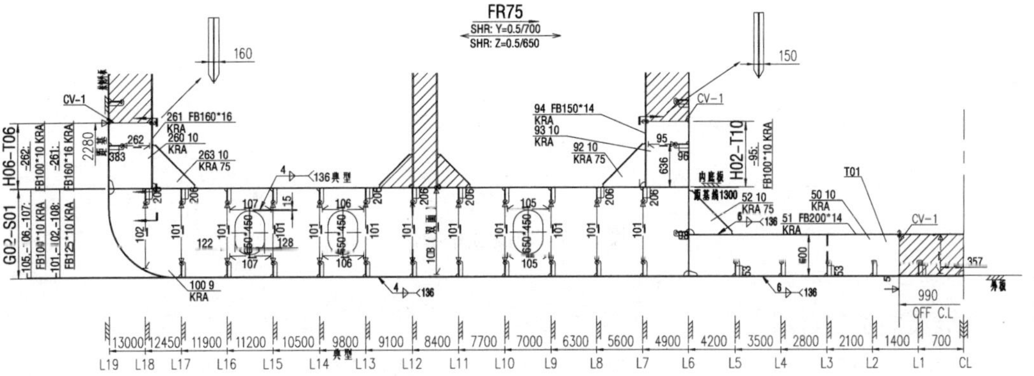

图 5-5 分段横剖面图

分段横剖面图设计要领有:

(1)横剖面从艉向艏看;

(2)横剖面图结构须与基本结构图、中横剖面图等结构图保持一致;

(3)注明左舷或右舷;

(4)剖面顺序从艉向艏,先左后右;

(5)相邻分段视图用阴影线表示。

6. 外板(内底板)拼板图

拼板图表述了各平面的拼板信息、工艺信息及施工信息。这些信息有的船厂在平面图(外板展开图)上一起表示,不单独出拼板图。以内底拼板图为例,如图 5-6 所示。主要设计内容有:

(1)分段内底板各拼板尺寸、板厚、材质及零件名;

(2)板缝坡口焊接类型及板缝间距;

(3)余量、补偿量位置及大小。

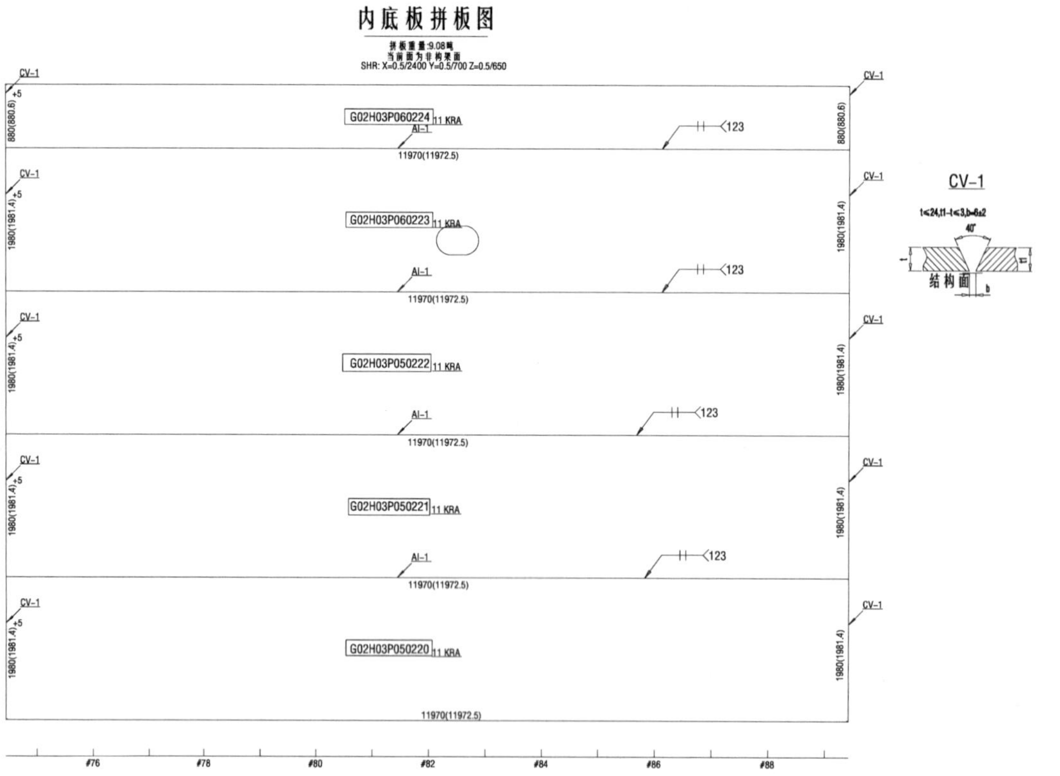

图 5-6　内底板拼板图

7. 分段完工测量图

分段完工测量图为分段的完工测量提供指导,表达内容包括分段的长度、宽度、高度、水平度、垂直度、平面度等,如图 5-7 所示。

5.2.2　分段工作图的设计要求

(1)船体分段工作图中必须完整反映船体各类构件的组立名、零件号、板厚、材质等信息,必要时标注几何尺寸。

(2)组立内主要型材大小、板厚及材质等信息应标注在组立名下,剖面内不必再次标注。

(3)分段结构要表述完整,无遗漏剖面及结构。当船体分段结构左右舷对称时,可只设绘左舷结构,并注明左右对称。在有少量结构不对称时,可仅设绘不同结构部分。相邻分段结构及基本信息应表达清楚。

(4)船体分段工作图中应标明在施工过程中的临时工艺孔。

(5)工作图必须标明分段余量及余量切割阶段符号,焊接补偿量符号。

(6)对于可以做成永久性吊环的结构,应在工作图中反映出来。

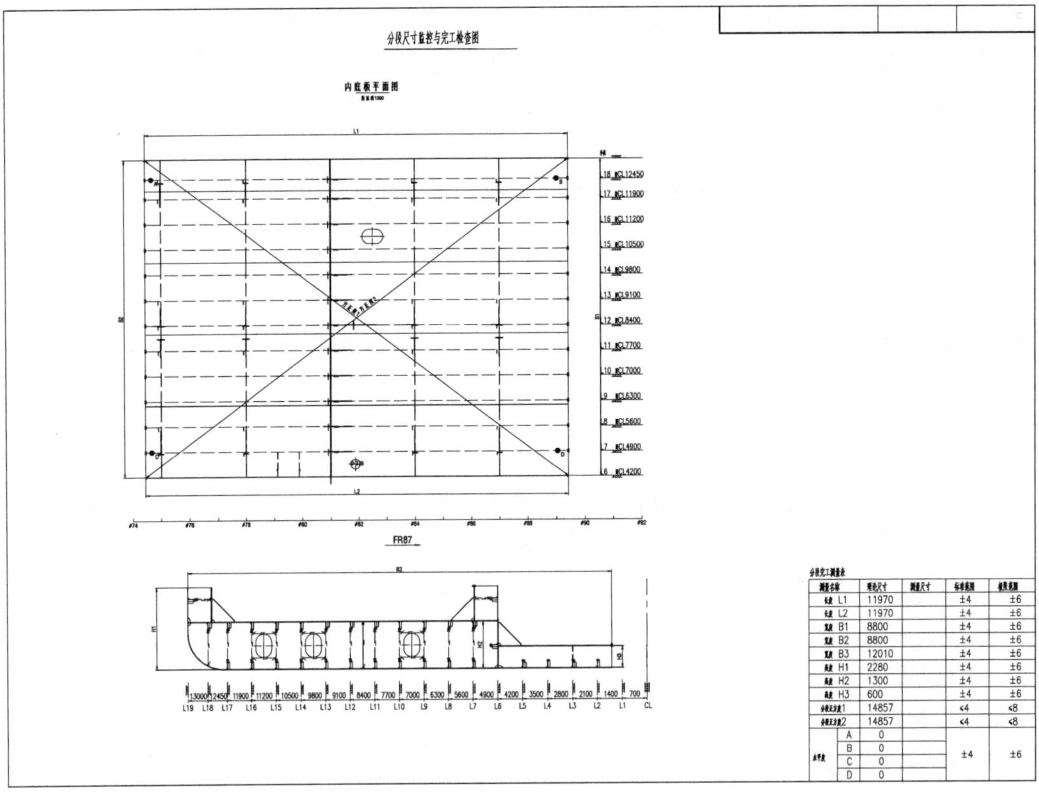

图 5-7　分段完工测量图

(7)船体所有构件上的开孔须与有关船体结构流水孔、透气孔和通焊孔形式的标准保持一致,并且不能与相邻构件相碰,距离至少 15 mm 以上。

(8)结构图必须标明倾斜构件的装配角度。装配角度是指两个零件装配面与面形成的角度,只在不等于 90°时才在图纸上标记。

(9)工作图需反映与其他专业的协调问题,其中包括其他专业提供的通过结构的管子、风管、电缆、放泄塞及人孔盖的预开孔和孔加强等。

5.2.3　焊接要求

(1)船体工作图必须表示焊接方法、规格、坡口类型、缓焊要求和板厚差过渡形式。

(2)坡口焊接类型须与有关船舶结构焊接与坡口类型选用规定标准保持一致。

(3)根据建造方法和可作业性确认坡口的方向,并确认与相邻分段对接板的焊接形式与坡口类型是否一致,通焊孔尺寸是否相同。

(4)特殊焊接方式须单独表示。

5.2.4　图面要求

(1)船体分段工作图采用 A3 图面大小,图面布置要合理,比例适中,不宜太满,也不宜留出太多空白,各类视图或剖面图须放置在图纸中央。

(2)船体分段工作图中必须包括图号、页数、比例。

(3)船体分段工作图图样中的零部件和分段定位的尺寸基准线应设在测量处，如船体中心线、船底基线、内底板、平台、甲板、舱壁、外板等处。

(4)各类数字、字母、尺寸线等标注信息不能重叠，尽可能避免交叉。

(5)图面顺序应合理。

(6)平面图由上向下看，纵剖面图由右向左看，横剖面图由艉向艏看。剖面箭头方向要与视图方向一致。

思考与练习

一、简答题

1. 船体工作图的设绘内容有哪些？

2. 如何用立体图的形式表达分段组立的建造流程？

3. 分段外板展开图的表达内容及设计要领有哪些？

4. 分段甲板(舱底)平面图的表达内容及设计要领有哪些？

5. 分段纵剖面图、横剖面图的表达内容及设计要领有哪些？

6. 分段工作图有哪些焊接方面的要求？

二、选择题

1. 分段装配流程图表示(　　)。

A. 所有组立的建造顺序

B. 大组立、中组立的建造顺序

C. 中组立、小组立的建造顺序

D. 主要组立及典型组立的建造顺序

2. 分段外板展开图要求(　　)。

A. 只展开船体表面的纵向曲度

B. 只展开船体表面的横向曲度

C. 船体表面的纵向及横向曲度均展开

D. 展开船体表面的纵向或横向曲度

3. 船体分段工作图图面大小为(　　)。

A. A4　　B. A3　　C. B4　　D. B5

三、判断题

1. 分段工作图应准确反映分段所有的结构及精度、焊接等工艺信息，还应当包括标准舾装件、其他专业提出的结构加强和预开孔等内容。(　　)

2. 内底板平面图表达了内底板各拼板尺寸、板厚、材质及零件名。(　　)

3. 分段纵剖面图是用从中间向两边纵向平面剖切该分段船体而得的剖面图。(　　)

4. 分段横剖面图是用从艏向艉横向平面剖切该分段船体而得的剖面图。(　　)

任务5.3　分段胎架图

胎架设计是船体生产设计中的一项主要工作。通常情况下,外板(非平直部分)分段如以外板为基面进行分段建造时,都必须在胎架上进行。胎架布置图的设计合理与否,将直接影响分段的施工质量、精度以及现场作业的方便性和协调性。而胎架的种类有很多,应该根据工厂的设备、场地及分段的实际情况来进行设计。

5.3.1　胎架类型

胎架种类繁多,可按不同分类方式划分。按使用范围可将胎架分为专用胎架和通用胎架。

1. 专用胎架

专用胎架专供某一船的某种分段使用,根据胎板形式又可分为单板式胎架、桁架式胎架、框架式胎架和支点角钢式胎架四种。

2. 通用胎架

通用胎架可供不同船舶的不同分段使用,又分为框架式活动胎板胎架、支点角钢式胎架和支柱式胎架三种。

其中支柱式胎架虽然制作时消耗工时较多,但安装布置方便,适用于各种船舶的各种分段,可反复使用,从而节约大量的钢材和工时,也是目前船厂应用较广泛的一种胎架,如图5-8所示。

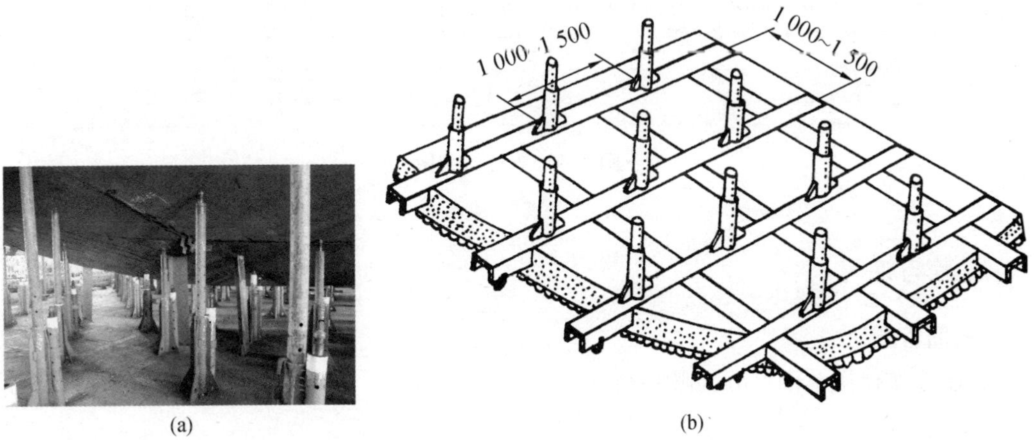

(a)　　(b)

图5-8　支柱式胎架(单位:mm)

5.3.2　支柱式胎架平面图

支柱式胎架平面图表达了以曲型板架作为装配基面时每一根支柱胎架的情况,如图5-9所示。主要设计内容有:

(1)胎架的横倾角及纵倾角;

(2)曲型板架的组立名、各拼板的零件名、板厚及材质；

(3)支柱间距；

(4)每一根胎架支柱的位置编号及高度尺寸；

(5)曲型板架的定位尺寸及边缘尺寸；

(6)曲型板架板缝线编号及位置。

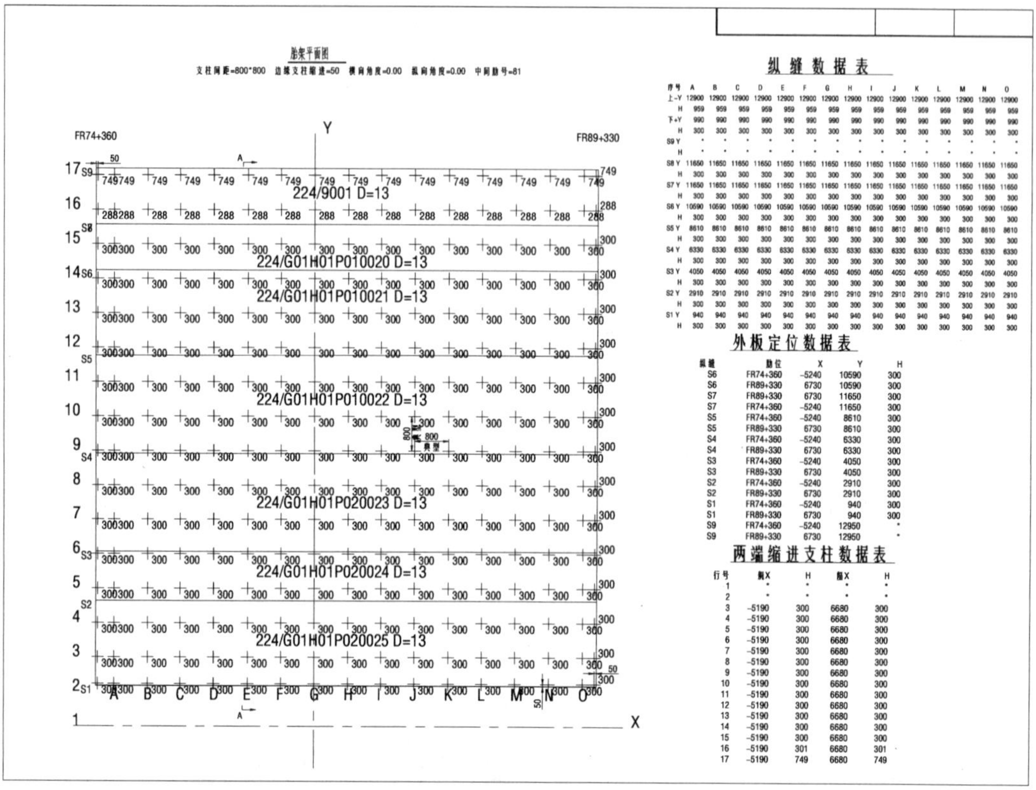

图 5-9　支柱胎架图

思考与练习

一、简答题

1. 胎架按使用范围可分为哪些种类？

二、选择题

1. 图 5-8 中支柱间距为(　　)。

A. 800 mm×800 mm　　　　B. 300 mm×300 mm

C. 800 mm×300 mm　　　　D. 749 mm×300 mm

三、判断题

1. 支柱胎架图标明了以曲型板架作为装配基面时，每一根支柱胎架的情况。　(　　)

2. 支柱胎架图只表达曲形板架的编码，不用表达尺寸。　(　　)

3. 图 5-8 中可看出外板的各板材厚度均为 13 mm。　(　　)

任务5.4 板材零件下料图

5.4.1 套料

所谓套料就是将材料等级和厚度一样的船体零件,置于同一张钢板的边框内进行合理排列的过程。套料是合理利用钢材、提高钢材利用率的有效方法。按照套料的对象,可分为型钢的套料、钢板的套料;按照套料的方法,可分为传统套料(手工)、计算机套料(数控)。套料设计之后,要出下料图,下料图是号料和切割的依据。

目前手工套料已经基本被淘汰,各船厂均采用计算机套料的方法,即用数据库向计算机输入零件数量、识别编码和可用板材尺寸。计算机接着将所需零件按尺寸分类,计算重心,并使其外接一个多边形,按板材尺寸分解成点光栅。程序利用随机数发生器将一组零件从大到小地"抛到"板材上去进行套料,再根据所定标准对每个零件的位置进行检查,并把每种情况以最佳位置储存起来,直到不能将更多的零件安排到板材上去。零件最佳位置精确定位后,进行自动"搭桥",用切割路线将零件切割边缘连起来,然后绘制切割图,输出切割纸带,并记下余料尺寸。

5.4.2 计算机套料

计算机套料实际上是在计算机上采用软件进行套料,目前国内外有很多软件具有自动套料功能,例如TRIBON、SPD这类大型软件里都包含套料模块,还有一些专门开发的用于提高钢材利用率的套料软件。

1. 计算机套料的条件

(1)构建的建模工作全部完成,零件的形状、规格以及工艺属性正确、全齐,特别是板材坡口的类型和方向等都应符合要求;零件分离成功;外板零件展开,曲面板架也创建正确。

(2)装配计划编制结束并确认,保证零件代码全名的正确性。

(3)初次进入套料模块前,最好重新进行零件分离。

(4)熟悉钢板订货清单的尺度、材质和数量。

(5)本船的原材料使用记录表和余料登记表的初始化。

(6)如果没有材料订货清单,以套料草图作为订货资料,那么要分批汇总。

2. 计算机套料的过程

首先用计算机软件实现初步自动套料过程;然后根据初步套料结果人工调整,以提高板材的利用率。套料规则是:先套大零件再套小零件,一般小零件套在板块的上面,大零件套在板块的下面,整块板的零件尽量往板的下边缘靠。零件与零件之间必须紧密排列;狭长零件跟小零件套料时,狭长零件一定要套在小零件的上面,先割狭长零件再割小零件,以防狭长零件变形。

5.4.3 数控切割下料图

套料完成后可以出分段零件的切割下料图,如图5-10所示。该图的主要内容有:

(1)板材的统计(与分段零件明细表对应),包括材料名称、板材零件编码、规格、数量、面积、质量、利用率等;

(2)坡口尺寸;

(3)板材零件在船上的方位,如标出艏艉方向,左右舷位置;

(4)余料统计;

(5)零件加工信息。

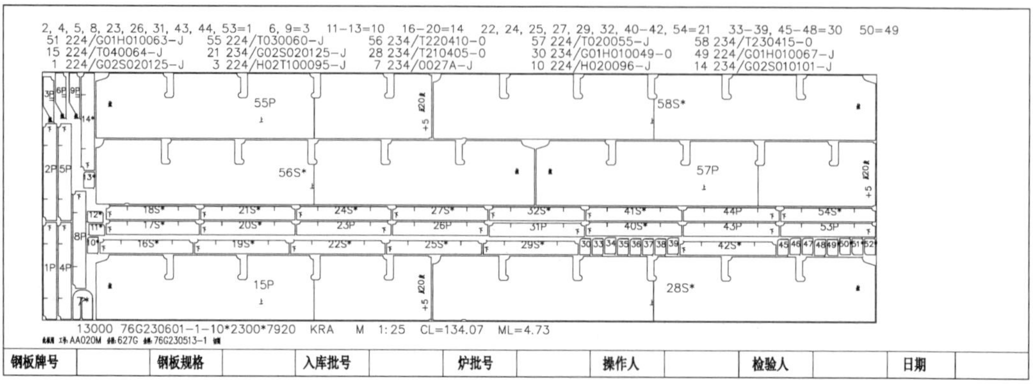

图 5-10　切割下料图

套料的注意事项:

(1)尽量先选用订货清单中较小规格和数量较多的板材,对大规格、数量少的板材要慎用,对指定用途的专用板材不能随便使用。

(2)为了提高设备的效率,尽可能采用对称切割。

(3)进行切割方向设置,如外形线统一顺时针切割,内孔统一逆时针切割。

(4)引割线:

①确定引割线位置,要考虑切割方向,使切割过程中母板尽可能不移动。

②引割线长度要根据切割的板厚调整。

(5)零件之间的距离设置:

①板厚 $t \leqslant 35$ mm:数控切割机不割 V 型坡口时,零件之间的间距设置为 10 mm。如果要割 V 型坡口时,考虑角隅处的割嘴环路需要,间距应设置为 20 mm,考虑角隅环线的长度。

②板厚 $35 < t \leqslant 50$ mm:零件之间的间距设置为 15 mm。

③板厚 $t > 50$ mm:零件之间的间距设置为 25 mm。

(6)过桥:

①当门窗开孔中有焊缝通过时,在孔开后处加 50 mm 宽的过桥,便于自动焊。

②一般小于 400 mm×400 mm 的零件要加过桥。

③数量较多的狭长面板条一起平行套料时,可将 3~4 根面板连在一起添加过桥。

④过桥尽量不要放在零件的自由边,否则会增加打磨工作量;也不要放在有坡口的焊接边,因为切割过程中,割嘴的角度变化太快,会影响切割质量。

(7)余料:

①尽量减少余料,可将下一个批次的零件提前套在这里。

②余料板大于 0.5 m^2 时要标注余料编码。

③余料的形状要按矩形定义,否则在利用余料套料时,就不能输入余料的尺度了,对不规则板可酌情处理。

④切割草图中要标注余料板名。

⑤余料信息要登记。

思考与练习

一、简答题

1. 什么叫套料? 套料有何作用?

二、选择题

1. 将材料等级和厚度一样的船体零件置于同一张钢板的边框内进行合理排列,这一设计过程所出的图纸叫作(　　)。

A. 零件图及其加工图　　B. 下料图

C. 分段装配图　　D. 分段工作图

任务 5.5　管　理　表

船体生产设计除了要绘制设计工作图外,还必须编制管理图表。管理图表所提供的不仅仅是生产中所需的管理信息资料,同时也提供其他信息。工作图侧重于图的表达形式,而管理表则侧重于图表的表达形式。在编制管理表的过程中,工作量最为集中的是零件明细表,还有装配与焊接长度表、工时定额表、分段材料定额表以及分段重量重心表等。编制这些管理表时,应根据船厂实际生产技术条件和船体生产设计所采用的模式进行。有的管理图表内容已在工作图中表达清楚,则不必再编制这方面的图表。现就几种船体生产设计的管理表分述如下。

5.5.1　分段零件明细表

零件明细表与工作图是相互依存的。以往的施工设计,零件表所表达的仅为"是什么"的内容,只反映零件的静态;而船体生产设计的零件明细表不但表达"是什么",还表达零件如何有机地组合起来,装在何处,零件的制作是沿着一条怎样的路线进行加工,随后又沿着怎样的工艺路线进行组合的,即描述零件的动态内容。

1. 分段零件明细表的编制内容

分段零件明细表的编制依据主要源于船体分段工作图。

分段零件明细表表达了船体分段零件的各种信息,如零件名称、零件在船上的位置、零件加工装配的顺序、各工序工位的施工内容、零件组合后的运送方向等,如表 5-2 所示。

表 5-2　船体分段零件明细表

分段号	224	分段名称	224 分段	数量			图号			第　页
零件所在位置	零件编码	名称	规格/mm	左	中	右	材料	质量/kg	加工代码	备注
外板平面图	0002	外板纵骨	HP200×10-11970	1			KRAH36	239	AX	
A-A	0012R	加强筋	FB150×10-938	1			KRA	11.1	MJ	
外板拼板图	G01H01P010020	外板拼板	13-11970×1060	1			KRAH32	1 296	MJ	
FR81	0026	补板	10-188×275	4			KRA	11.1	MJ	
外板平面图	G01H010031	外板纵骨	HP200×10-11970	1			KRAH36	239	AX	
L3	G01H010047	肘板	9-250×400	4			KRA	18.7	MJ	
FR75	T010050	T 型材腹板	10-3200×600	1			KRA	145	MJ	
FR75	T010051	T 型材面板	FB200×14-3175	1			KRA	69.9	MJ	
L6	H020075	扶强材	HP200×9-2915	1			KRAH36	54.1	AX	
内底拼板图	G02H03P050220	内底拼板	11-11970×1980	1			KRA	2 049	MJ	
外板展开图	9001	舭部外板	13	1			KRAH32	2 777	MJ	

分段零件明细表的主要内容：

(1)分段号、组立名、零件编号；

(2)零件数量(分左、中、右表示)、规格、质量、材质；

(3)零件加工信息；

(4)零件组立流向(流向代码与船厂有关规定保持一致)；

(5)零件所在切割下料图图号。

2. 分段零件明细表的编制要求

(1)描述零件所在位置。通过零件明细表中的“零件所在位置”栏表达该零件出现在分段工作图的哪个图上。通过“数量”栏目中的“左、中、右”来表达零件在船上的位置。

(2)描述零件编码和名称。

(3)描述零件规格、材料和质量。

(4)描述零件加工工序，通过“加工代码”栏来表达，用字母组合来表示加工路线。采用的代码因厂而异,目前尚未统一标准。

(5)描述工序、工位要执行的施工内容,通过零件编码来表达。

由于零件明细表提供的信息非常广泛,因此它的设计时间较长,设计过程中要相当耐心与细致。这种表不但要分发到各个工序、工位,还要提供给定额、配套、生产管理和计划管理等部门。

5.5.2　分段材料定额表

产品开工之前的首要工作是原材料的准备,在原材料切割之前进行的船体钢材除锈涂底漆工作,通常是根据建造方案和生产计划的安排分批进行的。这样做不但可以保证生产进度的需要,还可以避免因为暂时不用的钢材过早预处理,致使占用堆放场地和因存放时间过长而带来的锈蚀。

车间、供应部门分批备料的依据除了月度或季度计划外,还有分段钢材备料表,有的船厂称作分段材料定额表。它是以分段为单位,将本分段中所有的板材和型材按板厚、牌号、规格和耗量分别统计汇总而得到的,作为车间领料和供应部门发料的依据。分段材料定额表如表5-3所示。分段材料定额表编制的依据是船体分段工作图及船体分段零件明细表。分段材料定额表包含了两种类型的材料,即板材和型材。

分段材料定额表的数据应力求准确,这样才能达到提高材料利用率和节约钢材降低成本的目的,所以该表必须建立在合理套料的基础上,最好套料完成后再编此表。这样,不仅材料定额准确,而且可以反馈给供应部门修改和补充订货资料。

表5-3　分段材料定额表(板材)

图号:　　　　　　　　　　　　　　　　　　　　　　　　　　第　页　共　页

序号	材质	规格/mm			数量				单重/t	共重/t	面积/m²	备注
		厚度	板宽	板长	共计	数切	门切	板切				
1												
2												
3												
4												
5												
6												
7												
8												

预处理信息:

1. 表面处理要求;
2. 油漆牌号;
3. 漆膜厚度。

5.5.3 分段重量重心表

分段重量重心表是以分段为单位,汇集各零部件的重量及重心位置计算得到的。它一般只考虑分段各零部件的理论重量,而不计及余量、减轻孔、临时加强材和临时吊环等重量。当然,影响较大时需要计算。它的作用是:

(1)校核分段重量与车间或船台起重能力是否相适应;

(2)提供分段重心坐标,以便进行吊装计算,确定吊环的安装位置;

(3)为船台、滑道或船坞内墩木的布置提供重量分布依据;

(4)校核并修正详细设计阶段提供的船体结构重量重心数据,绘制沿船长方向分布的重量分布曲线。

分段重量重心表的一般形式如表 5-4 所示。

表 5-4 分段重量重心表

×××分段重量重心表					图号				第 页 共 页
序号	名称或零件号	规格及数量	重量/N	重心垂向距离/m	垂向力矩/(N·m)	重心纵向位置/m	纵向力矩/(N·m)	重心横向位置/m	横向力矩/(N·m)
						中前 中后	中前 中后	左舷 右舷	左舷 右舷
合计			总重 $\sum P$		$\sum M_Z$		$\sum M_X$		$\sum M_Y$

重心竖坐标:$Z_G = \sum M_Z / \sum P$;

重心纵坐标:$X_G = \sum M_X / \sum P$;

重心横坐标:$Y_G = \sum M_Y / \sum P$。

进行分段重量重心计算时,应注意以下事项:

(1)结构左右对称或基本对称的分段可免除计算重心的横坐标。

(2)计算前应根据分段特点选定坐标基准面。如双层底或其他底部分段,选取船舶基线面作为垂向坐标的基准面,而上甲板可选取水平的甲板作为基准面(如果有水平甲板的话)。选取基准面的目的是使零件坐标尺寸相对小一些,并能够直接取得数值,这样计算起来比较方便。

(3)按各分段的坐标基准面计算出重心坐标位置后,应根据需要换算成全船的基准面坐标。

(4)对规格、形状、尺寸相同或基本相同,分布均匀的零件,可归纳为一项计算,以缩短计算时间。

分段重量重心计算工作是一项十分烦琐而又细致的工作,在条件许可时应尽量使用计算机代替人工计算。

5.5.4 装配长度和焊接长度表

管理量是指简单的物理量,如质量、长度、面积等,它为生产管理,诸如定额、计划、调度等提供依据。其中,质量又可分为零件加工质量、部件质量、组合件质量、分段质量等,为各工序工位的工作负荷提供计算依据。长度又可分为切割长度、装配长度与焊接长度。现着重介绍装配长度和焊接长度这两种管理量的计算。

1. 装配长度

装配长度是指部件装配、组合件装配、分段装配和船体总装的定位连接长度。装配长度的多少,在一定程度上反映了装配工作量的大小。当然装配工作量还与下列因素有关:

(1)钢板和型材的形状,装配缝是直的还是曲的;

(2)上道工序的加工精度或装焊质量,如对接的吻合度、上道工序的焊接变形程度等;

(3)环境因素的影响,如露天作业还是内场作业,高空作业还是平地作业,开阔场所作业还是狭窄场所作业等;

(4)其他因素,如辅助工作准备的时间长短不同等。

这些影响因素必须在严格地执行工艺规程基础上,通过长期对实耗工时的统计与分析而得出,并且通过与基准的正常状态的比较而得出种种影响系数,是在假设基准状态为 1 的基础上得出的。

装配长度管理量的统计,实际上是将装配缝的长度分别乘以影响系数后所得的装配换算长度。然后根据工时定额标准就能计算出计划工时,编制施工进度和派工的依据。船台装配长度统计表如表 5-5 所示。

表 5-5 船台装配长度统计表

<table>
<tr><td colspan="8">船台装配长度统计表</td><td colspan="2">制表人</td><td></td><td colspan="2">日期</td><td></td></tr>
<tr><td>产品名称</td><td colspan="2"></td><td colspan="2">产品编号</td><td></td><td>图号</td><td colspan="2"></td><td colspan="3">共 页</td><td colspan="2">第 页</td></tr>
<tr><td>序号</td><td>大接缝名称</td><td colspan="4">连接件名称</td><td colspan="3">装配长度/m</td><td colspan="5">备注</td></tr>
<tr><td rowspan="7"></td><td rowspan="7"></td><td colspan="2" rowspan="3"></td><td colspan="2"></td><td colspan="3"></td><td colspan="5"></td></tr>
<tr><td colspan="2"></td><td colspan="3"></td><td colspan="5"></td></tr>
<tr><td colspan="2"></td><td colspan="3"></td><td colspan="5"></td></tr>
<tr><td colspan="2" rowspan="3"></td><td colspan="2"></td><td colspan="3"></td><td colspan="5"></td></tr>
<tr><td colspan="2"></td><td colspan="3"></td><td colspan="5"></td></tr>
<tr><td colspan="2"></td><td colspan="3"></td><td colspan="5"></td></tr>
<tr><td colspan="2">小计</td><td colspan="2"></td><td colspan="3"></td><td colspan="5"></td></tr>
<tr><td></td><td>…</td><td colspan="2">…</td><td colspan="2">…</td><td colspan="3">…</td><td colspan="5">…</td></tr>
<tr><td></td><td>合计</td><td colspan="2"></td><td colspan="2">Σ</td><td colspan="3"></td><td colspan="5"></td></tr>
</table>

2. 焊接长度

焊接长度是指部件、组合件、分段装配和船体总装的焊接长度。为在一定程度上反映焊接工作量的大小和困难程度，则必须把焊接长度转化为焊接换算长度，这种换算是通过乘以系数进行的，与装配长度管理量的统计相类似。其影响因素有多个，例如：

(1)钢板和型材的规格、厚度不同，焊接层数也不同；

(2)焊接种类的不同，是手工焊、自动焊、半自动焊、衬垫焊、下行焊、重力焊，还是二氧化碳保护焊或其他焊接种类；

(3)焊缝形式的不同，是连续焊、间断焊、双面焊，还是单面焊；

(4)焊接方式的不同，是平对焊、立对焊、仰对焊，还是平角焊、立角焊、仰角焊等；

(5)边缘处理形式的不同，是无坡口，还是 V 型坡口、U 型坡口、X 型坡口、K 型坡口等(如果边缘处理与板厚建立了标准关系，则边缘影响因素可以省略)；

(6)工作环境的不同，指处于不同施工阶段的环境不同，如室外还是室内，敞开还是密闭，高空还是平地等；

(7)使用钢种不同，焊接难度也不同，一般来说，低合金钢焊接要比低碳钢焊接难度大些。

这些影响因素都是在严格执行工艺规程基础上长期统计回归得出的。将不同工作状态的影响系数乘以实际焊接长度而得出换算焊接长度；然后根据焊接定额标准就能正确算出船台焊接工时和材料消耗量。船台焊接长度统计表如表 5-6 所示。

表 5-6　船台焊接长度统计表

船台焊接长度统计表				制表人					日期				
产品名称		产品编号		图号					共　页				第　页
序号	大接缝名称	连接件名称		焊缝类型	焊接长度/m								备注
					对接缝				角焊缝				
					平	立	横	仰	平	立	横	仰	
		小计											
	…	…	…	…	…	…	…	…	…	…	…	…	…
	合计		Σ										

此计算过程无疑是非常烦琐的，因此数据的生成、储存与运算均逐步用计算机代替人工。

思考与练习

一、简答题

1. 分段零件明细表表达了哪些信息？

2. 计算分段重量重心有何作用？需要注意哪些事项？

二、判断题

1. 零件明细表不反映零件的静态内容，只描述它的动态内容。（ ）

2. 零件加工工序通过“加工码”来表达，用字母组合来表示加工路线。（ ）

3. 结构左右对称或基本对称的分段可免除计算重心的横坐标。（ ）

任务页　模块5 船体生产设计输出

任务5.1　船体生产设计图纸内容

任务描述

学习某实船船体生产设计图纸目录，了解生产设计图纸包含哪些内容，查阅相关文件资料，了解各图纸的作用。

任务实施

1. 课前准备

课前完成任务：从线上平台接受任务，通过扫描二维码学习某实船船体生产设计图纸目录，查询互联网、图书资料。分四组完成图纸目录的分类。

某实船船体生产设计图纸目录

2. 任务引导

(1)查阅资料

在教师的指导下学会利用互联网查询文件资料的方法。

(2)分组讨论

确定分组人员，组员共同完成任务。

小组任务	
小组名称	
图纸类文件	
表格类文件	
文档类文件	

3. 任务评价

序号	项目	自我评价	小组评价	教师评价	备注
1	查阅资料(20 分)				
2	参与组内讨论(25 分)				
3	态度端正、认真积极(25 分)				
4	图纸目录分类准确(30 分)				
5	合计				
6	总分				

任务 5.2　分段工作图

任务描述

题图 5-1 所示为某散货船底部分段工作图中的中纵桁剖面图,请根据所学内容识读该图,并完成任务。

题图 5-1 模型

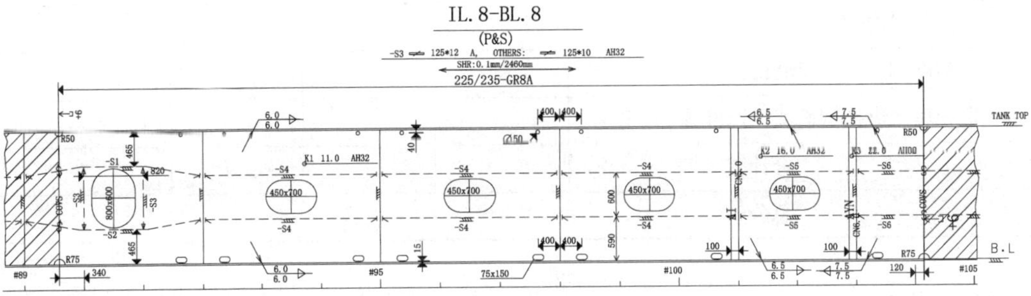

题图 5-1

任务实施

1. 课前准备

课前完成线上学习任务:从线上平台接受任务,通过查询互联网、图书资料,分四组讨论并完成该分段中纵桁剖面图的基本信息、外板拼板、纵向构件和横向构件的识读。

2. 任务引导

(1)查阅资料

在教师的指导下学会利用互联网查询文件资料的方法。

(2)分组讨论

确定分组人员,组员共同完成任务。

<table>
<tr><td colspan="2">小组任务</td><td></td></tr>
<tr><td colspan="2">小组名称</td><td></td></tr>
<tr><td rowspan="4">分段中纵桁剖面图识读</td><td>分段及组立编码</td><td></td></tr>
<tr><td>纵桁拼板信息</td><td></td></tr>
<tr><td>水平加强筋结构形式及尺寸</td><td></td></tr>
<tr><td>开孔位置及尺寸</td><td></td></tr>
</table>

3. 任务评价

序号	项目	自我评价	小组评价	教师评价	备注
1	查阅资料(20 分)				
2	参与组内讨论(25 分)				
3	态度端正、认真积极(25 分)				
4	分段中纵桁剖面图识读准确(30 分)				
5	合计				
6	总分				

任务 5.3　分段胎架图

任务描述

题图 5-2 所示为某船某分段支柱胎架图,请根据所学内容识读该图,并完成任务。

任务实施

1. 课前准备

课前完成线上学习任务:从线上平台接受任务,通过查询互联网、图书资料,分四组讨论并完成该分段胎架图的识读。

2. 任务引导

(1)查阅资料

在教师的指导下学会利用互联网查询文件资料的方法。

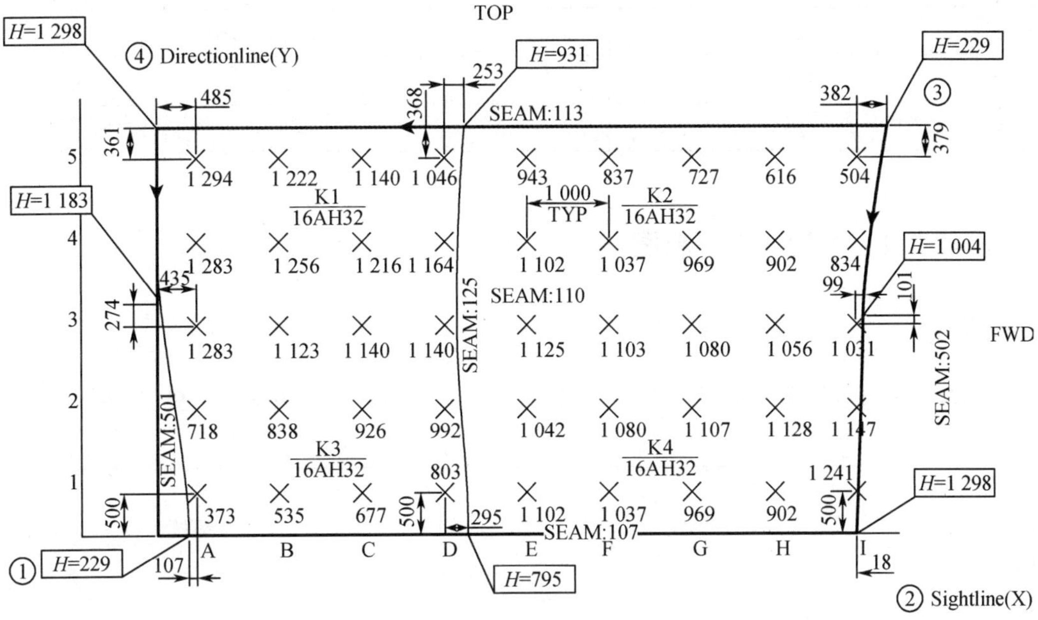

题图 5-2

(2)分组讨论

确定分组人员，组员共同完成任务。

小组任务		
小组名称		
分段胎架图识读	胎架支柱间距	
	位于坐标系中纵 2 横 B 处的支柱型值高度	
	$\frac{K3}{16AH32}$的含义	
	曲形板架最高点	

3. 任务评价

序号	项目	自我评价	小组评价	教师评价	备注
1	查阅资料(20 分)				
2	参与组内讨论(25 分)				
3	态度端正、认真积极(25 分)				
4	分段胎架图识读准确(30 分)				

（续）

序号	项目	自我评价	小组评价	教师评价	备注
5	合计				
6	总分				

任务 5.4　板材零件下料图

任务描述

题图 5-3 所示为某船板材零件下料图，请根据所学内容识读该图，并完成任务。

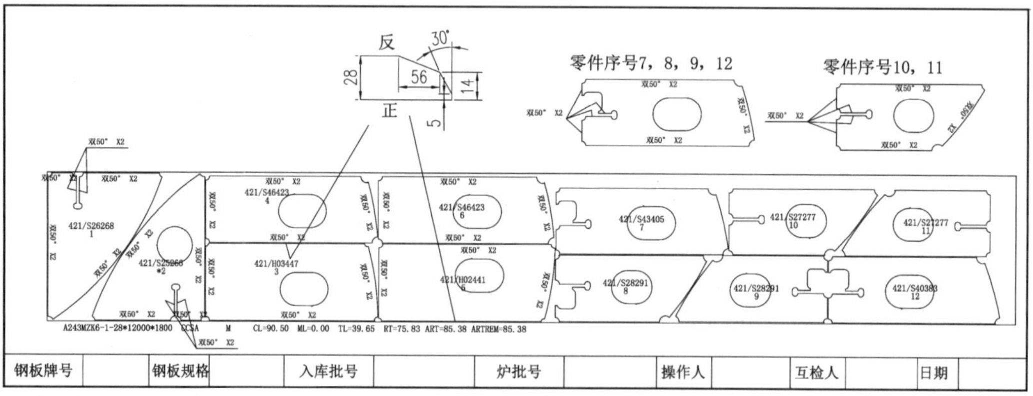

题图 5-3

任务实施

1. 课前准备

课前完成线上学习任务：从线上平台接受任务，通过查询互联网、图书资料，分四组讨论并完成该板材零件下料图的识读。

2. 任务引导

（1）查阅资料

在教师的指导下学会利用互联网查询文件资料的方法。

（2）分组讨论

确定分组人员，组员共同完成任务。

小组任务	
小组名称	

（续）

<table>
<tr><td rowspan="4">板材零件下料图识读</td><td></td><td></td></tr>
<tr><td></td><td></td></tr>
<tr><td></td><td></td></tr>
<tr><td></td><td></td></tr>
</table>

3. 任务评价

序号	项目	自我评价	小组评价	教师评价	备注
1	查阅资料(20 分)				
2	参与组内讨论(25 分)				
3	态度端正、认真积极(25 分)				
4	板材零件下料图识读准确(30 分)				
5	合计				
6	总分				

任务 5.5 管理表

任务描述

题表 5-1 为某船某分段部分零件明细表，请根据所学内容识读该表，并完成任务。

题表 5-1

<table>
<tr><td colspan="9" rowspan="2">船体零件表</td><td>船号</td><td>分段名</td><td>页码</td></tr>
<tr><td></td><td>225</td><td></td></tr>
<tr><td colspan="2">零件编码</td><td colspan="3">数量</td><td rowspan="2">加工码</td><td rowspan="2">流向码</td><td rowspan="2">下一组立</td><td rowspan="2">规格/mm</td><td rowspan="2">质量/kg</td><td rowspan="2">材质</td><td rowspan="2">切割图号</td></tr>
<tr><td>分段组立名</td><td>零件号</td><td>左</td><td>中</td><td>右</td></tr>
<tr><td rowspan="4">225
FR92A</td><td>A1</td><td></td><td>1</td><td></td><td></td><td>CM</td><td rowspan="4">TT1A</td><td>12</td><td>0. 076 1</td><td>A</td><td></td></tr>
<tr><td>S1</td><td></td><td></td><td>1</td><td>H</td><td>CM</td><td>120×14</td><td>0. 033 9</td><td>A</td><td></td></tr>
<tr><td>S2</td><td>1</td><td></td><td></td><td></td><td>CH</td><td>200×90×100×12</td><td></td><td>A</td><td></td></tr>
<tr><td>S3</td><td>1</td><td></td><td></td><td></td><td>CH</td><td>300×90×100×12</td><td></td><td>A</td><td></td></tr>
</table>

题表 5-1(续)

<table>
<tr><td colspan="9" rowspan="2">船体零件表</td><td>船号</td><td>分段名</td><td>页码</td></tr>
<tr><td></td><td>225</td><td></td></tr>
<tr><td colspan="2">零件编码</td><td colspan="3">数量</td><td rowspan="2">加工码</td><td rowspan="2">流向码</td><td rowspan="2">下一组立</td><td rowspan="2">规格/mm</td><td rowspan="2">质量/kg</td><td rowspan="2">材质</td><td rowspan="2">切割图号</td></tr>
<tr><td>分段组立名</td><td>零件号</td><td>左</td><td>中</td><td>右</td></tr>
<tr><td rowspan="4">225
FR95A</td><td>A1</td><td></td><td>1</td><td></td><td></td><td>CM</td><td rowspan="4">TT1A</td><td>12</td><td>0. 076 1</td><td>A</td><td></td></tr>
<tr><td>S1</td><td></td><td></td><td>1</td><td>H</td><td>CM</td><td>120×14</td><td>0. 033 9</td><td>A</td><td></td></tr>
<tr><td>S2</td><td>1</td><td></td><td></td><td></td><td>CH</td><td>200×90×100×12</td><td></td><td>A</td><td></td></tr>
<tr><td>S3</td><td>1</td><td></td><td></td><td></td><td>CH</td><td>300×90×100×12</td><td></td><td>A</td><td></td></tr>
<tr><td rowspan="4">225
FR98A</td><td>A1</td><td></td><td>1</td><td></td><td></td><td>CM</td><td rowspan="4">TT1A</td><td>12</td><td>0. 0761</td><td>A</td><td></td></tr>
<tr><td>S1</td><td></td><td></td><td>1</td><td>H</td><td>CM</td><td>12×14</td><td>0. 033 9</td><td>A</td><td></td></tr>
<tr><td>S2</td><td>1</td><td></td><td></td><td></td><td>CH</td><td>200×90×100×12</td><td></td><td>A</td><td></td></tr>
<tr><td>S3</td><td>1</td><td></td><td></td><td></td><td>CH</td><td>300×90×100×12</td><td></td><td>A</td><td></td></tr>
<tr><td rowspan="4">225
FR101A</td><td>A1</td><td></td><td>1</td><td></td><td></td><td>CM</td><td rowspan="4">TT1A</td><td>12</td><td>0. 075 5</td><td>A</td><td></td></tr>
<tr><td>S1</td><td></td><td></td><td>1</td><td>H</td><td>CM</td><td>120×14</td><td>0. 033 8</td><td>A</td><td></td></tr>
<tr><td>S2</td><td>1</td><td></td><td></td><td></td><td>CH</td><td>200×90×100×12</td><td></td><td>A</td><td></td></tr>
<tr><td>S3</td><td>1</td><td></td><td></td><td></td><td>CH</td><td>00×90×100×12</td><td></td><td>A</td><td></td></tr>
</table>

任务实施

1. 课前准备

课前完成线上学习任务:从线上平台接受任务,通过查询互联网、图书资料,分四组讨论并完成该零件明细表的识读。

2. 任务引导

(1)查阅资料

在教师的指导下学会利用互联网查询文件资料的方法。

(2)分组讨论

确定分组人员,组员共同完成任务。

小组任务		
小组名称		
零件明细表识读		

3. 任务评价

序号	项目	自我评价	小组评价	教师评价	备注
1	查阅资料(20 分)				
2	参与组内讨论(25 分)				
3	态度端正、认真积极(25 分)				
4	零件明细表识读准确(30 分)				
5	合计				
6	总分				

模块 6　船体辅助性作业设计

★模块描述

本模块重点介绍船体辅助性作业，该作业指施工过程中配合工艺、安全所需要的作业，一般只发生在生产过程中而不体现于船舶产品本身，如起运作业、脚手架的搭设、安全防护作业以及临时通道的设置等。船体辅助性作业设计是指针对上述辅助性施工作业绘制所需工艺图纸，是船舶生产设计中必不可少的部分。

★学习目标

●知识目标

1. 掌握吊环的设计原则及技术要求；
2. 掌握工艺孔、通道的设计原则；
3. 理解加强材的作用及设置方法；
4. 了解脚手架的种类及设置要求。

●能力目标

1. 能选用及设置吊环；
2. 能设计工艺孔、通道及加强材；
3. 能识读船体辅助性作业设计工作图。

●素养目标

1. 具有实事求是、团结协作的优秀品质；
2. 具有全面考虑问题的意识和解决问题的能力。

任务 6.1　吊环与加强材的设计

6.1.1　吊环设计

吊环就是在部件制造结束后，把部件拼装成分段，再把分段送去涂装，或者进行总组，以及船坞搭载所要求设置的钢结构环。吊环的设计在船体辅助性作业设计中是一项非常重要的工作，其强度校核及布置的合理与否，将影响到分段的移动、翻身、合拢等工作的顺利推进，更重要的是还关系到分段、设备及人员的安全。因此，吊环的设计要安排有一定经验的人员来进行，特别是对强度的校核和翻身的过程，要做好周密的考虑。

1. 吊环设置的基本原则

(1)船体分段在进行生产设计时按分段重量重心表及施工要领中对本分段的建造形式及搭载要求进行吊环设计。

吊环现场图片

(2)在吊环开始设计前，需要计算分段的重量及其重心位置，并标注在分段的工作图上,如图 6-1 所示。分段重量及重心应是分段重量加上舾装件的总重量及重心。

(3)吊环通常成对出现,设计负荷必须大于该吊点处所受的力,但是主吊环的设计载荷必须大于分段的总重量,通常两个主吊环受力负荷为分段重量的 1.2 倍;分段辅吊环只起平吊辅助作用,可选小一点的吊环;若分段需要翻身,则还应设置辅助翻身用的吊环。如图 6-2、图 6-3 所示,分别为货舱底边水舱分段及舭侧分段的吊环设置及翻身示意图。

(4)吊环布置应与分段重心对称,以保证吊环负荷均衡、分段吊运平稳和安全。

(5)吊环安装位置应设在分段的纵横骨架交叉处或设在分段的强构件上,如图 6-1 所示。

(6)吊环的安装方向应与其受力方向一致,以免吊环产生扭矩。

(7)分段在设置吊环的同时必须设置一定的加强,以防止分段变形,如图 6-1 所示。吊环反面的纵横结构较弱,强度达不到要求的,设计时应采用局部加强,同时在图纸上标明清楚。

(8)分段吊环的设置应兼顾考虑能与总组吊环通用,尽量减少吊环的使用数量。

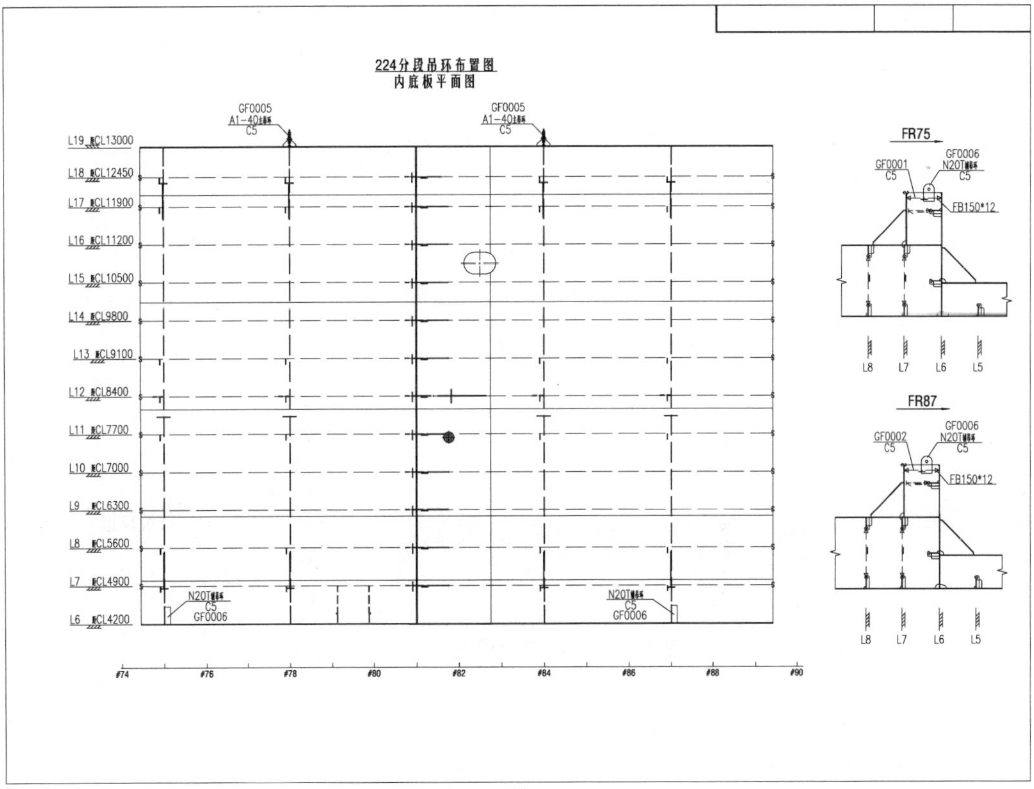

(a)

图 6-1　双层底分段吊环布置图

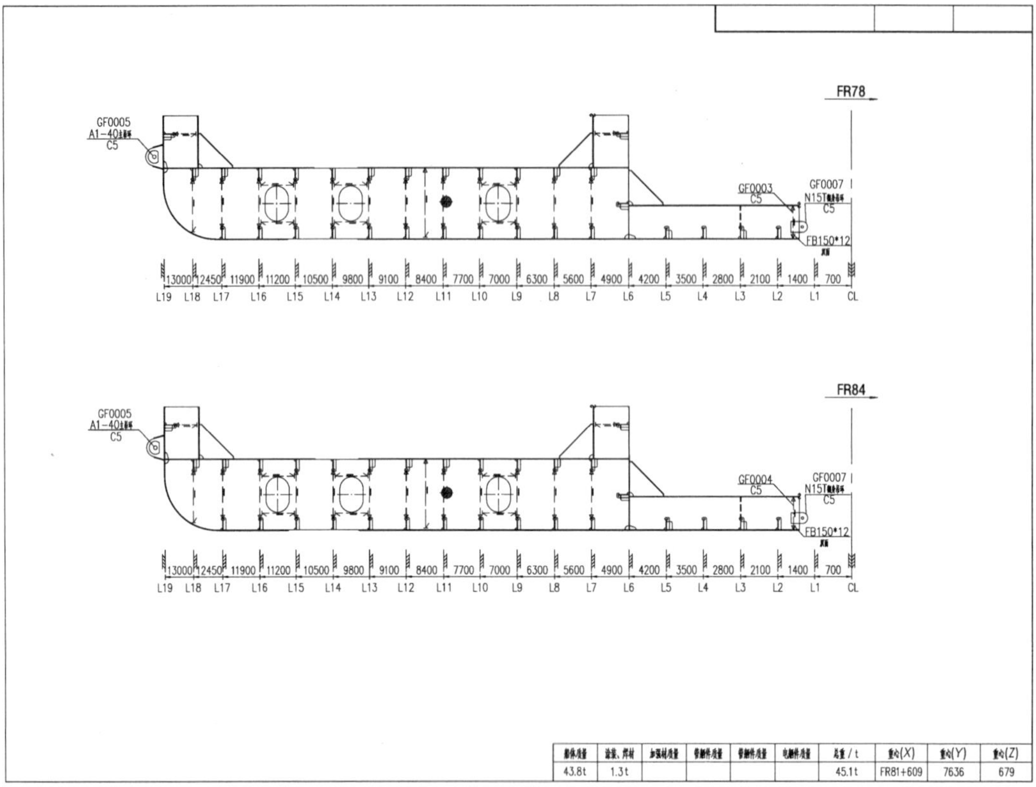

(b)

图 6-1(续)

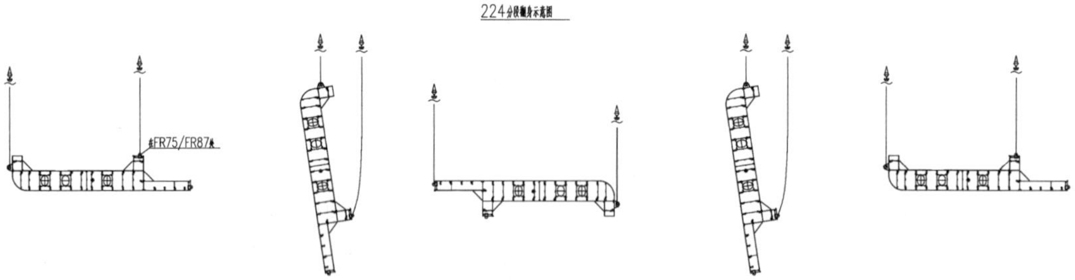

图 6-2　双层底分段翻身示意图

2. 吊环的选用

(1)吊环的形式与规格

对于船用吊环的选用很多船厂制定了企业标准,如上海外高桥造船有限公司制定了《船体吊环及安装要求》(Q/SWS 32-006-2003)的生产设计企业标准,该标准规定了船体吊环的分类、技术要求等。

吊环的形式有多种,现对常用的 A 型、B 型、C 型、D 型进行介绍。

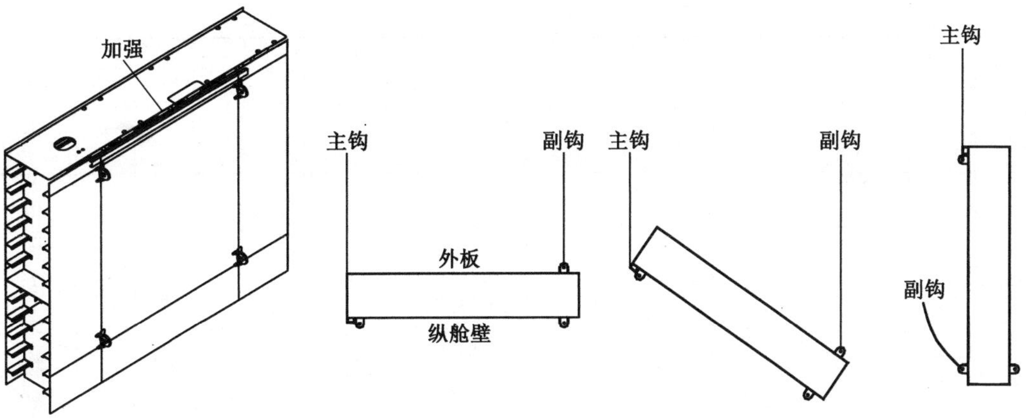

图 6-3　舷侧分段吊环设置及翻身示意图

A 型吊环设计载荷为 10~50 t,适用于所有船体分段,其结构和尺寸如图 6-4 和表 6-1 所示;B 型吊环设计载荷为 10~50 t,适用于甲板分段、机舱分段、艏部分段,其结构和尺寸如图 6-5 和表 6-2 所示;C 型吊环设计载荷为 10~30 t,适用于上层建筑分段、机舱分段及槽形舱壁分段,其结构和尺寸如图 6-6 和表 6-3 所示;D 型吊环设计载荷为 25~50 t,适用于机舱分段、艏部分段、甲板分段及底部分段。

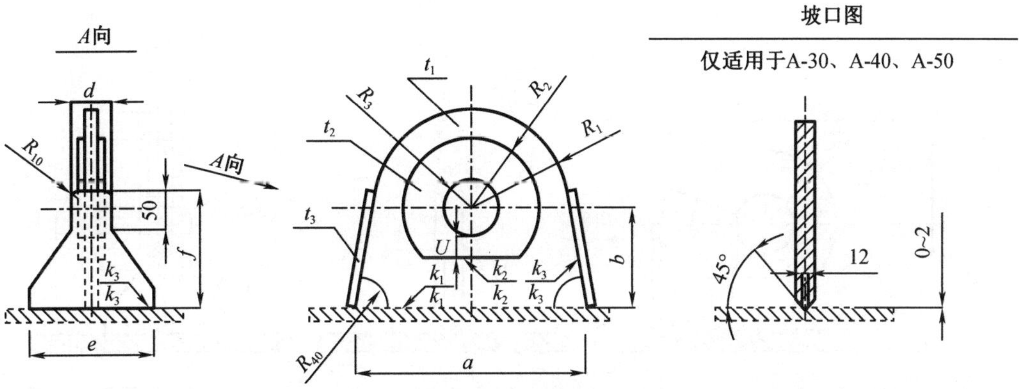

图 6-4　A 型吊环的形式(单位:mm)

表 6-1　A 型吊环基本尺寸　　(单位:mm)

设计载荷/t	a	b	c	d	e	f	t_1	t_2	t_3	R_1	R_2	R_3	k_1	k_2	k_3	质量/kg	要求
10	270	80	— —	50	140	100	14	— — — —	10	100	—	30	11. 5		7	4. 8	不安装腹板

表 6-1(续)

设计载荷/t	a	b	c	d	e	f	t_1	t_2	t_3	R_1	R_2	R_3	k_1	k_2	k_3	质量/kg	要求
15	310	122	27	50	180	145	14	10	10	1201	85	35	11.5	6	7	9.2	单面安装腹板
20	360			60			16	12	12	125	90	45	13		8.5	12.4	双面安装腹板
25	400						18		14	130	95		14	7	10	16.1	
30	440	140	35	75	240	165	20	13		145	110		△			22.5	
40	510						22		16	165	130				11.6	29.4	
50	560	150		90		175	26		18	185	150				13	40.5	

注:标有△符号的开焊接坡口。

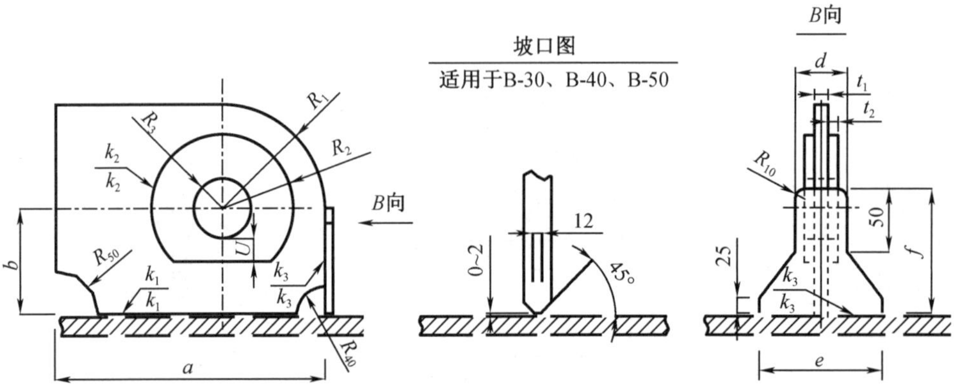

图 6-5　B 型吊环的形式(单位:mm)

表 6-2　B 型吊环基本尺寸　　(单位:mm)

设计载荷/t	a	b	c	d	e	f	t_1	t_2	t_3	R_1	R_2	R_3	k_1	k_2	k_3	吊环自重/kg	要求
10	240	80	—	50	140	95	14	—	10	105	—	30	11.5	—	7	4.4	不安装腹板

表 6-2(续)

<table>
<tr><th>设计载荷/t</th><th>a</th><th>b</th><th>c</th><th>d</th><th>e</th><th>f</th><th>t_1</th><th>t_2</th><th>t_3</th><th>R_1</th><th>R_2</th><th>R_3</th><th>k_1</th><th>k_2</th><th>k_3</th><th>吊环自重/kg</th><th>要求</th></tr>
<tr><td>15</td><td>280</td><td rowspan="3">122</td><td rowspan="3">27</td><td rowspan="3">60</td><td rowspan="3">180</td><td rowspan="3">145</td><td>14</td><td rowspan="2">11</td><td>10</td><td>1201</td><td>85</td><td>35</td><td>11.5</td><td rowspan="2">6</td><td>7</td><td>8.8</td><td>单面安装腹板</td></tr>
<tr><td>20</td><td>340</td><td>16</td><td>12</td><td>125</td><td>90</td><td rowspan="5">45</td><td>13</td><td>8.5</td><td>13.4</td><td rowspan="5">双面安装腹板</td></tr>
<tr><td>25</td><td>380</td><td>18</td><td rowspan="2">13</td><td rowspan="2">14</td><td>130</td><td>95</td><td>14</td><td rowspan="2">7</td><td rowspan="2">10</td><td>16.6</td></tr>
<tr><td>30</td><td>420</td><td>140</td><td>35</td><td>75</td><td>240</td><td>165+555</td><td>20</td><td>145</td><td>110</td><td rowspan="3">△</td><td>23</td></tr>
<tr><td>40</td><td>600</td><td>155</td><td>40</td><td>80</td><td>280</td><td>185</td><td>22</td><td>15</td><td>16</td><td>165</td><td>130</td><td rowspan="2">8</td><td rowspan="2">12.5</td><td>57.2</td></tr>
<tr><td>50</td><td>690</td><td>165</td><td>45</td><td>85</td><td>300</td><td>205</td><td>24</td><td>17</td><td>18</td><td>185</td><td>155</td><td>90.7</td></tr>
</table>

注:标有△符号的开焊接坡口。

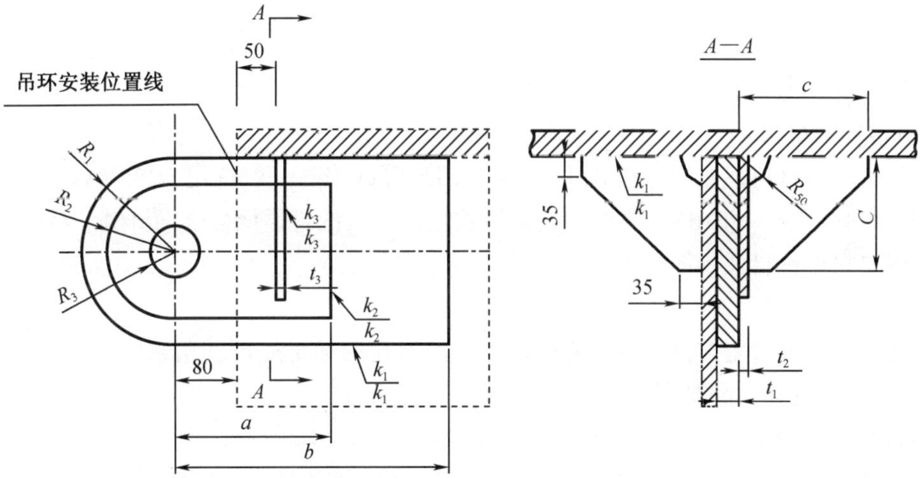

图 6-6　C 型吊环的形式(单位:mm)

表 6-3　C 型吊环基本尺寸　　(单位:mm)

<table>
<tr><th>设计载荷/t</th><th>a</th><th>b</th><th>t_1</th><th>t_2</th><th>t_3</th><th>R_1</th><th>R_2</th><th>R_3</th><th>k_1</th><th>k_2</th><th>k_3</th><th>吊环自重/kg</th><th>要求</th></tr>
<tr><td>10</td><td>200</td><td>350</td><td>18</td><td>8</td><td>16</td><td rowspan="3">125</td><td rowspan="3">90</td><td>35</td><td>8.5</td><td>6</td><td>11.5</td><td>22.5</td><td rowspan="4">单面安装腹板</td></tr>
<tr><td>20</td><td>250</td><td>450</td><td>26</td><td>11</td><td rowspan="3">20</td><td rowspan="3">45</td><td>10</td><td>8.5</td><td rowspan="3">14</td><td>37.7</td></tr>
<tr><td>25</td><td>250</td><td rowspan="2">500</td><td>30</td><td>13</td><td>11</td><td>11.5</td><td>46.5</td></tr>
<tr><td>30</td><td>250</td><td>30</td><td>13</td><td>145</td><td>110</td><td>13</td><td>13</td><td>57.9</td></tr>
</table>

(2)吊环的选用

目前已实现了吊环尺寸和型式的标准化,根据吊环的负荷及安装位置,可直接查阅相关手册或标准来选用吊环的规格。

吊环的允许负荷可按下式计算:

$$P = CW/n$$

式中 P——吊环允许负荷;

W——起重量;

C——不均匀受力系数,取 $C = 1.5 \sim 2$;

n——吊环数量。

正应力:$\sigma = P/F_{min} < [\sigma]$

$$[\sigma] = \sigma_s/k$$

切应力:$\tau = P/A_{min} < [\tau]$

$$[\tau] = 0.6[\sigma]$$

式中 F_{min}——垂直于力 P 方向的最小截面积;

A_{min}——平行于力 P 方向的最小截面积;

σ_s——材料屈服点;

$[\sigma]$——许用正应力;

$[\tau]$——许用切应力;

k——安全系数,取 2.5。

3. 吊环的技术要求

(1)吊环的材料

制作吊环的材料不允许存在裂纹、夹层和凹痕等缺陷。一般选用 Q235-A(符合《碳素结构钢》(GB/T 700—2016)的要求),也可以选用可焊接的普通低合金钢材料。特殊吊环的材料选用要根据母材及具体要求而定。

(2)吊环的制作

吊环的加工可选用数控切割或光电切割。吊环孔的加工还可选用钻床,要保证外形光顺,圆孔光洁度达到一定要求。

(3)吊环的焊接

①吊环的装配和焊接必须严格按照图纸施工,所有吊环的焊接都必须连续焊。

②吊环反面结构的焊接要求:

a. 吊环反面的纵横结构是双面连续焊的,在距吊环中心约 1 m 范围内的所有纵、横向构架均需进行加强焊,其加强焊的焊脚高度应为在原焊脚高度的基础上再增加 2~3 mm。

b. 吊环反面的纵横结构是间断焊的,在距吊环中心 1.5 m 范围内的所有纵、横结构均需进行双面连续加强焊,其加强焊的焊脚高度应为在图纸规定的焊脚高度的基础上再增加 2~3 mm。

③吊环眼板、肘板的端头必须采用包角焊,其焊脚高度为其他部位的 1.2 倍。

④焊接吊环用的焊条一般采用碱性焊条,并对焊缝做严格检查。

(4)吊环的安装

①安装时必须根据吊环安装布置图施工,不得随意安装或改变吊环角度。

②分段纵向翻身,吊环安装时必须垂直于横剖面;分段横向翻身,吊环安装时必须垂直于纵剖面。

③吊环反面的纵横结构较弱,强度达不到要求的,采用局部加短横梁或肘板的方法进行加强,以防止吊环反面的纵横结构损坏。

(5)吊环的检验

吊环由船厂质量部验收。检验内容包括材质检验、安装位置正确性、选用规格正确性、吊环外观质量、焊缝的外观和尺寸等。吊环焊缝必要时需采用磁粉探伤或超声波探伤检查,并满足相关要求。

(6)吊环的拆卸

对于一些不影响外观的部位,如封闭于绝缘内的部位或被船体结构隐藏起来的部位,吊环只需做留根割断;对于壳板、壁板、甲板及平台的外表面,吊环除了要割除外,还要求做刨、批、打磨等清根处理。对于一些难以拆除的部位,如甲板的下表面以及以后修船时用得着的吊环,需把吊环设计成永久性的。

(7)吊环的二次利用及报废

吊环的二次利用及报废原则应根据船厂的标准文件执行。

6.1.2　加强材设计

为了确保分段在吊运过程中具有足够的刚性,防止分段产生变形与损坏,应根据分段制造工艺和吊环布置图进行加强。加强材包括临时性加强材和永久性加强材两种。

一般考虑的原则是:在妨碍预舾装的位置,若需设加强材的,应尽量设计成永久性的。如上层建筑,由于结构比较单薄,通常需要设加强材作为临时加固,但这些加强材往往是妨碍上层建筑预舾装的,如天花板、绝缘材的预舾装等。因此,通常将临时性加强材设计成永久性的,如加大该部位的结构或加厚该部位的板材等。虽然多用了点钢材,但与上层建筑整体吊装所取得的效益比,还是有利的。

1. 临时性加强材的设计

船体分段为了吊运时加强分段的刚性或局部强度所装设的加强材,施工后要拆除,这种加强材称为临时性加强材。

(1)临时性加强材的作用

临时性加强材具有两方面的作用:一是加强分段本身的刚性,二是保持下一工序正常的安装状态或正常的放置状态。如处于卧装的舷侧分段,上船台装配则需正立状态,为此要考虑这一状态的依托和加强支撑,在上一工序就要为下一工序做好准备。舷侧分段安装临时性加强材的实例如图 6-7 所示。

(2)分段的加强措施

分段的加强措施一般根据其形状、结构特点及翻身方向而定。

①近似正方形分段应选择分段的主向构件方向翻身。纵骨式分段宜采取纵向翻身,如果横向刚性较差,考虑横向加强;横骨式分段,宜采取横向翻身,要考虑纵向加强。如图 6-8

中所示，舷侧分段无舷侧纵桁或刚性较差时，必须做纵向加强。

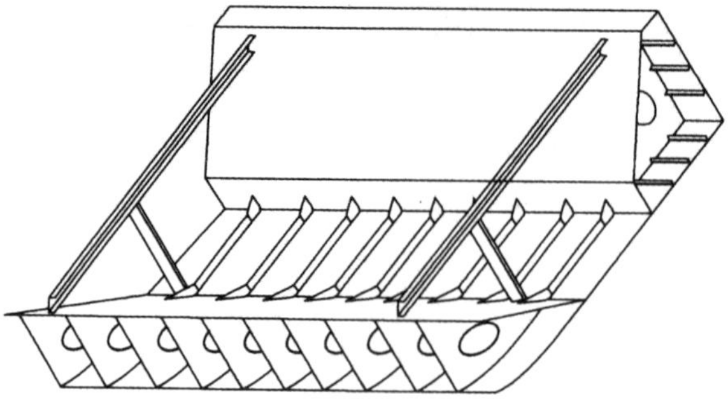

图 6-7　舷侧分段安装临时性加强材

②凹型分段刚性不足，吊运时应采取加强措施。如甲板分段或机舱分段尺寸较大时，应在大开口或大舱口处加强，如图 6-9 所示。加强材应与大开口或大舱口的加强结构(如舱口纵桁)相连接，且其端部应超出舱口纵桁。

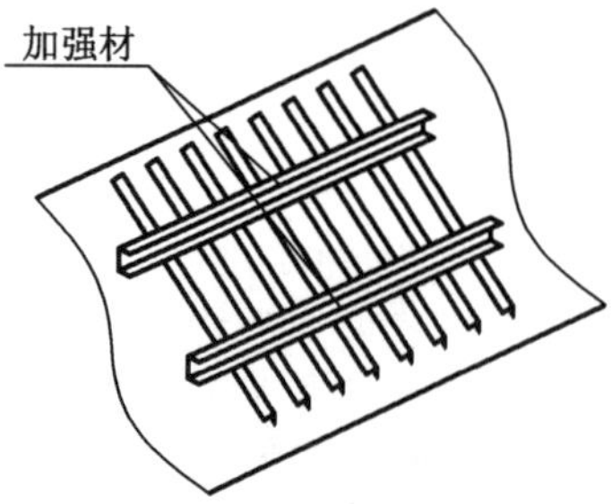

图 6-8　舷侧分段纵向加强

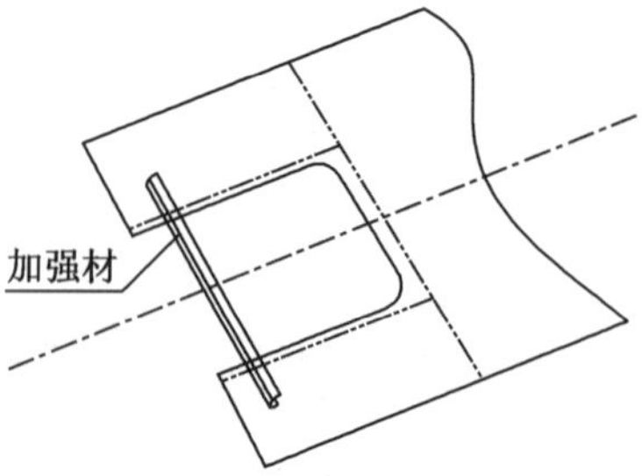

图 6-9　甲板分段开口加强

③大型分段有自由边时，必须进行临时加强，如图 6-10 所示。

④半立体分段在大接头附近无横隔舱时，需进行横向加强，如图 6-11 所示。加强材的位置应设在强肋骨或横舱壁处。

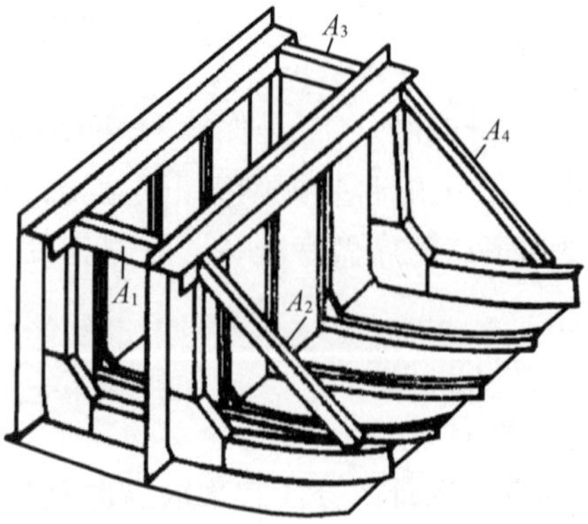

图 6-10　F 型分段的加强

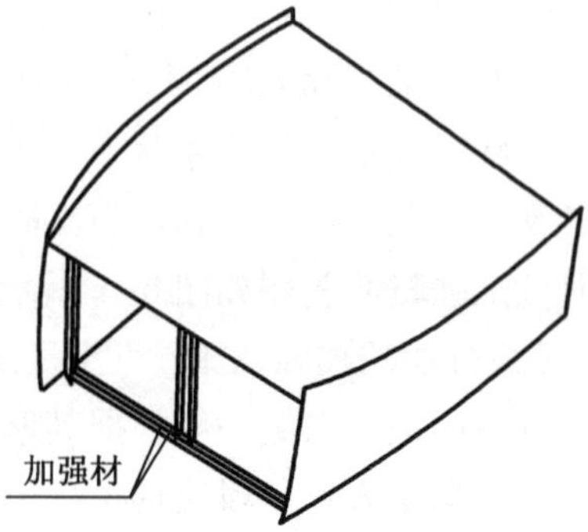

图 6-11　分段大接头处加强

⑤上层建筑甲板、围壁较薄，尺寸又较大时，在甲板、围壁端口进行加强，如图 6-12 所示。

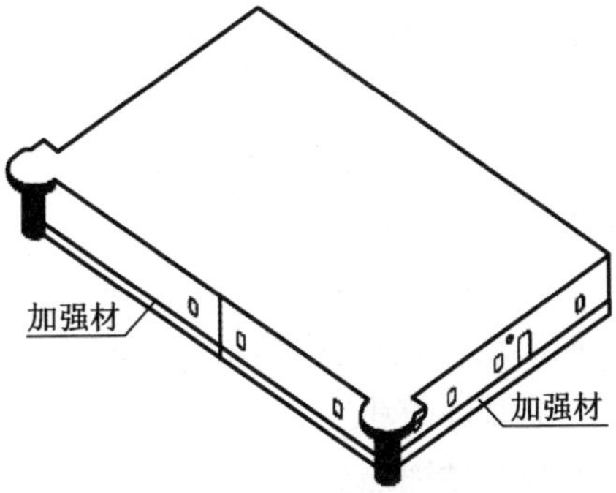

图 6-12　上层建筑围壁加强

⑥两端宽度相差较大的分段翻身，由于宽端易失去稳定性，应采用纵向翻身且较重端朝下。

⑦地面翻身时，若分段板材超出骨架，翻身支撑边是板材则需用型钢加强，让型钢成为翻身支撑点；若分段骨架超出板材可不考虑加强，但需在分段下垫好墩木，其高度应超出骨架的伸出长度，以免骨架翻身时受损。

2. 永久性加强材的设计

为了减少加强材拆卸的二次作业，在结构设计过程中，把分段吊运时的刚性尽量考虑进去，从而减少装拆加强材作业，并且有利于预舾装。因此，从分段划分开始，就应考虑分段的刚性，如采用“L”“F”形或“Π”形分段等，以增强分段自身的刚性。对一些比较单薄而预舾装工作量较多的上层建筑，为保持预舾装的完整性，不致因加强材的拆装而影响室内预舾装，对需加强的部位则应采用加大结构尺度、增加肘板或加厚外板的办法来代替临时加强。

思考与练习

一、简答题

1. 船体生产设计中，有哪些辅助性作业的设计？

2. 吊环设置要遵循什么原则？

3. 吊环的技术要求有哪些？如何选用吊环？

4. 临时加强材如何设置？永久性加强材在设计时要考虑哪些内容？

二、选择题

1. 下列施工中，(　　)不是船体辅助性作业。

A. 脚手架搭设　　B. 安装吊环　　C. 使用焊机　　D. 开设工艺孔

2. 甲板分段制造后，需吊装总组，需安装吊环数量为(　　)。

A. 主吊环一个，副吊环一个

B. 主吊环两个，副吊环两个
C. 主吊环两个，副吊环四个
D. 主吊环四个，副吊环两个
3. 吊环布置应满足(　　)。
A. 与分段重心对称
B. 设在分段纵横骨架交叉处或强构件上
C. 吊环安装方向应与其受力方向一致
D. A、B、C
4. 在妨碍预舾装的位置，如需设加强材，应尽量设计成(　　)。
A. 永久性吊环　　B. 临时性吊环
C. 永久性加强材　　D. 临时性加强材
5. 横舱壁分段吊运时需临时加强，应采用(　　)。
A. 垂向加强　　B. 横向加强
C. 垂向、横向均加强　　D. 垂向或横向加强
三、判断题
1. 在吊环开始设计前，需要计算分段的重量及其重心位置。(　　)
2. 分段重量及重心应是分段重量加上舾装件的总重量及重心。(　　)
3. 吊环安装处的船体内部构件不需要进行连续焊。(　　)
4. 吊运工作完成，吊环一律要拆除，并作刨、批、打磨等清根处理。(　　)
5. 大型分段有自由边时，吊运时必须进行临时加强。(　　)
6. 吊运船体分段所装设的加强材，施工结束后一律拆除。(　　)

任务 6.2　工艺孔与通道的设计

6.2.1　工艺孔

工艺孔是在船舶建造过程中对船体结构临时开孔，待工程完毕后再封合的各种孔洞的统称。工艺孔的位置、大小不仅要保证施工人员能顺利通行，还要兼顾考虑舱室内的换气、临时照明的配线、施工用具及结构材料的进出，特别是在狭小舱室进行焊接、涂装时的安全。工艺孔最终需要进行封合处理，因此要尽量减少工艺孔的数量及大小。

工艺孔包括临时人孔、手孔、临时通风孔、临时吊装孔。

1. 工艺孔的类型

(1)临时人孔

对于狭窄部位，如艏、艉尖舱，作业时人进出不便，且不利于施工作业，可考虑开临时人孔。此类工艺孔待焊接完毕后，按设计要求将其封补，这种工艺孔必须保证施焊时烟雾能及时排除，确保工人安全和健康。对于非水密结构上的工艺孔，如果结构强度经局部强度计算足够的话，可不必封补。

(2)手孔

手孔是针对船体密闭、狭窄的部位无法施焊而临时开的圆孔,可让手伸进去作业,如舵叶、挂舵臂等,作业完毕后封合,封合时一般采用钢衬垫焊。

(3)临时通风孔

对于有些狭窄部位,只有人孔,无法形成对流通风,不利于有毒有害和易燃易爆气体及时排出,有必要在设计时考虑开临时通风孔,图 6-13 所示为内底板工艺孔实例。同时,为方便分段涂装出砂,还需考虑布置出砂孔,如双层底分段。

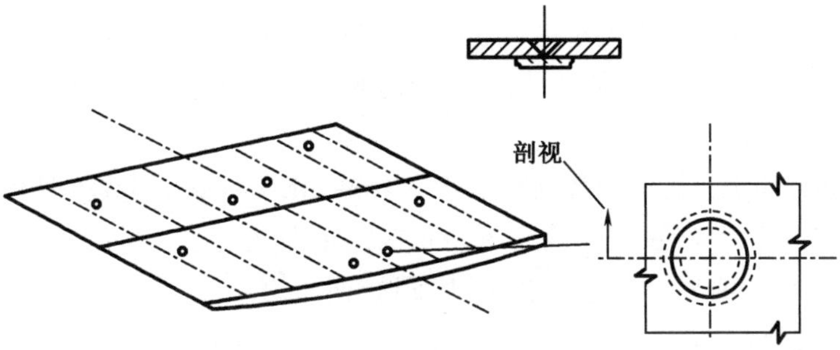

图 6-13　内底板工艺孔实例

(4)临时吊装孔

临时吊装孔即设备进舱通道。由于设备进厂时间和生产进度不一致,某些封舱件因各种原因不能按时到位,需要在结构上增开比较大的临时性工艺孔,如主机及舵机,常在主甲板贯通后才能吊装,所以需要在主甲板上布置临时吊装孔,待施工结束后封妥。吊装孔的布置应尽量在原结构板材焊缝处,以减少切割封补工作量,同时应事先在生产设计图上注明"本段焊缝暂不焊"字样。

2. 工艺孔的设计

临时工艺孔、工艺孔补板、临时安全通道开口的设计,是以船体基本结构图和船体分段划分图为基础,参照船体总布置图和小舱口盖及人孔布置图,在生产设计阶段确定、完成的。

(1)工艺孔的位置

①临时工艺孔的布置应避开应力集中区域,开孔位置、尺寸和补强方法必须满足有关船体强力构件开孔及补强的规定,并且一般应征得船东、船检的同意;

②工艺孔附近的甲板、平台上没有大的孔洞及障碍物,便于人员通行,防止人员跌倒及坠落;

③工艺孔的位置要尽可能让施工人员直线通行;

④工艺孔的位置要尽可能设置在施工量较多的分段接缝附近;

⑤原则上每个舱室要有两个以上的孔,以保证舱内彻底换气;

⑥较大舱室内,工艺孔的设置应方便施工人员在应急情况下逃生;

⑦工艺孔的位置要尽可能避开各种舾装件,如人孔位置处不应由于管子的通过而妨碍通行;

⑧吊环的附近不能设置工艺孔,如必须设置,要在吊环割除后再开工艺孔。

(2)工艺孔的大小及形状

工艺孔的大小及形状与各个船厂的规定有关,同时还与工艺孔所在位置的具体结构形式有着密切的关系。

工艺孔的形状要根据用途、所处位置及结构情况决定,结合将来复位的工艺性等因素全面衡量确定。常见工艺孔形状为长方形、腰圆形和圆形,其大小按需要而定。通常长方形工艺孔四角应避免应力集中,如附近有原焊缝则应利用原焊缝,没有板缝的开孔四角应倒 $R100$ mm 圆角,且应大于等于 5 倍板厚。

一般人员通行用工艺孔的大小为 500 mm×800 mm 或 450 mm×700 mm 的椭圆孔;通风用的工艺孔的大小为 $\phi500$ mm 的圆孔;其他用途的工艺孔的大小按照实际需要而定。

(3)工艺孔的高度

施工人员通行用工艺孔的门槛高度一般在 400~500 mm 最为合适,但有时由于生产工艺的要求或者结构的特殊性,门槛高度不一定能满足上述要求。当门槛高度超过 900 mm 时,可安装踏步、梯子,必要时安装扶手,以保证通行时的安全。

(4)工艺孔的开孔阶段

设计人员必须在工艺孔布置图上详细注明工艺孔开、封时间的特殊要求。

一般情况下,工艺孔在下料阶段实施开孔,但有时出于强度及弯曲加工的需要,工艺孔在后续的适当阶段开孔。

6.2.2 临时通道

临时通道的设计是为了减少高空攀登、方便作业而纳入生产设计的。对大吨位的船舶,临时通道的设计尤为必要。

根据通道开设的位置,临时通道分为舷侧临时通道、横隔壁临时通道、纵舱壁临时通道、边舱壁临时通道等。

1. 临时通道的设置原则

(1)便于施工人员登船作业。

(2)便于施工人员全船贯通行走。作为邻舱之间通道,节省上下来往时间,横舱壁上可开临时通道。

(3)有危险的舱室应设逃生通道,发生事故时,便于施工人员迅速撤离现场。

(4)减少电焊线、气割胶管、电缆等在舱内迂回曲折。当有电缆和软管通过横舱壁通道开口时,其开口不能留根,否则会将电缆、软管割破,造成漏电、漏气,发生事故。

(5)在拟定通道设计方案前,与各相关专业协调,使开孔部位避开相关机、电、舾装专业的设备或马脚、管路等。

2. 临时通道的设计

(1)舷侧临时通道

为了施工人员在船台施工期间可以迅速进出舱室,而不必先登甲板然后才能进入舱室,可在舷侧外板上留出通道口,这种通道口一般可设在靠船体中间,使两头的路程大致相等;但对于尾机型船舶,考虑到机舱工作量大,通道口可设在机舱区域,方便设备和人员的进出;而对于大型船舶,多在艏、舯、艉各开一个通道口。通道口的高度应在内底板之上的舷部。开口位置尽量在原板缝处,为减少切割封补工作量和保证美观,高度一般为一列外板板宽,宽度控制在1~2挡肋位内,如图6-14所示。

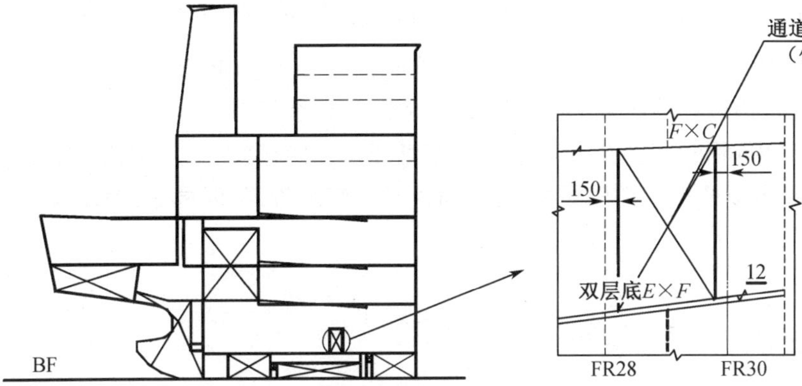

图6-14　舷侧临时通道的开设(单位:mm)

对于建造大吨位的船舶,考虑到下水后靠码头后的登船施工方便,还可在水线以上开舷侧通道,上述通道待工程完成后,应妥善封合。

(2)横舱壁临时通道

当分段在船台搭载完成后,为了便于全船作业时的贯通行走,横舱壁上可考虑开设门形临时通道,通道的大小和位置视板缝的情况而定,以方便人员通行和搬运物体。一般从双层底向上开,通常高为1 600~2 000 mm,其宽度尽量利用结构原板材拼缝,通常取700~800 mm,以开落地口为好(即底部不留根),如图6-15所示,以保证电焊和气割用的电缆、软管等设备拖拉时不易被割破。

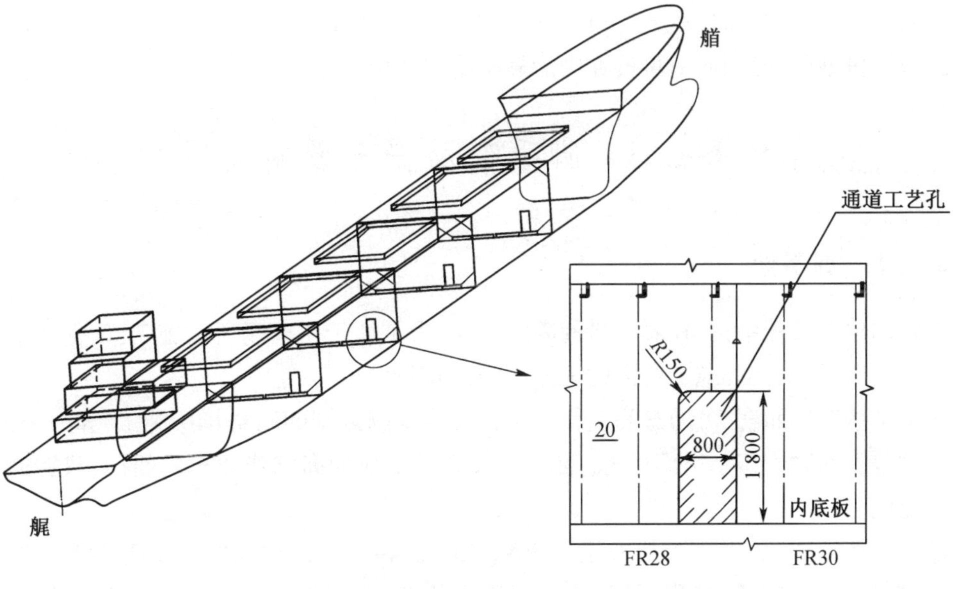

图6-15　横舱壁临时通道的开设(单位:mm)

6.2.3 临时工艺孔补板、临时通道开口封补要求

(1)开孔后,为保证结构材质的一致性,割下结构材料点焊贴在旁边,谨防丢失。

(2)工艺孔在许可的情况下可用人孔、人孔盖取代。

(3)所有工艺孔及通道必须在进行舱室密性试验以前封补,尽量采用 CO_2 陶瓷衬垫焊,施焊前必须由验船师及船东代表认可,密性焊缝应进行100%无损探伤。

(4)工艺孔及通道处的涂装工作应按该处舱室涂装要求进行。

施工注意事项:临时工艺孔及通道不得随意开设,必须遵循全船工艺孔布置图或修改通知单。对于平台上的工艺孔四周需增设临时护栏、警示牌、临时梯子、照明设备和通风设备等。

思考与练习

一、简答题

1. 有哪些种类的工艺孔?工艺孔的设计要遵循什么原则?
2. 船舶舷侧临时通道如何开设?
3. 船舶舱室内横舱壁临时通道如何开设?

二、选择题

1. 船舶舱室内横舱壁上开设的临时通道是(　　)。

A. 手孔　　B. 临时通风孔　　C. 施工通道　　D. 安全设施

2. 工艺孔设置时应注意(　　)。

A. 避开应力集中区域　　B. 避开各种舾装件

C. 吊环附近不能设置工艺孔　　D. A、B、C

三、判断题

1. 双层底分段装焊时,既要开设人孔,又要开设通风孔。(　　)
2. 对尾机型船,舷侧通道可设在中后靠机舱的区域。(　　)

任务 6.3　脚手架及安全设施设置

6.3.1 脚手架

在船舶建造过程中,存在着大量的高空作业,为了便于这些场所的施工,确保作业人员的安全,船厂必须要搭设施工所需的工作架子,即脚手架。

对于某些船厂而言,可通过高空作业车在一些开阔区划的高空场所施工,如外板外侧、货舱内侧等。而对于狭小空间的施工作业,或者对于缺少高空作业车的船厂,只能通过脚手架来完成。

船舶行业标准《船用脚手架安全要求》(CB 4204—2012)详细规定了脚手架的结构尺寸、脚手架的搭设与拆除规程、脚手架的材料及检验,以及对从事脚手架搭设人员的要求

等。下面简要介绍脚手架的种类及设置要求。

1. 脚手架的种类

根据脚手架的结构、使用方法及搭设位置的不同，脚手架分为着地式、悬挂式、三角架式、踏步式、圆形钢管组合支架式、简易支架式等。着地式脚手架如图6-16所示，适用于大型或定型制造的船舶，在固定的船台上建造，钢架不需经常移动；悬挂式脚手架如图6-17所示，适用于大、中型船舶，目前较普遍使用，但对形状变化剧烈的艏、艉部不适用；三角架式脚手架如图6-18所示，用于舱室内部的舾装作业；踏步式脚手架如图6-19所示，适用于狭小的空间架设脚手架；圆形钢管组合支架式脚手架如图6-20所示，资材设置均匀有安全性，容易调整高度而且任何部位都适用，组立后可以移动。

脚手架现场图片

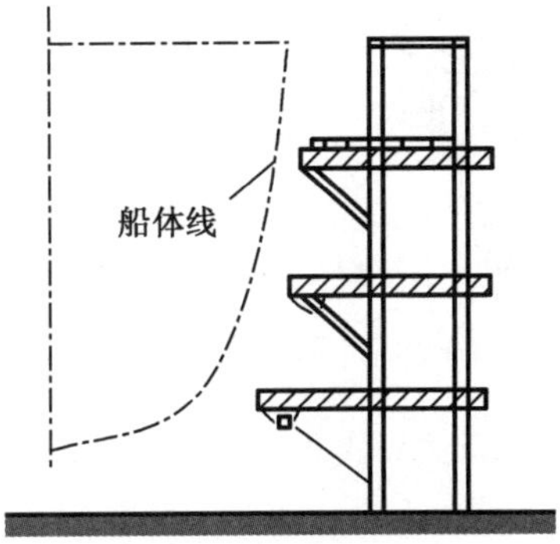

图6-16　着地式脚手架

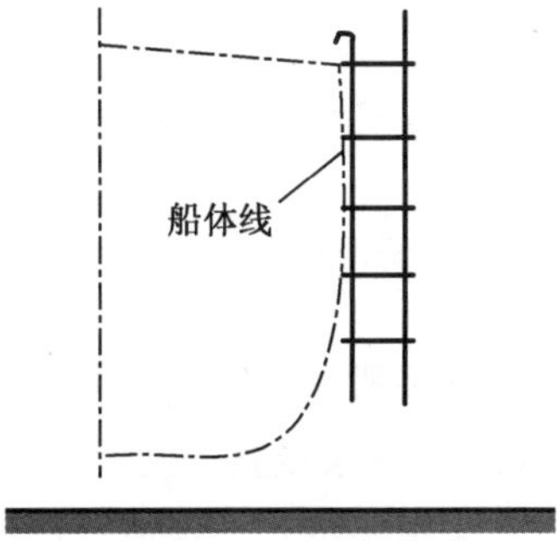

图6-17　悬挂式脚手架

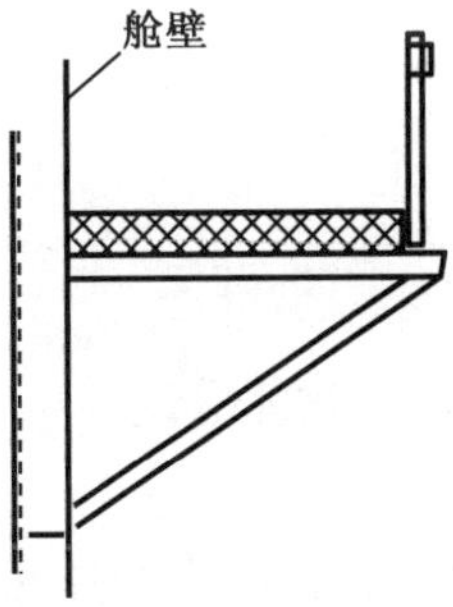

图6-18　三角架式脚手架

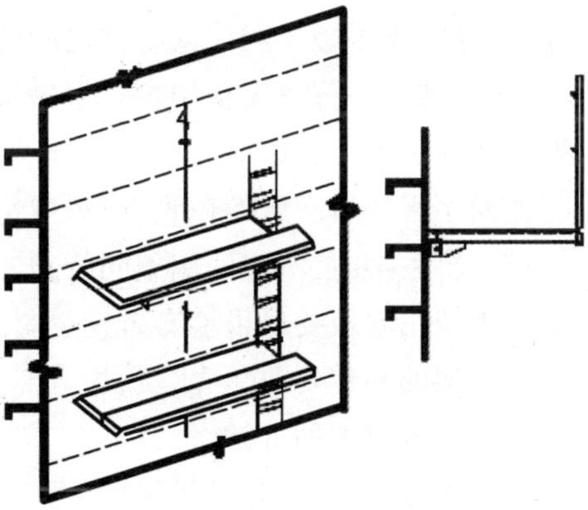

图6-19　踏步式脚手架

脚手架的架设是一项艰巨的工程，以前都是现场施工需要时临时架设的。开展船体生产设计，要求在设计图纸上通过周密的考虑，使脚手架的作业处于最佳的位置，还要设计成拆卸工作量最少的形式。

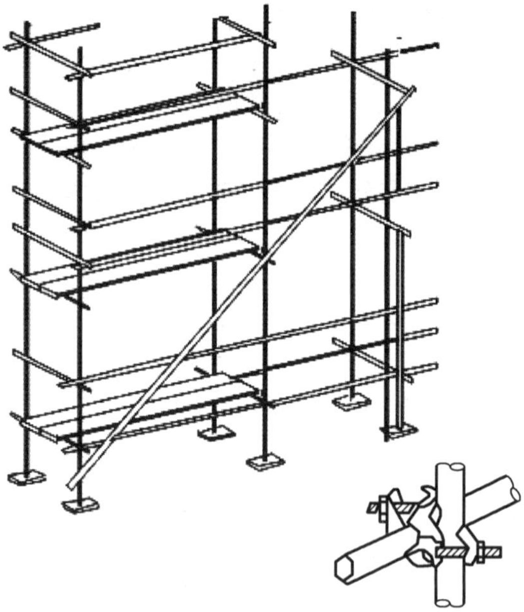

图 6-20　圆形钢管组合支架式脚手架

2. 脚手架的设置

(1)脚手架设置原则

在脚手架设置过程中,需遵循以下几个方面原则:

①脚手架本身要有足够的强度,要确保施工人员在脚手架上的通行顺畅,跳板尽量水平布置,倾斜布置时,角度要控制在 10°以内。

②脚手架各层之间的垂直距离应为 1.8~2 m。

③脚手架、脚手板与船体或物件之间的间距不应大于 300 mm,因船形变化无法达到要求时,应采取加设栏杆或安全网等有效的辅助措施和安全措施,防止发生坠落事故;安全护栏高度应在 1 050~1 200 mm 之间,并牢固可靠。

④地面不平或有斜度的位置,应采取垫平等相应的安全措施。

⑤搭设脚手架时,不应使用不同管径的杆件混合搭设。

⑥脚手架用眼板要尽可能布置在骨材上,或背面有骨材处。

⑦脚手架的布置要兼顾壳、舾、涂等专业在不同施工阶段的作业,减少重复搭设。

⑧要便于脚手架的拆卸。

对船厂而言,高空作业场所很多,高空作业量很大,并且脚手架的搭设和拆卸本身就是一项高空作业,因此脚手架相关的施工作业是一项繁重而且危险的工作,要求具有一定资质、经过特殊培训的专门人员来完成。

(2)脚手架生产设计图面化

图面化的脚手架生产设计,国内船厂目前使用得较少。主要是因为缺乏统一的设计标准,设计过程烦琐,特别是在机舱内,脚手架与舾装件的干涉检查存在着一定的难度,因此脚手架的搭设大部分是由工人现场确定位置,现场焊接临时件。这种方式虽然简单,但搭设的脚手架缺少合理性,安全性差,返工量大,有时需要重复搭设,很难保证分段及舱室区域壳、舾、涂一体化施工的完整性。

随着船舶建造技术的发展,船厂对脚手架的搭设要求越来越高,图面化的脚手架生产设计得到更多船厂的推广,其主要优点如下:

①脚手架用眼板的装配、焊接及部分脚手架的搭设,可以在小装配或者分段制作阶段完成,减少了脚手架搭设本身的高空作业量。

②规范了脚手架的搭设方式,增加了脚手架本身的安全性。

③通过脚手架的图面设计、现场施工、问题反馈、设计改善,可以大大降低脚手架搭设的难度,缩短脚手架的施工周期,对于系列船而言,可减少问题的重复出现。

图 6-21 所示是某船厂设计的典型分段脚手架搭设图。该船厂对分段脚手架的搭设已经实行了标准化。图 6-21 所示的典型分段最大外形尺寸是 10 700 mm×6 000 mm×3 456 mm,所用脚手管规格为 1.2 m 长的 42 根、2.6 m 长的 106 根、3.6 m 长的 6 根,脚手板 30 块。脚手架钢管、脚手板的规格及其夹具等都是标准化的,只需要按需选用即可。因此,脚手架架设方便,拆卸简单,架设的材料能循环使用,且安全有保证。

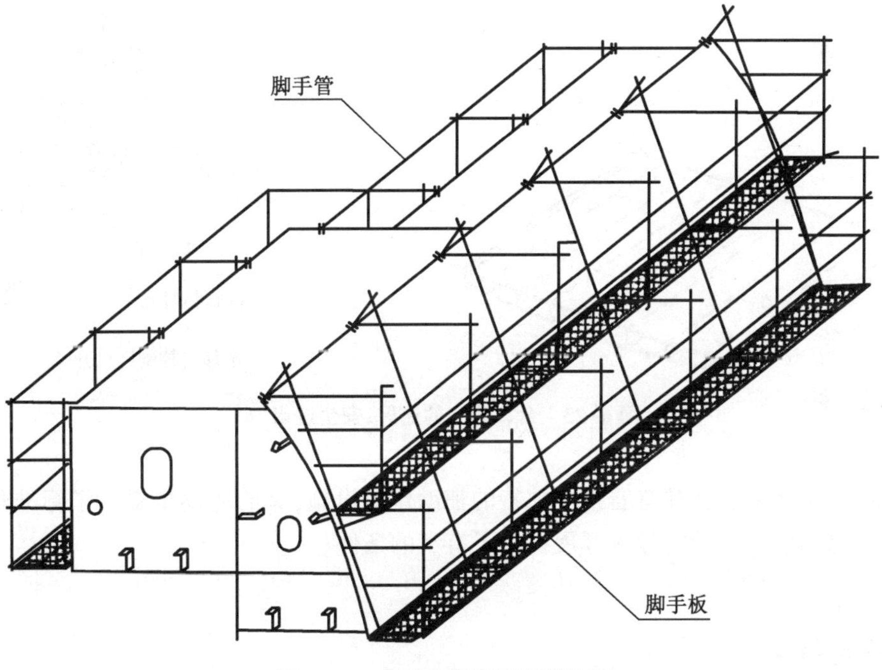

图 6-21　典型分段脚手架搭设图

6.3.2　安全设施

安全设施一般应考虑如下内容:船上大开口四周的临时栏杆、人孔的临时护盖、临时梯子、通风道进出口等。

图 6-22 所示为在船台装配过程中一种既可作为船台大合拢的依托和支撑,又可作为临时梯子的辅助安全设施。

图 6-23 所示为一种既可作为通风又可作为安全进出口的设施。图中滑移门的启闭控

制着风机的电源开关。

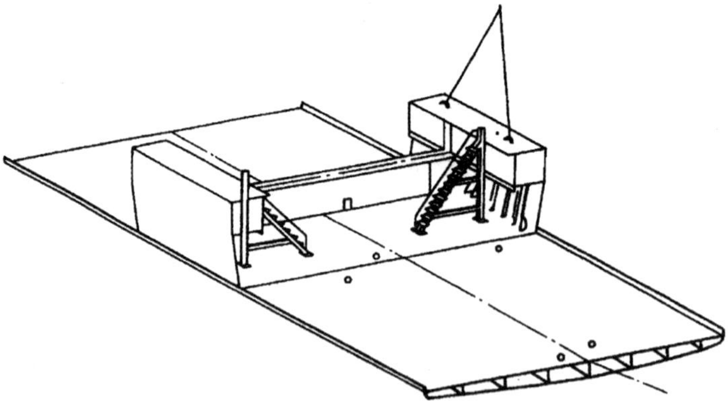

图 6-22　大合拢依托的梯子

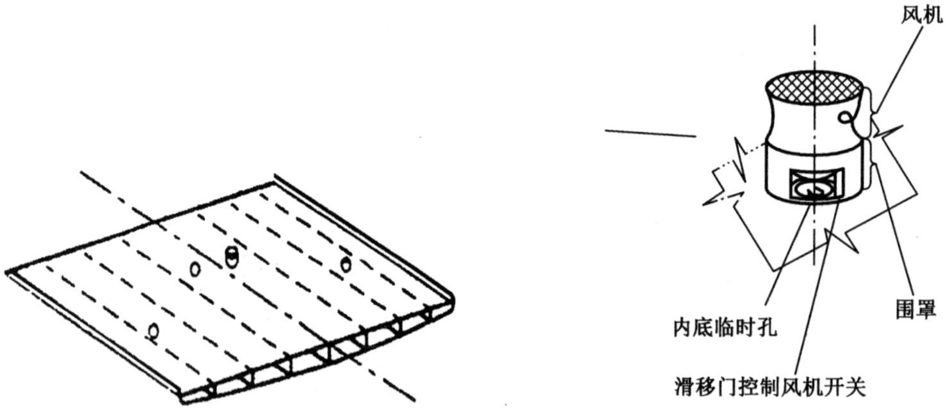

图 6-23　合二为一的通风、安全进出口

目前,各个造船企业都有着很多独特的辅助作业设施,有的还逐步实行了标准化,可以相互借鉴,这为生产设计的深入开展提供了有利的条件。

思考与练习

一、简答题

1. 脚手架有哪些类型?

2. 脚手架设置需遵循什么原则?

二、选择题

1. 分段装焊时,为了便于施工,往往需要搭设脚手架。船体辅助性作业的工作图名称是(　　)。

A. 船台墩木、支柱布置图　　B. 船台脚手架布置图

C. 分段脚手架搭设图　　D. 工艺孔开设图

任务页　模块 6 船体辅助性作业设计

任务 6.1　吊环与加强材的设计

任务描述

题图 6-1 所示为某船某分段吊环布置图,请根据所学内容识读该图,并完成任务。

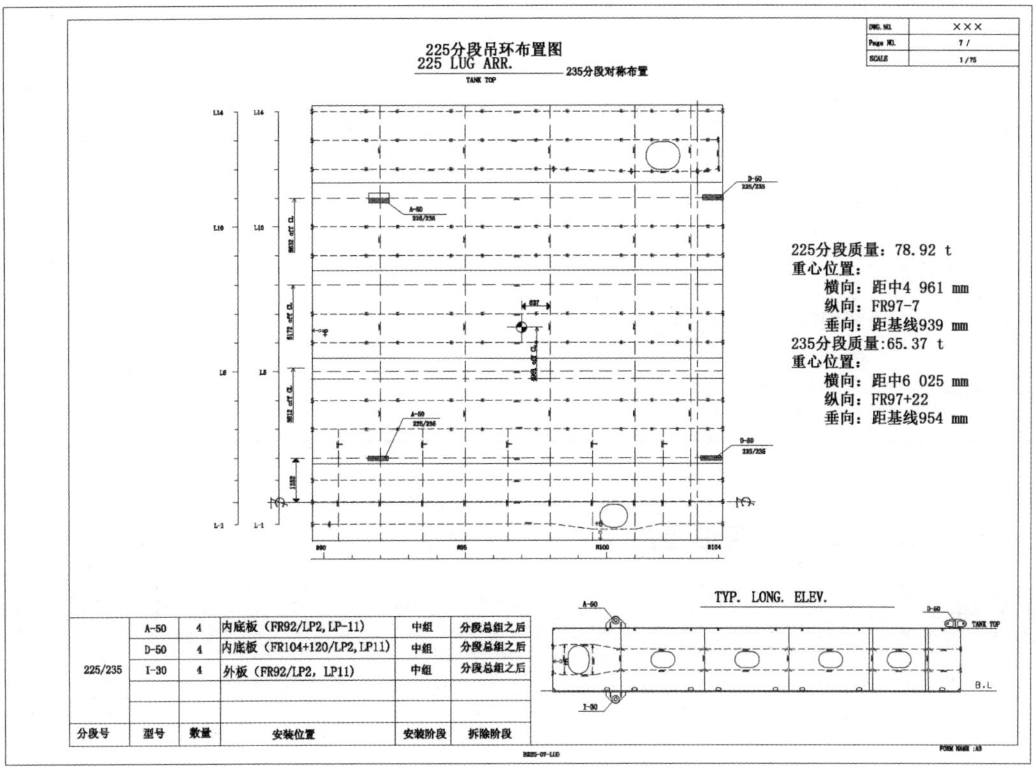

题图 6-1

任务实施

1. 课前准备

课前完成线上学习任务:从线上平台接受任务,通过查询互联网、图书资料,分四组讨论并完成该分段吊环布置图的识读。

2. 任务引导

(1)查阅资料

在教师的指导下学会利用互联网查询文件资料的方法。

(2)分组讨论

确定分组人员,组员共同完成任务。

小组任务		
小组名称		
吊环布置图识读	吊环数量	
	吊环位置	
	吊环类型	
	吊环拆除阶段	

3. 任务评价

序号	项目	自我评价	小组评价	教师评价	备注
1	查阅资料(20 分)				
2	参与组内讨论(25 分)				
3	态度端正、认真积极(25 分)				
4	吊环布置图识读准确(30 分)				
5	合计				
6	总分				

任务 6.2　工艺孔与通道的设计

任务描述

题图 6-2 所示为某船横舱壁临时通道布置详图,请根据所学内容识读该图,并完成任务。

任务实施

1. 课前准备

课前完成线上学习任务:从线上平台接受任务,通过查询互联网、图书资料,分组讨论并完成该横舱壁临时通道布置详图的识读。

2. 任务引导

(1)查阅资料

在教师的指导下学会利用互联网查询文件资料的方法。

(2)分组讨论

确定分组人员,组员共同完成任务。

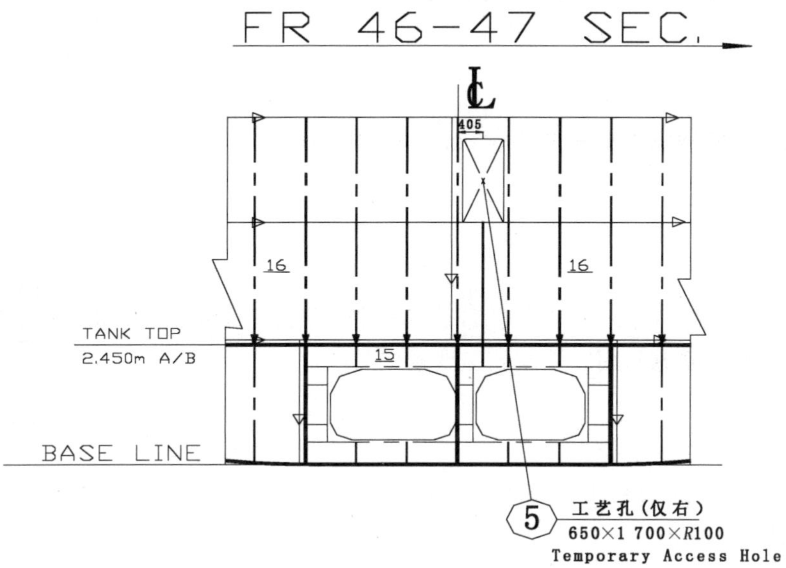

题图 6-2 横舱壁临时通道布置详图(单位:mm)

小组任务		
小组名称		
横舱壁临时通道布置详图识读	临时通道的尺寸	
	临时通道的位置	
	临时通道的作用	

3. 任务评价

序号	项目	自我评价	小组评价	教师评价	备注
1	查阅资料(20 分)				
2	参与组内讨论(25 分)				
3	态度端正、认真积极(25 分)				
4	横舱壁临时通道布置详图识读准确(30 分)				
5	合计				
6	总分				

任务 6.3　脚手架及安全设施设置

任务描述

请认真学习《船用脚手架安全要求》(CB 4204—2012),并完成任务。

任务实施

1. 课前准备

课前完成线上学习任务:从线上平台接受任务,通过查询互联网、图书资料,分组讨论并完成船用脚手架安全要求的学习。

标准文件
CB 4204—2012

2. 任务引导

(1)查阅资料

在教师的指导下学会利用互联网查询文件资料的方法。

(2)分组讨论

确定分组人员,组员共同完成任务。

小组任务		
小组名称		
船用脚手架安全要求的学习	脚手架材料的选材要求	
	脚手架的搭设要求	
	脚手架的检查与验收	
	拆架要求	

3. 任务评价

序号	项目	自我评价	小组评价	教师评价	备注
1	查阅资料(20 分)				
2	参与组内讨论(25 分)				
3	态度端正、认真积极(25 分)				
4	船用脚手架安全要求内容掌握准确(30 分)				
5	合计				
6	总分				

模块7　区域舾装和托盘管理

★模块描述

本模块以船舶舾装工作为切入点，强调区域舾装和托盘管理在舾装工作中的重要性。托盘就是舾装工作的“中间产品”，一切工作都是以托盘为导向组织实施的。在造船生产管理过程中，首先根据舾装生产要求，按照分区域、分段、分系统、分单元顺序对船进行逐层分解，然后再将舾装单元划分成多个托盘，每个托盘又由若干舾装件组成。区域舾装和托盘管理体现了舾装设计工作的科学性，加上不断深化的生产设计和信息处理手段的跟进，缩短了建造的周期。

★学习目标

●知识目标

1. 正确描述舾装的概念；
2. 熟悉舾装技术的三种类型；
3. 熟悉托盘管理的内容、作用；
4. 掌握舾装区域的划分方法。

●能力目标

能进行舾装区域的编码。

●素养目标

1. 具有爱岗敬业、细心踏实的工作态度；
2. 具有勇于创新、精益求精的职业精神。

任务7.1　船舶舾装基础知识认知

船舶舾装是指船体结构以外的船舶所有设备、装置和设施的安装工作。舾装工程具有作业面广、工作量大、工种多、安装交叉作业多、综合性较强、设计和制造周期长的特点。开展舾装生产设计的目的主要是在“船体为基础、舾装为中心、涂装为重点”的管理思想下，通过统筹协调船体和舾装两大主体工程，使之更有利于舾装工程的预制和预装，进而实现高质量、快捷、安全地造船。

船舶舾装的工作内容主要有：

(1)船体铁舾件：门窗、梯、盖、扶手、栏杆、系缆桩等；

(2)动力装置：主机、轴系、柴油发电机、锅炉、热交换机、分油机及附属泵、箱柜等；

(3)甲板机械：起货机、锚机、舵机、绞车、舱口盖等；

(4)电气舾装件：电器、电缆、导架、接头等；

(5)舱室舾装件：家具、厨房设备、绝缘材料、冷藏空调等；

(6)管系:船舶系统、动力系统、冷藏空调系统、通风等。

7.1.1 船舶舾装技术的发展

船舶舾装内容十分广泛、复杂,但工作量最大,周期最长,范围最广的当属管舾装,其工作量约占全船工作量的30%,跨越船舶开工到交船的整个建造周期,范围遍及从船头到船尾,从层底到上层建筑的各个区域。船舶舾装技术的发展就是以管系的设计、制造、安装工作的变革为主线进行的,大体上可以划分为以下四个阶段。

1. 船内取样舾装

在20世纪60年代以前,几乎所有管系舾装件的制造和安装都是在船体成型后才能进行,其他舾装件的安装工作也是在船体建造工作基本结束后才进行,并且设计、制造和安装都是按照装置和功能系统来分类的。特别是管系的敷设要经过"三上三下"的过程,劳动强度高,生产周期长、作业环境差。目前我国的一些小型船厂还在使用这种舾装方法。

2. 综合放样、系统预装

船体建造技术的发展,特别是焊接技术的提高,使船体的建造出现了以焊接技术为中心的分段建造法,给舾装工作的变革带来了新的希望。在20世纪60年代中期,船厂为了减轻工人的劳动强度,改变"三上三下"的现状,参照船体放样的原理,先后创造应用了"综合放样"技术。根据船体结构型线图、结构图,将施工设计图中的机械设备、电气设备、风管、部分船体舾装件及它们的系统——管路及附件、电缆等表达在一张图上,开始以统筹协调的方法在图纸上解决各系统之间的矛盾,并根据综合放样图设绘各种安装图、零件图、开孔图,编制内场制造清册等。但是在综合放样的初期,舾装件的安装工作仍是在船体建造基本完成后开始的,大量的管系安装工作还是向上作业。到了20世纪70年代初才开始进行有限的分段预舾装和单元组装,预舾装率还不高,但毕竟是向前跨了一大步,使造船周期有了明显的缩短。这个阶段的主要缺点在于综合放样的基本方法还是以系统进行的,因而协调工作还很艰巨。由于没有对舾装件实施托盘管理,因而整个舾装件的生产情况还非常混乱,作业计划无法编制得比较切合实际。

3. 推行生产设计、区域预制预装

20世纪80年代初,我国实行了改革开放政策,各大船厂纷纷承接出口船舶,造船工业有了很大的发展,但是都迫切需要解决造船质量不高、设计水平低、生产管理混乱、建造周期很长的问题。因此,各大船厂采取与国外联合设计、与国外企业进行技术合作、向国外派出技术人员学习等各种方法,不断引进新技术、新的设计方法、新的管理技术等。舾装生产设计和托盘管理就是在这种背景下引进的。舾装生产设计包括管系、外舾装、内舾装、铁舾装件等,主要是管系的生产设计。舾装生产设计将成组技术和统筹协调技术应用到船舶舾装设计之中,使原来的施工设计阶段的设计内容、方法、手段都有了极大的改变,并形成了生产设计这样一个全新的设计阶段。

生产设计与"综合放样"的根本区别在于设计方法从按系统发展为按区域进行舾装件的综合布置,从按功能、系统设绘图纸和编制技术文件转移到按区域、分阶段编制托盘管理表和绘制图纸。因而生产设计从一开始就按区域绘制综合布置图、开孔图、安装图,按托盘绘制零件图、支架图及编制各种生产管理文件,使单元组装、分段预装和总段预装的舾装方法得到进一步推广应用,并不断完善提高。管系分段预舾装率大大提高,达到了全船管系工作量的70%左右。同时舾装件的托盘管理系统也在这一时期逐步地建立起来,成立了专门的集配中心,基本上理顺了舾装件的生产流程,强化了舾装件的生产计划。

4.深化生产设计,模块化造船

在第三阶段的基础上,深化生产设计,改变船舶建造中船体、舾装、涂装分离的现象,改变以往造船以船体为中心,舾装、涂装跟着转的状态,变成以舾装为主体、船体追随式工艺为基础的壳舾涂一体化施工法,也就是以船体为基础、舾装为中心、涂装为重点的壳舾涂一体化施工法。当壳舾涂一体化造船法发展到高级阶段时就成为模块化造船了。

关于模块化造船模式的概念,这里需要强调的是,船舶的建造主要采用各种大大小小的模块,这些模块可以是功能性舾装小模块,而更多的应是综合性的壳舾涂一体化的大模块,大模块也可以由小模块组成,只有当全船的模块达到一定的数量时,特别是机舱内的综合性模块形成标准化模块时,才能称得上是模块化造船。

7.1.2　预舾装技术

预舾装是将船台、码头的舾装作业提前到地面上进行的一种舾装方法。也就是在分段上船台前,尽可能在地面上将舾装件广泛采用单元组装、分段预装和总段预装,扩大地面并行作业,以减少码头、船台多工种的混合作业。预舾装也叫地面舾装。舾装技术可以分为单元组装、分段预装、总段预装和船上安装等四大类,其中单元组装、分段预装、总段预装都属于预舾装。

1.单元组装

单元组装也称单元舾装,是壳舾分离的施工过程,是舾装的关键部分。它使舾装作业与船体作业相互分离而独立完成,避开了舾装工作和船体工作的重叠。单元舾装一般是在车间内专门的舾装场地上进行,所以它是地面舾装的重要组成部分。就其单元本身而言,它是以某一舾装件为主体,其他舾装件依附于其上而形成的一个组合整体,或者说以一定构架、基座或其他连接件将若干舾装件连成一个整体的都称为单元舾装。

由于各船厂的生产条件、施工习惯和产品对象不同,单元舾装的单元形式也不一样,比较典型的舾装单元有设备单元、箱柜单元、管件单元、阀件单元、交通装置单元、盥洗室预制单元、雷达桅单元、烟囱单元、机舱区域单元等几类,通过对这些单元的分析,可将其概括为功能性单元、区域性单元及混合式单元三大类。根据船舶建造阶段又可将舾装单元分为分段上安装的单元、总段上安装的单元和船内安装的单元。

2.分段预装

分段预装是在分段结构装配过程中或分段结构装配完成后,在分段结构上进行的舾装过程。

由于船体采用了分段建造法,因此提供了船体分段在上船台装配前进行舾装工作的条件,为了使分段舾装能够在良好的环境和工作状态下进行安全、有效的工作,必须进行分段舾装图的设计。与单元舾装相比,它受船体结构建造进度影响较大。分段舾装要求在船体、舾装和涂装的设计、管理方面密切配合,以减少施工过程中不必要的工时浪费与舾装资材的损失。与船台和码头舾装相比,分段舾装改变了作业环境和作业姿势,变高空作业为地面作业，具有提高生产效率、安装质量和作业安全性，减少脚手架敷设量和缩短舾装周期等优点。舾装生产设计中，分段舾装必须在船体分段划分时充分考虑舾装件的区域性，必须划断的舾装件在船舶总装时连接的可行性和连接施工的方便性等，分段的质量必须计入舾装件的质量，还应仔细考虑船体作业和舾装作业的顺序，以形成一体化的工艺流程。分段舾装一般在船体装配平台上进行，也可以把分段移至舾装作业指定的内场或外场去安装。

分段预装分为以下三个阶段：

(1)船体分段在装配过程中及其在构件上的预装。有些舾装件在分段形成以后无法进行安装，而必须在船体分段装配过程中或在其构件上进行预装。例如，双层底内的加热管、舱底水管和压载水管等，必须在双层底部隔舱或某些肋板及外板未封以前进行安装。

(2)结构面预装，一般分段采取反造的形式，在这种状态下进行结构面的舾装件安装是最有利的，我们称它为结构面的预装。

(3)非结构面的预装，当结构面预装完成以后，由船体车间进行整个分段翻身，并按照安装设备的技术要求，保证分段置于水平状态，并给予适当的支撑，即可进行甲板正面舾装件的安装，这种状态下的舾装件安装，我们称其为非结构面预装。为了有利于机舱双层底上面至机舱花钢板，舷部外板结构高出花钢板约 300 mm，形如盆状区域的舾装，该区域的舾装作业一般采取单元吊入的舾装方法，如果周期允许，也可以直接进行分段预装。这样不但预舾装率可以提高到 90%以上，而且有利于先进行主机吊装，后进行轴系的照光镗孔，这种舾装方法亦称为机舱盆舾装，实际它是分段预装的一种新方法。

3. 总段预装

总段预装也称立体舾装。它是总段合拢后，上船台前完成的船舶舾装件的预装，是由两个或两个以上分段装配后进行的舾装过程。舾装完整性较好，预舾装率可以达到 90%以上。

7.1.3 船上舾装

船上舾装是相对地面舾装而言的，单元组装、分段预装、总段预装都是地面舾装。船上舾装分为两个阶段，敞开空间阶段和封闭空间阶段。

敞开空间舾装是上面分段未吊装前在敞开空间的安装作业，也称为“青空舾装”。这是一种为了吊装和施工方便，在船舶总装形成敞开区域时，将内底板及平台甲板面上的大型设备等船内舾装件和船内舾装单元在敞开空间先行吊上就位的方式。例如，机舱区域的舾装工作量大，舾装周期长，所以当船舶总装形成机舱敞开区域时，就开始进行柴油发电机组、辅锅炉等船内舾装作业，然后再进行遮盖分段的船台吊装。

封闭空间舾装是上面分段吊装后在封闭空间内进行的安装作业。这是一种船舶总装时，上面分段装配完成，形成封闭空间后，进行船内舾装作业的方式。由于这种方式受到通风、采光等条件的限制，因此不利于大型设备和舾装单元的进舱安装，只限于较小的散装件，例如管子、风管在分段之间的连接短管的安装和易受天气影响，在舱室遮蔽前安装可能损坏的易损舾装件的安装。

思考与练习

一、简答题

1. 船舶舾装的主要内容有哪些?

2. 预舾装的定义是什么? 预舾装的分类及各自的特点有哪些?

3. 舾装单元有哪几大类? 比较典型的舾装单元有哪些?

二、选择题

1. 船舶舾装技术的发展是以(　　)的设计、制造、安装工作的变革为主线进行的。

A. 电气　　B. 管系　　C. 内装　　D. 外装

2. 属于地面舾装的是(　　)。

A. 单元组装、分段预装、总段预装

B. 单元组装、分段预装、船上舾装

C. 船上舾装、分段预装、总段预装

D. 单元组装、船上舾装、总段预装

三、判断题

1. 舾装生产设计是按功能、系统设绘图纸和编制技术文件。(　　)

2. 壳舾涂一体化施工法就是以船体为基础、舾装为中心、涂装为重点。(　　)

3. 分段预装是在分段结构装配过程中或分段结构装配完成前进行的。(　　)

4. 总段预装是指在总段合拢后上船台前完成的船舶舾装件的预装。(　　)

任务 7.2　托 盘 管 理

托盘的两重含义:一是生产设计、生产准备及生产过程中所共有的中间产品的一种单位;二是包含物料清单及其所列物料的容器。

7.2.1　托盘管理

在船舶工程中,托盘管理是以托盘为单位的中间产品进行生产设计、物资准备、进度安排和成本核算的一种科学的生产管理方法。

舾装托盘是一个舾装作业单位,又是一个安装器材的集配单位。船舶建造将有大量舾装件要制作与安装。为了便于施工管理,把它们按作业阶段、作业场所进行工程分解,按照一定的工作量划分成一个个小的作业单位,该舾装作业单位就是所说的舾装托盘。只要明确了各个托盘的工程项目开工日期与完工日期,则整个工程便有了全船计划,在什么时候,什么地方需要什么样的器材,以及相应需要多少工时都能一目了然。这样管理人员就可以以托盘为作业单位安排落实工程进度,以托盘所需日期安排舾装件的制作和托盘配套,并按指定的时间运至作业现场,施工人员按每个托盘的先后顺序进行安装。

舾装托盘将船舶建造所需全部舾装件按照作业阶段、作业场所、人力资源、物质流动等因素划分成一个个小单位。这个小单位也是供安装用的器材集配单位。所以舾装托盘是为组织生产物资配套以及工程进度安排等方面提供详细物态信息的最小基本单元,以便在实际工作量的分析,工程期的完成以及生产组织、配套的各个生产管理环节归入科学的管理轨道。

舾装托盘实际上是一种移动平台。其作用为按托盘管理表安排生产计划,包括内场加工与外场安装的进度计划;按托盘管理表进行物资的采购工作;按托盘管理表的内容进行舾装件的集配工作;现场生产工人按托盘管理表进行施工;按托盘进行成本核算。

7.2.2 托盘管理流程

(1)制定托盘划分原则,由生产处制定。一般流程为建造方针→施工要领→制定托盘划分原则。

(2)托盘设计,由设计所制定。一般流程为综合布置图→零件图、开孔图、安装图→托盘管理表。

(3)托盘准备,由内场制造部门或物供处完成。一般流程为零件、附件制造,外协外购→托盘准备。

(4)托盘形成,由集配中心完成。按托盘表将舾装件装托盘。

(5)托盘安装,即船舶安装。

7.2.3 舾装托盘的划分

1. 托盘划分的依据

托盘划分的依据是船舶建造方针和施工要领。其中区域划分图和分段划分图是托盘划分最重要的依据之一。

2. 托盘划分的“三不跨原则”

“三不跨原则”即不跨阶段、不跨区域、不跨部门。

(1)不跨阶段

设计安装托盘时,同一托盘的材料、设备等各类舾装件必须在同一安装阶段进行安装。也就是说,不允许不同安装阶段安装的材料、设备等各类舾装件划分在同一托盘内。

(2)不跨区域

设计安装托盘时,同一托盘的材料、设备等各类舾装件必须在同一安装区域进行安装。也就是说,不允许不同安装区域位置安装的材料、设备等各类舾装件划分在同一托盘内。

(3)不跨部门

设计的同一托盘,只能由同一组施工人员完成安装任务,其安装任务不得要求跨小组人员承担。

3. 托盘划分的一般要求

(1)按托盘的安装顺序划分托盘和编写托盘序号。

(2)按一定的工作量来划分托盘。每个安装托盘原则上以两个工人为一组在一周内完成。

(3)没有实物的工作内容必须纳入虚托盘管理。

4. 托盘划分要点

(1)总段舾装与分段舾装应各自独立编制托盘。

(2)每个分段都要有与之对应的舾装托盘。

(3)同一分段跨两个或两个以上区域时,应按区域编制托盘。

(4)每个单元或模块应有各自独立完整的托盘,包括该单元模块的所有舾装品。

7.2.4 舾装托盘管理表

托盘管理表是为了满足生产管理的需要,在生产设计过程中将托盘管理对象分类集配,以便解决船舶舾装件设计、采购、制造、安装等问题的管理图表。实施托盘管理必须进行生产设计。因此,编制托盘管理表也是舾装生产设计的主要工作内容之一。

1. 管子托盘表

管子托盘表包括管子零件托盘管理表(管子零件制造清册(即管子材料清册)、管系附件汇总清册(即管子焊接附件)、管系支架汇总清册、管系安装件汇总清册)、管支架托盘管理表、管系开孔及附件安装托盘表(即管子通舱件及开孔表)、管路取样管托盘表。

2. 船体构件托盘表

船体构件托盘表包括船体安装件托盘表、船体自制件托盘表、船体外购件托盘表。

3. 电气舾装托盘管理表

电气舾装托盘管理表包括电气设备托盘管理表、电气支架托盘管理表、电缆取样管托盘管理表、主干电缆拉敷册、区域电缆清册。

4. 涂装托盘管理表

7.2.5 托盘表的内容

1. 托盘编码

托盘编码包括产品、分段或区域的名称;舾装托盘的安装阶段;舾装托盘所依附的安装图号及安装次序。

2. 集配内容

(1)制造托盘(包括单元制造和零件制造托盘):舾装件的名称及代号,舾装件制造材料(含连接件、附件、设备)的名称、型号、规格、数量,制造工作量,制造托盘所依附的制造图号。

(2)安装托盘:舾装件的名称、代号、数量,安装工作量,安装托盘所依附的安装图号。

(3)虚托盘:工程内容描述与工作量。

思考与练习

一、简答题

1. 托盘管理的概念是什么?

2. 舾装托盘划分的原则有哪些?

3. 托盘管理表的内容有哪些?

二、选择题

1. 托盘的说法错误的是(　　)。

A. 托盘是生产设计、生产准备及生产过程中所共有的中间产品的一种单位
B. 托盘是包含物料清单及其所列物料的容器
C. 舾装托盘仅是一个舾装作业单位
D. 舾装托盘是提供详细物态信息的最小基本单元
2.（　　）区域的舾装件最密集，生产设计的工作量也最大。
A. 甲板　　B. 货舱　　C. 机舱　　D. 居住舱室
三、判断题
1. 托盘划分原则由设计处制定。（　　）
2. 舾装托盘是为组织生产物资配套以及工程进度安排等方面提供详细物态信息的最小基本单元。（　　）

任务 7.3　舾装区域的划分

托盘就是舾装工作的“中间产品”，一切工作都是以托盘为导向组织实施的。在托盘划分之前，首先要进行舾装区域的划分。每一个船厂都可以根据本厂实践制定舾装区域划分的指导性标准，以此简化后续新建船的舾装区域划分和托盘划分的工作。

7.3.1　区域的划分方法

船舶舾装区域的划分是根据船体的基本结构形式、分段划分和总段组装的范围及综合考虑舾装件的密集程度、设计工作量、劳动力的分配、设计出图计划、程序等要素后制定出来的。其既要符合区域舾装法的要求和实际生产的需要，又要有利于贯彻托盘划分的基本原则，使工厂能获得科学组织生产的准确依据。

1. 舾装区域的大区分

舾装区域的大区分可以有很多方法，不同种类的船舶其划分方法也有很大的区别。但是任何货船按船上的位置和结构总可以分为甲板区域、机舱区域、居住区域三大区域。其中甲板区域包括艉部区域、艏部区域及货舱区域。这种区域的划分方法是最自然不过的了，这是因为这些区域各自的作用不同，结构形式也有较大的区别，所包含的舾装的内容也不一样，同时又与船体分段大区域的划分相吻合，容易为各部门所接受。机舱区域包括机舱前壁和后壁之间的空间及机舱棚、烟囱所围成的部分。对于油船来说与其他船舶的不同之处是仅多了一个油泵舱，可以将油泵舱划入机舱区域或单独列为一个大区域。主甲板以上的上层建筑全部划入居住区域。甲板区域的划分就比较容易，分别以机舱壁和主甲板为界划分即可。

2. 舾装区域的中区分和小区分

舾装区域的大区分由于区域范围太大，还不能适应设计工作和生产管理的要求，还必须将其划分成小的中区分和更小的小区分。划分小区域的原则如下。

（1）机舱区域

机舱区域的舾装件最密集，生产设计的工作量也最大，为了适应现代造船的节奏，必须分成较小的区域。同时机舱结构形式的特点是其是以甲板层次组成的。所以，首先以每层

甲板作为中区分的划分线划分中区分。每层甲板一般都有机舱开口，因而再按船体中心线和肋骨线前后、左右进行小区分的划分。

(2)居住区域

居住区域也称上层建筑区域，该区域是先按竖向的层次划分中区分，同一层次再按左、右舷和前、中后划分小区分。由于居住区域设有各种各样的房间，铁舾装件也不少，但大量的是木作舾装件，所以区域划分既按层次划分，同时也按房间进行划分，特别是木作舾装件应以房间划分。而管舾装件可按层次划分，当船舶较大时，每层次可按左右划分为两个区域。

(3)甲板区域

甲板区域包括货舱区域、艏部区域和艉部区域。货舱区域的特点是双层底以下和主甲板以上的舾装件较多，而货舱内只有少量的舾装件，而且管路相对比较简单，直管子多，所以该区域可以划得更大一些。一般主甲板以上作为一个层次，双层底以下作为一个层次，货舱内作为一个层次，十万吨级以下的船舶前后再一分为二，就可适应设计工作量的分配了。艏、艉部区域也是以层次划分为特点的，但是舾装件的数量相对要少得多，所以一般一个层次就可以划分为一个区域。

必须指出，在对舾装区域进行中、小区域划分时，应充分考虑船体分段划分和船舶总装方案对区域划分的影响。同时，应把舾装单元作为相应区域的小区分，并尽可能扩大舾装单元的划分数量。

3. 电装区域的划分

电气舾装有其自身的特点，一是电缆一般中间不能加接口，因而往往要跨越好几层甲板，给区域的划分带来困难；二是电气的焊接件在生产设计的深度还不够时，往往有较大部分没有参加综合布置，所以在安装时要等到其他舾装件安装结束后才能进行；三是电气设备比较脆弱，很多设备不能进行预舾装，特别在生产管理不完善的情况下更是如此。因而相对来说，预舾装的工作量就少得多，生产设计的工作量也要少一些。区域的划分根据这些特点和工作量的大小可以划分得大一些。例如，机舱内每一层次只划分为一个区域。货舱区域就更是如此了，往往也只划分为一至两个区域。

7.3.2　区域编码及区域划分举例

小区域的编码可以根据各厂的具体情况、惯例来进行，可以用英文字母来编码，也可以用数字来编码，当然也可以混合使用英文字母和数字来进行编码。

1. 数字编码法

(1)机舱区域

假设一艘七万吨级的散货船，机舱内设有三层甲板，即由主甲板、二甲板(上平台)、三甲板(下平台)组成。编码的方法如图 7-1 所示。

编码应注意以下几点：

①机舱双层底以下的区域号是固定不变的，为 01 区域。

②三甲板与双层底之间的区域号为 02~09 区域，由于机舱格栅以下的设备、舾装件，尤其是管子特别多，所以以格栅为界上下分开，格栅以下为 02~05 区域，格栅以上为 06~09 区

域。再前后左右划分为 2~4 个小区域,图 7-1 中的例子是格栅以下主机前部为 02 区域,左舷为 03 区域,右舷为 04 区域,05 区域作为备用。格栅以上与之相对应的是 06、07、08 区域,09 也作为备用。另一点要注意的是区域号应相对固定不变,如果分左右舷,则最好规定左舷用单数号,右舷用双数号,这样就可以根据区域号知道这个区域位于船的什么位置,后面的例子也同样处理。

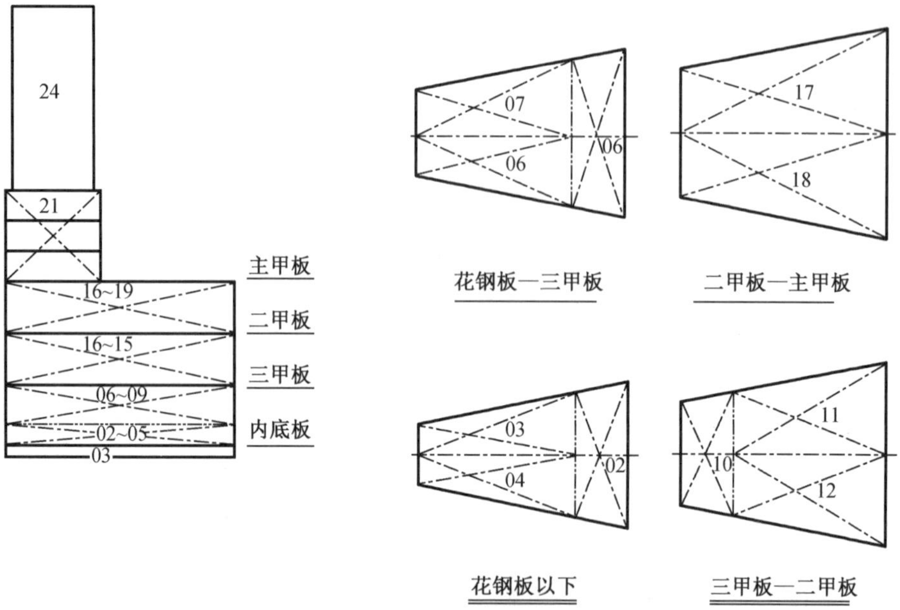

图 7-1　机舱区域划分图

③三甲板与二甲板之间一般情况下布置的机械设备也很多,主发电机、燃油分油机、空压机、为主机服务的滑油和淡水冷却器、淡水泵及锅炉给水系统的大部分设备都布置在三甲板的上方,所以区域的划分可以根据一般的布置方法(即发电机置于三甲板后部)将机舱后部的主发电机空间划分为独立区域,其他部位先左右、后前后划分为几个小区域。这个部分的区域号为 10~15 区域。柴油发电机平台区为 10 区域,左舷为 11 区域,右舷为 12 区域,13、14、15 区域为备用。

④二甲板与主甲板之间一般情况下机械设备较少,这是由于在二甲板设有集控室、机修间、各种油水舱柜等,因此独立设备占的比例较大,对管系来说安装工作量就少了。因此一般左右分为两个小区域,左舷为 17 区域,右舷为 18 区域。这个层次还有两个备用区域号 16、19 区域。

⑤机舱棚和烟囱各为独立区域,它们的区域号分别为 21 和 24 区域。

⑥由于主机排气管管径大、根数少,分到各个区域反而会增加协调的工作量,同时对生产组织管理不利。而机械通风管的制造、安装工艺与一般的管系有较大的差别,一般船厂都设有独立的通风管系制造、安装车间或工段。这两种管系在详细设计时都绘有专门的布置图,走向和位置都已相对固定,所以为它们设置专门的名义上的区域,其中主机排气管系的区域号为 27 区域,通风管系的区域号为 28 区域。

从以上区域划分及区域号设置的情况来看,可以归纳出以下几点:一是机舱区区域号总计有29个,从01到29,这是固定不变的。二是每层甲板的区域号也是固定在某几个区域号上,但都设置有备用区域号,一旦需要,就可以使用这些区域号。除了区域号不同外其他区域的情况也是如此,以后不再说明。

(2)甲板区域

甲板区域包括货舱区域、艏部区域和艉部区域。货舱区域的编号应取60~89,货舱区域的特点是范围很广,从机舱前壁一直到艏部的防撞舱壁都是属于货舱区域,可以先将该区域从上到下划分成三个层次,即双层底以下、货舱内、主甲板以上,然后再进行细划分。如图7-2所示。

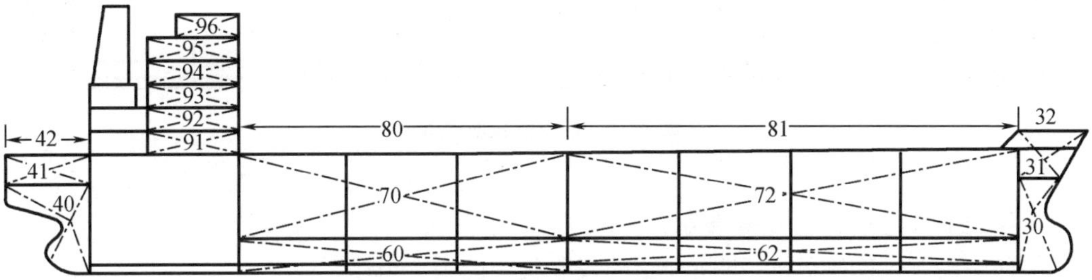

图7-2　船装区域划分图

①双层底以下区域的编号为60~69,一般双层底以下除了管系及附件外,其他舾装件也不多,所以实际使用的区域号可以只用2~3个。即以中间货舱壁为界前后划分为60区域和62区域。当船舶的吨位较大时,或其他情况时也可以划分为两个以上区域。有些油船没有双层底,但底部的输油管却又大又多,此时可以将油舱的下半部作为一个层次,按上述原则划分区域。

②货舱内的区域号规定为70~79区域,前后划分的方法应与双层底一致,即后部为70区域,前部为72区域。其他为备用区域号。某厂在制造2 700箱冷风型集装箱船时,货舱之间的隔壁跨越两挡肋距,内部安装有大量的舾装件(管子、电气设备、铁舾件等),此时就要为每一个舱壁设置一个区域号。

③主甲板上部区域仍按上面的原则进行划分,它们的区域号规定为80~89区域,举例中只用了80、81两个区域号。

艏部区域号规定为30~39区域,艉部区域号规定为40~49区域。划分的原则是按层次划分,区域号的分配如图7-2所示,其余均为备用号。

(3)居住区域

居住区域号规定为90~99区域,由于上层建筑层次比较分明,大型船舶一般上层建筑有5~7层,所以区域号只能依次从下至上顺序取号。如图7-2所示。

(4)油船的泵舱区域

货船中油船也比较多,为此在区域号中留出了50~59作为泵舱的区域号。划分原则也是从下至上按层次划分,每层设一个区域号。

(5)电装区域

电装区域的编码既要与机装、船装区域的编码方法保持一致,又要适应其小区域相对较大的特点,所以一般取同一层次内机装或船装区域号中较小的编码作为电装区域的区域号。例如,机舱内底板到三甲板之间机装区域号为02~09,则电装的区域号为02。如图7-3所示。

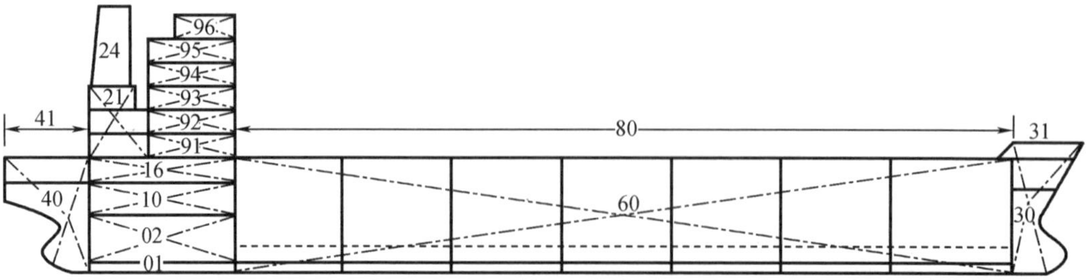

图7-3 电装区域划分图

2. 英文字母与数字组合编码方法

这种编码方法比较灵活,下面介绍的仅是其中的一个例子。

区域号由三位组成,第一位为大区域代码,用英文字母来表示,英文字母的取法应与船体的大区域号一致。即机舱区域的代码为英文字母E,货舱区域的代码为C或H,艏部区域的代码为F,艉部区域的代码为A,居住区域的代码为P。第二位为层次号,用数字表示。根据第一个大区域的划分习惯可以划分为三层或四层,数字从下到上、从小到大依次排列,例如机舱区双层底以下为1,双层底至格栅平面为2,格栅平面至三甲板为3,三甲板至二甲板为4,二甲板至主甲板为5。第三位为同一层次上的再划分序号。例如,机舱双层底至格栅再划分为左右两个区域,则它们的区域号为E21和E22。图7-4示出了数字与英文字母组合编码的区域划分。

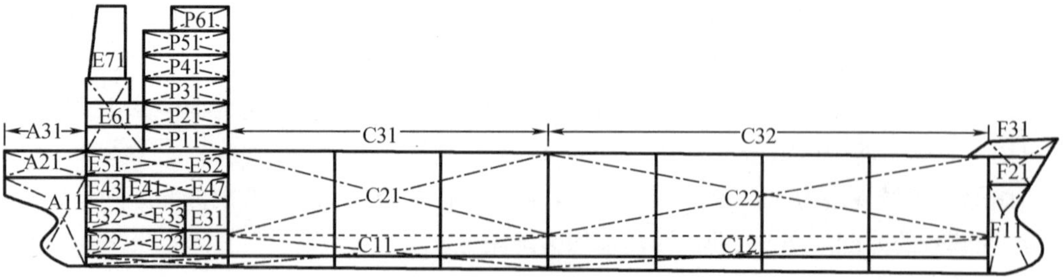

图7-4 数字与英文字母组合编码的区域划分图

一、简答题

1. 舾装托盘划分的原则有哪些?

2. 舾装区域的划分方法有哪些?

3. 如何进行区域编码?

二、选择题

1. (　　)区域的木作件和铁舾件较多。

A. 甲板　　B. 货舱　　C. 机舱　　D. 居住

2. 机舱区域的数字编号中 06~09 一般位于(　　)。

A. 花钢板以下　　B. 二甲板以上

C. 花钢板和平台甲板之间　　D. 主甲板以上

3. 船装区域的数字编号中 30~39 一般位于(　　)区域。

A. 艏部　　B. 艉部　　C. 居住　　D. 货舱

4. 字母加数字编号法中 E21 的区域为(　　)。

A. 机舱的花钢板以下　　B. 居住区域

C. 机舱的花钢板以上　　D. 货舱区域

三、判断题

1. 同一分段跨两个或两个以上区域时,应按区域编制托盘。　　(　　)

2. 舾装区域的划分是托盘划分的前提。　　(　　)

任务页　模块 7 区域舾装和托盘管理

任务 7.1　船舶舾装基础知识认知

任务描述

题图 7-1 所示为船舶舾装技术的分类，分组举例说明在船舶管系制作中单元组装的各种类型。

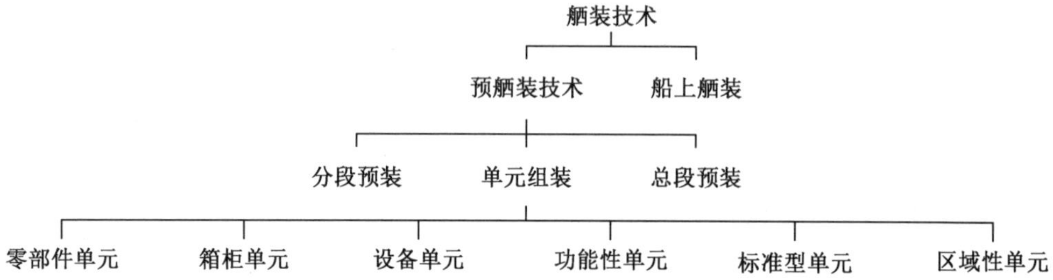

题图 7-1

任务实施

1. 课前准备

课前完成线上学习任务：从线上平台接受任务，通过查询互联网、图书资料，分四组完成举例说明船舶管系制作中单元组装的各种类型。

2. 任务引导

(1)查阅资料

在教师的指导下学会利用互联网查询文件资料的方法。

(2)分组讨论

确定分组人员，组员共同完成任务。

小组任务		
小组名称		
单元组装的实例	零部件单元	
	箱柜单元	
	设备单元	
	功能性单元	
	标准型单元	
	区域性单元	

3. 任务评价

序号	项目	自我评价	小组评价	教师评价	备注
1	查阅资料(20 分)				
2	参与组内讨论(25 分)				
3	态度端正、认真积极(25 分)				
4	举例正确(30 分)				
5	合计				
6	总分				

任务 7.2 托盘管理

任务描述

题图 7-2 所示为托盘管理表实例,根据实例格式,分组编制给定的某区域的托盘管理表。

工程编号Project		×××		铁舾件托盘材料明细表			区域Area		91	图号DWG No ×××
							托盘名称Pallet		SJW	第 页 共 页
船名Shiping		测试船舶					舾码Outfitting			安装日期Date
序号	零件名称	零件号	部件名及代码	材料图号	材料牌号	长度/面积	数量	单重/kg	总重/kg	备注
1	ASDASD	1	埋入式人孔盖 C Φ450-40		A3		1个			
2	EWERF	1	L100×80×10		A3	5600 mm	1根	74.26	74.26	
		1	SB20×20		A3	2640 mm	1根	8.24	8.24	
		1	RB12.5		A3	3727 mm	1根	14.27	14.27	
		1	M20×45		A3		1个			
3	T1	1	L50×50×6		A3	777 mm	2根	3.45	6.89	
		2	L50×50×6		A3	512 mm	1根	2.27	2.27	
		3	L50×50×6		A3	813 mm	1根	3.6	3.6	
		4	L50×50×6		A3	834 mm	1根	3.7	3.7	
4	T1(P)	1	L50×50×6		A3	777 mm	2根	3.45	6.89	
5	T10	1	FB65×8		A3	5660 mm	1根	22.96	22.96	
		1	RB20		A3	2008 mm	1根	6.39	6.39	
		1	M20×45		A3		1个			
6	T11	1	填入式入孔盖A 530×430-12		A3		1个			
7	T3	1	L50×50×6		A3	805 mm	1根	3.57	3.57	
8	T4	2	L50×50×6		A3	860 mm	2根	3.81	7.63	
		4	L50×50×6		A3	805 mm	1根	3.57	3.57	
9	T7	1	A型导缆孔 规格320×200		A3		1个			
10	T8	1	吊舵杆眼板	E20 GB7029-	A3		1个			
11	TEST1	1	L50×50×6		A3	600 mm	2根	2.66	5.32	
		2	L50×50×6		A3	400 mm	2根	1.77	3.55	

题图 7-2

任务实施

区域管系托盘管理表

区域管系安装图

1. 课前准备

课前完成线上学习任务:从线上平台接受任务,根据给定的区域安装图,分四组完成给定的某区域的托盘管理表。

2. 任务引导

(1)识读给定区域的安装图

在教师的指导下掌握识读安装图的方法。

(2)分组讨论

确定分组人员,组员共同完成任务。

小组任务	
小组名称	
托盘表的内容汇总	

3. 任务评价

序号	项目	自我评价	小组评价	教师评价	备注
1	查阅资料(20 分)				
2	参与组内讨论(25 分)				
3	态度端正、认真积极(25 分)				
4	托盘表的完整性(30 分)				
5	合计				
6	总分				

任务 7.3 舾装区域的划分

任务描述

题图 7-3 所示为某船舶的区域划分图，机舱区域从 FR63+228 到 FR100-178，请大家识读该划分图，并完成机舱区域的区域划分识读报告。

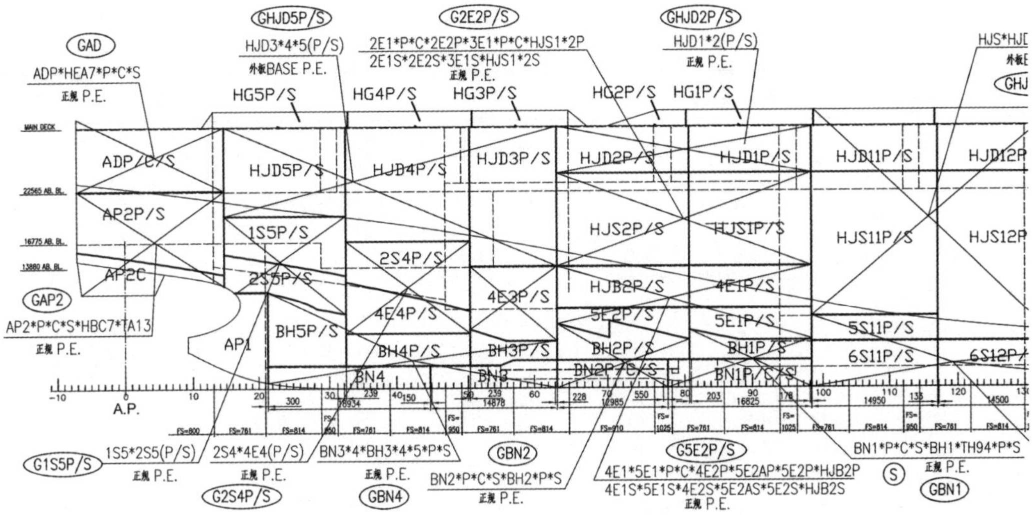

题图 7-3

任务实施

1. 课前准备

课前完成线上学习任务：从线上平台接受任务，分组识读船舶的区域划分图并完成识读报告。

2. 任务引导

(1)查阅资料

在教师的指导下学会识读区域划分图的方法。

(2)分组讨论

确定分组人员，组员共同完成任务。

小组任务		
小组名称		
船舶分区的组成	机舱区域	

3. 任务评价

序号	项目	自我评价	小组评价	教师评价	备注
1	查阅资料(20 分)				
2	参与组内讨论(25 分)				
3	态度端正、认真积极(25 分)				
4	划分图识读的正确性(30 分)				
5	合计				
6	总分				

模块8　舾装生产设计

★模块描述

本模块以舾装生产设计为切入点,介绍了设计的内容和流程。舾装生产设计通常划分为铁舾装生产设计、管舾装生产设计、风管舾装生产设计、电装生产设计四个部分。

随着专业造船软件的广泛使用,舾装生产设计工作变得更具象,图纸的输出更高效、精确。

★学习目标

●知识目标

1. 正确描述舾装生产设计的分类;
2. 简述舾装生产设计的定义;
3. 掌握舾装各专业生产设计的主要内容及流程。

●能力目标

1. 能看懂舾装生产设计的图表;
2. 能进行舾装生产设计图表的简单绘制。

●素养目标

1. 具有精益求精的工匠精神,具备良好的职业道德;
2. 具有分析问题、解决问题的能力,具备勇于创新的职业精神;
3. 具备团队协作的职业精神。

任务8.1　舾装生产设计概述

现代舾装生产设计主要依靠专业造船软件系统来进行,主流专业造船软件系统一般将舾装生产设计划分为铁舾装生产设计、管舾装生产设计、风管舾装生产设计、电装生产设计四个模块。

8.1.1　舾装生产设计的定义

舾装生产设计是根据船厂的条件和特点,以详细设计技术文件为依据,将系统、功能转换成区域设计,按照区域、阶段、类型进行作业任务的分解与组合,将设计、生产、管理融为一体,结合施工条件开展设计的过程,它为物资部门采购和生产管理部门制定生产计划提供信息,为生产现场提供施工图纸和工艺文件。

8.1.2　舾装生产设计的内容

舾装生产设计的主要内容包括舾装区域的划分,舾装工作图表的设绘,舾装所需原材料的采购，舾装件的预制、配套等。

8.1.3 舾装生产设计的流程

舾装生产设计可分为两个阶段：

第一个阶段是舾装生产设计的准备阶段。舾装生产设计准备是在开展生产设计前，对所要建造的船舶，从全厂性、全船性、综合性的角度，对设计、生产和管理等工作进行技术和计划方面的前期沟通及协调。生产设计准备主要包括技术准备和计划准备。技术准备包括舾装生产设计前需要的相关图纸（具体包括船舶建造方针、总布置图、舱室图、分段划分、总组图、船体结构图、舾装详细设计布置图、厂家资料、船东要求和船级社规范、工艺文件，以及其他各个专业的相关图纸等），以及舾装件的编码标准的制定。计划准备主要是制定舾装生产设计计划，它以生产计划为中心，根据设计出图预定，以分段为单位，结合生产设计人员的出图能力，确定各制作图、安装图等的作业时间节点，同时考虑其他各个专业的衔接。

第二阶段是舾装生产设计的实施阶段，即在第一阶段工作的基础上，根据舾装生产设计按工艺阶段、施工区域和单元绘制工作图表及提供信息的要求，完成各项具体的设计任务。

思考与练习

一、简答题

1. 什么是舾装生产设计？

2. 舾装生产设计分为几大类？

二、判断题

1. 舾装生产设计为生产现场提供施工图纸和工艺文件。 （ ）

2. 托盘管理是实施舾装生产设计的一种有效的管理方法。 （ ）

3. 图纸目录的编写是生产设计的第一道工序。 （ ）

4. 舾装生产设计是在船体模型的基础上进行的。 （ ）

任务 8.2 铁舾装生产设计

8.2.1 铁舾装生产设计

铁舾装生产设计是在详细设计的基础上，根据舾装计划、施工要领的规定，按照各个生产工艺阶段、施工区域确定的模块、单元的划分，绘制所有的铁舾装件生产施工图纸，编写相关的工艺文件、管理图表，以指导铁舾装件的现场施工。铁舾装生产设计按区域可以划分为机舱区域、居住区域、甲板区域。

8.2.2 机舱区域铁舾装生产设计

机舱区域铁舾装生产设计的任务包括为主机舱、辅机舱区域所属范围内的全部设备的底座及紧固件、交通装置、舾装杂件提供制作图、安装图和管理用表（图 8-1）。

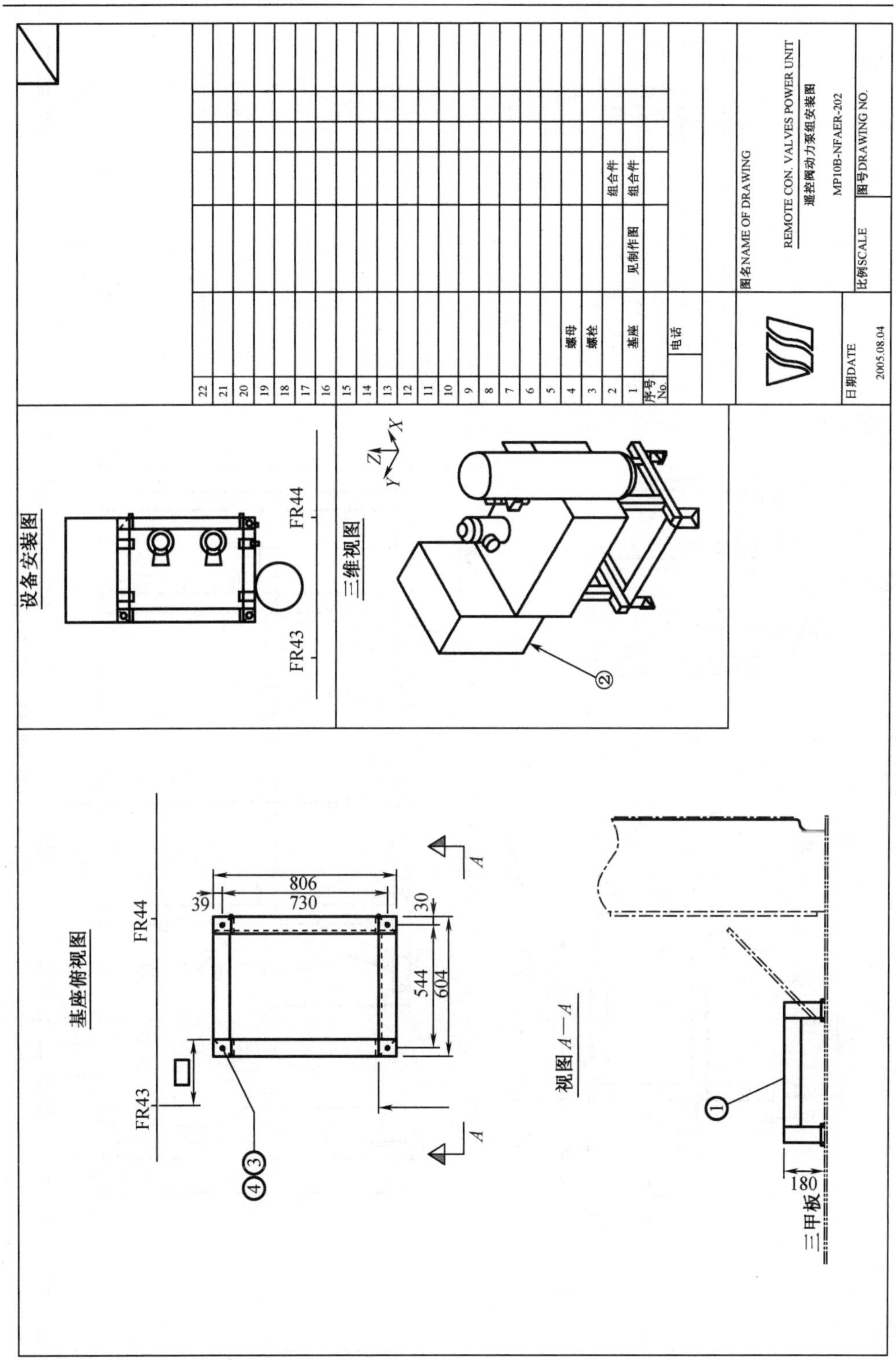

图8-1　机装铁舾装件安装图(单位：mm)

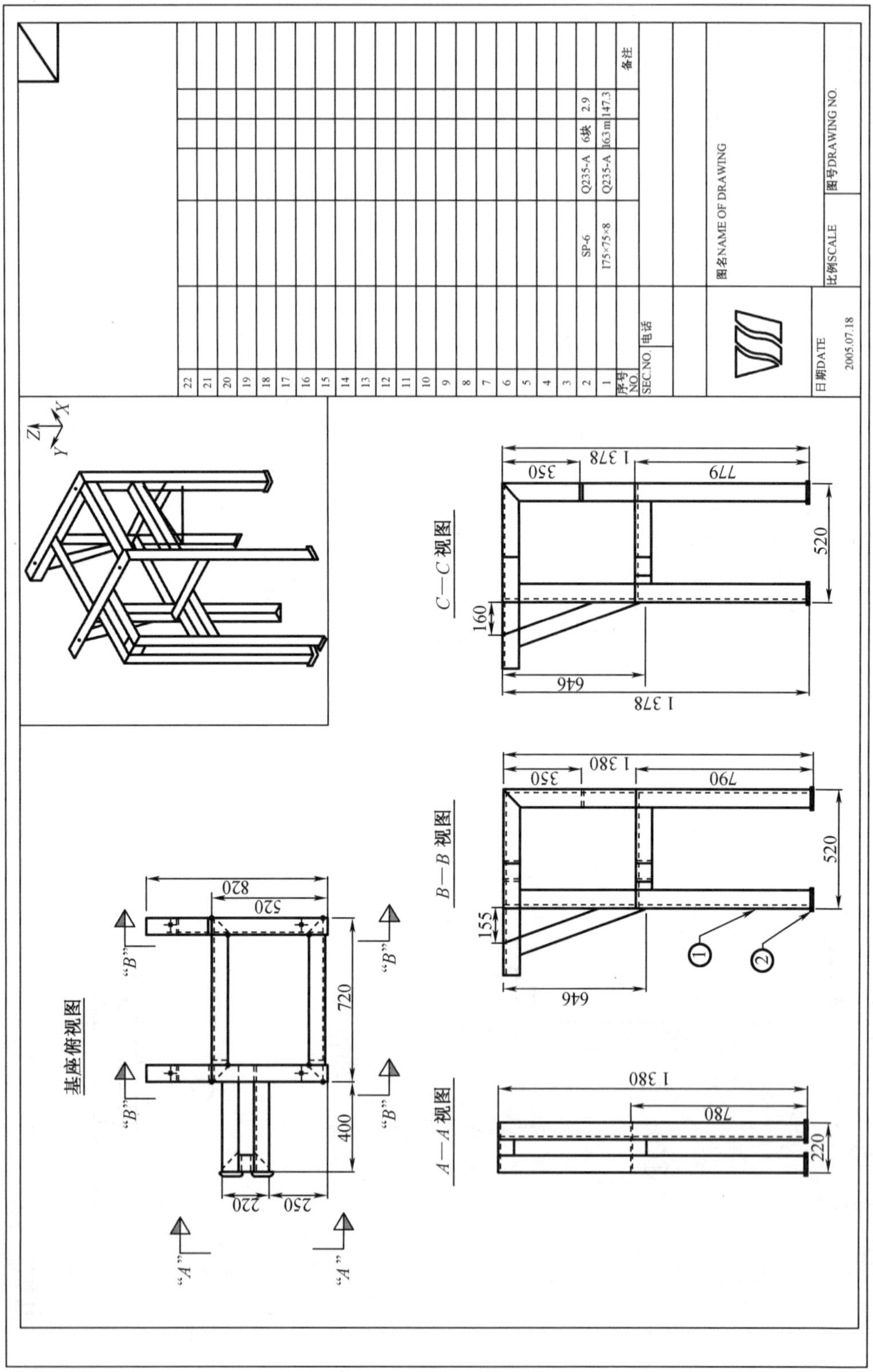

图 8-2　机械铁舾装件制作图（单位：mm）

1. 箱柜工作图

机舱箱柜按其结构形式可分为两类:一类是船体箱柜,它们连接于船体结构中,作为船体结构的一部分,只有船体箱柜附有安装图;另一类是独立箱柜,它们不依附船体结构而独立存在,需要绘制箱柜工作图。

按安装阶段绘制箱柜工作图册,包括单元组装箱柜工作图册、分段预装箱柜工作图册和船内舾装箱柜工作图册。与箱柜工作图配套使用的还有液位指示装置及盛油盘工作图,一般将它们编集成册。

2. 辅机安装和基座工作图

(1)辅机安装

根据各制造厂提供的设备认可图中所提出的安装技术要求,按单元组装、分段预装、总段预装和船内舾装编制各自托盘管理表、安装材料清册和安装说明。

(2)基座工作图

机舱区域铁舾装生产设计主要设绘强度要求不高的基座,如泵基座和箱柜基座等,它们不属于船体结构而独立存在,需专门绘制基座工作图。在机舱综合布置时,对这类基座的结构形式和轮廓已有所考虑,有的还有工作草图或基座标准,在绘制基座工作图时,要视机舱综合布置图所给定的空间条件补充、修正和完善工作草图。为了减轻质量和便于布置管路,基座一般为角钢框架结构,如图 8-2 所示。

基座建模视频

3. 交通装置工作图

机舱内装有花钢板、格栅、扶梯、扶手等,一般称为交通装置。交通装置生产设计主要根据详细设计的各系统布置图和工厂习惯进行适度的深化,按区域和阶段绘制工作图。

4. 机修间工作图

机修间工作图以详细设计阶段的机舱布置图中提供的机修间布置为基础,补充一些零件图和隔断图。

5. 备件布置工作图

备件布置工作图以机舱布置图和机舱内大件备品布置图为蓝本,增加一些备件安装支架的编号,并绘制支架的工作图。

6. 甲板拦水围板工作图

甲板拦水围板通常委托船体专业把拦水围板绘在有关的船体结构图上。

7. 箱柜绝缘工作图

在详细设计图中应有一份机舱绝缘图表,在生产设计时再对其中绝缘部分进一步具体化,绘出绝缘工作图。

8. 舾装杂件工作图

机舱区域还有一些零星杂件的工作图,如主机和副锅炉的防摇固定装置、安全阀的拉索传动装置、主机和柴油发电机组的飞轮防护罩壳、集控室顶部管子防漏护罩、机舱消防器材的固定装置等。

8.2.3 甲板区域铁舾装生产设计

甲板区域铁舾装生产设计必须划分清楚铁舾装件的作业阶段,注意作业流程的合理性和施工的方便性。

1. 甲板区域铁舾装的阶段划分

(1)分段预舾装阶段

凡是需要电焊,安装位置容易固定,体积不大,不影响分段制造、翻身的设备和舾装件尽可能划分在此阶段安装。例如,货舱梯、直梯及部分平台、踏步、扶手、风暴扶手、插座、人孔盖、放水塞、牺牲阳极、分舱标志、管弄小车导轨等。

(2)总段铁舾装件安装阶段

凡是跨分段,在分段阶段不易安装的,影响分段制造翻身的铁舾装件划分到此阶段安装。例如,跨分段的直梯、斜梯,备品吊基座,救生艇艇架,救生筏底座,部分救生消防杂件支架,风暴扶手等。

(3)区域(船内)铁舾装件安装阶段

凡是在分段、总段均不便安装,需总段合拢后在坞内安装的铁舾装件在此阶段安装。例如,大舱口盖及其附件、舱盖泵组、导轨架、小舱口盖、锚绞舵机及其基座、舵系统、系泊附件、艏艉泵组、备锚、备品吊、燃油软管吊、苏伊士运河灯吊、垃圾吊、消防救生杂件、艏艉斜梯及平台、舷梯、引水员梯、储藏室搁架、上甲板安全栏等。

2. 制作图的设绘

制作图的设绘依据为各铁舾件布置图、各设备布置图、各设备认可资料。

制作图的设绘内容包括分段铁舾件制作图、总段铁舾件制作图、区域铁舾件制作图、设备铁舾件制作图。另外,比较大比较独立的铁舾件(如前桅、雷达桅、货舱梯等)可单独出一套制作图。如图 8-3 所示。

直梯建模视频

3. 安装图的设绘

安装图的设绘依据为各铁舾件布置图,各设备布置图,各设备认可资料,各系统的布置图,分段、总段和区域划分图,各分段结构图。

安装图的设绘内容包括按船体组立的预舾装图、按分段的预舾装图、按总段的预舾装图和按区域的铁舾件安装图。

8.2.4 居住区域铁舾装生产设计

居住区域的铁舾装包括舱室生活设备和各舱室系统。生活设备包括伙食加工、饮水处理、洗衣、干衣、卫生等设备,台架、固定件和座架等舾装件;舱室系统包括舱室家具、日用小五金及舱室木作等。生产设计就是提供这些物件的制作图、安装图和管理图表。

1. 制作图

制作图的设绘内容包括绘制详图,标注尺寸,标明采用材质及规格、制作要求、表面处理方法等;编制材料清单;准确填写质量、规格、数量等基本信息。设绘方法:根据详细设计资料确定外形尺寸,建立模型,再根据物件大小及复杂程度确定制作图的比例及视图数量。

CB05C舾装件制作图(B)	工程编号 PROJECT NO.	×××	页码 PACE	3
	图号 OWG.NO.	×××	版本 REV	

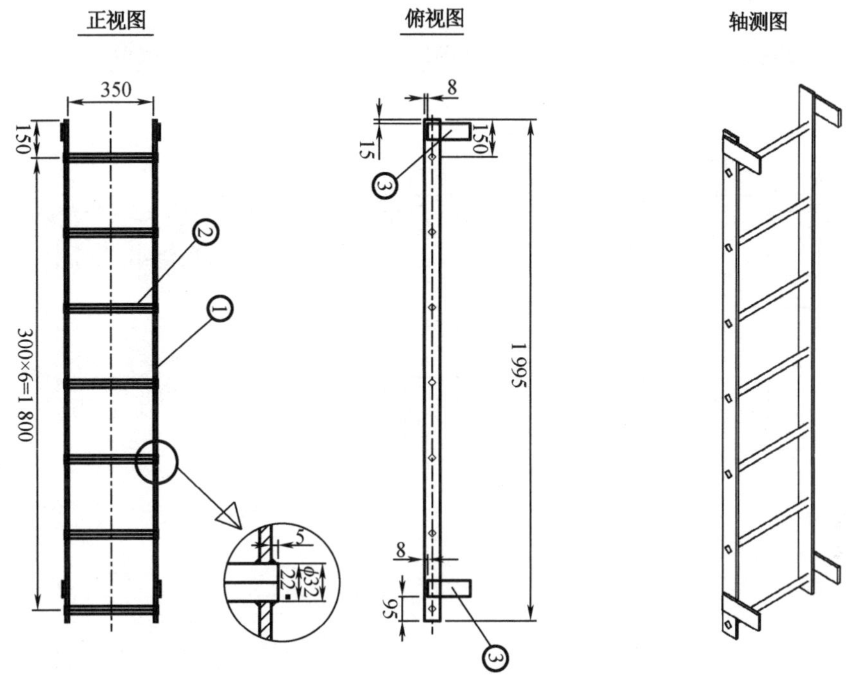

3号件

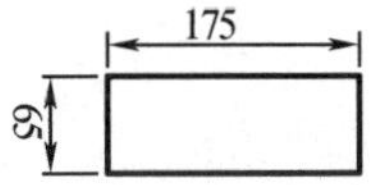

No. 序号	DIMENTION 价格	DESCRIPIION 名称	QIY 数量	MATERIAL 材料	SINGLE 单重	TOTAL 总重	FEMARK 备注
3	梯角	FB 65×10	4	Q235-B	0.9	3.6	
2	踏步	SB 22×22	7	Q235-A	1.4	9.8	
1	梯架	FB 65×9	2	Q235-A	9.2	18.4	
直梯 VL350-07-A98A1					比列SCALE		
					质量/kg	31.8	

(a)直梯制作图

图 8-3　分段舾装件制作图(单位:mm)

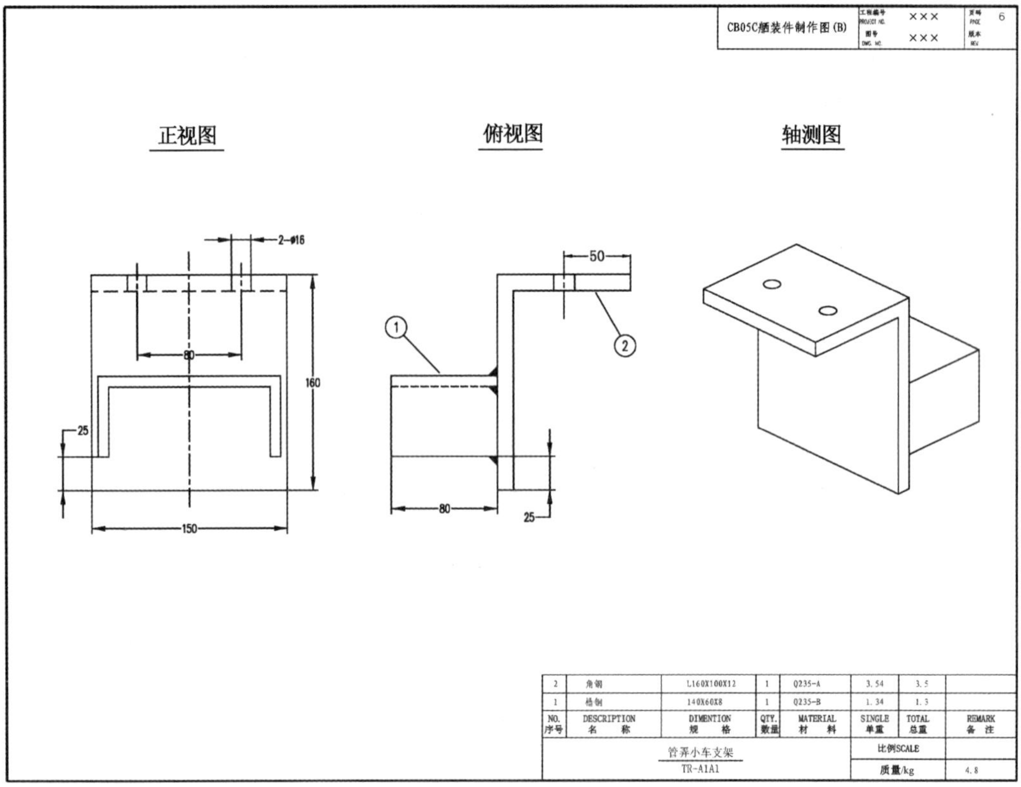

(b) 管弄小车支架制作图

图 8-3(续)

2. 安装图

安装图的设绘依据为居装详细设计图纸、船体专业相关图纸(如总布置图、船体结构图、分段划分图、区域划分图)、厂商设备资料及图纸,以及国内外有关规范、规则、公约和标准。

安装图的设绘内容包括铁、管舾安装图,木作安装图,家具安装图,厨房配餐间安装图,防火门、木门布置图。安装图的设绘方法为根据设备详细资料及其样本确定设备的安装方式和底座形式及尺寸,设备底座及其他舾装件的完整性建模;确定具体的安装方法及安装节点;根据安装区域大小及复杂程度确定安装图的比例及视图数量,对于一些在一个视图上不能清楚表达的安装位置,应单独制作局部视图,标注出舾装件的安装尺寸与安装件号,编制材料清单,准确填写质量、规格、数量等基本信息。考虑到详细设计阶段绘制的绝缘、敷料布置图、冷藏库木作绝缘图、舱室铭牌清单等图纸的内容单一,为送审的需要已有一定的深度,辅之以一些安装要领即可供施工用,因此这些图纸在生产设计阶段可不再重绘,不过其内容要在综合布置图上反映。

思考与练习

一、简答题

1. 机舱区铁舾装划分成哪几个阶段?

2. 铁舾件制作图设绘内容有哪些?

二、选择题

1. 为了减轻质量和便于布置管路,基座一般为(   )框架结构。

A. 角钢   B. 扁钢   C. T 型材   D. 球扁钢

2. 船上的油水、辅机安装的机座、梯子、栏杆、各种搁架、旗杆等舾装件称(   )。

A. 船体零件   B. 管舾装   C. 铁舾装件   D. 组合件

三、判断题

1. 直梯、拉手、踏步、人孔圈都属于铁舾件。 (   )

2. 有些船厂将通风管系也放在铁舾装生产设计中。 (   )

3. 铁舾件是指除船体结构和管舾装以外的钢制舾装件。 (   )

任务 8.3 管舾装生产设计

在船舶舾装件当中,管零件的数量最多,工作量最大。一艘远洋货轮,船上大小不同直径的管子有上万根,而且品种多、规格杂。

8.3.1 管舾装生产设计内容

管舾装生产设计的主要工作内容有舾装计划的制定、管零件图的绘制、管路支架零件图的绘制、管路安装图的绘制、管系开孔图的绘制、通海阀布置图和管子护罩图的绘制、管理图表的绘制等。

8.3.2 舾装计划

舾装计划主要有舾装品使用预定的制定、舾装范围的划分、舾装阶段的设定、生产设计图纸目录的编写、物量估算及工时计划等内容。

1. 舾装品使用预定的制定

舾装品使用预定的制定即确定各类舾装品在船舶建造过程中,现场安装使用的日期,并统一汇总成表,方便采购部门采购管理跟踪和制造部门对舾装过程的安排控制。

2. 舾装范围的划分

舾装范围是依据各区域的综合布置图及船体分段划分图,遵循船体结构就近和机器设备就近的原则进行划分的。舾装范围的大小原则上不超过船体结构外形尺寸构成的空间范围。

3. 舾装阶段的设定

在船舶的建造过程中,工程计划的制定一般都以船体的建造为主线,舾装的施工一般是围绕船体分段的不同阶段和搁置状态进行安排作业的。根据船体分段的建造过程,可以把舾装的施工划分为四个阶段:内场(车间内)舾装、外场(定盘)舾装、船坞(台)舾装、码头舾装。

4. 生产设计图纸目录的编写、物量估算及工时计划

图纸目录的编写需要参考船厂以往建造船舶的图纸目录进行。物量估算及工时计划即根据已建造船型的实际情况，对设计船舶的舾装品的总量、各舾装范围、各舾装阶段的舾装品数量进行估算，并按照估算的舾装品数量对设计工作所需的时间进行估算。

8.3.3　管子零件图的绘制

管子零件图

出图视频

管子零件图通常有平面投影图、轴侧图和符号代码三种形式。目前各船厂采用的是平面投影图。它通常包括一张图形、一个或几个表格。管子零件图又可大致分为管子手工零件图和电算零件图两种。

图中包括管子图形和管子数据信息。数据信息由一般图面信息、管加工信息、现场安装信息三部分组成。如图 8-4 所示。

1. 一般图面信息

一般图面信息包括船名、图纸名称编号、管零件的编号等。

船名为管零件对应船的工程代号。图纸名称编号为识图时使用，设定原则一般要求能够让船舶建造过程中的相关人员一目了然地知道管零件的安装状态和场所，所以图纸的名称编号中应包含部分的现场安装信息。管零件的编号一般由系统类别代号、系统编号、管零件编号组成。系统代号和系统编号应和管路系统图中的类别代号及编号保持一致，管零件的编号一般由纯数字构成，需要保证在同一船体分段区域中的同一系统下不能重复。

2. 加工信息

加工信息又可以分为材料信息、加工装配尺寸信息、工序设定信息、表面处理及特殊处理信息、试验内容等。

材料信息包含使用管材的信息，如管材的规格、使用长度、贮品代号或外协品管理代号；附件的使用信息，如附件的使用规格、使用数量、贮品代号或外协品管理代号。

加工装配尺寸信息包括管零件的外形尺寸、一次加工或二次加工的判定、弯曲的判定、弯曲角度、多次弯曲之间管零件的旋转角度、法兰装配时的转角、支管的安装角度等。

工序设定信息主要指加工系列代码以及管路附件从仓库送达加工目的地的设定代码。

表面处理及特殊处理信息包括电镀及酸洗适用的判定、涂装的类型、涂装代号、机械加工有无的判定等。

试验内容包括焊缝检查的有无及方式的判定、压力试验有无的判定。

3. 现场安装信息

现场安装信息包括区域划分信息、安装场所即船体分段信息、安装状态信息等。

区域划分信息主要来源于船舶全区域区分管理图，即用特定的数字代号来代表船上特定的场所位置。区域划分信息用来确定管零件所处的区域，即船上的大致位置。

安装场所信息主要指管零件所处位置的船体分段的名称，以及所处位置的肋位编号。

安装状态信息主要用来反映管零件在船体结构建造过程中的安装阶段，包括安装状态代码和安装日期。管零件在船舶建造中的舾装状态可以分为以下几种：小组部材装配阶段舾装、船体分段翻身前舾装、船体分段翻身后舾装、多个分段预合拢后翻身前舾装、多个分段预合拢后翻身后舾装、坞内搭载后舾装、码头舾装。

		共4页	第2页
船名：×××	管件号名：YF-704-SH2007-3	安装图号：	×××

序号	下料长度	规格及材质	实用料长
1	3 762	60×5 Ⅱ	-3 744
2	1	DN50JNS34-004-93	10

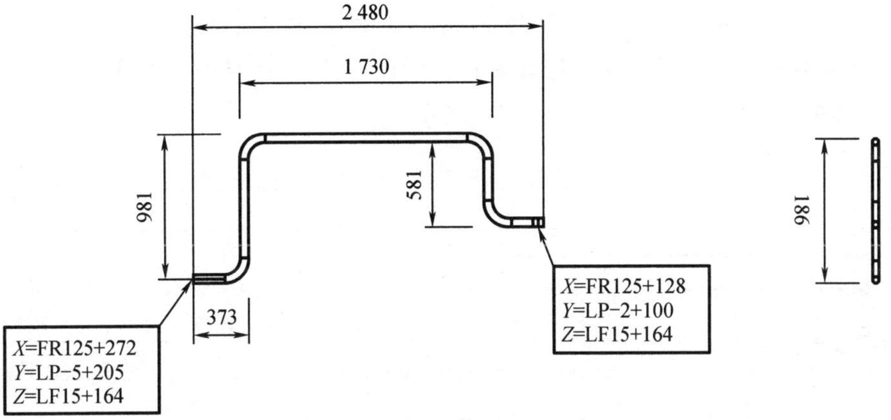

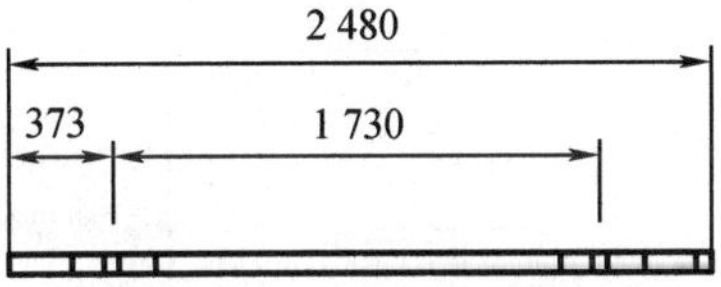

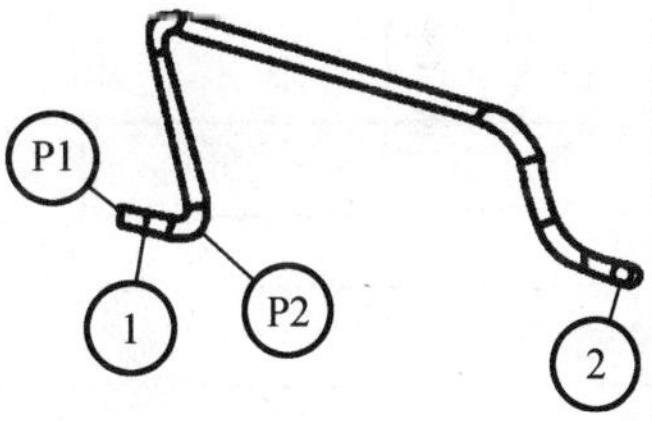

序号	法兰转角	支管转角	支管夹角	注释	分段 704	超高点	转角	弯角
						-3 574	0.0	90.0
						281.0	-180.0	90.0
						1 430.0	0.0	90.0
1	CUT	P1		373	P2	681.0	180.0	90.0

装配信息	系统 SH	弯曲半径	2.5
首端坐标	末端坐标	管子质量：5 kg	
		表面处理：磷化	
		试验压力：1.2 MPa	

图 8-4　管子零件图

8.3.4 管子支架图的绘制

1. 管子支架的形式

最普遍的钢管支架由角钢支架和 U 型管夹组成，其又分为标准型支架，多用于单根管子；非标准型（特殊型）支架，多用于两根及两根以上的管子；活络支架，多用于双层底加热管伸缩段。

管子支架建模出图视频

2. 管路支架零件图的主要内容

（1）每个视图的方向坐标，以及支架的外形尺寸；

（2）固定管路口径的名称、大小以及管路截面中心距离支架部材端部的尺寸；

（3）支架的编号、使用场所（如应用计算机辅助设计，则使用场所可参照支架模块的名称）、支架使用的材料及数量清单。

管子支架零件图如图 8-5 所示。

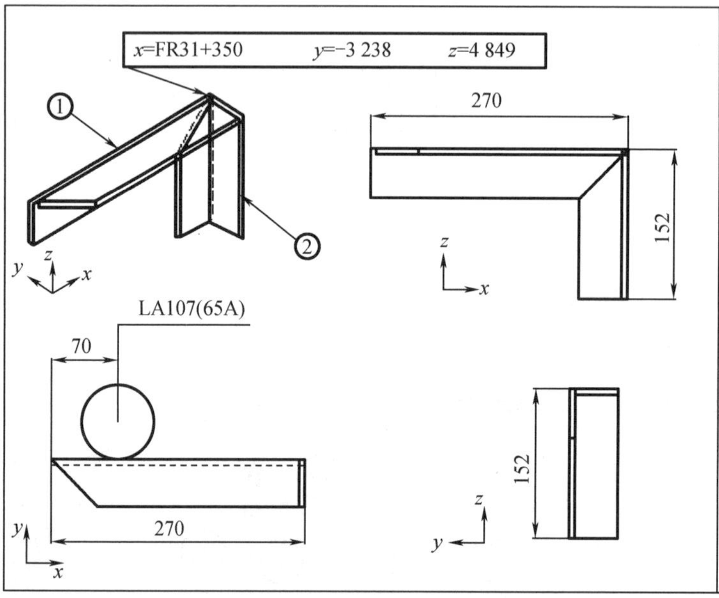

船号	×××
支架符号	B229
模块名称	MBN25A
质量	2.0 kg

材料清单：

1 Lϕ50×50×6　L=270.0　W=1.2

2 Lϕ50×50×6　L=152.2　W=0.67

合计：W=1.87

U型螺栓清单：

65A×1　W=0.15

合计：W=0.15

图 8-5　管子支架零件图（单位：mm）

8.3.5 管系开孔图、通海阀布置图及管子护罩图

1. 管系开孔图

管子开孔视频

在管子综合布置完成后，还要将管子、风道、电缆穿过舱壁的位置坐标及穿越舱壁的开孔形状、大小数据列成表格，供船体设计人员在舱壁上进行开孔设计，以便在船体套料加工时一次加工成型。开孔信息可以向船体设计部门提供开孔坐标数据和开孔大小、形状，配合船体生产设计进度的需要，并反映到船体分段工作图中去。甲板平面上的开孔也可以用开孔图表示。

2. 通海阀布置图

通海阀布置图沿用综合布置图提供的通海阀位置图及其附件详图，用一定比例放在综合布置图子图上，并把它们与船体外板连接的附件、仪器进行编码列表，绘制附件详图和海水门格栅详图。

3. 管子护罩图

在船舶舾装管系中，管子护罩图是一项很重要的设计内容，它包括舱室内甲板上的管子护罩、甲板露天部分的管子护罩、货舱舱口围板处的管子护罩、空气管头护罩、货舱内的管子护罩。

管子安装图出图视频

8.3.6　管系安装图

管系安装图是用来指导现场进行管系安装的主要图纸，安装图中包括以下内容。

(1)视图：主要以平面视图为主，结合多个截面视图进行辅助，在视图比较密集、表示不清楚的时候，可以局部视图放大表示，一般绘制的比例为1∶25。

(2)标注：各视图中应标注有主要的坐标尺寸、辅机器设备的定位尺寸、管路的定位尺寸、管路支架的定位尺寸等；同时安装图所属区域中含有电路、大型铁舾件时，应标注其主要的安装位置尺寸和外形尺寸，供管系安装时参考使用。

(3)零件编号：每一根管系统必须标注名称和口径大小，管路支架和管零件必须标注零件编号，含有辅机器设备及其他特殊舾装品的，需要标注辅机器和舾装品的名称，例如泵的名称、滤器编号、阀号、阀内介质的流向等。

(4)安装信息：管路的安装场所的名称或管路单元的名称，同时应标注每个分段或单元中管路的舾装状态。

除此以外，当管系安装图中局部或一小部分管零件不同于图中标注的安装状态时，需特殊处理的要做明确的标注说明以进行区分。

8.3.7　管舾装管理图表

管舾装管理图表是现场获取船舶各区域管零件相关舾装件物量的主要途径，同时也是现场进行工时估算、安装施工进度控制和人员配置的重要依据。管舾装管理图表主要有以下几种形式。

管理图表生成视频

1. 管舾装托盘清单

管舾装托盘清单主要以船体分段为区域单位。托盘清单中包含管零件、管路支架、风管零件，以及与管路相关的各类辅机器、阀门及其他小型舾装品的规格、名称、使用数量、采购管理编号等。

托盘管理表的编制方法主要有两类。其中，第一类托盘管理表主要由托盘配置一览表、设计输入表、托盘材料表、出库指示表、舾装件制作表及其他管理图表组成。第二类托盘管理表比较简明，为大多数船厂所采用，由A、B、C、D、T五种表组成。

(1)管子零件明细表(A表)

管子零件明细表供内场管子加工使用，也称为内场加工明细表，简称为A表(表8-1)。其中各行表项的含义及编写方法如下。

表 8-1　管子托盘管理表

工程编号 Project		×××		船管子托盘管理表				区域 Area		N400Q		图号 DWGNo.	×××	
								托盘名称 Palle		CB03CP1B99		类别 King	预装	第 2 页　共　页
船名 Shiping		×××箱集装箱船						船码 outfitting				输出日期 Date	2016/10/24	
序号 No.	件号 palletNo.	管子编号 pipepiece	管种 kind	管子材料 material	管级	外径×壁厚 /mm spece	处理 treat	内涂装 coatI	外涂装 coatO	检查 check	水压/MPa mpapressure	船级 class	质量/kg weight	备注/mm remark
1	1	BG1-1	完成管	ST20	三极管	325×13	镀锌				0. 53		419. 6	3 976
2	2	BG1-2	完成管	ST20	三极管	325×13	镀锌				0. 53		519. 9	4 986
3	3	BG1-3	完成管	ST20	三极管	325×13	镀锌				0. 53		347. 3	3 006
4	4	BG1-4	完成管	ST20	三极管	325×13	镀锌				0. 53		369. 9	3 476
5	5	BG18-1	完成管	ST20	三极管	168×11	镀锌				0. 53		63. 6	1 017
6	6	BG18-2	完成管	ST20	三极管	168×11	镀锌				0. 53		36. 0	323
7	7	BG19-1	完成管	ST20	三极管	168×11	镀锌				0. 53		82. 2	1 274
8	8	BG19-2	完成管	ST20	三极管	168×11	镀锌				0. 53		116. 3	2 202
9	9	BG19-3	完成管	ST20	三极管	168×11	镀锌				0. 53		122. 5	2 425
10	10	BG19-4	完成管	ST20	三极管	168×11	镀锌				0. 53		33. 2	258
11	11	BG29-1	完成管	ST20	三极管	168×16	镀锌				0. 53		320. 9	5 388
12	12	BG34-1	完成管	ST20	三极管	168×16	镀锌				0. 53		98. 5	1 414
13	13	BG34-2	完成管	ST20	三极管	168×16	镀锌				0. 53		251. 0	3 990
14	14	FO24-1	完成管	ST20	三极管	351×10	酸洗/冲砂	BB	CC		0. 9	LR/CCS	370. 5	3 980
15	15	FO24-2	完成管	ST20	三极管	351×10	酸洗/冲砂	BB	CC		0. 9	LR/CCS	454. 0	4 980

表 8-1(续)

工程编号 Project		×××		船管子托盘管理表				区域 Area	N400Q		图号 DWGNo.		×××	
								托盘名称 Palle	CE03CP1B99		类别 King	预装	第 2 页 共 页	
船名 Shiping		×××箱集装箱船						船码 outfitting			输出日期 Date		2016/10/24	
序号 No.	件号 palletNo.	管子编号 pipepiece	管种 kind	管子材料 material	管级	外径×壁厚 /mm spece	处理 treat	内涂装 coatI	外涂装 coatO	检查 check	水压/MPa mpapressure	船级 class	质量/kg weight	备注/mm remark
16	16	FO24-3	完成管	ST20	三极管	351×10	酸洗/冲砂	BB	CC		0. 9 MPa	LR/CCS	289. 4	3 010
17	17	FO24-4	完成管	ST20	三极管	351×10	酸洗/冲砂	BB	CC		0. 9 MPa	LR/CCS	328. 7	3 480
18	18	FO25-1	完成管	ST20	三极管	351×10	酸洗/冲砂	BB	CC		0. 9 MPa	LR/CCS	370. 5	3 980
19	19	FO25-2	完成管	ST20	三极管	351×10	酸洗/冲砂	BB	CC		0. 9MPa	LR/CCS	454. 0	4 980
20	20	FO25-3	完成管	ST20	三极管	351×10	酸洗/冲砂	BB	CC		0. 9MPa	LR/CCS	289. 4	3 010
21	21	FO25-4	完成管	ST20	三极管	351×10	酸洗/冲砂	BB	CC		0. 9MPa	LR/CCS	328. 7	3 480
22	22	FO3-1	完成管	ST20	三极管	273×10	酸洗/冲砂	BB	CC		0. 9MPa	LR/CCS	139. 3	965

①工程编号

工程编号是船厂对某一产品所编的程序号,一般由工厂代号、产品种类、顺序号组成。表 8-1 中工程编号为 H3025-32,其中 H 代表沪东中华造船(集团)有限公司,3025 为该厂建造的第 3 025 条船。

②图号

图号是根据企业编码标准的规定进行编制的。

③区域

区域即区域号,根据本船的区域划分和企业标准的编码方法填写。表 8-1 中区域 N400Q,表示机舱双层底上方到花钢板之间左舷的区域。

④托盘名称

此处的托盘可分为单元组装托盘,分段预装、盆舾装、总段舾装托盘,船内安装托盘三类。托盘名称应根据本船的托盘划分和企业的编码标准规定进行编制。表 8-1 中 CB03CP1B99 为本船 N400Q 区域的单元组装托盘。

⑤管子编号

管子编号由系统代号、管路号和序号组成,其中系统代号有两种编制方法,一种是数字和英文字母结合的编制方法,另一种是全部英文字母表示的编制方法。系统代号应根据企业编码标准的规定编制。管路号是将同一系统中管路的通径、压力等级、壁厚、表面处理、绝缘、油漆、水压试验要求、验收要求等都相同的同一连续管路编成同一管路号。管子编号也应根据各企业自己的标准进行编制。序号是为了区别同一管路号中包含的几根甚至几十根管子在管路号后面加的顺序号。如表 8-1 中 BG1-1,BG 是系统号,第一个 1 是管路号,第二个 1 是零件序号。

⑥管子材料

管子材料由材料种类和牌号组成,目前船用管子主要是钢管、铜管和不锈钢管,管子的材料代号及含义如表 8-2 所示。

表 8-2　管子材料符号表

附号	种类	牌号
ST	钢管	10 或 20　　15 或 410
CP	钢管	TUP 或 T3　　T2 或 T4
CH	铜合金管	HPB　　H62
SL	不锈钢管	1Cr18

⑦通径、规格、长度和质量

通径即管子名义上的内径;规格栏填入管子的外径×壁厚;长度为管子的展开长度,即原材料的长度,写在备注里;质量为管子的质量,不包括两端的连接件。

⑧表面处理

根据管子内部输送的介质和外部环境的不同,管子内外表面要进行各种形式的处理。按要求填入相应的代号,代号的含义如表 8-3 所示。

表 8-3 管子表面处理代号表

代号	内容	处理名称	代号	内容	处理名称
M	内场完工后镀锌	镀锌	R	磷化处理	磷化
A	外场制造后镀锌	镀铬	K	镀铬	镀铬
N	内场完工后酸洗	酸洗	SB	喷沙喷丸	喷沙喷丸
I	外场制造后酸洗	酸洗	L	内外壁涂塑	涂塑
LN	内壁涂塑	涂塑			

⑨水压验收

这里的水压验收是指单根管子内场加工结束后的强度试验，填入强度试验的压力值，当需要船级社或船东参加水压试验时应填入相应的符号。

⑩管种

管种即管子类型，一般有完成管和调整管两种。完成管是内场加工完备，外场可以直接安装的管子。调整管是内场弯制完成，加放余量下料，连接件临时固定，待外场安装时经现场校管后再回到内场加工完成，然后上船安装的管子。

(2)支架托盘管理表(B 表)

支架托盘管理表也称 B 表。它由管子支架制造明细表和支架汇总表两种表格组成。表 8-4 为管子支架托盘管理表，表 8-5 为支架汇总表。

表 8-4 中，符号即支架的件号，由支架代号、区域号和顺序号组成，如 B-8，B 表示支架，8 为序号。支架形式一栏中，标准支架根据选用标准填入支架的标准号，非标准支架填入草图字样。非标准支架往往为组合支架，必须另外绘制相应的支架图供内场加工制造用。管夹型号一栏中，根据选用的管夹标准填入管夹标准号，如 H&Z524046-2010DDC273 为某船厂管夹标准号。支架用角钢：角钢包括规格、长度、数量、质量四方面内容，在相应栏目中填写。

表 8-5 支架汇总表是本托盘所有支架所用的管夹、螺母、腹板按类汇总的汇总表。

(3)阀件、附件托盘管理表(C 表)

阀件、附件托盘管理表又称 C 表，作用是将外场安装本托盘所需要的阀件、管附件汇总，供生产管理人员和生产工人使用，如表 8-6 所示。总的表头同 B 表，具体内容包括：

①符号：指阀件或管附件的代号，应与管系原理图上的符号一致。

②名称：指阀件或管附件的名称。例如直通截止止回阀、吸入口、通海阀、减压阀、视流器等。

③图号：指阀件或管附件的标准号，无标准号时填入专用图号。

④备注：可以填入需说明的内容。如某机装托盘内的某阀件属于船装区域的管系原理图上的阀件，这样的情况下，备注栏内可注有“船装”字样。

(4)设备明细表(D 表)

设备明细表又称 D 表，作用与 C 表相同，但填入的内容不一样，它填入本托盘安装所需的各种设备，包括泵、箱柜、基座及其他各种设备。

表 8-4　管子支架托盘管理表

工程编号 Project			×××		支架托盘管理表			区域 Area	N400Q	图号 DWGNo.	×××	
								托盘名称 Pallet	CB03CP1B99	第 7 页　共　页		
船名 Shiping			×××集装箱船					船装代码 outfitting		输出日期 Date	2016/10/24	
序号	符号	件号	支架形式	数量	规格/mm	长度/mm	管夹型号	管夹处理	数量	腹板规格	数量	质量/kg
1	B-8		支架制造图	1	L160×160×12	2 554	H&Z524046-2010DDC273	镀锌	1			88. 01
							H&Z524046-2010DDC457	镀锌	1			
							H&Z524046-2010DDC351	镀锌	1			
2	B-9		支架制造图	1	L160×160×12	2 294	H&Z524046-2010DDC273	镀锌	1			80. 46
							H&Z524046-2010DDC457	镀锌	1			
							H&Z524046-2010DDC351	镀锌	1			
3	B-10		支架制造图	1	L160×160×12	2 294	H&Z524046-2010DDC273	镀锌	1			80. 46
							H&Z524046-2010DDC457	镀锌	1			
							H&Z524046-2010DDC351	镀锌	1			
4	B-11		支架制造图	1	L100×100×10	1 215	H&Z524046-2010DDC457	镀锌	1			25. 92
5	B-12		支架制造图	1	L100×80×8	1 056	H&Z524046-2010DDC351	镀锌	1			15. 31
6	B-15		支架制造图	1	L160×160×12	1 941	H&Z524046-2010DDC457	镀锌	1			68. 06
							H&Z524046-2010DDC351	镀锌	1			
7	B-16		支架制造图	1	L75×75×8	908	H&Z524046-2010DDC273	镀锌	1			10. 26
8	B-25		支架制造图	1	L75×75×8	507	H&Z524046-2010B273	镀锌	1	H&Z524012-2009	2	7. 77
9	B-26		支架制造图	1	L75×75×8	892	H&Z524046-2010B273	镀锌	1	H&Z524012-2009	2	11. 21

表 8-4(续)

工程编号 Project		×××		支架托盘管理表				区域 Area	N400Q	图号 DWGNo.		×××
船名 Shiping		×××集装箱船						托盘名称 Pallet	CB03CP1B99	第 7 页　共　页		
								船装代码 outfitting		输出日期 Date		2016/10/24
序号	符号	件号	支架形式	数量	规格/mm	长度/mm	管夹型号	管夹处理	数量	腹板规格	数量	质量/kg
10	B-27		支架制造图	1	L75×75×8	562	H&Z524046-2010B273	镀锌	1	H&Z524012-2009	1	7.68
11	B-31		支架制造图	1	L160×160×12	2351	H&Z524046-2010DDC351	镀锌	1			83.61
							H&Z524046-2010DDC457	镀锌	1			
							H&Z524046-2010DDC325	镀锌	1			

表 8-5　支架汇总表

工程编号	×××		支架汇总表			图号	×××
						第 11 页　共　页	
船名	×××集装箱船					输出日期	2016/10/24
区域	N400Q	托盘	CB03CP1B99	支架总数	59	管夹总数	93
序号	名称	规格/mm		数量	管夹处理	材料	质量/kg
1	型材	L100×100×10		1.22 m	无	Q235A	18.14
2	型材	L100×80×8		3.34 m	无	Q235A	36.08
3	型材	L100×80×8		4.24 m	镀锌	Q235A	45.81
4	型材	L160×160×12		18.75 m	无	Q235A	544.67
11	管夹	H&Z524046-2010 B168		3 个	镀锌	Q235A	2.60

表 8-5(续)

工程编号	×××		支架汇总表			图号	×××
						第 11 页　共　页	
船名	×××集装箱船					输出日期	2016/10/24
区域	N400Q	托盘	CB03CP1B99	支架总数	59	管夹总数	93
序号	名称	规格/mm		数量	管夹处理	材料	质量/kg
12	管夹	H&Z524046-2010 B168		4 个	无	316	3.47
26	螺母	M10		168 个		Q235A	
27	螺母	M12		16 个		316	
36	腹板	H&Z524012-2009 S115×115		10 块	A3	5.78	
37	腹板	H&Z524012-2009 S140×120		16 块		A3	11.49

表 8-6　阀件、附件托盘管理表

工程编号 Project		×××	管子阀件托盘管理表	区域 Area	N400Q		图号 DWGNo.			×××
				托盘名称 Palle	CB03CP1B99		类别 King	预装		第 13 页共　页
船名 Shiping		×××集装箱船		船码 Outfitting			输出日期 Date			2016/10/24
序号 No	伐件号 Valve	名称 ValveName	标准号 Standard	材料 Mat	数量 QTV	重量 /kg	安装位置			备注 Remark
1	SD-F605	FLANGE 船用盲板钢法兰 AS10080GB/T 44	AS10080GB/T 4450—1995	Q235-A	1	4.2	FR147+120	-3 783	IB553	
2	SD-F604	FLANGE 船用盲板钢法兰 AS10080GB/T 44	AS10080GB/T 4450—1995	Q235-A	1	4.2	FR147+120	-192	IB-556	
3	ED-F23	Y 型滤器 HDMV25-00-110015G	10015GHDMV25-00-1	CASTSTE	1		FR143+134	3 846	IB-1031	

表 8-6(续 1)

工程编号 Project		×××	管子阀件托盘管理表	区域 Area	N400Q		图号 DWGNo.		×××	
				托盘名称 Palle	CB03CP1B99		类别 King	预装	第 13 页共　页	
船名 Shiping		×××集装箱船		船码 Outfitting			输出日期 Date		2016/10/24	
序号 No	伐件号 Valve	名称 ValveName	标准号 Standard	材料 Mat	数量 QTV	重量 /kg	安装位置			备注 Remark
4	ED-F24	Y 型滤器 HDMV25-00-110015G	10015GHDMV25-00-1	CASTSTE	1		FR143+134	-3 846	IB-1031	
5	WB-F29	吸入口 AS300SCB/T495-95-10K	AS300SCB/T 495-95-10K	Q235-A	1	32. 1	FR148	-4 399	BL+340	
6	WB-F17	吸入口 AS300SCB/T495-95-10K	AS300SCB/T 495-95-10K	Q235-A	1	32. 1	FR148+135	4 399	BL+340	
7	ED-V9	法兰青铜直通截止阀 AS25015GB/T 587—1993	AS25015GB/T 587—1993	ZQSN10-2	1	5. 4	FR144+255	-3 846	IB-1031	
8	ED-V8	法兰青铜直通截止阀 AS25015GB/T 587—1993	AS25015GB/T 587—1993	ZQSN10-2	1	5. 4	FR143+359	3 846	IB-1031	
9	SM-V31	法兰青铜直通截止阀 AS25015GB/T 587—1993	AS25015GB/T 587—1993	ZQSN10-2	1	5. 4	FR144+375	-3 846	IB-1031	
10	SM-V30	法兰青铜直通截止阀 AS25015GB/T 587—1993	AS25015GB/T 587—1993	ZQSN10-2	1	5. 4	FR144+175	3 846	IB-1031	
11	FO-V10	中心型对夹式遥控碟阀	1F[XX]10250QTFS(B3)EHLTS-1		1	40. 0	FR149+353	1 064	4D-324	
12	FO-V11	中心型对夹式遥控碟阀	1F[XX]10250QTFS(B3)EHLTS-1		1	40. 0	FR149+353	-4 145	4D-324	
13	BG-V19	中心型对夹式遥控碟阀	1[XX]10150QTNS(W)B6	QT400	1	40. 0	FR147+230	3 685	IB-1014	
14	BG-V20	中心型对夹式遥控碟阀	1[XX]10150QTNS(W)B6	QT400	1	40. 0	FR148+235	-3 729	IB-454	
15	WB-V27	双偏心型对夹式遥控碟阀	2[XXX]10300QTNSS(W)EHLT-13	QT400	1	40. 0	FR147+400	-3 760	IB-980	
16	WB-V26	双偏心型对夹式遥控碟阀	2[XXX]10300QTNSS(W)EHLT-13	QT400	1	40. 0	FR148+135	3 760	IB-980	
17	FO-F58	伸缩接头 DN250PEJ-100-450-00-10K	DN250PEJ-100-450-00-10K	Q235-B	1	5. 2	FR140-254	-2 441	BL+741	
18	BG-F127	伸缩接头 DN300PEJ-100-450-00	DN300PEJ-100-450-00	SUS304	1	5. 2	FR140-254	2 420	BL+767	

表 8-6(续 2)

工程编号 Project	×××	管子阀件托盘管理表	区域 Area	N400Q	图号 DWGNo.		×××
			托盘名称 Palle	CB03CP1B99	类别 King	预装	第 13 页共　页
船名 Shiping	×××集装箱船		船码 Outfitting		输出日期 Date		2016/10/24

序号 No	伐件号 Valve	名称 ValveName	标准号 Standard	材料 Mat	数量 QTV	重量 /kg	安装位置			备注 Remark
19	FO-F50	伸缩接头 DN350PEJ-100-450-00	DN350PEJ-100-450-00	SUS304	1	5. 2	FR140-254	-3 460	BL+780	
20	FO-F54	伸缩接头 DN350PEJ-100-450-00	DN350PEJ-100-450-00	SUS304	1	5. 2	FR140-254	3 460	BL+780	
21	WB-F40	伸缩接头 DN450PEJ-100-450-00	DN450PEJ-100-450-00	SUS304	1	5. 2	FR142-82	2 920	BL+833	
22	WB-F41	伸缩接头 DN450PEJ-100-450-00	DN450PEJ-100-450-00	SUS304	1	5. 2	FR142-82	-2 920	BL+833	
	托盘累计				22	365. 5				

因 D 表与 C 表大同小异，以下仅对不同点进行介绍，如表 8-7 所示。

表 8-7　设备明细表例(D 表)

<table>
<tr><td rowspan="2">工程编号</td><td rowspan="2">×××</td><td colspan="3" rowspan="2">托盘管理表(D 表)
设备明细表</td><td colspan="2">编号×××</td></tr>
<tr><td>共 6 页</td><td>第 6 页</td></tr>
<tr><td colspan="7">托盘名称 UM-02</td></tr>
<tr><td>序号</td><td>名称</td><td>图号或型号</td><td>数量</td><td>质量</td><td>来源</td><td>备注</td></tr>
<tr><td>1</td><td>滑油分油机</td><td>SJ16T</td><td>2</td><td>490 kg×2</td><td>进口</td><td></td></tr>
<tr><td>2</td><td>滑油油渣柜</td><td>5060213G</td><td>1</td><td>1 455 kg</td><td>自制</td><td></td></tr>
</table>

①名称：栏内填入设备的全称，如主机冷却海水泵、压载泵、化学清洗柜等。

②图号(型号)：对于外购的设备填入型号，对于外协或自制的设备填入图号。例如，对于外购的柴油发电机填入型号 N200L-SN，压载泵填入 FEV-250-2D；对于自制的燃油分油机基座填入图号 5055302G，凝水观察柜填入图号 5060303G。

(5)托盘管理表汇总表(T 表)

托盘管理表汇总表又称 T 表，是一只托盘的汇总表，它将托盘的所有舾装件按类进行汇总。T 表的内容主要由表头、汇总表、施工明细表、表题栏组成，如表 8-8 所示。

表 8-8　托盘管理表汇总表例(T 表)

<table>
<tr><td colspan="4">船号　×××</td><td colspan="7">托盘管理表(T 表)</td></tr>
<tr><td colspan="11">交货期：1996/08/14</td></tr>
<tr><td colspan="2">单元</td><td></td><td>托盘代码</td><td colspan="3">托盘名称</td><td colspan="2">安装日期</td><td>合计质量/kg</td><td>舾装区域</td></tr>
<tr><td colspan="2">分段</td><td></td><td rowspan="2">E110301</td><td colspan="3" rowspan="2">UM-02</td><td colspan="2" rowspan="2">1996/08/18</td><td rowspan="2">3 141.56</td><td rowspan="2">03</td></tr>
<tr><td colspan="2">船内</td><td></td></tr>
<tr><td colspan="4">名称</td><td colspan="3">数量</td><td>完成日期</td><td>工时</td><td>质量/kg</td><td>备注</td></tr>
<tr><td rowspan="4">A</td><td rowspan="4">管子</td><td colspan="2" rowspan="2">一般管</td><td>完</td><td>调</td><td>合计</td><td rowspan="2">1996/08/07</td><td rowspan="2">132</td><td rowspan="2">144.9</td><td rowspan="2"></td></tr>
<tr><td>30</td><td>4</td><td>34</td></tr>
<tr><td colspan="2" rowspan="2">加热管</td><td>完</td><td>调</td><td>合计</td><td rowspan="2"></td><td rowspan="2"></td><td rowspan="2"></td><td rowspan="2"></td></tr>
<tr><td></td><td></td><td></td></tr>
<tr><td rowspan="3">B</td><td colspan="3">支架</td><td colspan="3">23</td><td></td><td></td><td>92.26</td><td></td></tr>
<tr><td colspan="3">管夹</td><td colspan="3">38</td><td></td><td></td><td>3.6</td><td></td></tr>
<tr><td colspan="3"></td><td colspan="3"></td><td></td><td></td><td></td><td></td></tr>
<tr><td rowspan="3">C</td><td colspan="3">阀件</td><td colspan="3">20</td><td></td><td></td><td>62.4</td><td></td></tr>
<tr><td colspan="3">滤器</td><td colspan="3">2</td><td></td><td></td><td>63.2</td><td></td></tr>
<tr><td colspan="3"></td><td colspan="3"></td><td></td><td></td><td></td><td></td></tr>
</table>

表 8-8(续)

<table>
<tr><th colspan="2">名称</th><th>数量</th><th>完成日期</th><th>工时</th><th>质量/kg</th><th>备注</th></tr>
<tr><td rowspan="3">D</td><td>滑油分油机及供给泵</td><td>各 2</td><td></td><td></td><td>1 096. 0</td><td></td></tr>
<tr><td>滑油油渣柜</td><td>1</td><td></td><td></td><td>1 455. 0</td><td></td></tr>
<tr><td>基座</td><td>3</td><td></td><td></td><td>225. 1</td><td></td></tr>
<tr><td rowspan="2">单元</td><td></td><td></td><td></td><td></td><td></td><td></td></tr>
<tr><td></td><td></td><td></td><td></td><td></td><td></td></tr>
<tr><td rowspan="3">施工明细表</td><td>名称</td><td>图号</td><td colspan="2">名称</td><td colspan="2">图号</td></tr>
<tr><td>机舱 03 区域管系安装图</td><td>×××</td><td colspan="2"></td><td colspan="2"></td></tr>
<tr><td>机舱 03 区单元管子零件图</td><td>×××</td><td colspan="2"></td><td colspan="2"></td></tr>
</table>

①表头:由船号、交货期、舾装大阶段、托盘代码、托盘名称、安装日期、合计质量、舾装区域几栏组成。

②汇总表:按 A、B、C、D 单元分别汇总,汇总表的表头栏由名称、数量、完成日期、工时、质量、备注构成。

A 表的表头栏包括管子的汇总,首先分为一般管和加热管两大类,然后再细分为完成管、调整管和合计三栏。按具体情况填入。

③施工明细表:此栏表格的作用是为外场施工人员提供安装本托盘所需准备的图纸名称和图号信息,故由名称与图号两栏组成。例如,图纸名称为机舱 04 区域管系安装图,图号为 5804010H。

④标题栏:T 表的下部为每份图纸都设置的通用图纸的标题栏,可根据各厂的标准进行填写。

2. 管加工预定表

管加工预定表主要用来初步设定管零件的加工时间段,并且提供准确的管零件物量供管加工车间参考,作为管加工工时分配及人员配置以及加工负荷量调整的依据。

3. 分段舾装管理表

分段舾装管理表同其他管理图表基本相同,主要是统计船舶各个分段内的管路、支架、通风管以及其他主要舾装品的物量,供现场安装的相关部门参考,作为工时安排、人员配置以及作业进度控制的依据。

思考与练习

一、简答题

1. 管舾装生产设计的要求有哪些?

2. 管零件图的主要内容有哪些?

二、选择题

1. 甲板排水口及连接管的布置属于(　　)。

A. 铁舾装　　B. 管舾装　　C. 内舾装　　D. 甲板

2. 船舶动力管系有(　　)。

A. 舱底　　B. 压载　　C. 压缩空气　　D. 疏排水

3. 管子托盘管理表的 C 表是指(　　)。

A. 管子零件明细表

B. 支架托盘管理表

C. 阀、附件托盘管理表

D. 设备明细表

4. 管子托盘管理表的 T 表是指(　　)。

A. 管子零件明细表

B. 支架托盘管理表

C. 阀、附件托盘管理表

D. 托盘管理表汇总

三、判断题

1. 图纸目录编写时,能把不同场所施工及不同现场施工人员使用的内容、物品编排到同一份图纸中去。(　　)

2. 管路分割应尽可能把接头分割在现场安装的低空作业区。(　　)

任务 8.4　风管舾装生产设计

风管主要是船舶上用来对密闭船体空间进行通风换气的舾装件,如在船体区域的舵机舱、机舱、居住区等处设有通风管。根据形状特征,风管可分为方形风管和圆形风管两大类。一般情况下,自然通风系统和普通机械通风系统都采用方形风管,对于密性要求较高的空调系统则采用圆形风管。

风管舾装生产设计的主要内容是风管零件图和安装图的绘制,以及管理图表的编制。管理图表的编制与管子管理图表的编制类似。

8.4.1　风管零件图

风管零件图是用来指示风管制作的详细图,它是根据各区域的风管综合布置图,并参照相关的风管制作技术要求和图面绘制基准进行绘制的。

风管零件图包含的要素有工程编号、图号、风管零件名称、材质、质量、安装分段、使用日期及风管零件的具体形状尺寸等,如图 8-6 所示。下面对其中部分要点做简要介绍。

(1)风管口径:一般指风管的内径尺寸。

(2)风管材质:一般为镀锌铁板,常用的厚度规格有 0.6 mm、1.6 mm、2.5 mm、3.2 mm、4.5 mm 等几种。其中与墙壁贯通时一般使用较厚的板材(如 4.5 mm 等)。

(3)风管零件长度:通常在进行风管零件图设计时,将风管零件长度设定为 2 m 左右,最长不超过 3 m,质量一般为几千克至几十千克,最重不超过 100 kg。

×××船厂	风管零件图	图号	×××
		共 页	第 2 页

工程编号 ×××	区域 P100Q	壁厚 1 mm	舾装代号	日期 2017/10/24
	管子件号 VFU5-6	处理 镀锌	涂装无 /无	质量 13.57 kg
托盘件号 BD11PP4B89	零件说明	管种 完成管	材料 镀锌钢板	余量

件号	图号	说明	长度	备注
1, 5		角铁方法兰 25×25×3×3		
2		方风管 200×300 壁厚1	50	
3		方风管弯头 200×300/30 内*R*200 壁厚1	1 190	
4		方风管200×300 壁厚1		
6	TC-125	支管(TC)		

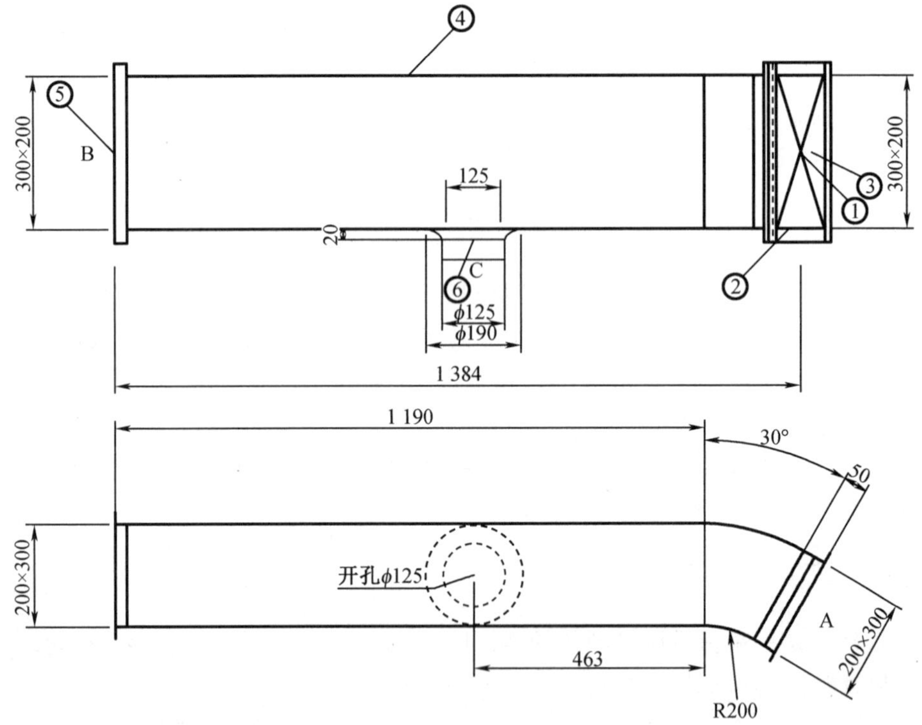

端点	船体坐标	连接对象	备注
A	FR262-114,-13,AD-879	VFU5-5	
B	FR262-114,1218,AD-1514	VFU5-7	
C	FR262+56,588,AD-1151		

图 8-6 风管零件图(单位:mm)

(4)弯曲半径:风管在弯曲时会有比较固定的弯曲半径,通常为100 mm、150 mm等。

(5)连接形式:一般有内接头连接、平法兰对接和平角法兰对接等三种形式,通常情况下,厚度较薄的(如0.6 mm)风管采用内接头连接,其他则多采用后两种连接形式。

(6)余量调整:一般采用平法兰与角钢法兰对接形式,其中角钢法兰采用点焊,以便现场安装时调整。

8.4.2　风管安装图

风管安装图是用来指示现场进行风管安装工事的图纸,它是在设计的风管综合布置图的基础上,参照相关风管安装技术要求和图面绘制基准进行绘制的。

下面对进行风管安装图绘制时需要注意的几方面做简要介绍。

(1)视图:主要以平面图表示为主,辅以其他视图。

(2)安装尺寸:各风管连接处的安装定位尺寸,包括支管、风口、风门等的定位尺寸、距离甲板高度等。

(3)安装分段:指风管被安装的分段及在此分段的何种状态时安装方便。

(4)绑缚标记:在分段连接的地方通常要设定一段短风管($L=400$ mm左右),暂时绑缚在其他风管上,在分段合拢时进行调整连接,所以此时要标记"绑缚"字样。

(5)风门:风管上的风门是进行风量调节的装置,设置在出风口处。

(6)支架:风管支架是用来支撑风管的,其间距通常为1 000~1 500 mm,在弯管、接头附近均需要添加支架,但固定的贯通件可视为一个支架。另外,为了拆卸方便,风管支架距离法兰端部至少100 mm,其支撑点也应尽量选择在甲板的龙筋上。

目前有些船厂将风管安装图和零件图合二为一,做成风管工作图。在绘制风管工作图时,图面上风管的尺寸应标注得很详细,风管复杂的地方用局部详细图在旁侧单独表示出来,这样就无须再画风管零件图了。

思考与练习

一、简答题

1. 风管零件图的主要内容有哪些?

二、选择题

1. 风管支架是用来支撑风管的,其间距通常是(　　)。

A. 500~1 000 mm　　B. 1 000~1 500 mm

C. 500~1 500 mm　　D. 1 500~2 000 mm

三、判断题

1. 对于密性要求较高的空调系统采用矩形风管。　(　　)

2. 风管安装图和零件图通常放在一张图纸上。　(　　)

任务 8.5 电装生产设计

8.5.1 电装生产设计概述

电装生产设计是在电气详细设计的基础上,按电装工艺阶段、施工区域和单元绘制记入电装工艺技术要领和生产管理数据的工作图表的设计过程。

电装生产设计主要任务:解决电气设备的安装技术问题,绘制工艺技术指令(安装位置,尺寸、材料等);为现场生产提供管理资料(如配套、管理表等)。

8.5.2 电装生产设计的主要内容

电装生产设计主要图纸有综合导电系统图、电缆架、照明灯架安装图、电缆开孔图、电气设备基座安装图、主干电缆拉放表册。生产设计主要图纸的流程如图 8-7 所示。

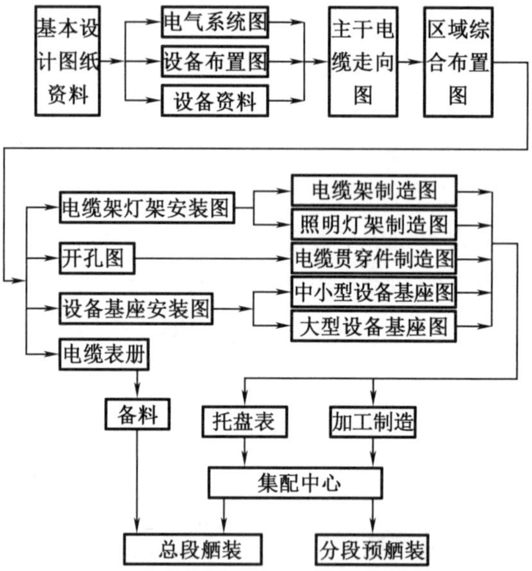

图 8-7 生产设计主要图纸的流程

电气设备建模视频

电缆建模视频

1. 电装生产设计图纸的设绘

(1)电气设备、电缆通道布置工作图(即综合布置图)的绘制

电气设备、电缆通道布置工作图是电装生产设计的工作用图,是电装在图面上模拟造船的全过程。该图为设计人员所用,俗称“母图”。所有电装生产设计的图纸、清册、托盘表都依据该母图制作。

绘制过程:根据基本依据图,首先把电气设备在相对应的工作布置图上初定位并注上参考尺寸,暂时可不设坐标尺寸。按照设备的位置画出电缆走向,在电缆走向的线条上根据需要设置电缆节点。然后根据所有电气系统图上的电缆编号及规格在电缆走向线条上模拟敷设电缆,把所经过电缆节点的电缆编号及电缆规格按节点归类。最后计算各个电缆节点电缆束的宽度及高度，以便计算电缆支撑件、电缆贯通件的数量，设置电缆通道，并与机装、船装协调、放样。

(2) 电装图的绘制

电装图是电装生产设计的主要图纸，包括贯穿件开孔图、基座定位图、电气设备综合定位图等。

电装图所包括的信息有：电缆支撑件、电缆管、电缆贯穿件、隔堵等施工参数；小型电气设备基座（包括灯、开关、按钮、电铃等）；中型电气设备基座（包括电力、照明分配电箱、电动机启动箱等）；大型电气设备基座（包括主配电板、应急配电板、监控台、驾控台、组合启动屏等）。

绘制电装图的步骤：

①划分设计区域。即以船体划分的安装区域为电装生产设计区域。区域划分要考虑电气预舾装和单元舾装，出的图要便于车间施工和组织生产。

例如，居住区域以每层甲板为一区域；甲板区域以首楼、前起货平台、后起货平台、上甲板、前后起货桅、雷达桅等为一区域；机舱区域分为若干区段或以各层甲板为一区段。

②决定图面比例。决定图面比例的原则是既能清楚地表达区段的内容，又要使图面不宜过大。一般采用 1:25 比例尺较为合适。

③确定图面中的编号，图面中主电路、支电路、扁钢、电气设备基座、照明灯具底座、水密填料函、隔舱壁用电缆筒、带水密填料函电缆管、甲板用电缆筒等，每一层、每一区域都必须有统一的编号，这样便于看图和生产管理。现在各厂的编号规定都不相同。

④确定电气设备和固定件安装尺寸的标注方法。标注安装尺寸时必须选择基准点。如图 8-8 所示。

设备和紧固件的定位尺寸标注方法如下：

电气设备：矩形电气设备以互相垂直相邻的边缘来标注高定位尺寸，非矩形及小型设备以中心线标注定位尺寸。

电缆托架：以托架的最低边线和两侧来标注定位尺寸。

扁钢：以最低边线和两侧来标注定位尺寸。

电缆筒和贯通件：以中心线和电缆筒或贯通件的大小来标注定位尺寸。

电缆管、水密填料函等坐标尺寸的标注，标注方法与电缆筒相同。水平尺寸标注与相邻舱壁等船体结构之距离，中心距顶甲板距离标注 h，但组合填料函可以用其相邻的边线来标注定位尺寸。

(3) 电气零件制作图

电气零件制作图包括电气有关的焊装件，具体有座架、箱柜、护罩等，还有贯通件、导板、马脚以及各类电气舾装件。如图 8-9、图 8-10 所示。

(4) 船体结构上的电缆贯通开孔图

由电装生产设计提供电路部分的电缆筒、贯通件的详细坐标和规格，标明开孔的规格和尺度。

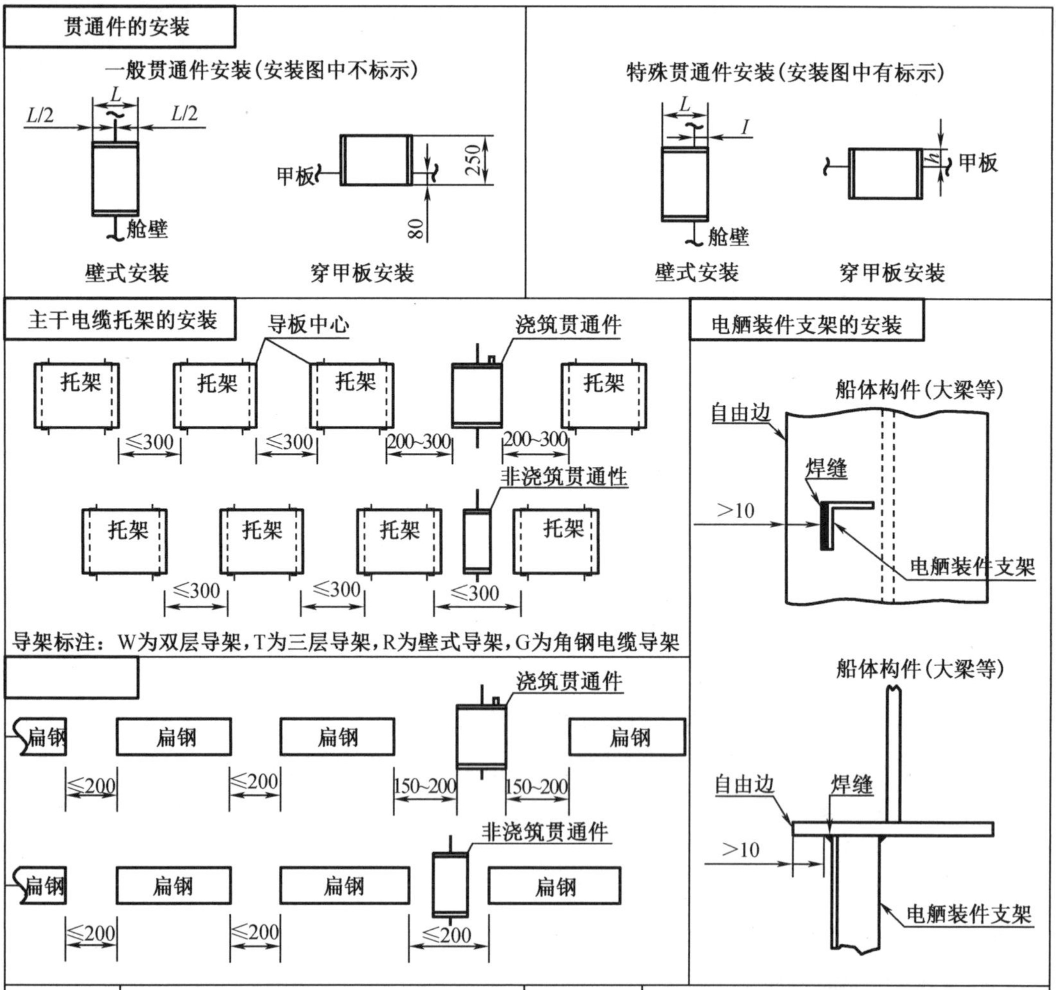

符号	内容	符号	内容
H=***	以顶甲板为基准电舾装件安装的高度	h=***	以地甲板为基准电舾装件安装的高度

1.装配扁钢、电缆托架支脚、电气设备基座支架时，焊缝边缘需离开船体构件边缘大于10 mm。
2.装配扁钢、电缆托架支脚、电气设备基座支架时，焊缝边缘需离开船体构件边缘大于25 mm。
3.本安装图说明相对应的电舾装件制作图册为CB03ME1B0168G，托盘表为CB03CFE1B0168L。
4.未特殊说明情况下所有电气设备基座均为按接地柱于下方的原则进行安装(灯架、顶式与落地设备基座除外)

图 8-8　电装安装图(单位:mm)

2. 管理图表的编制

电装生产设计需要编制的管理图表有电缆敷设表、主干电缆切割表、电气设备清册、电缆清册、电气零件清册、电缆紧固件制作表、以及托盘表等。

<table>
<tr><td colspan="2">×××船厂</td><td colspan="6" rowspan="3">电缆贯穿制作图册</td><td>图号</td><td>×××</td></tr>
<tr><td colspan="2">×××集装箱船</td><td>托盘</td><td>CB03CE1B68</td></tr>
<tr><td>工程编号</td><td>×××</td><td>共 9 页</td><td>第 6 页</td></tr>
<tr><td>序号</td><td>代　号</td><td>A</td><td>B/φB</td><td>L</td><td>t</td><td>数量</td><td>质量/kg</td><td colspan="2">简　　图</td></tr>
<tr><td></td><td>SEC-φ73</td><td></td><td>73</td><td>100</td><td>8</td><td>1</td><td>1.6</td><td colspan="2">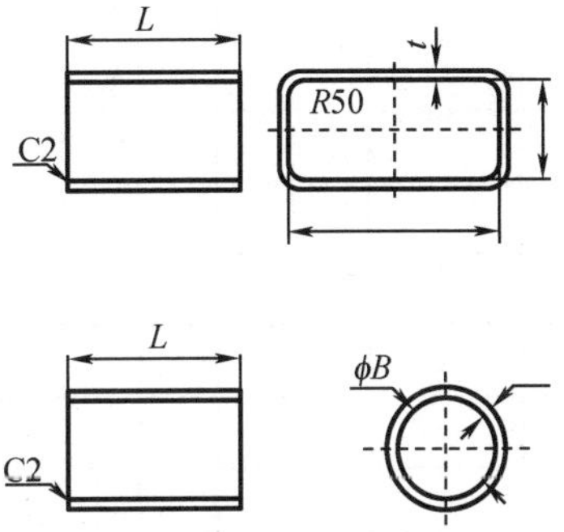</td></tr>
</table>

图 8-9　电缆贯穿件制作图

(1)电缆敷设表

船上电缆可分为主干电缆、分支电缆和居住舱室电缆。全船电缆中除去主干电缆,余下的均视之为分支电缆。

(2)主干电缆切割表

主干电缆切割表是根据电装图用比例方法对主、支电路电缆的长度进行测量,在表中填入电缆代号、型号、长度、停止标记、尾标长度等数据。

(3)电气设备清册

设备清册中包括国产设备、进口设备和自制设备。根据设备清单可以编制设备的交纳流程。

(4)电缆清册

电缆清册是在完成电装图放线表,进行电缆规格、长度统计后做出的图表,它是电缆订货和车间电缆备料的依据。电缆清册列有型号、规格、数量和生产厂家等项目。

(5)电气零件清册

当某些电气设备是非标设备或电路上系单件小型器件,而制造厂又不生产时,船厂就必须自制。自制设备所需的零件和电路上的小型元器件必须编制成册,即电气零件清册。它是物资供应部门采购和车间自制设备备料的依据。电气零件清册一般列有名称、型号、规格、数量、生产厂家等,如表 8-9 所示。

×××船厂		照明及小型设备基座制作图册									图号	×××
工程编号	×××										共 9 页	第 9 页
基座型号		DFP-D					托盘	CB03CE1B68	区域	G109Q	简图	
设备名称	基座代号	*A*	*B*	*C*	*D*	*H*	*D*1/*T*1	*ϕ*/*T*	单重/kg	总重量/kg	数量	DFP-D
液位压力传感器接线盒	CB03CE1B68-G5-12	73	121	45	98	150	21.3/2.75	4.5/4	0.52	1.04	2	

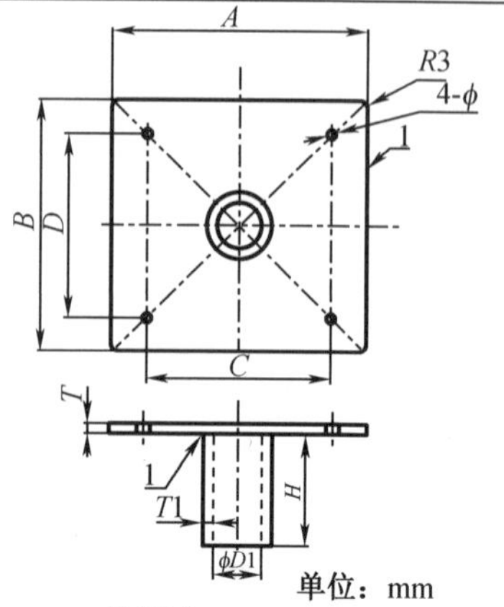

单位：mm

技术要求：

1.制作材料：钢板Q235-A

2.基座完工后需去毛刺

3.基座完工后需热镀锌

图 8-10　照明及小型设备基座制作

表 8-9　电气零件清册

序号	名称	型号	规格	数量	生产厂	图号	备注

对电气设备的采购、入库、出库和安装，可根据设备购买图的图号进行管理，这样的信息比较简单、直观，便于管理和流通。故在设备清册和托盘表上必须记录相关的信息。

(6)电缆紧固件制作表

电缆紧固件形式有好几种，如桥形板、电缆导线板(导板)、电缆紧钩、电缆托架、电缆槽等。各区域或局部电缆紧固件的装焊位置表示在电缆图中，其规格和数量均列在电缆紧固件的制作表上。

(7)托盘表

托盘表是生产设计的重要内容。它把所需部件的配套信息集中起来，将生产管理的主要环节有机地联系在一起进行相互协调，以达到提高生产效率的目的。托盘实际上是一种移动式平台。电气托盘表是附属于电装图、电气设备布置图及管理表册的。在电装生产设备中，它按船体的分段、安装区域统计所用的材料，如安装件、固定件、基座、焊装件、配套件的数量和规格等。

根据各区域的电装图设计、绘制生成电缆支撑件制造图册、电缆贯通件制造图册、照明灯具座及小型设备基座制造图册、中大型设备基座制造图册，并将每个区域中电气设备、电缆、电缆支撑件、电缆贯通件、各大小设备基座集中配制成托盘管理表。

思考与练习

一、简答题

1. 电装生产设计的主要任务是什么？

2. 电装图的主要内容有哪些？

二、选择题

1. 在电装图中表示的是(　　)。

A. 电缆托架　　B. 电缆紧钩　　C. 椭圆形贯穿件　　D. 电缆盒

2. 主干电缆长度为总电缆长度的(　　)。

A. 10%~20%　　B. 30%~40%　　C. 40%~50%　　D. 60%~70%

三、判断题

1. 凡穿过甲板、穿过舱室的电缆称主干电缆。　(　　)

2. 矩形电气设备以互相垂直相邻的边缘来标注高定位尺寸，非矩形及小型设备以中心线标注定位尺寸。　(　　)

任务页　模块 8 舾装生产设计

任务 8.1　舾装生产设计概述

任务描述

题图 8-1 所示为船舶生产设计标准体系，分组收集机装、船装、电装、管装专业类下四个功能类的具体标准项目。

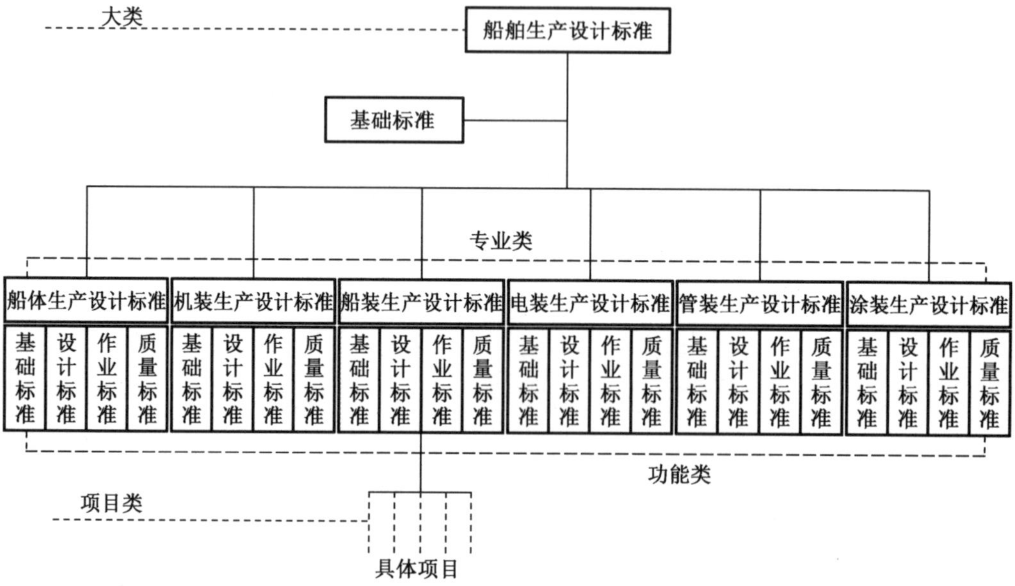

题图 8-1

任务实施

1. 课前准备

课前完成线上学习任务：从线上平台接受任务，通过查询互联网、图书资料，分四组完成舾装专业类下的基础标准、设计标准、作业标准和质量标准文件的收集。

2. 任务引导

(1)查阅资料

在教师的指导下学会利用互联网查询文件资料的方法。

(2)分组讨论

确定分组人员，组员共同完成任务。

小组任务	
小组名称	
标准文件名称及代号	

3. 任务评价

序号	项目	自我评价	小组评价	教师评价	备注
1	查阅资料(20分)				
2	参与组内讨论(25分)				
3	态度端正、认真积极(25分)				
4	标准文件名称及代号准确(30分)				
5	合计				
6	总分				

任务8.2　铁舾装生产设计

任务描述

请同学们对铁舾装生产设计的内容进行分类总结。

任务实施

1. 课前准备

课前完成线上学习任务：从线上平台接受任务，通过查仔细阅读教材，对铁舾装生产设计的内容进行分类总结。

2. 任务引导

(1)阅读教材

在教师的指导下学会对教材内容进行分类总结的方法。

(2)结对讨论

确定结对人员，两人共同完成任务。

小组任务	
小组名称	
铁舾件生产设计的分类及内容	

3. 任务评价

序号	项目	自我评价	小组评价	教师评价	备注
1	查阅资料(20 分)				
2	参与组内讨论(25 分)				
3	态度端正、认真积极(25 分)				
4	铁舾件的分类及内容(30 分)				
5	合计				
6	总分				

任务 8.3　管舾装生产设计

任务描述

题图 8-2 所示为某船舶局部安装图,分组收集安装图上的管子及其阀附件,完成识读报告。

任务实施

1. 课前准备

课前完成线上学习任务:从线上平台接受任务,学习识读安装图的方法,分组完成识读报告。

管子安装图

2. 任务引导

(1)查阅资料

在教师的指导下学习识读管系安装图的方法。

(2)分组讨论

确定分组人员,组员共同完成任务。

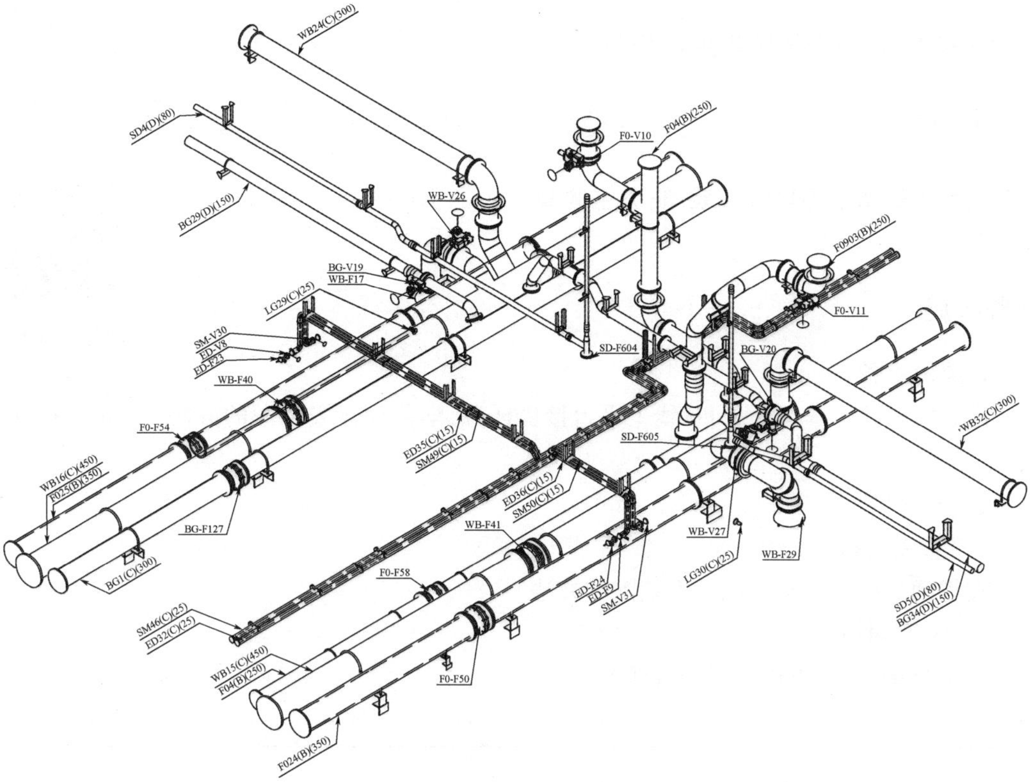

题图 8-2

小组任务	
小组名称	
安装图的识读	

3. 任务评价

序号	项目	自我评价	小组评价	教师评价	备注
1	查阅资料(20 分)				
2	参与组内讨论(25 分)				
3	态度端正、认真积极(25 分)				
4	安装图识读准确(30 分)				
5	合计				
6	总分				

任务 8.4　风管舾装生产设计

任务描述

题图 8-3 所示为风管安装图,分组收集安装图上的管子及其阀附件,完成识读报告。

风管安装图

任务实施

1. 课前准备

课前完成线上学习任务:从线上平台接受任务,学习识读安装图的方法,分组完成识读报告。

2. 任务引导

(1)查阅资料

在教师的指导下学习识读安装图的方法。

(2)分组讨论

确定分组人员,组员共同完成任务。

小组任务	
小组名称	
识读报告	

3. 任务评价

序号	项目	自我评价	小组评价	教师评价	备注
1	查阅资料(20 分)				
2	参与组内讨论(25 分)				
3	态度端正、认真积极(25 分)				
4	识读报告准确(30 分)				
5	合计				
6	总分				

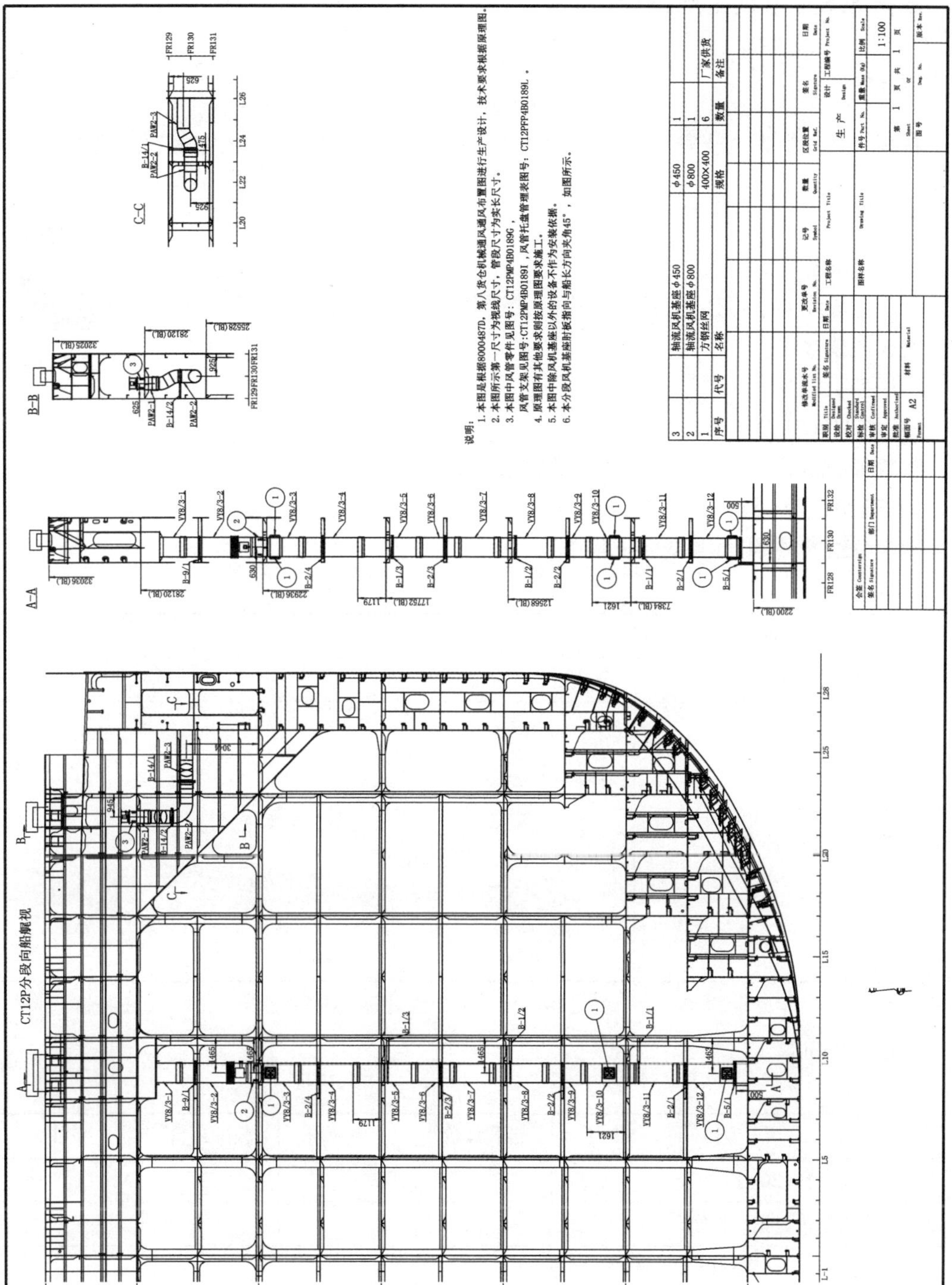

题图 8-3

任务 8.5 电装生产设计

任务描述

右侧二维码中为电装安装图,分组收集安装图上的电缆及其附件,完成识读报告。

任务实施

1. 课前准备

课前完成线上学习任务:从线上平台接受任务,学习识读安装图的方法,分组完成识读报告。

电装安装图

2. 任务引导

(1)查阅资料

在教师的指导下学习识读安装图的方法。

(2)分组讨论

确定分组人员,组员共同完成任务。

小组任务	
小组名称	
识读报告	

3. 任务评价

序号	项目	自我评价	小组评价	教师评价	备注
1	查阅资料(20 分)				
2	参与组内讨论(25 分)				
3	态度端正、认真积极(25 分)				
4	识读报告准确(30 分)				
5	合计				
6	总分				

模块9 涂装生产设计

★模块描述

本模块以涂装生产设计为切入点。涂装工作涉及船体、舾装各个专业，并贯穿于整个船舶建造周期。船舶涂装生产设计要科学合理地确定船舶各部位在涂装配套涂层前的表面处理要求、涂层配套方案和工艺路线方法。涂装生产设计对提高船舶涂装质量、缩短造船周期和降低生产成本有着十分重要的意义。

★学习目标

●知识目标

1. 正确描述涂装生产设计的定义；
2. 掌握船体涂装生产设计的主要内容及流程；
3. 掌握舾装涂装生产设计的主要内容及流程。

●能力目标

1. 能看懂涂装生产设计的图表；
2. 能进行涂装生产设计图表的简单绘制。

●素养目标

1. 具有严谨的工作态度；
2. 具有分析问题、解决问题的能力；
3. 具有自主学习的能力。

任务9.1 涂装生产设计基础知识认知

船舶的防护主要采用涂层保护和电化学保护两种方式。涂层保护就是采用合适的船舶涂料，以正确的工艺使其覆盖船舶的各个部位，形成完整致密的涂层以防止船舶腐蚀的措施。电化学保护则是利用电化学原理对船舶进行保护的一种方法，其基本原理是使腐蚀原电池的电位差减小或消失，可分为阴极保护和阳极保护两大类。船舶的阴极保护又有牺牲阳极保护和外加电流保护两种方法。阳极保护是一项较新的防腐技术，在船舶的防护中应用较少。由于涂层保护是一种应用最为广泛，最为经济、方便、有效的防护方法，船舶涂层保护的合理性、科学性、有效性、经济性极为重要，因此船舶涂装设计越来越受到船东和修造船企业的重视。

船舶涂装涉及的内容非常广泛，且贯穿于整个船舶建造周期。船舶涂装设计就是要科学合理地确定船舶各部位在涂装配套涂层前的表面处理要求、涂层配套方案和工艺路线方法。涂装设计对提高船舶涂装质量、缩短造船周期和降低生产成本有着十分重要的意义。

9.1.1 涂装生产设计概述

涂装生产设计系统在处理涂装标准的基础上，调入船体模型，按照各个不同涂装阶段和要求，进行涂装舱室的划分，自动计算涂装的面积，并根据涂装的面积和涂装工艺信息生成涂装施工图纸和生产表册供现场施工和生产管理使用。涂装生产设计系统具有涂装标准处理、涂装舱室模型的生成、涂装面积的自动计算、图纸生成和统计输出等功能。涂装生产设计的主要内容有：

(1)涂装生产设计图纸与技术文件编制计划；

(2)材料订购清单；

(3)涂装工具、器具订购清单；

(4)钢结构件和舾装件除锈与底漆涂装要求及分类清单；

(5)管系内场除锈与底漆涂装要求；

(6)箱柜除锈与涂装要求；

(7)主船体涂装程序表；

(8)分段除锈涂装图册；

(9)全船涂装手册；

(10)除锈涂装验收文件(包括验收标准、验收项目表、验收原则和验收程序等)；

(11)涂装施工注意事项表(包括涂料名称、规定干膜厚度、相应湿膜厚度、单位面积理论涂敷量、比重、闪点、黏度、颜色、干燥时间、涂装间隔、混合比例、喷涂压力、喷嘴型号、稀释剂、稀释量等)。

标准文件
CB/T 3367—2013

9.1.2 船舶的特殊涂装

船舶的特殊涂装指成品油船和散装化学品船液货舱的涂装、船舶饮水舱和淡水舱的涂装、船舶专用海水压载舱和散货船双舷侧处所的涂装。这些部位涂装的特殊性主要体现在以下四个方面的特殊要求：船舶结构设计的特殊要求、表面处理的特殊要求、施工条件的特殊要求、对涂料和涂层的特殊要求。

我国船舶行业标准《成品油船和化学品船的液货舱涂装工艺技术要求》(CB/T 3367—2013)、国际海事组织(IMO)的 PSPC 对上述特殊要求做出了明确的规定。

9.1.3 船舶涂装技术标准

为了提高船舶涂装的质量，延长船舶的使用寿命，保证航运安全，各国船级社对船舶涂装和防腐蚀措施都做出了规定，IMO、国际船级社协会(IACS)亦为此制定了相关标准。

1. 国际组织要求与船级社的规范要求

IMO 的《国际海上人命安全公约》(SOLAS)、IACS 的《国际船级社要求和解释》，以及各船级社的船舶建造与入级规范对船舶涂装和防腐蚀都有明确的规定。主要内容包括：对材料表面处理的要求、关于车间底漆的要求、油漆和其他涂料的安全性、船舶涂装和防腐蚀的关系、关于牺牲阳极保护的要求、关于外加电流阴极保护的要求等。

2. 我国船舶涂装和防腐蚀的标准

我国船舶涂装和防腐蚀的标准主要包括国家标准(GB)、中国船级社(CCS)标准、船舶行业标准(CB)三类。CCS 标准请参阅中国船级社的相关规范、规则、通函和指南。国家标准和船舶行业标准主要有以下七个方面:船舶涂料专用技术标准、涂料性能检验方法标准、涂装前表面状态和表面处理的标准管、阴极保护标准、热喷涂、热浸镀技术标准、涂装设备标准、环境保护和环境要求标准。

3. 压载舱涂层标准

IMO 为了防止船舶因结构腐蚀导致损坏,经多年研究于 2006 年 12 月在海上安全委员会(MSC)第 82 届会议上通过了关于《所有类型船舶专用海水压载舱和散货船双舷侧处所保护涂层性能标准》(PSPC,简称“压载舱涂层标准”)的决议。该决议对于 2008 年 7 月 1 日以后的船舶将强制执行。而 IACS 则于 2006 年 12 月 8 日提前对共同规范的散货船和油船实施了该标准。压载舱涂层标准对涂装工艺和生产设计提出了新的要求,该标准的实施不但会使船舶涂装质量上一个新台阶,而且将对造船工艺和程序的改进产生积极的影响。

PSPC

思考与练习

一、简答题

1. 涂装生产设计分为几大类?

2. 涂装标准有哪些?标准包括的主要内容有哪些?

二、选择题

1. 下列不属于特殊涂装范围的是(　　)。

A. 成品油船和散装化学品船液货舱

B. 货船的压载舱

C. 船舶专用海水压载舱和散货船双舷侧处所

D. 船舶饮水舱和淡水舱的涂装

2. (　　)属于常用的船舶保护措施。

A. 电化学保护　　B. 涂层保护　　C. 阳极保护　　D. 阴极保护

三、判断题

1. 船舶涂装贯穿于整个船舶建造周期。　　(　　)

2. 阳极保护是一种应用最广泛,最为经济、方便、有效的防护方法。　　(　　)

任务 9.2　船体涂装生产设计

现代造船模式下的船舶涂装作业方式应与船体建造的分段建造法和船舶舾装的区域舾装法相协调。目前国内船厂多用专门的生产设计软件的涂装模块进行涂装生产设计。根据某大型船厂的模式将船舶涂装生产设计分为船体涂装生产设计和舾装件涂装生产设计两部分。船体涂装有钢材预处理、分段涂装和现场涂装等制造级,因此与船体涂装相关的生产设计包括预处理指示、分段涂装指示图的编制及现场涂装指示图的编制等内容。

9.2.1　预处理指示

1. 预处理指示的范围

钢材预处理是指对钢材进行矫平、除锈(含氧化皮)和涂防护漆等作业。作为船体涂装生产设计,预处理指示的范围主要包括以下三个方面。

(1)预处理区域指示

一般而言,船上所有铁制件都需要预处理和涂装,但对于一些特殊船型的特殊区域,如油船的货油舱内,表面为裸皮,不需要预处理和涂装。因此,在相关图纸中要对各区域预处理给予指示。

(2)预处理场所指示

由于船厂预处理设备能力的限制,部分板材的预处理需要委托外协厂家,因此要对预处理的场所进行指示。

(3)车间底漆的品牌指示

不同的船东,或者不同的区域,对车间底漆的品牌有不同的要求,在相关图纸中,对底漆的品牌要予以说明。

2. 预处理指示涉及的图纸

预处理指示涉及的图纸主要有装配图、钢材订购清单、加工指示表、零件图等。

(1)装配图主要指示车间底漆的品牌以及各区划预处理的有无,往往以共通性的文字说明方式进行指示,如除特记以外全部预处理施工,底漆为×××特殊的预处理方式和底漆品牌在各详细图中指示。

(2)钢材订购清单和加工指示表主要对预处理的有无、施工场所及底漆品牌进行指示,往往以代码的方式进行指示。

(3)零件图仅对预处理的有无以及底漆品牌做出指示,同样采用代码的方式进行指示。

9.2.2　分段涂装指示图

预处理后的钢材经过构件加工和结构预装焊制成分段后,钢结构表面不可避免地会产生锌盐、铁锈以及沾染油污和水分等,所以要进行二次除锈,然后再根据分段的不同要求进行底漆喷涂。对分段的二次除锈和底漆喷涂作业称为分段涂装。分段涂装指示图的编制步骤如下。

1. 确定分段所包含的相关区域

根据船壳构造图、总布置图、分段涂装预定、涂装规格书等技术资料详细列出分段中各相关区域。

2. 按区域计算涂装面积

根据装配图,逐个计算各个区划的涂装面积。传统的方法是采用手工计算,主要构件用一般的几何图形的面积计算公式计算。随着计算机技术的发展,运用船舶生产设计软件,通过计算机建立三维模型,可以自动计算面积,计算速度和精度都得到了大幅的提高。值得注意的是,相邻两区划间的部材的面积要一分为二,包含在各自区划里。

3. 编制分段涂装示意图

分段涂装示意图也称为分段涂装工作图,它能直观地反映分段的大致构造及各个区划的位置,有助于现场作业者更清晰地了解各个作业区域。绘制分段涂装工作图有两种方式:一种方式是首先选取一个平面视图(此视图能尽量多地反映各分段所包含的相关区划,一般为分段装配或涂装时的基础面),在该平面图中标注区划的位置及名称,若某区划在此视图上不能反映出来,则需要添加一些侧视图辅助表示。另外,对于分段涂装完成以后需要有火气施工(如焊接、切割等)的场所(分段接合处除外),在示意图中要予以指明,以便在涂装过程中避开这些位置。另一种方式是利用生产设计软件的涂装设计系统直接提取已经建立的船体分段的三维立体模型,但这样的图形还不能直接用于指导施工,还必须进行必要的修剪和细化,布置诸如轨道线等一些必要的线条,标注出该分段上各部位的名称,最后形成指导涂装现场施工的分段立体图。

4. 确定涂装规格

根据涂装规格书及生产部门提供的涂料参数,记入涂料品牌、涂料名(包括色别)、涂层数、膜厚。

5. 物量计算

物量计算包括涂料预定使用罐数、预定除锈工时及预定涂装工时的计算。其计算公式为:

预定使用罐数=全面积×理论涂布率×涂布率转换系数/标准包装容积

预定除锈工时=全面积×除锈基本工时

预定涂装工时=全面积×涂装基本工时

注:涂布率转换系数、除锈基本工时、涂装基本工时由生产部门提供,理论涂布率为排除任何损耗因素的情况下,在单位面积获得一定厚度的漆膜所需的漆量,以“g/m^2”为单位,有标准可查。

6. 分段多用涂料的统计

按涂料规格分类,分别对该分段中使用的各类涂料用量进行汇总,并根据涂料的用量计算出稀释剂的使用量。

9.2.3　现场涂装指示图

分段涂装管理图表如表9-1、图9-1所示。分段涂装全部结束后,整船的涂装就完成了大部分工作,残余的涂装工作将在现场阶段完成。现场涂装包括船上涂装和完工涂装。

表 9-1　分段涂装管理表

×××船厂					×××分段涂装管理表						PAGE:第 2 页 版本:
分段	部位名称	除锈等级	面积%	度数	油漆名称	SVR /%	干膜/μm	湿膜/μm	涂布率/(m^2/L)	油漆用量/L	备注
CB03C	7#底部压载水舱(左)	B1	289	1	Jotaprime 510 OWM-ART 铝红	75	160	213	2.4	112.0	
				2	Jotaprime 510 OWM-ART 铝灰	75	160	213	2.4	112.0	
	7#底部压载水舱(右)	B1	299	1	Jotaprime 510 OWM-ART 铝红	75	160	213	2.4	112.0	
				2	Jotaprime 510 OWM-ART 铝灰	75	160	213	2.4	112.0	
	8#底部压载水舱(左)	B1	435	1	Jotaprime 510 OWM-ART 铝红	75	160	213	2.4	169.0	
				2	Jotaprime 510 OWM-ART 铝灰	75	160	213	2.4	169.0	
	8#底部压载水舱(右)	B1	435	1	Jotaprime 510 OWM-ART 铝红	75	160	213	2.4	169.0	
				2	Jotaprime 510 OWM-ART 铝灰	75	160	213	2.4	169.0	
	7A#货舱甲板(左)	B1	57	1	Jotaprime 510 OWM-ART 铝红	75	125	167	3.1	18.0	
				2	Jotaprime 510 OWM-ART 铝灰	75	125	167	0.0	0.0	
	7A#货舱甲板(右)	B1	57	1	Jotaprime 510 OWM-ART 铝红	75	125	167	3.1	18.0	
				2	Jotaprime 510 OWM-ART 铝灰	75	125	167	0.0	0.0	
	8F#货舱甲板(左)	B1	93	1	Jotaprime 510 OWM-ART 铝红	75	125	167	3.1	28.0	
				2	Jotaprime 510 OWM-ART 铝灰	75	125	167	0.0	0.0	

表 9-1(续 1)

×××船厂					×××分段涂装管理表						PAGE:第 2 页 版本:
分段	部位名称	除锈等级	面积	度数	油漆名称	SVR /%	干膜/μm	湿膜/μm	涂布率/(m^2/L)	油漆用量/L	备注
CB03C	8F#货舱甲板(右)	B1	93	1	Jotaprime 510 OWM-ART 铝红	75	125	167	3.1	28.0	
				2	Jotaprime 510 OWM-ART 铝灰	75	125	167	0.0	0.0	
	8F#货舱顶壁(前)	B1	50	1	Jotaprime 510 OWM-ART 铝红	75	100	133	3.9	12.0	
				2	Jotaprime 510 OWM-ART 铝灰	75	100	133	3.9	12.0	
	7A#货舱隔舱顶壁	B1	228	1	Jotaprime 510 OWM-ART 铝红	75	100	133	3.9	55.0	
				2	Jotaprime 510 OWM-ART 铝灰	75	100	133	3.9	55.0	
	7A#货舱隔舱甲板	B1	6	1	Jotaprime 510 OWM-ART 铝红	75	125	167	3.1	2.0	
				2	Jotaprime 510 OWM-ART 铝灰	75	125	167	0.0	0.0	
	管弄(后)	B1	858	1	Jotaprime 510 OWM-ART 铝红	75	125	167	3.1	258.0	
				2	Jotaprime 510 OWM-ART 铝灰	75	125	167	3.1	258.0	
	左后平船底	B1	151	1	Jotaprime 510 OWM-ART 铝红	75	100	133	3.9	37.0	
				2	Jotaprime 510 OWM-ART 铝灰	75	100	133	3.9	37.0	
				3	SAFEGUARD PLUS 5BP-YEL 黄色	56	100	179	2.9	49.0	
				4	SeaQuantua Pro U OWJ-LRD 浅红	58	100	172	3.6	40.0	
				5	SeaQuantua Pro U OWJ-DRD 深红	58	100	172	3.6	40.0	

表 9-1(续 2)

×××船厂					×××分段涂装管理表					PAGE:第 2 页 版本:
分段	部位名称	除锈等级	面积	度数	油漆名称	SVR /%	干膜 /μm	湿膜 /μm	涂布率/(m^2/L)	油漆用量/L	备注
CB03C	左后平船底	B1	151	1	Jotaprime 510 OWM-ART 铝红	75	100	133	3.9	37.0	
				2	Jotaprime 510 OWM-ART 铝灰	75	100	133	3.9	37.0	
				3	SAFEGUARD PLUS 5BP-YEL 黄色	56	100	179	2.9	49.0	
				4	SeaQuantua Pro U OWJ-LRD 浅红	58	100	172	3.6	40.0	
				5	SeaQuantua Pro U OWJ-DRD 深红	58	100	172	3.6	40.0	
	轻柴油舱(左)	B1	18	1	JOTUN IXHIBIIVE OIL 2L9-CLR 无色	50	20	40	0.0	0	

行	油漆名称	油漆输号	稀释剂编号	油漆用量/L	备注
1	Jotaprimc 510 OWM-ART 铝红	8001050150	80010500C9	1 055	
2	Jotaprimc 510 OWM-ART 铝灰	8001050151	80010500C9	894	
3	Jotaprimc 510 OWM-ART 铝红	8001050152	80010500C9	67	
4	Jotaprimc 510 OWM-ART 铝红	8001050102	80010500C9	98	
5	Jotaprimc 510 OWM-ART 铝红	8001050153	80010500CF	80	
6	Jotaprimc 510 OWM-ART 铝红	8001050154	80010500CF	80	
7	Jotaprimc 510 OWM-ART 铝红	8001050126	80010500CA	0	

表 9-1(续 3)

行	油漆名称	油漆输号	稀释剂编号	油漆用量/L	备注
			油漆合计	2 274	
1	THINNER NO. 17 稀剂	80010500C9		212	
2	THINNER NO. 7 稀剂	80010500CT		16	
3	THINNER NO. 2 稀剂	80010500CA		0	
			油漆合计	228	
1	舾装件(油漆合计)			227	
2	舾装件(稀释剂合计)			23	

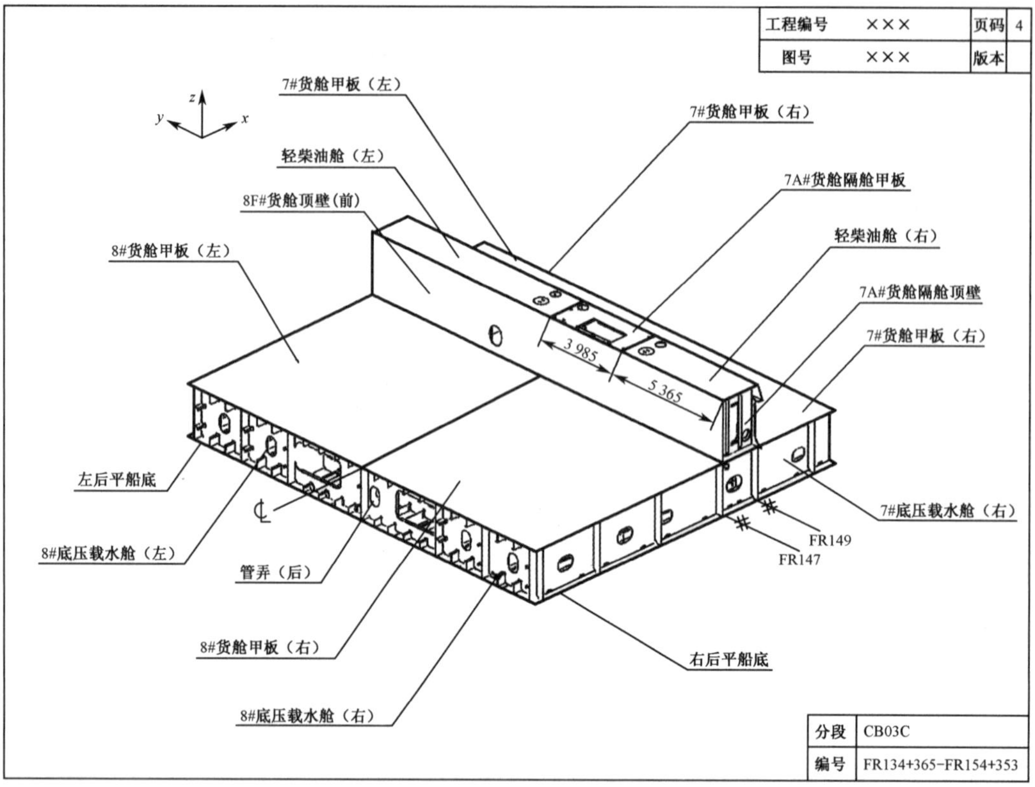

图 9-1 分段涂装管理图(单位:mm)

1. 船上涂装

船舶下水前在船台上(船坞内)和下水后在码头边的涂装称为船上涂装。船上涂装工作主要包含三方面内容:对分阶段剩余的涂层进行涂装施工,例如船体大接缝处的除锈、清理、补漆和船体外表面各部位内层漆及面漆的喷涂;船体内无后期舾装作业的油舱、水舱等部位的涂装作业;对现场火气施工过的地方和磨损及遭破坏的地方进行补涂施工。

2. 完工涂装

交船前的涂装作业称为完工涂装。完工涂装一般在试航结束到交船之前这一段期间内完成,以便使船舶面目一新地交给船东。当然,只要船东同意完工涂装作业也可以提前进行。完工涂装作业主要包括两方面内容:上层建筑外围壁、甲板、甲板机械等表面的清理和补漆;主船体外表面各部位的最后一道面漆的喷涂。

现场涂装指示图的目的就是指导涂装作业人员进行现场涂装工作,从而保证现场涂装工作的合理、有序及安全。现场涂装指示图的主要指示内容有以下几个方面:

(1)涂装的一般注意事项。涉及施工状态、施工方法、施工顺序及施工工具等各个方面。

(2)涂装作业责任者的确认内容。对于现场涂装作业前、作业中、作业后及完工后四个阶段,分别规定作业责任者在各作业阶段的确认内容。例如,作业责任者在作业中的阶段须对换气状态、照明灯具设置、脚手架状态、周边火气禁止等方面进行仔细确认。

(3)风扇的种类及使用要领。现场涂装施工中换气的设置是相当重要的,它能有效地防止气体中毒及爆炸事故发生。使用较为普遍的风扇类型有纵型轴流风扇、横型轴流风扇、涡轮风扇等,分别适用于大容量舱室、中小容量舱室及局部区域的换气。

(4)照明器具的种类及用途。现场涂装施工中使用的照明器具主要有防爆型水银灯(或防爆型白炽灯)、小型防爆灯、电池式防爆手电等,分别用于全体照明、局部照明及手边照明。

(5)现场区划及舱室的涂装指示。包括各区划及舱室现场涂装面积、涂装规格、涂装范围、目标罐数等详细数据。

(6)全船舱室布置图。一般包含全船的纵中剖面图、甲板平面图、内底板平面图等,从而能使工作人员清晰地了解各舱室所在的位置及其名称。

(7)舱室交通、换气要领图。一般包括舱室的立体图、标注舱室名称、交通及换气指示等内容。

思考与练习

一、简答题

1. 在船体涂装生产设计中,预处理指示的范围包含哪些方面?

2. 分段涂装指示图的主要内容有哪些?

3. 现场涂装指示图的主要指示内容有哪些?

二、选择题

1. 对分段的二次除锈和底漆喷涂作业称为(　　)。

A. 分段涂装　　B. 先行涂装　　C. 船上涂装　　D. 完工涂装

2. 在分段状态以及之前的舾装件涂装称为(　　)。

A. 分段涂装　　B. 先行涂装　　C. 船上涂装　　D. 完工涂装

3. (　　)不属于物量计算的内容。

A. 涂料预定使用罐数　　B. 预定除锈工时

C. 预定涂装工时　　D. 预定涂装规格

三、判断题

1. 船上所有铁制件都需要预处理和涂装。　(　　)

2. 零件图仅对预处理的有无以及底漆品牌做出指示。　(　　)

3. 完工涂装一般在试航之前完成。　(　　)

4. 涂装区域的所有火工作业结束后才能进行完工涂装。　(　　)

任务9.3　舾装件涂装生产设计

舾装件的种类很多,其涂装的规格和方式各不相同,因此必须根据舾装件所处的不同环境的要求进行涂装处理。

舾装件的涂装流程和要求基本同船壳的涂装,都需要分阶段地进行材料表面处理和后续油漆的涂装。在船体建造过程中,必须结合船体结构的建造节点,按各种舾装状态编制相应的涂装计划,进行分段涂装、搭载后的二次涂装及最后的完工涂装。

9.3.1　舾装件涂装计划的制定

船舶舾装件生产设计需要船体、舾装和涂装之间的密切配合。特别是舾装件的涂装必须根据不同舾装件的安装状态和时期制定不同的涂装计划,以密切配合整个船舶建造过程中船体建造、机电等舾装设备的安装调试,在工作流程上既不能发生冲突也不能互相干扰。

舾装件涂装计划的制定当以船体建造生产节点主线为依据,舾装和涂装工作围绕此主线展开,根据船体建造的各个状态将舾装件的涂装施工分成对应的几个状态。一般来说,在分段状态以及之前的舾装件涂装称为先行涂装,而在分段搭载以后所做的涂装称为一般涂装,最后一道油漆的涂装称为完工涂装。划分涂装状态时,不仅需要考虑涂装工程与船体建造流程的配合,还要考虑涂装施工前后与周围舾装设备安装之间的相互影响,特别是设备、结构装配时需要动用火工的地方。原则上,火工与涂装施工不能同时进行,而在完工油漆施工前,一般要求结束所在区域的所有火工作业。

9.3.2　舾装件涂装方案

船舶上安装的舾装件不但种类繁多、结构形状复杂,而且材质也不相同。因此,对于不同材质、不同种类的舾装件,必须制定不同的涂装方案。

1. 舾装件的一般涂装方案

一般来说舾装件采用与其周围船体构造相同规格的涂装,但因舾装件的材料不同,需要根据不同材质采用不同的涂装方式和规格。

(1)钢制舾装件

钢制舾装件一般采用与周围环境相同的涂装规格,用于船上最常见的室内普通空间,如居住区和机舱的一般房间,故不需要做任何的特殊处理。

(2)铸铁、铸钢制舾装件

铸铁、铸钢制舾装件的耐海水性、耐原油性优于普通钢,而且在很多场合都须加厚安装,如甲板上的系船装置,故一般无须做特殊涂装处理。若有完工涂装要求,则同周围船体的要求相一致。

(3)电镀舾装件

电镀舾装件具有良好的机械耐磨性和耐海水性,一般应用于不便涂装、形状复杂和有一定防腐要求的艇装品。如口径较小、内含腐蚀液体的管系和一些结构复杂但比较轻薄的舾装件架。其涂装一般仅需做必要的表面保护。

(4)耐腐蚀金属、非铁金属制舾装件

此类舾装件一般应用于有特殊要求的系统或装置中,原则上不需要做涂装处理。

(5)非金属制舾装件(除木制品)

此类舾装件一般用于装饰或保护的场所,由于其材料的特殊性,原则上不需要做特殊的涂装处理,只对有表面要求的部分做必要的完工涂装处理。

2. 舾装件的特殊涂装方案

由于部分船舶舾装件安装场所的特殊性和作用的不同，为了既满足详细设计的要求，又达到必要的防腐和美观的目的，对此类舾装件的涂装需做特殊处理。

(1)舱口盖、水密门

由于舱口盖和水密门属于密闭空间的密闭装备，其内外的环境条件有所不同，故内外面的涂装规格一般不同。为了发挥其应有的密闭效果，保证其结合部位的良好接触，在结合部一般不做涂装要求。

(2)蒸汽式甲板机械

由于蒸汽式甲板机械设备具有特殊的热源，故需要做耐热涂装。

(3)桅杆及柱类装置

由于此类装置位于船舶驾驶员的视野内，为了消除其在船舶操纵中的光反射干扰，一般需要采用黑色(亚光)的涂装。

(4)压载管、海水管

压载管系和海水管系一般采用镀锌钢管、铸铁或铸钢的材质，但使用最多的还是钢管。使用镀锌钢管时，一般是内面做 T. E. (Tar-epoxy)涂装，外面做与周围相同规格的涂装。

(5)电池间内的舾装件

电池间内存放着蓄电池，因而空气中会含有较高浓度的挥发气体，故此房间内的舾装件涂装必须用耐碱、耐酸性的油漆。

9.3.3　涂装生产信息的指示

船舶舾装件的涂装要求，在船舶规格书上有明确的说明。设计人员应根据规格书的要求编制详细的涂装要领书，再结合船舶制造厂的实际生产条件生成合适的生产信息，作为指导现场施工的依据。

1. 舾装件涂装信息指示的依据

船舶舾装件的涂装规格是根据船东的要求，结合船厂的实际，由设计人员进行专业协调决定的，并在规格书上做出明确的说明，以此作为涂装生产设计和施工的基本依据。

2. 舾装件涂装信息的指示

(1)舾装件涂装指示信息的编码

船舶建造时，由于船体构件和舾装件的种类、数量繁多，其对应的涂装规格也很多，因此相关的涂装生产信息非常广泛。如此繁多的作业信息量，给现场涂装施工人员的正确获取带来了一定的不便，不利于有效地进行施工，甚至会造成误操作。为此，舾装件的涂装信息指示的传递很重要。

目前舾装件涂装生产设计与现场施工之间的信息传递通常采用编码的方法实现，即按具体的涂装规格进行分类编码，编码由 3~4 位字母和数字组成，将原来复杂冗长的信息指示编码化，使得现场施工人员看到图纸上的编码，即可获知该涂装工程的做法和要求，从而简化了信息传递的途径，降低了信息的出错率，减轻了施工人员的读图压力，使生产信息指示得到了顺利的传递。

2＊＊＊：表示用喷砂作为表面处理。

3＊＊＊:表示用喷砂或酸洗作为表面处理。

4＊＊＊:表示用酸洗或动力工具作为表面处理。

5＊＊＊:表示用手工工具作为表面处理。

6＊＊＊:表示基材为木材,基本上不需要做特殊的表面处理。

7＊＊＊:表示基材表面除锈后需电镀处理,而且上涂非环氧类底漆,一般为树脂类底漆。

8＊＊＊:表示基材表面除锈后需电镀处理,而且底漆为环氧类的。

(2)舾装件涂装信息在图纸上的体现

在目前的船舶建造中,船舶舾装件的制作多依赖外协加工,所以舾装件的涂装客观上分成了厂外涂装、内场涂装和外场涂装,其中厂外涂装指的是舾装件在外协厂家进行的涂装,内场涂装指的是在车间内的涂装,外场涂装则是在车间外的涂装。

外协加工舾装件的涂装指示,主要通过外协加工图体现,包括相关舾装件的表面处理方式和等级要求,以及后道油漆的规格、层数和厚度。部分舾装件的涂装要求较高,需要船厂自己涂装的,则要求外协厂家做简单的表面处理和适当的保护即可。船厂不再进行涂装的舾装件则需要外协厂家做完工油漆。为此,涂装要求中必须明确提供表面处理和涂装的技术要求,对涂料品种、膜厚、颜色等做出详细的规定。舾装件出厂时要检查验收,并做好涂层保护。

内场涂装一般是对外加工舾装件的二次涂装,实际上是涂装要求相对较高或是比较特殊的情况,其涂装信息也必须通过加工图纸的标注来体现。

外场涂装一般是对舾装件做最后的完工油漆,以及对部分损伤部位涂层进行修补,亦需做相应的指示。

思考与练习

一、简答题

1. 舾装涂装生产设计分为哪几类?

2. 舾装件涂装计划制定时的注意事项有哪些?

3. 外协加工图上的涂装信息包括哪些?

二、选择题

1.(　　)舾装件不需要做涂装处理。

A. 木制品　　B. 耐腐蚀金属制　　C. 电镀　　D. 非金属制(除木制品)

2.(　　)舾装件只对有表面要求的做必要的完工涂装处理。

A. 木制品　　B. 耐腐蚀金属制　　C. 非铁金属制　　D. 非金属制(除木制品)

3. 由于(　　)设备具有特殊的热源,故需要做耐热涂装。

A. 蒸汽式甲板　　B. 液压式甲板　　C. 电动式甲板　　D. 机舱

4.(　　)舱室内的舾装件涂装必须用耐碱、耐酸性的油漆。

A. 电池间　　B. 居住　　C. 火工间　　D. 油漆间

5. 舾装件指示编号 4＊＊＊表示(　　)。

A. 用喷砂作为表面处理

B. 用酸洗或动力工具作为表面处理

C. 用手工工具作为表面处理

D. 不做表面处理

三、判断题

1. 舾装件涂装计划的制定当以舾装生产节点主线为依据。(　　)

2. 舾装件采用与其周围船体构造相同规格的涂装。(　　)

3. 非金属制舾装件只对有表面要求的做必要的完工涂装处理。(　　)

4. 内场涂装是指对舾装件做最后的完工油漆。(　　)

任务页　模块9 涂装生产设计

任务9.1　涂装生产设计基础知识认知

任务描述

题图9-1所示为船舶生产设计标准体系,分组收集涂装专业类下四个功能类的具体标准项目。

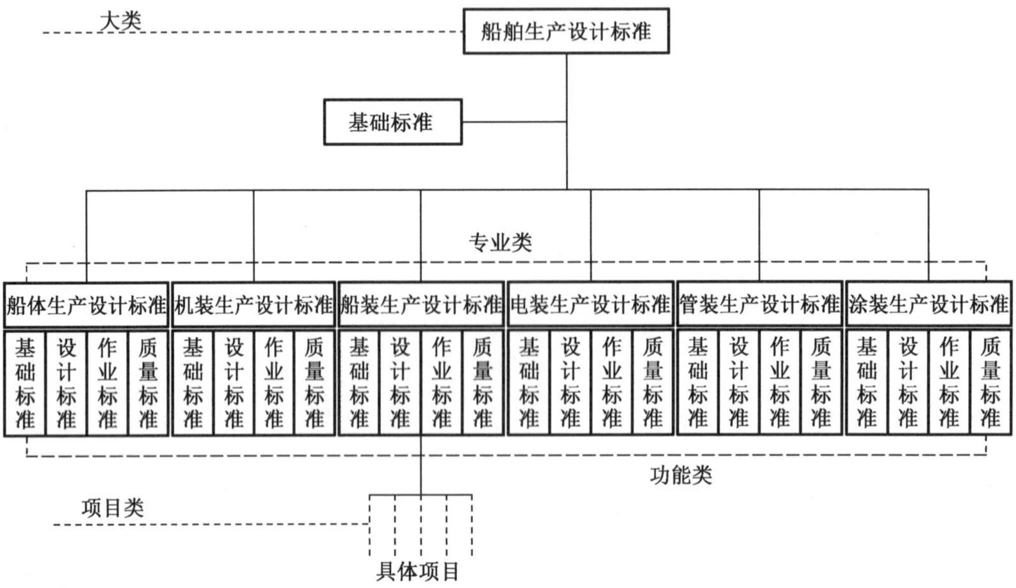

题图9-1

任务实施

1. 课前准备

课前完成线上学习任务:从线上平台接受任务,通过查询互联网、图书资料,分四组完成涂装专业类下的基础标准、设计标准、作业标准和质量标准文件的收集。

2. 任务引导

(1)查阅资料

在教师的指导下学会利用互联网查询文件资料的方法。

(2)分组讨论

确定分组人员,组员共同完成任务。

小组任务	
小组名称	
标准文件名称及代号	

3. 任务评价

序号	项目	自我评价	小组评价	教师评价	备注
1	查阅资料(20 分)				
2	参与组内讨论(25 分)				
3	态度端正、认真积极(25 分)				
4	标准文件名称及代号准确(30 分)				
5	合计				
6	总分				

任务 9.2　船体涂装生产设计

任务描述

题图 9-2 所示为某船舶分段涂装指示图,分组收集图上的涂装信息,完成分段涂装物量计算。

任务实施

1. 课前准备

课前完成线上学习任务:从线上平台接受任务,通过查询规范资料,分组完成船体分段涂装物量计算。

分段涂装指示图

2. 任务引导

(1)查阅资料

在教师的指导下学会看规范、用规范。

第 12 页 共 54 页

双层底与横舱壁分段焊接区域
货舱BNC12分段

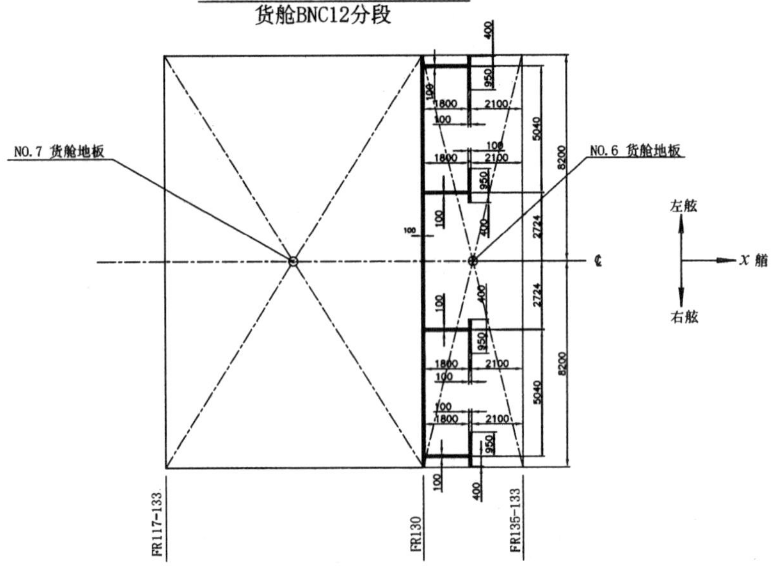

旧底登记号

底图登记号

备注：

1. 双层底与横舱壁分段焊接的区域，进行预留（两边各50 mm），只施工车间底漆.

第 13 页 共 54 页

货舱BNC12分段油漆用量表

序号	涂装部位	面积 /m²	除锈等级	回数	使用涂料名	涂料类型	颜色	涂膜厚度/μm 湿膜	干膜	理论涂布率 /(m²/L)	消耗系数	涂料用量 /L	稀释剂牌号
BNC12分段													
1	外板平底(舭龙骨以下)	238	Sa2.5	1	Jotacote Universal N10	环氧底漆	铝红	139	100	7.20	1.7	57	NO.17
				2	Jotacote Universal N10	环氧底漆	灰色	139	100	7.20	1.7	57	NO.17
				3	Safeguard Plus	环氧连接漆	梅红	179	100	5.60	1.5	64	NO.17
				4	SeaQuantum X200-3	丙烯酸硅烷防污漆	浅红	182	100	5.50	1.4	61	NO.7
				5	SeaQuantum X200-3	丙烯酸硅烷防污漆	深红	182	100	5.50	1.4	61	NO.7
2	NO.7货舱地板	179	Sa2.5	1	Jotaprime 510	环氧底漆	铝红	133	100	7.50	1.7	41	NO.17
3	NO.6货舱地板	60	Sa2.5	1	Jotaprime 510	环氧底漆	铝红	133	100	7.50	1.7	14	NO.17
4	NO.7底压载水舱（左）	338	PSPC	1	Jotaprime 510	环氧底漆	铝红	213	160	4.69	1.6	116	NO.17
				2	Jotaprime 510	环氧底漆	灰色	213	160	4.69	2.0	145	NO.17
5	NO.7底压载水舱（右）	338	PSPC	1	Jotaprime 510	环氧底漆	铝红	213	160	4.69	1.6	116	NO.17
				2	Jotaprime 510	环氧底漆	灰色	213	160	4.69	2.0	145	NO.17
6	NO.6底压载水舱（左）	113	PSPC	1	Jotaprime 510	环氧底漆	铝红	213	160	4.69	1.6	39	NO.17
				2	Jotaprime 510	环氧底漆	灰色	213	160	4.69	2.0	49	NO.17
7	NO.6底压载水舱（右）	113	PSPC	1	Jotaprime 510	环氧底漆	铝红	213	160	4.69	1.6	39	NO.17
				2	Jotaprime 510	环氧底漆	灰色	213	160	4.69	2.0	49	NO.17
8	管弄	924	Sa2.5	1	Jotaprime 510	环氧底漆	铝红	133	100	7.50	1.6	198	NO.17
				2	Jotaprime 510	环氧底漆	灰色	133	100	7.50	1.8	222	NO.17

题图 9–2

(2)分组讨论

确定分组人员,组员共同完成任务。

小组任务	
小组名称	
物量计算	

3. 任务评价

序号	项目	自我评价	小组评价	教师评价	备注
1	查阅资料(20分)				
2	参与组内讨论(25分)				
3	态度端正、认真积极(25分)				
4	物量计算准确(30分)				
5	合计				
6	总分				

任务9.3　舾装件涂装生产设计

任务描述

题图9-3为某分段舾装件制作图,请收集舾装件的涂装信息及编码方式,完成舾装件涂装的总结报告。

任务实施

1. 课前准备

课前完成线上学习任务:从线上平台接受任务,学会识读涂装信息的方法,完成识读报告。

分段舾装件制作图

2. 任务引导

(1)查阅资料

在教师的指导下学习识读涂装信息的方法。

舾装件制作图(B)	工程编号 PROJECT NO.		页码 PAGE	2
	图号 DWG. NO.		版本 REV.	

注：

1. 所有未注明焊脚高度为5 mm。
2. 舾装件所采用的钢板和型钢需经过预处理，钢板除锈等级为Sa2.5级，型钢除锈等级为Sa2级。
3. 舾装件应表面光洁，不得有凹痕、毛刺、裂纹及其他缺陷，压载舱区域自由边打磨至R=2mm，其他区域打磨光滑。
4. 舾装件制作完成后，应对其进行涂装，要求如下表：

H3025|H3026				
涂装代码	油漆配套	干膜厚	颜色	备注
N	热镀锌 不涂装	—	—	压载舱、露天处所
A1	Hempadur Quattro XO Alu Grey 75 μm	75 μm	铝灰	货舱、空隙舱、管弄、污水舱、锚链舱、机舱等
F1	Hempadur 15590 Red	50 μm	红	淡水舱、蒸馏水舱
HO	Hempel's Inhibited oil Clear	20 μm	透明	油舱

H3027|H3028|H3029|H3030|H3031				
涂装代码	油漆配套	干膜厚	颜色	备注
N	热镀锌 不涂装	—	—	压载舱、露天处所
A1	Jotaprimer 510 Grey 75 μm	75 μm	灰	货舱、空隙舱、管弄、污水舱、锚链舱、机舱等
F1	Jotaprimer 505 White	50 μm	白	淡水舱、蒸馏水舱
HO	Jouton Inhibited oil Clear	20 μm	透明	油舱

H3032				
涂装代码	油漆配套	干膜厚	颜色	备注
N	热镀锌 不涂装	—	—	压载舱、露天处所
A1	JOTACOTE UNIVERSAL N10 Grey 75 μm	75 μm	灰	货舱、空隙舱、管弄、污水舱、锚链舱、机舱等
F1	Jotaprimo 505 White	50 μm	白	淡水舱、蒸馏水舱
HO	Joutun Inhibited oil Clear	20 μm	透明	油舱

5. 舾装件涂装完成后，应对其进行保护，并采用贴纸或挂牌等不破坏油漆的方式在其明显位置标上分段号及件号。
6. 除图上注明点焊或其他要求外，舾装件均整体供货。
7. 除图上标明外，所有扁钢直梯梯架两端切角为C10，角钢等型材的自由边斜切处理。

舾装件制作清单

序号	件号	铁舾件名称	规格或型号	材料	数量	单位	重量/kg		页码	涂装代码
							单件	合计		
1	VL350-07-A98A1	直梯		组合件	1	部	31.8	31.8	P3	A1
2	HG-D98A1	拉手		组合件	1	个	10.9	10.9	P4	A1
3	HG-D99A1	拉手		组合件	1	个	10.9	10.9	P5	A1
4	TR-A1A1	管子小车支架		组合件	20	个	4.8	96	P6	A1
5	CK-A1A1	防滑板	花钢板 750×750×R10-6	Q235-B	1	个	28.2	28.2		A1
6	EP-A1A1	吊环	A0.5 GB7029-86	Q235-B	5	个	0.19	0.95		A1

图纸面积：297×420=0.125m²

题图 9-3

(2)分组讨论

确定分组人员，组员共同完成任务。

小组任务	
小组名称	
舾装件涂装信息的识读	

3. 任务评价

序号	项目	自我评价	小组评价	教师评价	备注
1	查阅资料(20分)				
2	参与组内讨论(25分)				
3	态度端正、认真积极(25分)				
4	舾装件涂装信息的识读准确(30分)				
5	合计				
6	总分				

模块 10　计算机辅助生产设计软件简介

★**模块描述**

本模块与企业生产实际相结合,与当前船舶建造工艺相适应,使学生了解计算机辅助生产设计软件的基本原理和一般使用步骤,对以船舶行业主流三维生产设计软件为基础的生产设计有更加清楚、直观的理解,加深对造船生产工艺流程的认识,培养学生在生产中的独立分析和处理问题的能力。

★**学习目标**

●**知识目标**

1. 了解船舶行业主流三维生产设计软件;
2. 了解计算机辅助船体生产设计的含义、发展历程;
3. 了解行业的最新发展水平和动态。

●**能力目标**

1. 熟悉我国船厂使用的东欣船舶产品设计系统 SPD、AVEVA Marine 系统;
2. 掌握常见的船舶设计软件的主要模块分类情况;
3. 具有灵活处理问题的创新能力。

●**素养目标**

1. 培养学生具备分析问题、解决问题及自主学习创新的能力和素质;
2. 培养学生具有理论联系实际和学以致用的能力和素质;
3. 培养学生具有严谨务实和一丝不苟的工作作风和职业素质;
4. 增强专业认同感、自豪感,激发学生专业学习热情、海洋强国情怀。

任务 10.1　东欣船舶产品设计系统 SPD 简介

Ship Product Design(SPD)是东欣软件为造船以及海洋工程提供的新一代以数据为中心、规则驱动的解决方案,它是基于 OpenGL 技术开发的造船 CAD/CAM 一体化设计系统,能满足船体结构、管系、风管、电气、铁舾件、涂装等专业三维全数字化设计的需求。通过系统生成的三维模型可以对船舶产品进行性能、结构强度分析,工艺合理性和制造可行性分析。SPD 全面关注船舶产品全生命周期,在统一平台下,可以提供船舶设计、生产和管理的整个生命周期的信息,帮助设计者做出决策,更容易地进行异地协同设计、生产,使船厂及工程公司更具有竞争力。

SPD 可以通过生成多种数据格式的方式很好地和其他船舶设计软件集成,供各用户单位提取相关设计管理信息,实现设计软件与管理软件的数据共享。

图 10.1 所示为 SPD V4.0 船舶产品设计系统图。

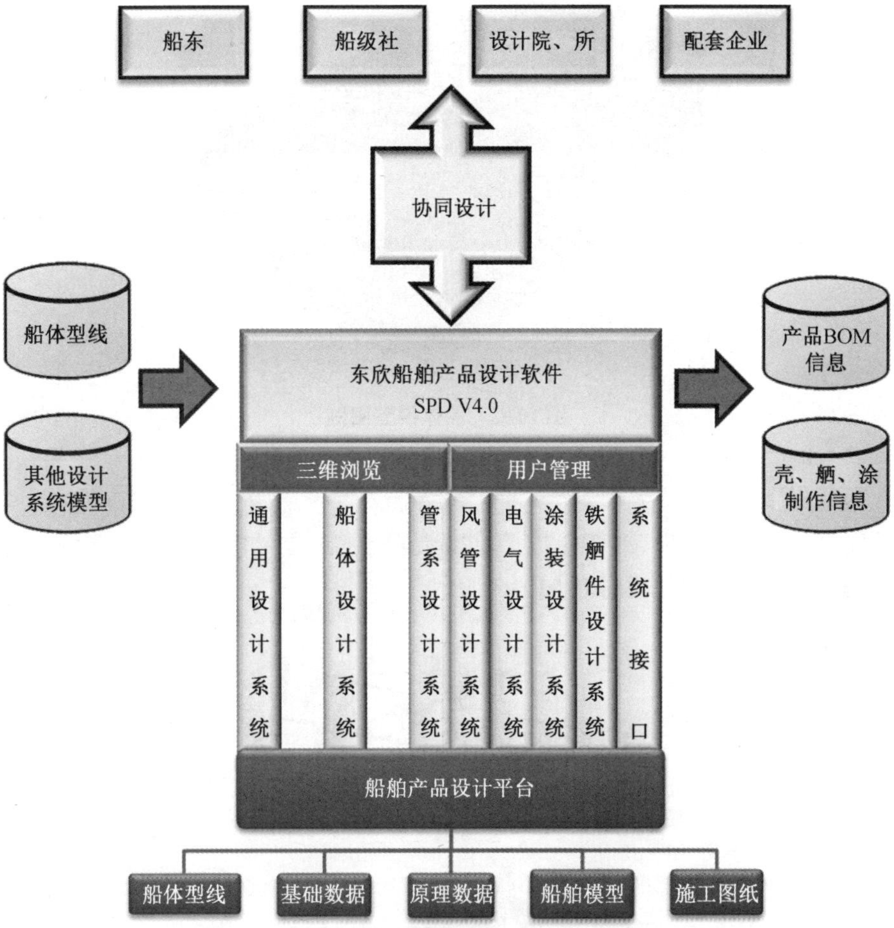

图 10-1 SPD V4.0 船舶产品设计系统图

10.1.1 通用设计系统

通用设计系统是各设计专业共用的模块。通用设计系统内包含大量的船舶工程标准数据,并提供建立工程目录、权限管理、三维浏览等功能。

1. 操作者权限管理

操作者权限管理是对使用系统的人员进行分类、分级管理,可以设置系统、工程小样建模以及图册的操作权限,从而确保数据的安全性和可控性。

2. 工程及模型管理

工程及模型管理具有工程目录管理、坐标定位面、型线管理、二维背景图、船体标准库设置、图册管理、模型管理等功能。

在缺少船体三维结构时,可以随时插入二维船体背景图为舾装专业提供清晰直观的船体背景,如图 10-2 所示。

舾装零件及设备安装可以通过参考面快速定位,还可以自动计算支架、基座、托架脚的长度并根据船体进行端部斜切。

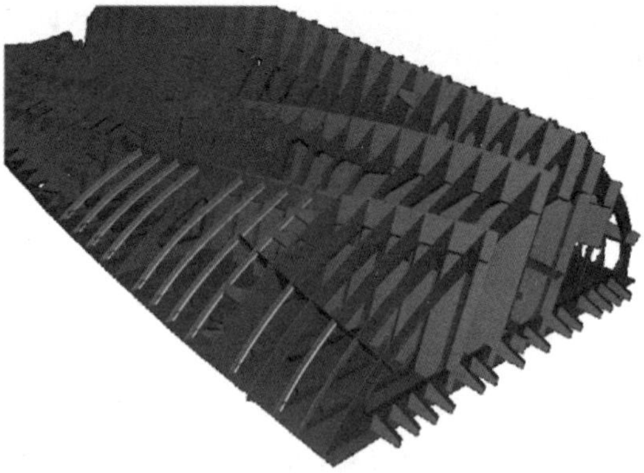

图 10-2　船体模型图例

3. 数据管理

数据管理具有小样建模、部件合并、部件统计等功能，主要用于舾装专业的设备、家具、甲板机械、特殊阀/附件的建模，如图 10-3 所示。

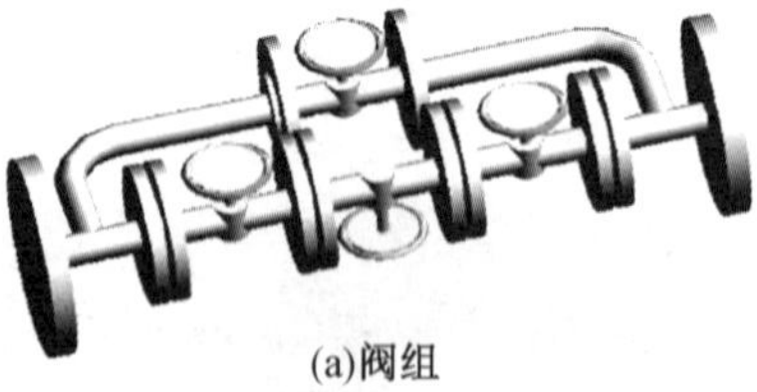

(a)阀组

(b)饮水压力柜

图 10-3　阀/附件、设备三维实体图

4. 背景模型

该软件可以通过船体产品数据库转换三维船体背景，或自定义三维船体背景。或以 CAD 二维图纸为依据快速生成三维船体背景，用于舾装建模。船体背景可以按照分段调入，并可以设置不同颜色，便于舾装零件托盘编辑。

5. 消隐

消隐能对一个视区中的图形进行处理，将被隐藏的图形删除，保留不被隐藏的图形，从而达到体现图形上下关系的效果。

6. 干涉检查

干涉检查是对图册中各模型进行碰撞检查。干涉检查能设定碰撞间隙,而且自动考虑含有保温材料的管子/风管的保温材料厚度,并能将碰撞结果生成干涉表,同时在三维浏览中显示,以便排除设计过程中造成的碰撞现象,保证实船安装空间和各专业之间的零部件无碰撞,确保设计质量。

7. 设计管理

设计管理模块包括对分段、托盘等有关全局数据的统一定义功能,可提供一个完整的SPD产品结构视图以及基于产品模型的浏览和查询功能。设计管理模块可以用于管理、查看SPD系统使用和产生的各种数据,管理的对象包括标准、模型、图纸、报表等数据。

10.1.2 船体型线设计系统

船体型线设计系统是SPD系统的分系统,如图10-4所示,系统包含以下功能:

(1)船体型线三向光顺功能;

(2)前后半艘船型线拼接功能;

(3)型线绘图功能;

(4)舵叶型线光顺功能;

(5)与外壳等距的内壳型线生成功能;

(6)获取ACAD或其他系统的船体型线的功能;

(7)肋骨型值表生成功能;

(8)型线显示功能;

(9)样条管理功能。

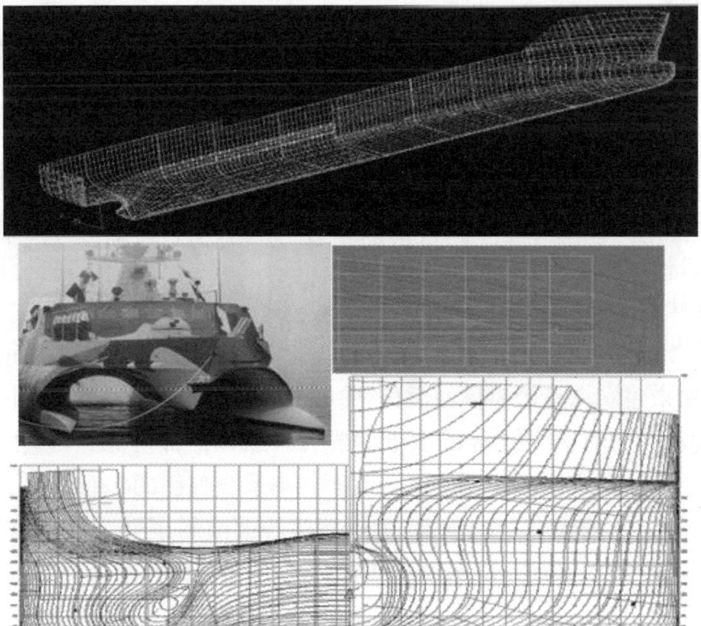

图10-4 船体型线设计系统

10.1.3 船体设计系统

船体设计系统是覆盖船舶技术设计、详细设计、生产设计全过程的三维船体设计系统。系统能够进行船体型线定义、结构布置、建立具有拓扑关系的三维船体结构模型数据库。该模型具有船体结构的几何、拓扑、物理、工艺等属性。通过船体模型,建立起产品结构树。根据船体模型,生成完全符合船体制图标准的船体图纸,并且船体图纸与船体模型数据库互相关联,高度一致,如图 10-5 所示。

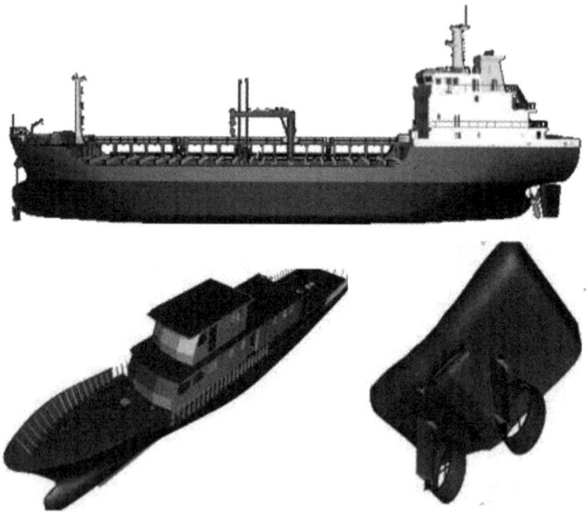

图 10-5 船体模型

1. 船体项目设置

船体项目设置包括坐标定位面设置、模型设置、基本船体曲线设置、船体标准设置和分段定义等功能。

通过船体项目设置,可以设定船体曲面,读入已有的型线、结构线、板缝线,并随时可更新为更精细的型线;可以从数据库读入船体对象,设置船体模型;可以配置船体设计工程所使用的船体标准库,包括型材标准、端部切割标准、贯通切口标准、补板标准、折边标准、材质标准、焊接坡口标准和缺省值标准。

2. 曲面板件建模

曲面板件建模包括船体曲面定义、船体曲线定义、曲面板缝定义、曲面板定义、曲面型材定义等功能,用来建立完整的船体曲面板、曲面纵骨、肋骨、横梁和曲面面板。

船体曲面建模可以在各种船体曲面上生成各种船体曲面对象,可以生成多个曲面,例如内壳曲面、不同梁拱形式构成的甲板组合曲面。本系统独创的"直纹面"使各种复杂的曲面结构(如槽型舱壁、压筋板、舵叶、烟囱、上层建筑转圆或斜围壁、扭曲桁材、锚穴等)的建模变得简单可行,如图 10-6 所示。系统提供曲面板的展开预览功能,用于掌控曲面板的建模和板材规格。

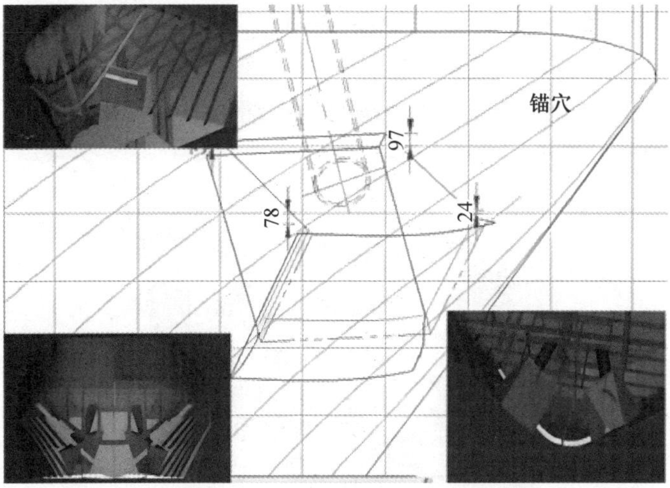

图 10-6 曲面板件(单位:mm)

3. 平面板件建模

平面板件建模包括板架属性定义、边界定义、板缝定义、板零件定义、内孔定义、边界孔定义、扶强材定义、面板定义、折边定义、切口定义、补板定义、辅助划线等功能。

平面板件建模中,可以建立与不共面的纵骨连接的扶强材;贯通切口的补板具有真实形状;能简便地建立加强腹板、面板相交节点板等构件,如图 10-7 所示。

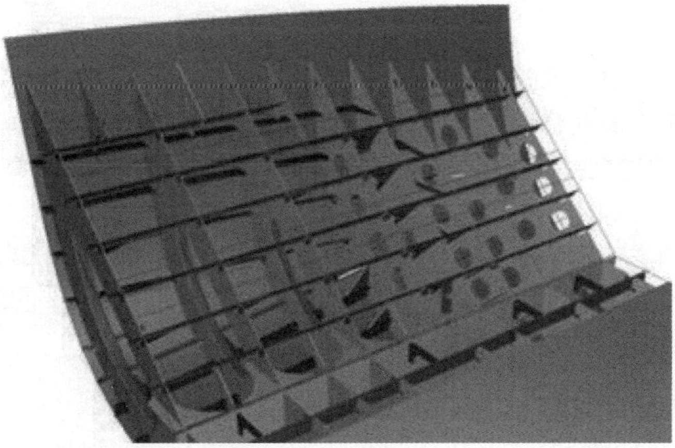

图 10-7 平面板件

4. 肘板建模

肘板不从属于平面板架,而是采用参数化部件的方法来建模。作为连接件,用户只要指出肘板所连接的对象,以及组成肘板各部分的参数,就可生成所希望的肘板。肘板建模更简便、更迅速。建立的肘板可以带有面板、折边或扶强材。

5. 整体建模,分段拆分

在技术设计阶段,可以按几个大区域进行船体设计建模。到详细设计时,再按分段划分,把按大段建的模型拆分到分段。可把建模工作提前到基本设计阶段,通过整体建模将大大缩短建模时间,并可在整体建好模型的基础上对材料进行预估,减少设计人员的工作量。

大段建模分段拆分功能,沿承了大段模型的全部拓扑关系;拆分的分界面可以是折线的面,板材和骨材可以错开截断,如图 10-8 所示。

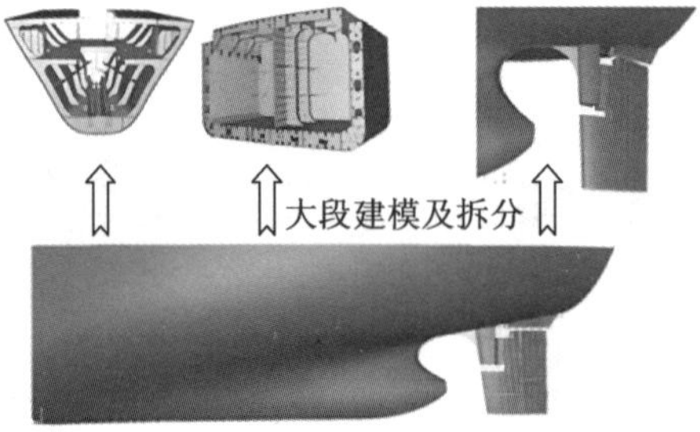

图 10-8　大段建模及拆分

10.1.4　SPD 船体建造系统

SPD 船体建造系统是 SPD 系统的分系统。本系统完成外板和结构零件生成、套料、材料管理和生产信息制作的工作。其前身是 HDSHM 船体建造系统,整合到 SPD 系统中,使得船舶产品设计的数据流和工作流更顺畅,最大限度地实现了产品数据的共享,有利于提高船舶设计能力和水平,缩短船舶设计和建造周期。

1. 外板

该系统具有完备的板缝线生成功能,可生成各种纵缝、柱缝;可以展开全部船体外板,包括非四边形的外板、艏艉柱板;并提供外板加工用的活络样板图表或样箱制作图;可以计算双斜切、单斜切或自定义基面的支柱式胎架;可以生成全船外板展开图、肋骨型线图,如图 10-9 所示。

图 10-9　船体外板

2. 结构零件生成

SPD 船体建造系统的零件可通过多种方式生成,但其中最主要的是通过转换 CAD 零件来生成零件。

另外零件除从 SPD 船体设计系统转换零件外,在 TRIBON 等系统提取的船体 CAD 零件,只要按 SPD 船体建造系统规定的零件数据文件格式输出,就可以转换到本系统的零件库。本系统可自动对零件进行焊接收缩补偿,以满足精度造船的需要,如图 10-10 所示。

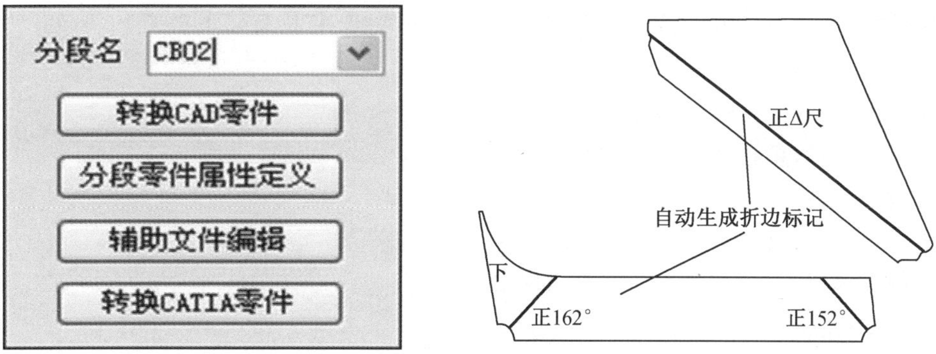

图 10-10　零件生成

注:Δ表示正轧加工方式。

3. 套料

板材零件的套料采用图形显示、自动碰靠、自动切割排序等先进技术,操作人员在计算机屏幕上进行套料,操作方便、效率高;能自动检查套料零件的厚度、材质,检查零件是否多套或漏套,是否重叠、出界;能设置切割过桥;型材零件自动套料;可提供与其他自动套料程序的接口,如图 10-11 所示。

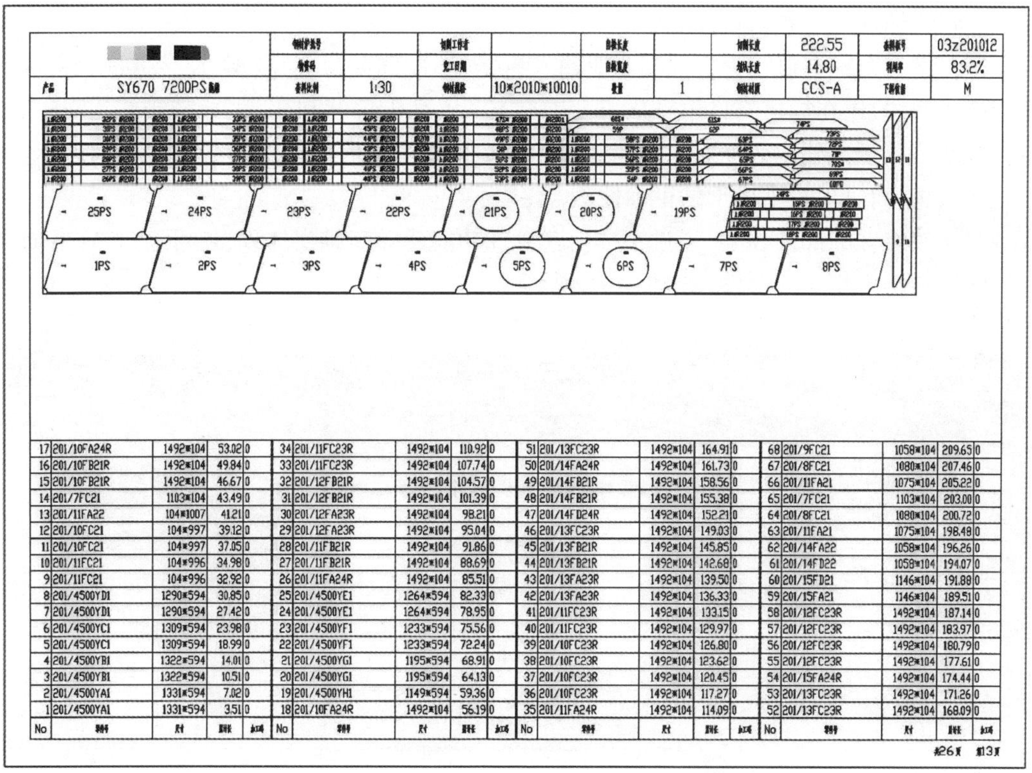

No	[illegible]	[illegible]	[illegible]	[illegible]	No	[illegible]	[illegible]	[illegible]	[illegible]	No	[illegible]	[illegible]	[illegible]	[illegible]	No	[illegible]	[illegible]	[illegible]	[illegible]
17	201/10FA24R	1492*104	53.02	0	34	201/11FC23R	1492*104	110.92	0	51	201/13FC23R	1492*104	164.91	0	68	201/9FC21	1058*104	209.65	0
16	201/10FB21R	1492*104	49.84	0	33	201/11FC23R	1492*104	107.74	0	50	201/14FA24R	1492*104	161.73	0	67	201/8FC21	1080*104	207.46	0
15	201/10FB21R	1492*104	46.67	0	32	201/12FB21R	1492*104	104.57	0	49	201/14FB21R	1492*104	158.56	0	66	201/11FA21	1075*104	205.22	0
14	201/7FC21	1103*104	43.49	0	31	201/12FB21R	1492*104	101.39	0	48	201/14FB21R	1492*104	155.38	0	65	201/7FC21	1103*104	203.00	0
13	201/11FA22	104*1007	41.21	0	30	201/12FA23R	1492*104	98.21	0	47	201/14FD24R	1492*104	152.21	0	64	201/8FC21	1080*104	200.72	0
12	201/10FC21	104*997	39.12	0	29	201/12FA23R	1492*104	95.04	0	46	201/13FC23R	1492*104	149.03	0	63	201/11FA21	1075*104	198.48	0
11	201/10FC21	104*997	37.05	0	28	201/11FB21R	1492*104	91.86	0	45	201/13FB21R	1492*104	145.85	0	62	201/14FA22	1058*104	196.26	0
10	201/11FC21	104*996	34.98	0	27	201/11FB21R	1492*104	88.69	0	44	201/13FB21R	1492*104	142.68	0	61	201/14FD22	1058*104	194.07	0
9	201/11FC21	104*996	32.92	0	26	201/11FA24R	1492*104	85.51	0	43	201/13FA23R	1492*104	139.50	0	60	201/15FD21	1146*104	191.88	0
8	201/4500YD1	1290*594	30.85	0	25	201/4500YE1	1264*594	82.33	0	42	201/13FA23R	1492*104	136.33	0	59	201/15FA21	1146*104	189.51	0
7	201/4500YD1	1290*594	27.42	0	24	201/4500YE1	1264*594	78.95	0	41	201/11FC23R	1492*104	133.15	0	58	201/12FC23R	1492*104	187.14	0
6	201/4500YC1	1309*594	23.98	0	23	201/4500YF1	1233*594	75.56	0	40	201/11FC23R	1492*104	129.97	0	57	201/12FC23R	1492*104	183.97	0
5	201/4500YC1	1309*594	18.99	0	22	201/4500YF1	1233*594	72.24	0	39	201/10FC23R	1492*104	126.80	0	56	201/12FC23R	1492*104	180.79	0
4	201/4500YB1	1322*594	14.01	0	21	201/4500YG1	1195*594	68.91	0	38	201/10FC23R	1492*104	123.62	0	55	201/12FC23R	1492*104	177.61	0
3	201/4500YB1	1322*594	10.51	0	20	201/4500YG1	1195*594	64.13	0	37	201/10FC23R	1492*104	120.45	0	54	201/15FA24R	1492*104	174.44	0
2	201/4500YA1	1331*594	7.02	0	19	201/4500YH1	1149*594	59.36	0	36	201/10FC23R	1492*104	117.27	0	53	201/13FC23R	1492*104	171.26	0
1	201/4500YA1	1331*594	3.51	0	18	201/10FA24R	1492*104	56.19	0	35	201/11FA24R	1492*104	114.09	0	52	201/13FC23R	1492*104	168.09	0

图 10-11　自动套料生成

4. 材料管理

材料管理是一个功能完备的船体钢材定额管理系统，它具有以下功能：

（1）钢材预估单管理；

（2）套料板的交互式余料定义；

（3）余料库信息管理；

（4）整料信息管理；

（5）板材和型材材料指派；

（6）钢材材料定额表的自动生成和打印。

5. 焊接坡口

该系统可提供坡口标准的生成、查询、管理功能；可以处理来自设计系统的零件所带的坡口信息，也可以另外对零件添加坡口信息。

零件上的坡口以易懂的文字标注在零件图和套料图上。可以定向开发坡口切割程序，使数控切割机在下料时直接割出零件的 V 形坡口。

10.1.5 管系设计系统

管系设计系统具有管子标准、管子原理定义和管子布置、管子零件图生成等功能，系统覆盖管子生产设计所有的图纸和表册，并能自动进行工艺检查和零部件干涉检查，确保系统产生的管子零件图、安装图可以达到 100%无差错。

1. 管子标准部件数据处理

管系设计系统根据管附件标准手册输入数据（属性数据、几何数据、连接数据），并将数据转换成实体；还在标准部件中融入可变参数属性（弯头角度和弯头、异径接头、三通的壁厚），在生成图纸或输出表册时，根据管子属性数据自动生成部件规格数据，从而使标准数量大大减少，同时提高了模型的正确性。

对比较特殊的部件，除可通过小样交互设计功能建立三维实体外，还可通过 AUTOCAD 三维图形转换为相应的部件，如图 10-12 所示。

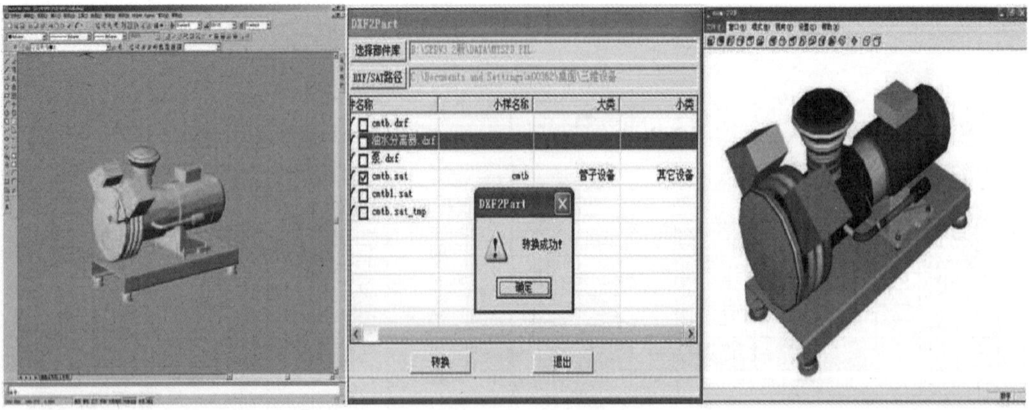

图 10-12　三维实体

2. 管系原理图处理

原理数据处理中能定义管子数据、设备数据和附件数据。在管子数据中包含大量设计信息,可以为管子加工、定额、管理等提供各种信息。采用管子原理数据来驱动管子模型的建立,保证生产设计与原理设计一致,减少差错率。

3. 管路布置

以管路原理数据为依据进行管路布置。四个交互设计界面可联动地进行管系绘制等操作,如图 10-13 所示。

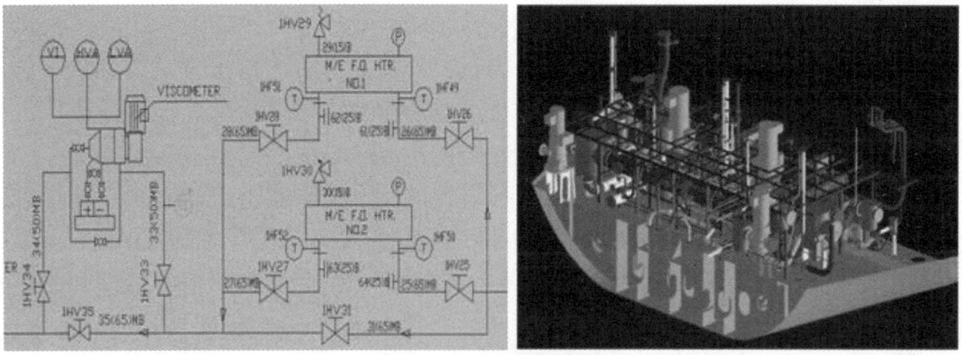

图 10-13　管路布置图

管路布置具有以下特点:

(1)具有管壁对齐布置管路,使支架安装更加方便;

(2)在布管时可根据弯管机的弯模和管夹长度自动判断所建的管路模型是否满足弯管工艺要求;

(3)在修改管路原理数据后,能自动更新管系模型;

(4)在管路修改中,能通过更改管路号(包括管径不一致),自动更新管子和管附件;

(5)管子穿过甲板或舱壁时,可以对管子的壁厚进行自动升级;

(6)复制不同管径的管路,复制参考管路走向,并自动匹配该管路附件。

4. 管子生产信息

该系统在管系模型基础上,自动按顺序编制管子零件编号,并按区域、分段编制管子零件托盘、生成管子零件图等。通过工艺检查,确保管子零件加工的正确性。

5. 图纸输出和生产用表

该系统可提供完整的管子设计图表,所有管子设计的资料全部从系统生成和输出,包括管子零件图、支架零件图、腹板制造图、管子托盘管理表以及螺栓螺母、垫片汇总表等,共计 4 种设计图纸和 13 种设计表册以及 5 种设计参考表册。

10.1.6　电气设计系统

电气设计系统涵盖了从标准数据、电气原理、三维模型到生产图纸和表册输出等环节,其工作流程贯穿于电气详细设计和电气生产设计的整个过程。采用交互设计的操作界面,实现了电气三维模型的设计,并可进行与船体结构、舾装其他各专业之间的实时干涉检查。

1. 项目设置

电气项目设置具有电缆型号、规格，电气系统、舱室、设备部件等定义及贯穿件、基座、导架等设置功能。

通过电气项目设置，建立电缆的标准数据，包括电缆厂家、电缆对数、芯数、外径、单位质量等信息；通过建立部件表的方式，将部件名称与实体小样之间建立映射关系，同时扩展了实体小样的信息，用户使用时更加灵活。

通过管理电气基座、电缆贯穿件、电缆导架等参数化部件库，实现了部件参数化设计，使得建模过程中用户修改方便；也可以将参数化部件实体化进入标准库，有利于制定企业标准，规范设计过程。

该系统在数据组织方面采用了产品结构树的方式，配合强大的搜索功能和实时的属性显示，并提供三维预览功能，能够更直观、方便地查看设计结果。

2. 电气三维建模

电气三维建模具有电气设备布置、电气基座布置、电缆通道、导架和贯穿件布置等功能。

布置电气设备可以采取交互布置和自动布置两种方式，同时列出所有适配的基座类型和推荐类型，使各个设计人员在针对相同形式的设备布置基座时，能选择相同的基座类型，在技术上保证设计主管的思路的正确传达；通过可视化的状态标示，避免了设备被遗漏布置或者重复布置的现象，也使设计人员能够清楚地了解工作进度；设备基座采用参数化变量驱动，根据电气设备的实际尺寸动态计算出对应基座的尺寸。

交互布置电缆通道，根据通道模型自动生成合理、相匹配的电缆导架模型；提供锁定通道方向的拷贝、移动电缆导架和电缆贯穿件，提高了设计效率；电缆通道、电缆导架、贯穿件及电缆之间具有联动关系，电缆通道的改动能够实时带动电缆导架、电缆贯穿件的修改，同时能够自动更新电缆走向和电缆长度。

完善的检查功能，可以按照允许电缆类别，检查通道之间的连接关系。电缆贯穿件可自动生成具有开孔信息的开孔表，并提交给船体设计人员审核和开孔，如图 10-14 所示。

3. 电缆布置

根据电气设备和电缆通道的三维模型布置及电缆通道之间的连接关系实现电缆的交互布置，可以多人同时布置电缆，缩短电缆布置周期。

根据电缆型号规格，以及电缆通道允许通过电缆的类别，自动在电缆通道网络里按最优路径布置电缆；通过添加和修改控制节点调整电缆的走向，设定通道允许电缆所占的比例，自动查找超过设定值的通道，并对任意节点中的电缆进行统计和输出。具备快速的电缆表册编辑功能，可以在短时间内将全船电缆归类到相应的电缆施工表册中，如图 10-15 所示。

10.1.7 铁舾件设计系统

船舶铁舾件设计系统是处理船舶各类设备、管子、风管、电缆等系统的定位固定和船舶各舱室畅通行走的安全辅助装置和设备的系统。如设备基座、机舱花钢板、外舾装件以及天花板、里子板等铁舾件，通过板材和型材的组合、拼接，建立铁舾件模型。

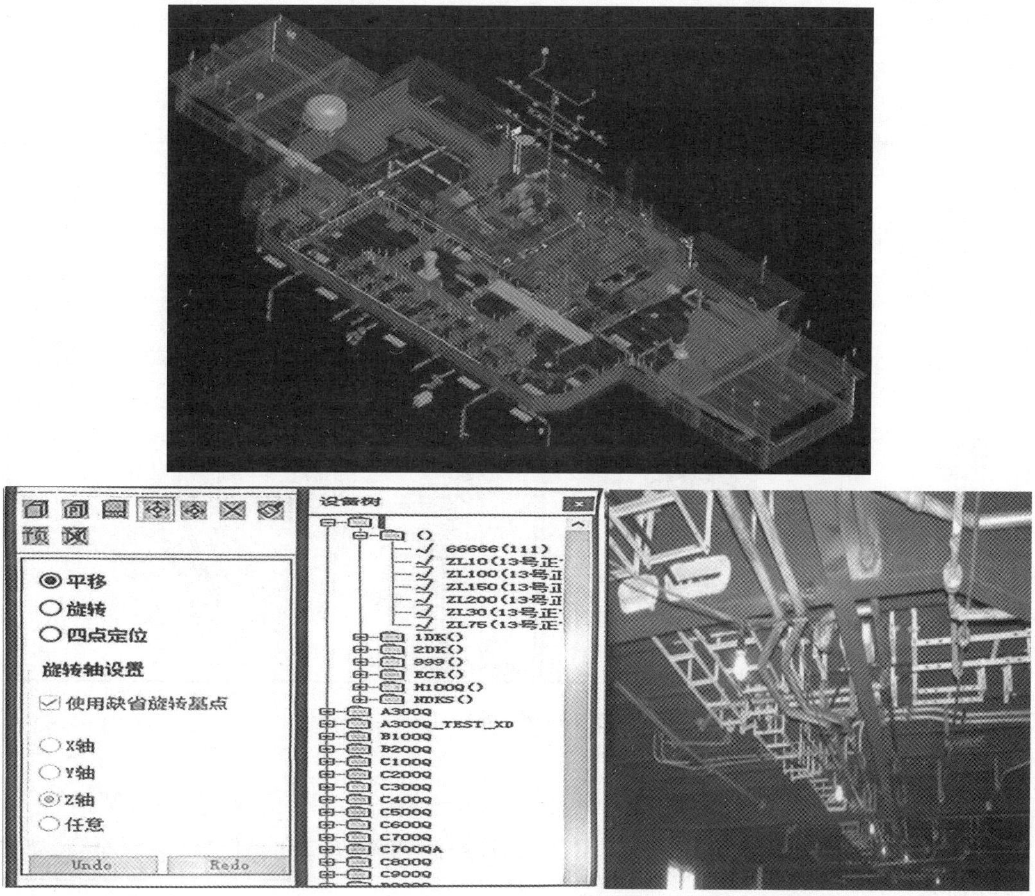

图 10-14　电气三维建模

	A	B	C	D	E	F	G	H	I	J K L M N O P Q	S	T	U	V	W	X	Y	Z	AA
1–2					主干电缆表册 机电集控室至辅机.前主.齿轮.后主					1类 工程编号 H1372	图号：								备注
3	序号	编号	电缆		电缆从何处起点					电缆经过主要部位	电缆到何处终点					电缆长度			
4			型号	截面	舱室	部件名称	甲板	船舷	肋位	经过节点	舱室	部件名称	甲板	船舷	肋位	标记	长度	总长	
5	1	P102-15M	MPRXCX	2(3×70)	机电集控室	后主配电板 1#AC380V负载屏	2甲板	右	154	G154S1 G154M1 WH135S2 WH124S2 WH106S2	辅机舱(4甲板)	空调冷水机组配电板 CUB-02	4甲板	右	99	27	23	50	WH124S2
6	2	C5-184M	JHQYJP85/SC	5×0.75	机电集控室	声力插座(声力插座)	2甲板	左	147	G147P2 WH135S2 WH124S2 WH106S2 WH097S1	辅机舱(4甲板)	声力插座(声力插座)	4甲板	右	95	37.5	26.5	64	WH124S2
7	3	MP326-101M	JHQYJP85/SC	2×2×0.75	机电集控室	电站监控台EPCC	2甲板	左	148	G148P2 WH135S2 WH124S2 WH106S2 WH099S1	辅机舱(3甲板)	2号发电机机旁控制箱A1(MP326)	3甲板	中	92	31.5	33.5	65	WH124S2
8	4	MP325-101M	JHQYJP85/SC	2×2×0.75	机电集控室	电站监控台EPCC	2甲板	左	148	G148P2 WH135S2 WH124S2 WH124S2 WH106S2 WH097S1	辅机舱(3甲板)	1号发电机机旁控制箱A1(MP325)	3甲板	右	92	31.5	31.5	63	WH124S2
9	5	P102-24M	MPRXCX	3×16	机电集控室	后主配电板 3#AC380V负载屏	2甲板	左	154	G154P1 WH135P1 WH135P1 WH124P1 WH106P1 WH097P1	辅机舱(3甲板)	1号高压空压机配电板ACB-01	3甲板	左	92	28	30.5	58.5	WH124P1
										G154P1 WH135P1 WH135P1	前主机舱(4甲	6号照明及日用电器							

图 10-15　电缆施工表册

1. 铁舾件参数化部件

铁舾件参数化用于各舾装专业，在本系统中外舾件参数化类型共计 122 种，如梯子、人孔盖、带缆桩、扶手、栏杆等，如图 10-16 所示。

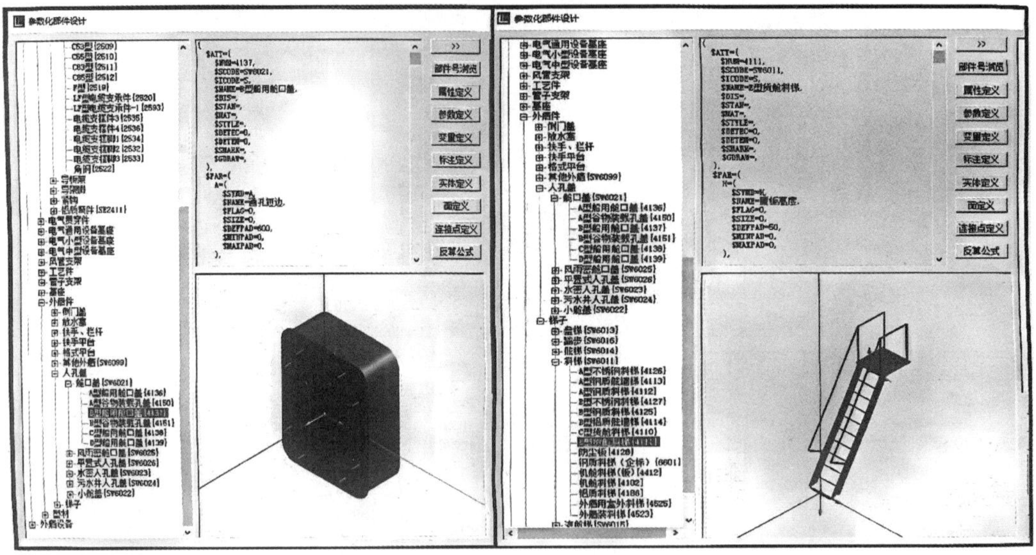

图 10-16　外舾件

设备基座参数化类型共计 21 种，如板材、扁钢、槽钢、工字钢、角钢、球扁钢、圆钢等。

内舾家具 67 种，如茶几、床、椅子、衣柜、书橱、搁物架、沙发、工作桌、会议桌等，如图 10-17 所示。

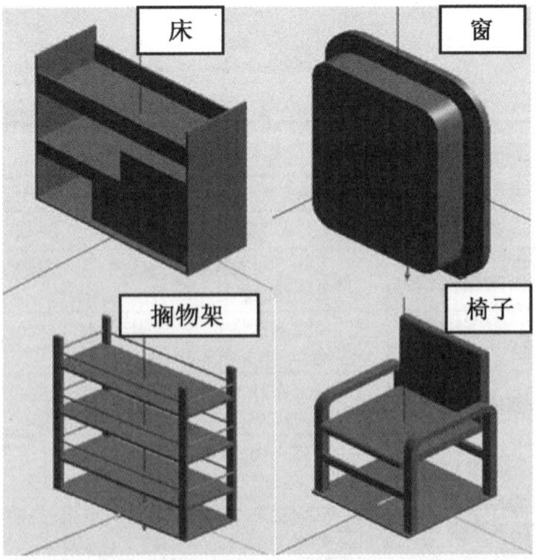

图 10-17　内舾家具

通过输入铁舾件参数数据、图号、规格、说明等参数，生成铁舾件标准部件，方便设计人员进行铁舾件建模。

2. 铁舾件布置

铁舾件布置具有铁舾件安装、板件制作、板件修改、铁舾件修改、型材修改、标准模型库处理以及铁舾件零件管理等功能，如图 10-18 所示。具体功能如下：

(1)可以调用基本型材和板材拼装设计需要的各种铁舾件；

(2)可以把一个组合好的铁舾件存入标准模型库中，也可以用标准模型库中的铁舾件进行布置；

(3)可以修改铁舾件的参数，从而改变其外形尺寸；

(4)可以通过交互操作产生不同形状的板件(目前只限于平面板件)，用节点编辑(节点加入、节点移动等功能)改变板件的形状，在板件上可以开孔和移动孔位；

(5)可以非常方便地布置梯子、人孔盖、带缆桩等参数化部件，通过参数化数据的修改，改变部件尺寸大小，达到设计人员的要求。

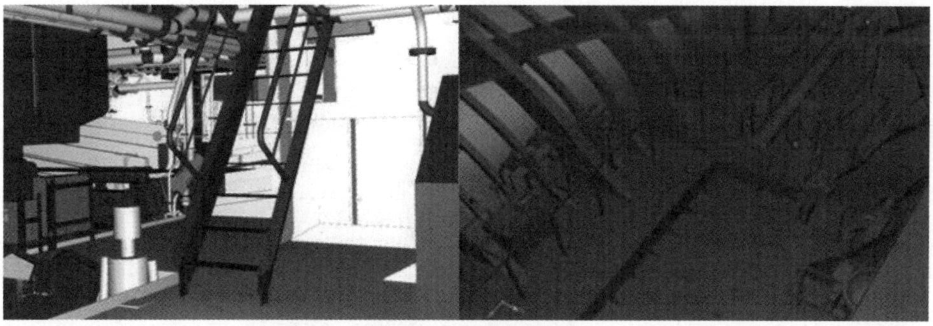

图 10-18　铁舾件布置

思考与练习

一、简答题

1. 船体型线设计系统包含哪些功能？

2. 曲面板件建模包括哪些功能？

二、单选题

1. 三维浏览可以把建立的模型以三维的效果显示出来，展示(　　)的设计结果。

A. 全部　　B. 真实　　C. 完好　　D. 部分

2. 船体设计系统能根据全船理论线图，(　　)进行理论线厚度朝向设置。

A. 预先　　B. 逐一　　C. 最后　　D. 稍后

三、判断题

1. SPD 系统能自动生成满足船舶图纸规范的设计图纸和施工图纸。　(　　)

2. SPD 系统能根据船体模型，生成部分符合船体制图标准的船体图纸，并且船体图纸与船体模型数据库互相关联，高度一致。　(　　)

3. SPD 船体建造系统的零件可通过多种方式生成，但其中最主要的是通过转换 CAD 零件来生成零件。　(　　)

任务 10.2 AVEVA Marine 系统简介

AVEVA Marine 系统支持从概念生成、设计、船舶维护、改造翻新到退役的船舶整个生命周期的所有阶段,是一套完整的设计和生产应用系统,并与开放和可变的生命周期管理解决方案相集成。它支持超大型、复杂型船舶以及海洋平台的设计与生产,并为我们提供了快速、高效、无风险的设计、建造运作方式。

AVEVA Marine 系统技术平台如图 10-19 所示。

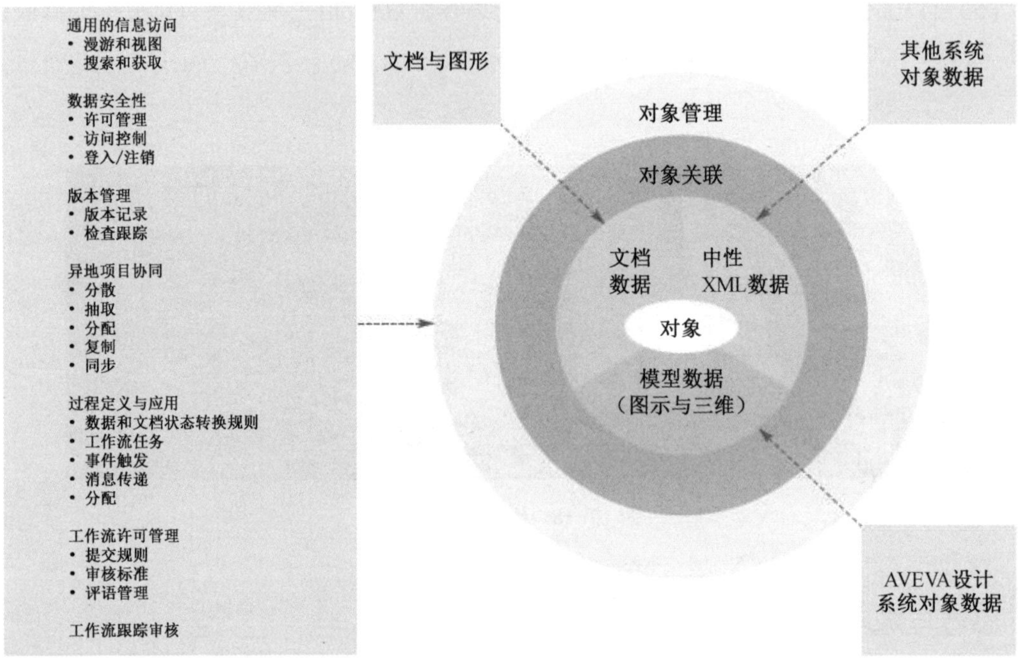

图 10-19 AVEVA Marine 系统技术平台

10.2.1 海洋工程、船体设计系统

AVEVA Initial Design 是一整套集成的高效工具,可应用于海洋工程、船舶设计和开发。这些工具可以和 AVEVA 海事解决方案整体应用,也可以独立应用于海洋工程、船舶设计中。

初步设计工具可以进行海洋工程、船舶的快速定义和分析,用于合同阶段和详细设计阶段。它与 AVEVA 海事解决方案的高度集成,保证了产品设计从基本设计向生产设计完整、快速地过渡。

(1)Lines 是定义船型的工具,它可以对任何形状和海洋结构物进行创建,包括多体船、带折角船和非对称船。它可以用于设计初期快速光顺,也可以用于生产设计精光顺。

(2)Surface 主要用于浮体、主船体模型及其附体,如舵、锚穴、侧推等。

(3)核心的3D实体模型可以用于创建浮体、船型的附加属性,其强大的功能可以用于上层建筑和海洋平台结构构件的设计。

(4)Compartment 模块可以快速定义横向、纵向甲板,舱壁以及舱室和上层建筑。

(5)分析工具可以进行质量的预估分析,也可以自动生成集装箱行列,如图10-20所示。

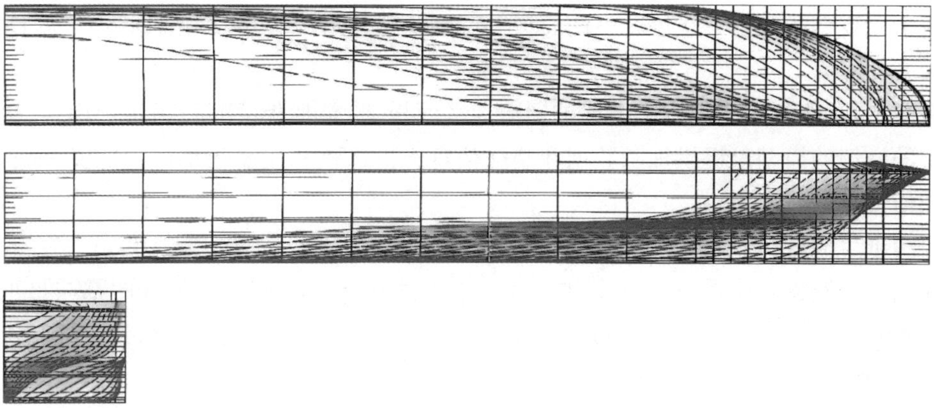

图10-20　船体建模

所有的属性都按照拓扑关系保存在数据库里,发生修改时可以快速更新。

10.2.2　海洋工程结构、船体生产设计

AVEVA Hull Detailed Design 是一个强大的海洋平台结构、主船体结构设计及生产信息生成的数据中心应用程序。此程序涵盖了所有类型海洋工程和船舶从浮体设计、船体设计到零件加工、分段装配的全过程。它不仅可以创建图纸和零件列表,还可以生成在设计和建造过程中所需的所有的生产信息及文档。

海洋工程结构、船体生产设计的一个重要的基本特点就是板架概念。板架是一系列大小各异的构件的集合,小到肘板,大到强框架、纵桁、甲板及舱壁等。一个板架可以包含板、型材、肘板等零件,是海洋工程结构、船体生产设计建模的基本单位。大多数船舶设计系统都是在零件的最底层对其进行设计。在面向对象的海洋工程结构、船体生产设计应用程序中,相关的零件都是由板架自动生成的。

1. 设计内容

(1)海洋工程结构、船体生产设计模块提供了一个广泛的用户化智能建造标准,其中包含了如肘板、型材、角隅、贯穿孔及开孔等标准。这些标准将自动适应它们被使用的位置的结构形式,并将符合海洋工程和造船规范。例如,板材边缘的几何外形将取决于此处的焊接坡口类型、板厚和与相接零件间的角度等,真实的几何外形将根据这些条件自动计算。这些标准是可用户化的,用户也可以添加一些满足用户需求的新标准,例如,用户可以将自定义的型材端切类型定义在系统中。

(2)海洋工程结构、船体生产设计模型会保存定义的数据、拓扑信息和建造工厂设计的特殊标准。设计的内容已定义在建模过程中,这使得海洋工程结构、船体模型具有独立固

定的几何形状成为可能。每个设计对象的设计内容都被保存，而不是简单的数字化几何体。海洋工程结构、船体生产设计自动利用设计的模型信息执行放样工作，并精确定义零件的几何外形及特征信息。如果一个零件做出修改，系统将会自动更新与其相关的零件。

2. 曲面建模

该系统可在任何浮体和船体曲面上生成各种浮体和船体曲面对象。广泛的交互式功能使得用户可以基于几何位置或者参考已存在的曲线定义各种曲面元素。曲面板可以根据建造工厂现有的加工方法展开。曲面板上可以开孔并真实展开以用来划线或者切割。

3. 平面建模

海洋工程、船体完整的内部结构被塑造为平面板架，包括板、型材、肘板和面板，创建一个完整的详细的模型以提供加工数据和装配信息。折边板和压筋板都可以定义，而且它们的生产信息可以被利用。

4. 图纸生成

在图形中建模是该系统又一个强大的特点。这意味着所有的板架视图都与板架模型保持着关联。板架的修改可以通过图形来执行。这个特点使得模型与相关图纸间保持着关联性，并减少了设计时间。

5. 舾装设计

(1) Outfitting 是基于.NET 技术及最新的三维图形交互工具开发的软件，具有 Microsoft Office 风格的用户界面，为所有的设计人员提供了一个完全交互化、易于使用的三维环境。

(2) 尽管每一个设计人员在工作中都只是使用特定的模块，但是他们可以看到所有由 AVEVA Marine 的海洋工程、船体及舾装模块所生成的设计模型。

(3) 带图形控制手柄及数字反馈的三维编辑技术使设计修改变得容易并且快捷。

(4) 即使是对于有几百个设计人员参加的大型项目，常规的图纸发布、修订及更改控制过程都能够在系统中完成，而不会产生大的开销或者延迟。

(5) 碰撞检查和可定制的数据完整性检查规则能够指出整个设计过程中的错误及不足。

(6) 所有的图形，包括布置图和 ISO 图形，都带有与模型相关联的尺寸标注及智能化注释，因此图形能够跟着模型的修改自动更新。

(7) 精确的物料信息，可以通过 REPORT 功能按系统、按管路、按区域在每一页图纸或整个图纸上生成物料信息明细表。

(8) 可以根据生产中实际使用的弯管机及法兰焊接的参数对管子模型进行弯管及法兰转角的检查，确保设计结果符合加工机械的要求，法兰转角的检查可以确保满足配对的法兰之间的对中要求。

10.2.3 Structural(铁舾)

铁舾设计系统具有以下特点：

(1) Outfitting 包含了一系列专用功能，用于海洋平台、船舶工程项目中涉及的所有钢构件的设计及细节，能够生成各种布置图及零部件详图，包括精确的质量和物料信息，如图 10-21 所示。

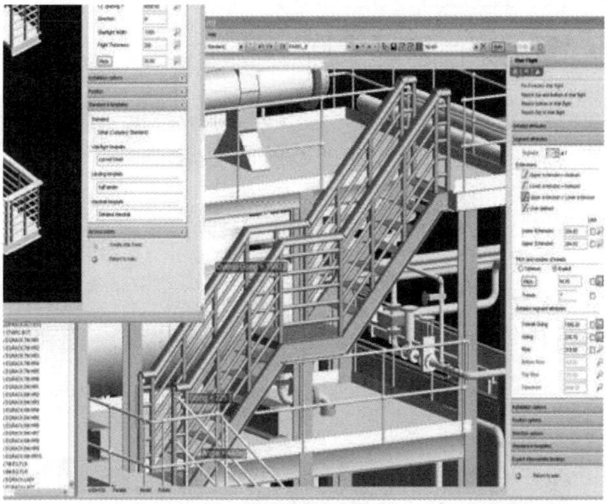

图 10-21 铁舾建模

(2)Beam & Columns(梁、柱)设计功能能够定义并创建一个通过节点网络完全连接的钢结构架,包括连接及配件的细节。简单而且有规则的钢结构架通过一个步骤就能生成。节点网络带有在模型中定义负荷的功能,支持与应力分析软件无缝连接。

(3)内置的标准支柱能够被使用,也可以按客户的需求进行客户化配置。

(4)支持各种形式梁,如弯曲、锥形以及组合。

(5)Panels & Plates(板架和平板)功能定义并创建任意形状的平面板架。

(6)Walls & Floors(墙壁和地板)功能使设计人员能够定义并创建标准形状的墙壁和地板。

(7)Fitting(附件)可以被添加到各种类型的梁、板、墙壁、地板等中,提供诸如门、窗、智能化管子贯通、加强筋、起吊眼板和防火层。

(8)Access Platforms、Stair and Ladder(通道平台、斜梯和直梯)功能使设计人员能够生成并创建通道平台、斜梯、螺旋形斜梯、直梯和类似的项目,这些模型由一套客户化自定义的、参数化的标准模板生成,包括所有的结构细节(如栏杆、踢脚板等)。这些结构模型生成后,可以通过简单修改原来的一些参数对模型进行修改。

(9)能够定义智能化、参数化的贯通,这些贯通可以包括所有的细节(如围板等),这些贯通与贯通件及结构都有连接信息,以便系统能够进行对中以及其他检查。

(10)结构建模广泛使用参数化的零件库,包括型材、连接和配件。可以根据需要增加零件库的内容以满足特殊项目的要求或其他要求。

(11)型材零件库包含了当前国际及国内的型材标准,包括角钢、槽钢及工字钢等。

(12)连接零件库包含了夹板、端面板、端切等,连接的定义是完全参数化的,这样当与连接相连接的型材尺寸发生变化时,连接的尺寸会自动跟着变化。

(13)配件零件库包含了一系列参数化的结构和工业配件,包括起吊眼板、加强板、窗和门等。

(14)一系列的接口可供选择,这些接口可以连接到特殊的分析软件和特殊的钢结构装配系统。

10.2.4 Clash Manager(碰撞管理)

AVEVA Clash Manager 是对 Outfitting 内嵌的碰撞检查能力的补充和扩展。通过认可机制,对碰撞做全面记录、趋势分析、识别、管理及解决方案。

10.2.5 AVEVA Review(高级可视化工具)

Review 是一款强大的为大型复杂的海事项目设计的三维可视化工具。利用该模块的漫游、动画和高质量的图片等特性,Review 使用户能够分析设计和交换意见,如图 10-22 所示。

图 10-22 三维可视化工具

思考与练习

一、简答题

1. 简单描述下曲面建模。

2. 海洋工程结构、船体生产设计的一个重要的基本特点是什么?

3. 什么是 AVEVA Review 高级可视化工具?

二、判断题

1. AVEVA Initial Design 是一整套集成的高效工具,应用于海洋工程、船舶设计和开发。这些工具可以和 AVEVA 海事解决方案整体应用,不能独立应用于海洋工程、船舶设计中。( )

2. 在图形中建模是软件的又一个强大的特点,这意味着所有的板架视图都与板架模型保持着关联。板架的修改可以通过图形来执行。( )

3. 海洋工程结构、船体生产设计模块提供了一个广泛的用户化智能建造标准,其中包含了如肘板、型材、角隅、贯穿孔及开孔等标准。( )

任务页　模块10计算机辅助生产设计软件简介

任务10.1　东欣船舶产品设计系统SPD简介

任务描述

SPD软件可以通过生成多种数据格式的方式很好地和其他船舶设计软件产品集成，各用户单位可提取相关设计管理信息，实现设计软件与管理软件的数据共享。

任务实施

1. 课前准备

课前完成线上预习任务：从线上平台接受任务，通过互联网查询软件介绍、软件资料等，分四组完成对东欣船舶产品设计系统SPD软件的预习工作。

2. 任务引导

(1)查阅资料

在教师的指导下学习收集软件介绍及使用资料。

(2)分组讨论

确定分组人员，组员共同完成任务。

小组任务	
小组名称	
SPD软件介绍说明	

3. 任务评价

序号	项目	自我评价	小组评价	教师评价	备注
1	查阅软件相关资料(20分)				
2	参与组内讨论(25分)				
3	态度端正、认真积极(25分)				
4	SPD软件的介绍及使用资料(30分)				
5	合计				
6	总分				

任务 10.2 AVEVA Marine 系统简介

任务描述

AVEVA Marine 支持从概念生成、设计、船舶维护、改造翻新到退役的船舶整个生命周期的所有阶段,是一套完整的设计和生产应用系统,并与开放和可变的生命周期管理解决方案相集成。它支持超大型、复杂型船舶以及海洋平台的设计与生产,并为我们提供了快速、高效、无风险的设计、建造运作方式。

任务实施

1. 课前准备

课前完成线上预习任务:从线上平台接受任务,通过互联网查询软件介绍、软件资料等,分四组完成对 AVEVA Marine 软件的预习工作。

2. 任务引导

(1)查阅资料

在教师的指导下学习收集软件介绍及使用资料。

(2)分组讨论

确定分组人员,组员共同完成任务。

小组任务	
小组名称	
AVEVA Marine 软件介绍说明	

3. 任务评价

序号	项目	自我评价	小组评价	教师评价	备注
1	查阅软件相关资料(20 分)				
2	参与组内讨论(25 分)				
3	态度端正、认真积极(25 分)				
4	AVEVA Marine 软件的介绍及使用资料(30 分)				
5	合计				
6	总分				

模块 11　船舶制造企业智能制造概况及经验

★模块描述

海洋工程装备及高技术船舶领域作为《中国制造 2025》的十大重点领域之一，融合了新一代信息通信技术与先进制造技术，贯穿于设计、生产、管理、服务等制造活动的各个环节。船舶行业要在已有的制造业基础上顺利实现转型升级和跨越式发展，加速进行数字化转型行动已是必然之趋势。本模块介绍船舶制造企业智能制造整体规划、运行情况、系统建设情况、实施效果及国内外船舶制造企业的智能制造经验等，使学生了解船舶智能制造的发展。

★学习目标

●知识目标

1. 了解船舶制造企业的智能制造概况；
2. 了解知名船舶制造企业的智能制造经验。

●能力目标

1. 掌握船舶制造企业智能制造的基本理论；
2. 具备较强的团队协作能力和沟通能力；
3. 具有灵活处理问题的创新能力。

●素养目标

1. 培养学生具备良好的人文素质、职业道德、工程职业素养和社会责任感。

任务 11.1　船舶制造企业智能制造概况

智能船厂就是依托工业 4.0 政策，旨在把车间、设备、资源和人有机地联系在一起，推动各个环节数据共享，实现船舶建造全阶段的智能生产，通过这种全寿命周期和全制造流程的数字化，使企业的工作效率、质量与稳定性均得以显著提升，最终实现船舶制造企业的整体转型升级。

11.1.1　整体规划

规划智能船厂建设首先要基于先进制造理念，结合造船技术特点，梳理分析船舶制造总体工艺流程、主要物流、主要生产信息流等；其次基于数字化技术和智能技术，将工艺流程、物流、信息流集成，建立智能制造基本框架；再次完善船舶智能制造技术体系和标准体系；最后在工业大数据、工业物联网和工业机器人的基础上，突破智能制造关键技术，实现数字化装备、数字化车间、智能监控设备等方面的集成,向人机一体化智能制造转型升级。

1. 工艺流程、物流和信息流的融合

船舶智能制造主要基于工艺流程、物流和信息流三方面的融合。工艺流程指船厂生产工艺流程;物流指整个生产过程的物资从采购、运输、生产直到交付的运行情况;信息流指生产经营获取、传递、交换、储存等信息过程,信息流除包括计划、生产设计、物流信息外,还包括采购、进度、质量、安全、沟通、文档、修改/返工等方面信息,其信息管理系统最为复杂,目前虽有许多应用较为成熟的 CIMS 管理软件,但尚未达到智能化程度。

2. 数字化技术和智能技术应用

数字化制造技术主要包括计算机辅助设计(CAD)、计算机辅助制造(CAM)、计算机辅助工艺规划(CAPP)、计算机辅助检测(CAT)、计算机辅助装配(CAA)、计算机辅助工程(CAE)等。制造模式不断发展完善,各种制造系统模式可能超过了 100 种。

11.1.2 模型建立及运行情况

1. 船舶智能制造技术集成应用顶层规划

以形成智能制造系统解决方案为落脚点,构建船舶智能制造的整体框架与设计方案,进行船舶智能制造模式、车间级解决方案、中间产品生产线设计以及共性数据库接口等的集成研究,建立可参考的船舶车间及生产线智能制造系统集成解决方案,为造船企业推进智能制造提供方向指引和手段支撑,提升企业造船效率和质量水平。

2. 船舶智能制造工艺研究及数据库开发

围绕船舶制造过程中材料切割、成型加工、焊接、涂装和管子加工等关键工艺环节,开展船舶分段智能制造工艺技术研究,形成船舶智能制造关键工艺规范、可移植和可复制的工艺文件,固化为船舶智能制造工艺基础数据库,为船舶制造生产线的建立和运行提供精确、完整、实用、配套的工艺基础数据支撑。

3. 面向智能制造的船舶设计技术研究

以智能制造的要求为输入,开展船舶单一数据源详细设计、生产设计建模及完整性要求和智能化工艺设计技术研究,实现基于三维模型的设计制造一体化,从而为车间的智能制造提供完整且准确的工艺、管理数据,实现详细设计的三维建模和审图。

4. 智能装备研制和车间互联互通基础平台

研究船舶制造智能化传感检测、自适应控制、误差补偿等装备的关键技术,研制智能化升级所需制造装备,同时开展船舶智能制造车间组网、海量数据传输和异构数据融合等技术研究,满足车间网络覆盖、制造过程中全要素信息感知、传输与存储的需求,构建装备-资源-人员等要素互联互通的船舶智能制造车间平台,为车间综合智能管控提供支撑。

5. 船舶智能车间管控技术研究和应用

在智能设计、智能制造工艺、智能装备和互联互通基础平台研究的基础上,开展船舶车间仓储物流、计划、精度和质量等业务环节制造执行的关键共性技术研究,建立支撑制造过程数据实时采集、分析、决策及反馈执行的闭环管控机制,开发船体分段智能车间制造执行管控集成系统,通过船厂示范应用,形成面向船舶行业应用的标准、系统集成工具和解决方案,为船舶行业整体升级提供实践经验。

11.1.3 关键技术装备应用情况

随着科学技术的不断发展，无论欧美日韩企业、国内合资企业、集团下属船舶建造企业还是私营船厂，在新建工厂、旧厂改造、技术革新等方面都已经发生了巨大的变化。从切割下料、零件加工、部件装配、小中大组立焊接、管子焊接、电缆敷设等专用机械或机器人应用，到数字化车间，乃至数字化工厂的建设都有了重大突破。

1. 异地协同设计制造

上海中远船务工程有限公司为巴西 ECOVIX 公司进行 8 条浮式储油卸油船(FPSO)的详细设计和生产设计工作，采用了异地协同的方式。项目设计地点在上海，建造地点在巴西，区域度大，信息交换量大，应用鹰图设计软件的异地协同和同步的功能，位于巴西的工作人员能够实时调用三维模型和图纸。

2. 钢板高精度激光切割流水线

日本川崎重工业株式会社已经采用钢板高精度激光切割流水线。

3. 型钢机器人切割流水线

大连船舶重工集团有限公司、广州广船国际股份有限公司、沪东中华造船(集团)有限公司、南通中远海运川崎船舶工程有限公司(简称“南通中远川崎”)、招商局工业集团有限公司等已实施型钢机器人切割流水线生产。

4. 自动火工弯板机器人或三维数控曲板加工

韩国三星集团采用自动火工弯板机器人，江南造船(集团)有限责任公司与山东硕力机械制造有限公司已签订 SKWB2500 船三维数控弯板机租赁协议。

5. 智能管加生产线

武昌船舶重工集团有限公司联合中船集团七一六所在国内首次建成融合立体仓储、切割、打磨、贴标、刻码、组对和焊接为一体的全自动化柔性船舶管加生产线，实现机器人四枪同步焊接、基于三维图像识别的机器人非示教离线规划等关键技术。所形成的船舶管件智能制造新模式入选 2019 年中国智能制造十大科技进展。

6. 小组立生产线

日本坂出工厂，韩国大宇、三星集团，国内南通中远川崎已采用机器人焊接流水线。

7. 中组立生产线

日本坂出工厂，韩国大宇、三星集团，国内南通中远川崎已采用机器人焊接流水线。

8. 分段制造相关机器人

分段制造方面采用机器人主要包括内部空间焊接机器人、涂装机器人、清扫机器人、管子检查及清洗机器人。

11.1.4 生产过程数据采集与分析系统建设情况

船舶制造过程管理仍缺乏有效的信息化手段，在企业的计划管理层和任务执行层之间形成了信息孤岛，导致企业计划执行过程中无法准确及时地跟踪船舶产品状态数据和把握生产实际状况，进而确定切实可行的生产计划，同时在交船之前船东也无法了解订单的执行情况，严重阻碍了船舶企业先进制造战略的实施。生产过程数据采集与分析系统研究有助于改变这一状况。

1. 船舶智能车间数据库构建

针对目前船舶制造企业车间制造资源存在的实际生产能力未能精确评估，车间内的场地、设备、工装、人员等制造资源能力未能充分发挥，以及生产计划的制定缺乏可靠依据等问题，为保证车间制造过程中制造资源的协调调度及优化配置，加快船舶建造的速度，监控车间制造资源及船舶建造的状态，需要构建船舶智能车间数据库，将车间内的场地、设备、工装、人员等制造资源进行统一管理并实现对于制造资源的可视化管理，使其更好地为生产服务，如图 11-1 所示。

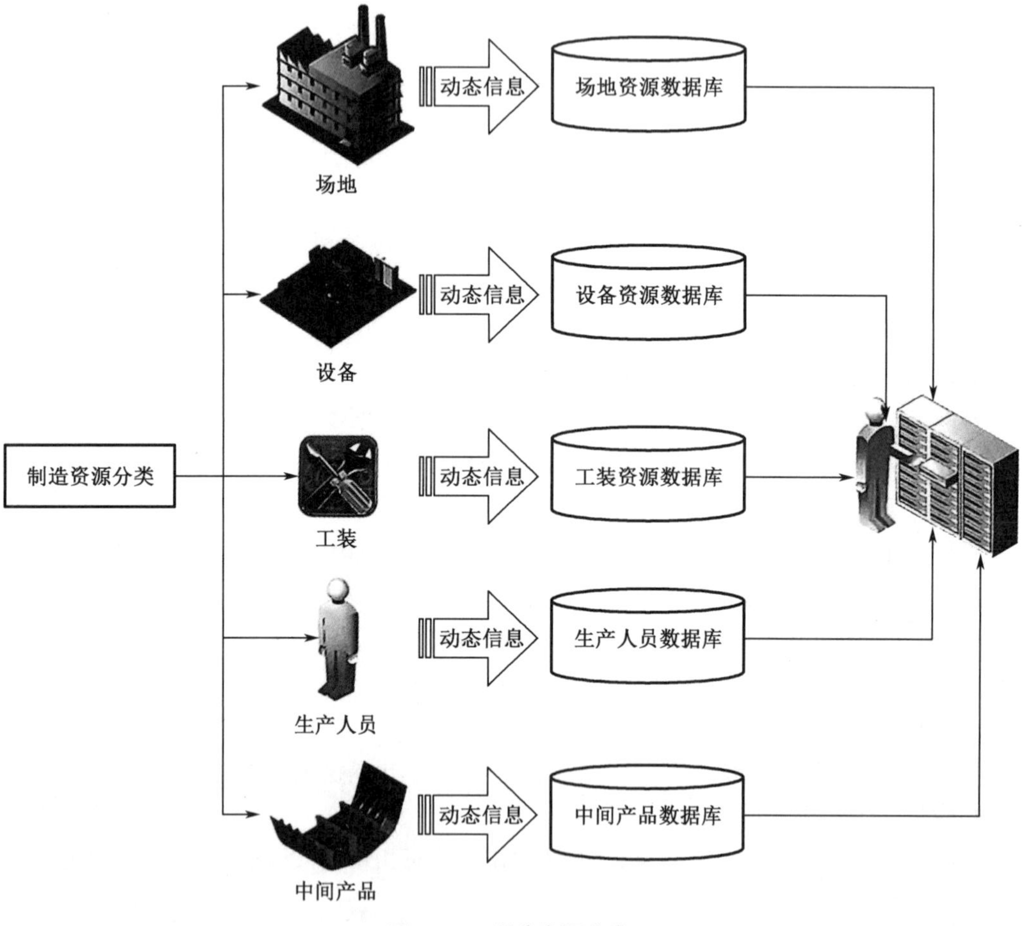

图 11-1　制造资源分类

2. 车间资源状态信息跟踪

船舶制造企业车间各项资源布局的差异性和作业的相似性，导致相关资源状态信息呈离散型动态分布，给状态信息数据的采集带来巨大的不便，为使车间各项资源的全部状态能够及时采集和跟踪，需要在所有的资源库中定义完整的工艺信息和动态信息，并利用互联互通的船舶基础平台，建立车间网格化的传感器网络、定位系统、红外感应系统和语音视频系统等对车间资源的物理自然状态和设备的运转状态进行实时跟踪和管理，解决船舶制造车间资源状态信息采集、跟踪及管理等技术问题,保证实时数据能够快速准确地进入车间资源信息库,实现对车间资源的实时监控跟踪。

3. 中间产品状态信息跟踪

为使船舶中间产品状态实现可视化,通过中间产品状态信息的分析研究,实现中间产品在产品流向、产品精度、产品品质等各方面的全面管控,解决船舶中间产品跨区域、多样性所带来的困扰,需要在船舶中间产品信息模型中定义完整的工艺信息、建造信息、精度信息、品质信息,并完成信息的采集,保证实时掌控中间产品的状态。

重点解决船舶建造过程中中间产品信息流向、精度、品质的管控技术问题,保证实时数据能够快速准确地进入中间产品资源信息库,实现对中间产品的实时监控跟踪。图 11-2 所示为中间产品状态信息跟踪方案示意图。

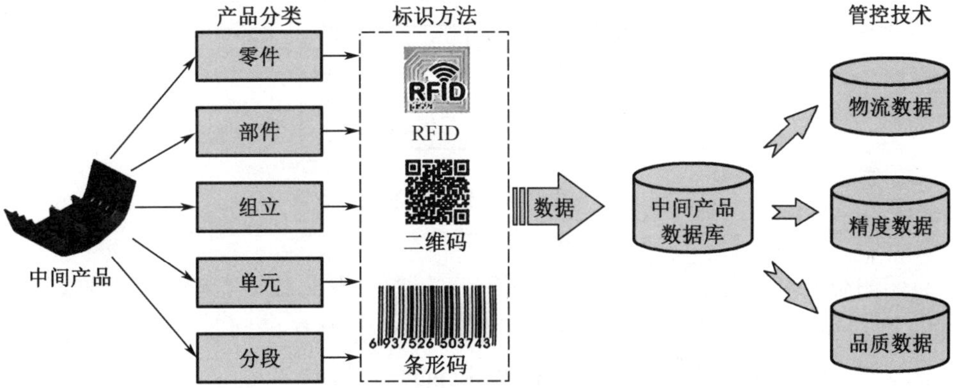

图 11-2　中间产品状态信息跟踪方案示意图

4. 生产人员作业信息跟踪

为使车间生产人员的作业状态信息能够及时跟踪与管理,需要对所有作业人员进行定位及监控。利用无线网络通信的相关技术建立车间无线网络、定位系统、红外感应系统和语音视频识别系统等,对生产人员的作业状态、班组信息、施工区域等进行采集和跟踪。重点解决船舶建造过程中车间作业人员跟踪管控,实时掌握人员信息及工作内容,保证生产顺利高效地进行,实现对车间作业人员的实时跟踪与管控,如图 11-3 所示。

11.1.5　内部网络架构建设及信息集成

在船舶制造推进“数字化建设”的背景下,产品数据管理(PDM)系统、企业资源计划(ERP)系统和生产执行系统(MES)的实施,实现了船舶产品的数字化设计,制造过程的生产计划、物流和质量等的信息化管控,显著提高了船舶制造的效率和质量,但其仍然面临很多挑战:

(1)船舶制造现场缺乏实时感知系统,无法及时获取船舶制造过程的产品生产计划执行状态、场地堆放、物流配送和设备资源利用等数据,致使工艺改进、生产计划协调等决策缺乏实际生产现场的数据支撑。

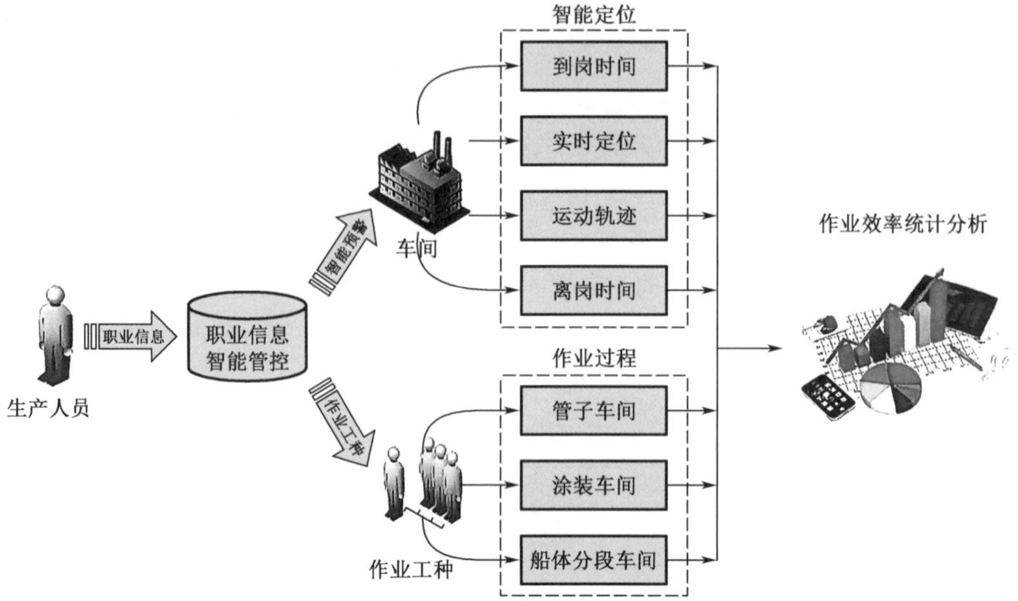

图 11-3　生产人员作业信息跟踪方案

(2)船舶制造车间尚未构建数据传输到工位的通信网络,致使船舶制造工艺数据、生产任务派工数据和物料配送数据等无法推送到制造现场,致使船舶制造“按工艺、按计划地建造”难以贯彻,导致生产混乱和船舶建造精度、质量难以控制。

(3)船舶制造过程的产品、工艺文件、测量精度和计划等海量异构数据信息融合程度低、共享难、分析孤立,导致船舶车间内的工位之间,设计、计划和质量等部门之间的协作程度低。

(4)船舶制造过程未能充分考虑现场的环境、设备资源和中间产品的状态等与设计、规划的差异,致使船舶建造过程的稳定性和可靠性较低,严重降低建造一次合格率。

针对船舶制造复杂作业环节下的车间网络覆盖,制造过程中全要素信息感知、传输与存储的需求,开展智能制造车间组网,海量数据传输和异构数据融合等技术研究,构建互联互通的船舶智能制造车间网络平台,为车间综合智能管控提供支撑,实现船舶中间产品制造生产要素数字化标识及有效利用率达 80%以上,制造车间现场网络覆盖率达 90%。

11.1.6　实施效果

船厂智能制造的落地第一步是智能车间的建设。车间是船舶建造的最前沿,是分段建造的主要场所。分段建造过程具有工种多、程序多、品种多元、工程浩大、作业面广、技术综合性较强、作业条件差和施工周期长等特点。车间制造水平的高低直接关系到船舶建造效率与质量,对缩短工程成本与改善工作人员作业条件具有重要影响。

智能车间整体设计由“四线一系统”组成,板材、型材切割智能生产线,小组立智能焊接流水线、中组立智能焊接流水线以及分段智能涂装流水线组成了车间的空间布局,结合车间制造执行系统将车间内设备、人力、物料、过程统一为生产资源来管理,通过生产资源的数据传递，优化产品的整个生产过程，同时通过收集和处理生产过程中大量的实时数据和事件，对车间的生产活动进行指导、响应并生成报告。图 11-4 所示为船厂智能制造实施效果。

(a) 智能焊接流水线机器人焊接工位 1

(b) 在线编程焊接作业

(c) 智能焊接流水线机器人焊接工位 2

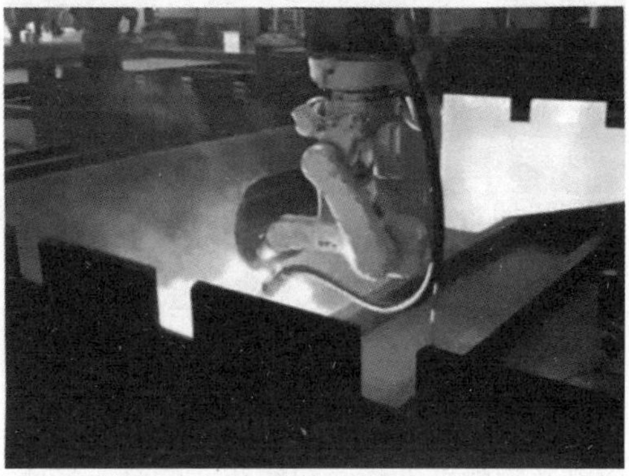

(d) 离线编程焊接作业

图 11 4　船厂智能制造实施效果

思考与练习

一、简答题

1. 何为智慧型船厂？

2. 如何构建船舶智能车间数据库？

二、判断题

1. 船舶智能制造主要基于工艺流程、物流和信息流三方面的融合。　（　）

2. 大连船舶重工集团有限公司已经采用钢板高精度激光切割流水线。　（　）

3. 在船舶制造推进“数字化建设”的背景下，产品数据管理（PDM）系统、企业资源计划（ERP）系统和生产执行系统（MES）的实施，实现了船舶产品的数字化设计，制造过程的生产计划、物流和质量等的信息化管控，显著提高了船舶制造的效率和质量。　（　）

任务 11.2 国内外船舶制造企业的智能制造经验

11.2.1 南通中远川崎船舶智能制造案例

面对持续低迷的船舶市场，南通中远川崎积极寻求突破，将两化融合、智能制造作为转型升级、提质增效的主攻方向和制造方式转型的重要途径；以数字化精益设计为源头、集成化系统为支撑、自动化/智能化设备为手段，形成智能化生产线的研发和定制能力。通过不懈的努力和投入，南通中远川崎已构建了一套智能高效的制造执行系统，在自动化/智能化生产线、流水线的基础上，持续推进智能车间、智能工厂建设。先后投产的型钢自动化生产线、条材机器人生产线、先行小组立机器人生产线、小组材机器人焊接线等智能化和自动化生产线，建成了工信部的船舶制造示范智能车间。通过中一径和中二径智能化管加工生产线等智能化改造项目的投产，建成了船舶管路加工智能车间。

南通中远川崎船舶智能制造的不断推进，让相应工序的生产效率提高了七成左右，大幅度提高了生产效率、降低了产品不良品率、改善了作业环境、减轻了劳动强度、减少了人工成本、节约了场地资源，在国内率先开辟了具有中国特色的“智能船厂”建设之路。

1. 型钢自动化生产线

型钢是船体常用材料之一，原先的生产方式是从画线、写字到切割、分料完全采用手工作业，效率低，周期长，劳动强度大，且难免出现误操作。型钢自动化生产线建成后实现了进料—切割—自动分拣—成材分类叠放全过程的智能制造，包括物料信息传输和物料切割智能化以及物料分类感知智能化。配员由原来的 20 人减少为 7 人，有效减少了人工成本，缩短了生产周期，降低了劳动强度，为后续扩大机器人应用积累了经验。图 11-5 所示为型钢自动化生产线。

(a) 改造前　(b) 改造后

图 11-5　型钢自动化生产线

2. 条材机器人生产线

条材是分段制造的主要部材之一，它的特点是数量多，大部分部材比较短小。条材原来的生产方式包括画线、写字、开条、端部切割、打磨、分料等全是手工作业,效率低,生产周期长,容易出错。条材机器人生产线(图 11-6)的投产,实现了信息传输和物料传输感知智能化以及加工智能化。车间工作人员由原来的 22 人减少为 8 人,提高了生产效率,缩短了生产周期,降低了劳动强度。

(a) 改造前　　　　(b) 改造后

图 11-6　条材机器人生产线

3. 先行小组立机器人生产线

尽管造船中厚板电弧焊接实现机器人作业困难很多,但南通中远川崎还是从最简单的先行小组材开始,推进机器人焊接。传统的制造方式是钢板在定盘上全面铺开,一块一块地装配、焊接、翻身、背烧。这种方式占用面积大,制造周期长,效率低。

先行小组立机器人生产线投产后实现了工件传输和焊接智能化,以及自动背烧、自动工件出料。整条生产线仅配一名员工操作,配员减少一半以上。流水线生产方式是工业化大生产的必然要求,对造船业而言,车间内生产作业的流水线化将是今后实施船舶智能制造的一个重要发展方向。目前南通中远川崎已实施了大舱肋骨生产线、Y 龙筋生产线、焊接装置等数个半自动化生产线技改项目,取得了良好的效果。图 11-7 所示为先行小组立机器人生产线。

(a) 改造前　　　　(b) 改造后

图 11-7　先行小组立机器人生产线

4. 智能物流系统

南通中远川崎遵循“横向到边、纵向到底”的设计原则,建立了功能完善的智能物流系统,并与设计系统高度集成,从而将企业的人力、资金、信息、物料、设备、时间、方法等各方面资源充分调配和平衡,为企业加强财务管理、提高资金运营水平、减少库存、提高生产效率、降低成本等提供强有力的支持。

南通中远川崎的船舶制造智能车间建设,实现了各加工系列的智能制造,达到了工装自动化、工艺流水化、控制智能化、管理精益化,保障了产品质量的稳定,缩短了加工周期,极大地提高了生产效率,产品质量和建造效率达到世界先进水平。

11.2.2 上海外高桥造船有限公司智能制造研究

上海外高桥造船有限公司是中国船舶工业股份有限公司的全资子公司。其依靠先进的硬件设施、优异的生产流程和合理的工艺布局,采用领先的船舶与海洋工程研发设计软件,运用现代造船模式组织船舶与海洋工程生产,已形成好望角型散货船、阿芙拉型原油轮、超大型油轮、海上浮式生产储油轮、大型集装箱船、大型海洋工程平台等产品生产线。

拓展阅读1 上海外高桥造船有限公司薄板智能工厂

在企业信息化应用方面,上海外高桥造船有限公司以三维设计系统和自主研发的SEM造船企业管理系统为核心,实现了在统一平台上的设计、生产、管理一体化集成应用;并辅以金蝶人事系统、金算盘财务系统、一卡通管理系统等,构建了总体的信息系统应用框架体系。

1. 数字化设计

通过信息系统的建设和不断研发,上海外高桥造船有限公司实现了产品三维建模与参数化设计、自动化辅助设计、设计计划管控及协同、设计图文档电子化管理及在线签审、设计改单登记与统计、设计采购依据的管理及与物资采购模块的集成应用、设计BOM/托盘数据的管理以及与生产管理模块的集成应用等,已全面应用于所有在制产品建造,并与相关业务部门实现流程与数据层的集成应用,为配套采购、生产现场派工和托盘配送提供了技术支持。

2. 数字化制造

全面开展生产制造、物流管理、质量控制的精细化。

在生产制造方面,利用数控等离子切割机、数控火焰切割机、数控型钢切割机、数控板条切割机、T排流水线、平面分段流水线、数控管材切割机、数控弯管机、数控管子焊接机等自动化设备实现了产品零件自动下料、装配焊接,大幅提高了生产效率。并针对大型起重设备、动能源设备实现了自动远程监控和维护,确保设备运行安全的同时通过数据自动采集和有效分析,减少跑冒滴漏。

在生产计划和生产实绩管理方面,通过制造执行系统和精细派工管理系统的开发与应用,使车间生产物量分解到工位,生产计划细化到个人,作业指令派发到小时,实现了生产实绩的实时动态反馈和跟踪,生产效率指标的动态分析,实现了物量公开、产值公开、收入公开,有效提高了员工的生产积极性。

在采购、仓储和物流管理方面,实现了“阳光”招标采购,开发了采购依据接收确认、采购合同管理、物资到货入库、库存管控、领发料、采购剩余物资管理、不合格品退供应商等管理功能,并实现了供应商管理和评价;通过大胆创新尝试,在油漆管理、钢板管理等方面实现了与部分供应商的业务协同模式，大幅降低了库存成本，提高了物流效率。

在质量管理方面，开发实现了满足船舶与海洋工程项目管理的涵盖中间产品检验、质量巡检、质量评价与统计分析的质量管理系统，并且将质量管理逐步延伸到外购物资的检验，进一步提高了企业质量管理水平。

3. 数字化管理

全面开展了人力资源管理、财务管理、安全防控等方面的信息化建设与应用，并开始着手进行数据挖掘利用，开展管理指标分析。

在人力资源管理方面，利用金蝶人事系统，实现了人员招聘、人事信息管理、培训教育、薪酬绩效管理的全面信息化，并实现了与其他信息系统的无缝集成。

在财务管理方面，利用财务系统，实现了财务会计账目与资金管理的信息化，实现了资金与预算管理、应收应付管理、成本统计和分析等功能，财务报表完整。

在安全管理方面，针对企业安全生产现状和管理需要，开发了安全在线教育考试系统、安全作业巡检系统以及员工职业健康档案管理系统，随时统计和跟踪安全生产情况，了解员工职业健康状况。

在风险管控方面，则通过建立集团化模式的合同生命周期管理体系，利用信息系统设置合同履行过程中各风险点的控制模式，有效控制供应商风险、合同签订风险、合同文本风险、合同付款风险等合同执行过程风险。同时结合“阳光采购”平台的应用，采购招标过程采取公开招标方式，有效杜绝了“暗箱”操作数据的风险；通过审价会审价，参照历史数据和目标成本，使得物资采购价格更加趋于公平、合理、公开、透明。

随着现代造船模式的深入，以及《中国制造 2025》发展战略的提出，船舶制造将朝着设计协同化、产品智能化、管理精细化、信息集成化和制造智能化等方向发展。上海外高桥造船有限公司坚持以强化自主创新驱动发展为主题，不断推进信息技术与制造业深度融合，适应国际船舶与海洋装备技术发展新趋势、新要求，不断夯实适应装备发展的基础能力。突出自主软件产品的核心功能价值和竞争力，以 SEM 系统为核心，基于已有的管理基础，提升数据管理、整合服务应用能力，挖掘潜在业务规律和价值链提升空间，更好地实现管理改善与提升，并积极与集团内其他自主软件产品形成更为有力的协作、交互体系，构建自主软件产品组合应用体系并加以推广。

11.2.3 德国迈尔船厂智能制造案例

欧洲智能制造极具代表性的是德国迈尔船厂。迈尔船厂是德国技术领先的造船企业，在世界豪华邮船的建造中处于顶尖地位。

拓展阅读2 世界上最现代化的船厂——德国迈尔船厂

该厂在管理方面应用了产品寿命周期管理技术：依靠统一的数字环境管控船舶从设计、建造、运营到退役的整个寿命周期。全方位数字化覆盖可有效解决跨阶段的问题，解决复杂需求。在硬件方面，其应用了包括管子加工中心、三维激光扫描仪、激光混合焊接等技术。

自动化管子加工中心将设计部门的管子加工数据直接传送至管子加工中心，从而使直径为 25~200 mm 的管子的法兰装焊、管子焊接、弯管可进行全自动处理。该厂应用三维激光扫描仪，对舱室进行三维立体扫描，在电脑上形成高精度的三维模型,从而可进行船装设计的修改和舱室强度试验等。迈尔船厂还开发了一种适用于薄板焊接的激光混合焊接技术,该技术结合了现代激光技术和传统金属屏蔽气焊技术,较之传统工艺,其优势在于变形更小、强度更大、效率更高、成本更低。在软件方面,其应用了三维虚拟仿真、计算机辅助物流系统等技术。其中,三维虚拟仿真技术的应用使迈尔船厂逐步建立起了"数字工厂",基本实现了虚拟规划、虚拟建造、无纸化设计、无纸化施工以及全过程数据保存。在设计阶段,结构、管系、轴系、电装、设备等都可在虚拟现实工作室利用虚拟现实技术进行布置设计,在施工前,整个船舶的建造工艺流程也可通过虚拟现实技术进行规划。应用计算机辅助物流系统,通过数据无线电通信控制全厂物料流,使得每个零部件都能以最佳运输路线、以准确的时间到达正确的地点,从而做到准时制造生产。

思考与练习

简答题

1. 简单阐述南通中远川崎智能物流系统。
2. 上海外高桥造船有限公司是如何进行数字化管理的?
3. 简单概括国内外船舶制造企业的智能制造经验。

任务页　模块11 船舶制造企业智能制造概况及经验

任务11.1　船舶制造企业智能制造概况

任务描述

船舶行业要在已有的制造业基础上顺利实现转型升级和跨越发展,加速进行数字化转型行动已是必然趋势。智能船厂就是依托工业4.0政策,旨在把车间、设备、资源和人有机地联系在一起,推动各个环节数据共享,实现船舶建造全阶段的智能生产,通过这种全寿命周期和全制造流程的数字化,使企业的工作效率、质量与稳定性均得以显著提升,最终实现船舶制造企业的整体转型升级。

任务实施

1. 课前准备

课前完成线上预习任务:从线上平台接受任务,通过互联网查询船舶智能制造相关资料,分四组完成对船舶制造企业智能制造概况的预习工作。

2. 任务引导

(1)查阅资料

在教师的指导下学习收集船舶智能制造相关资料。

(2)分组讨论

确定分组人员,组员共同完成任务。

小组任务	
小组名称	
船舶智能制造相关资料	

3. 任务评价

序号	项目	自我评价	小组评价	教师评价	备注
1	查阅船舶智能制造相关资料(50分)				
2	参与组内讨论(25分)				

（续）

序号	项目	自我评价	小组评价	教师评价	备注
3	态度端正、认真积极(25分)				
4	合计				
5	总分				

任务11.2　国内外船舶制造企业的智能制造经验

任务描述

随着智能制造走进船厂班组车间，并在切割、焊接、涂装等船舶建造环节上逐渐得到应用，国内外许多船舶制造企业开启了“智能制造”的新模式。以国内外船舶制造企业为例讲解船舶制造企业的智能制造经验。

任务实施

1. 课前准备

课前完成线上预习任务：从线上平台接受任务，通过互联网查询国内外船舶制造企业的智能制造资料，分四组完成对国内外船舶制造企业的智能制造经验预习工作。

2. 任务引导

(1)查阅资料

在教师的指导下学习收集国内外船舶制造企业的智能制造经验资料。

(2)分组讨论

确定分组人员，组员共同完成任务。

小组任务	
小组名称	
国内外船舶制造企业的智能制造经验	

3. 任务评价

序号	项目	自我评价	小组评价	教师评价	备注
1	查阅国内外船舶制造企业的智能制造经验相关资料(50分)				
2	参与组内讨论(25分)				
3	态度端正、认真积极(25分)				
4	合计				
5	总分				